装备科技译著出版基金

航空航天系统不确定性分析与优化

Aerospace System Analysis and Optimization in Uncertainty

Loïc Brevault
[法] Mathieu Balesdent 著
Jérôme Morio

岳程斐 吴凡 沈强 李烁 译

国防工业出版社

·北京·

著作权登记号　图字:01-2023-1583号

图书在版编目（CIP）数据

航空航天系统不确定性分析与优化/(法)洛伊克·布雷诺,(法)马蒂厄·巴莱森特,(法)杰罗姆·莫里奥著;岳程斐等译. —北京:国防工业出版社,2023.6

书名原文:Aerospace System Analysis and Optimization in Uncertainty

ISBN 978-7-118-12937-3

Ⅰ.①航… Ⅱ.①洛… ②马… ③杰… ④岳… Ⅲ.①航空工程—系统工程 ②航天系统工程 Ⅳ.①V37②V57

中国国家版本馆 CIP 数据核字(2023)第097009号

First published in English under the title
Aerospace System Analysis and Optimization in Uncertainty
by Loïc Brevault, Mathieu Balesdent and Jérôme Morio
ISBN 978-3-030-39125-6
Copyright © Springer Nature Switzerland AG, 2020
This edition has been translated and published under licence from Springer Nature Switzerland AG.

本书简体中文版由 Springer 授权国防工业出版社独家出版。
版权所有,侵权必究

※

国防工业出版社出版发行
(北京市海淀区紫竹院南路23号　邮政编码100048)
三河市腾飞印务有限公司印刷
新华书店经售

＊

开本 710×1000　1/16　插页 16　印张 28½　字数 508 千字
2023 年 6 月第 1 版第 1 次印刷　印数 1—1500 册　定价 198.00 元

（本书如有印装错误,我社负责调换）

国防书店:(010)88540777　　书店传真:(010)88540776
发行业务:(010)88540717　　发行传真:(010)88540762

前　言

在当今的复杂系统工程领域(如航空航天领域),设计师常面临一些具有挑战性的设计需求:系统要求愈发严格且受到安全法规、环境与经费等多种条件限制,但开发周期要求越来越短。因此,在满足精度要求的前提下,系统的性能指标必须尽快确定下来。航空航天系统设计是一个复杂的多学科设计优化过程,包含空气动力学、推进、结构、电气与液压系统、制导、导航与控制等多个学科。每一个学科设计都需要许多经验丰富的专家,并使用先进的高保真模型进行设计。这种采用大规模数值仿真代替实验的多学科设计过程被视为一般复杂工程系统设计的范式。该范式有助于压缩成本、降低风险,并缩短开发周期。这一范式下,当单一设计者或设计团队开发和应用跨学科设计工具时,交流与组织上的困难就必须纳入考虑和管理。尤其是当设计问题变得越来越复杂时,分散在各地的各学科专家将在多学科设计中发挥越来越重要的作用,也使得管理过程更加困难。

在过去的 30 年里,人们已经意识到序列设计和局部设计两者设计进展缓慢,且只能给出次优的解决方案;也就意味着这两种设计方法需要较长的设计周期和较高的成本。因此,设计过程从这种近序列或松散耦合的多学科方法转变为更先进、更集成的方法。最初的优化程序和工具被应用于求解结构设计问题,后来扩展到空气动力学和结构分析领域,然后逐渐地发展为多学科优化方法以满足整体分析优化的需求。最近,多学科优化(Multidisciplinary Design Optimization,MDO),也被称为多学科设计分析和优化(Multidisciplinary Design Analysis and Optimization,MDAO),已经从最初的设计过程优化提升到考虑不同学科及其之间的强耦合优化。MDO 也已经发展成为一个新的数学和工程领域,提供了一系列方法和工具帮助工程师们完成具有整体大于局部收益总和("1+1>2"效果)的系统设计。

在航空航天工业中,一个新系统的出现一般有几个具体的发展阶段,包括概念设计、初步设计、详细设计、生产制造等(Blair 等,2001)。对于飞行器设计来说,概念设计阶段对整个设计过程能否成功具有决定性的作用。据估计,全生命周期 80% 以上的成本在概念设计阶段就已经通过概念的选择确定下来(Blair 等,2001)。由于概念设计阶段系统特点尚不固定,设计空间往往是较大的。传统的设计方法会冻结系统的部分特性，使设计师更加关注专家们可选择的替代方案(Zang 等，2002)。相比之下，MDO 方法减少了概念研究需要的时间，且增加了分析设计替代方案的数量。因此，MDO 方法提高了识别传统方法中难以想象的、新的、更高效的设计概念的潜力。Martins 与 Lambe(2013)指出，通过在早期设计阶段引入 MDO，可以提高系统性能，降低设计周期成本并缩短设计时间。基于此，本书将回顾目前开发的几种处理多学科集成带来的复杂问题的 MDO 方法。

在设计早期，由于缺乏对未来系统设计与性能的认知，通常只能使用低保真度的方法进行分析。如果在设计之初就使用高保真模型，大量的未确定自由度会带来大量的不确定性。为了在早期设计阶段确定最优解，必须在整个设计空间中对大量的系统结构进行评估。若在这种针对不同学科的全面的反复评估中使用高保真模型，成本会高到难以承受。尽管计算机和算法运行越来越快，在设计过程中更早使用高保真模型也越来越可行，我们仍需要在设计空间的搜索效率与保真度等级之间进行权衡。此外，为了提高航空航天系统的性能并降低成本，引入新技术(如电推进、先进材料)与新结构(如翼身融合、第一级可重复利用火箭等)，也在设计早期带来了更大程度的不确定性。事实上，这些先进的概念和技术还不够成熟，也不一定拥有合适的学科模型来进行描述。

同时，在现实世界中，不可能制造一个"理想"的产品，必须考虑来自材料、制造和环境条件的变化。在标称条件下正常工作的"最优"设计，实际上也可能会失效。而问题产品的召回、保修甚至重新设计无疑会造成巨大的损失，这也使得多学科背景下的系统分析显得尤其重要。在这种情况下，某一学科中对其学科输出影响较大的因素，对于整个系统的成败而言却可能几乎没有影响。相反地，另一门学科的不确定性却可能会决定整个系统的成败。鉴于此，系统必须作为一个整体进行可靠性度量。各方面综合考虑，在飞行器设计过程中纳入不确定性的 MDO 方法，已经成为针对以下因素改进提升飞行器设计的必要步骤(Zhang 等，2002)：

(1) 减少设计周期时间、成本和风险。
(2) 提升整个飞行器设计开发阶段对不确定因素的稳健性。
(3) 在满足可靠性要求的同时提高系统性能。
(4) 飞行器对飞行中突发事件的鲁棒性(如阵风、子系统故障等)。

如果在早期设计阶段没有考虑到不确定性，在详细设计阶段可能会发现之前的最优设计违反特定要求和约束。在这种情况下，设计师要么回到之前的设计阶段寻找一组替代设计方案，要么在详细设计阶段执行影响系统性能的设计修改。这两种方案均需要重复复杂的模拟过程，将带来时间与金钱上的损失。

此外,在飞行器设计过程中,不确定因素往往需要留出额外的安全裕度,使得设计非常保守。因此,有必要在设计过程中合理地处理不确定性(Jaeger 等,2013)。目前,大家已经制定了针对安全裕度的替代和补充策略,以改进设计中对于不确定性的处理。

针对不确定性,之前有大量的工作使用单一学科代码("黑箱")来进行处理。通常情况下,这些不确定性是通过概率框架来描述的,且通过不确定性传播来估计其可能性或统计特征(如平均值、矩、分位数)。当仿真代码成本过高,或者事件概率特别低时,经典的蒙特卡罗方法难以适用。为解决这类问题,基于不确定性的 MDO 方法(Uncertainty-based MDO,UMDO)在学术界和工业界迅速引发关注。但是,其仍处于发展的早期阶段,还不够成熟,无法应用于复杂的工业场景(Yao 等,2011)。UMDO 问题中的关键困难是组织过程与协同设计。复杂的系统设计通常涉及遍布世界各地的团队,因此必须开发协同设计策略以满足复杂系统设计需求。UMDO 方法与跨学科耦合处理正是致力于解决这些问题的研究分支。本书对不确定性存在情况下处理不同学科之间相互作用(或耦合)的方法进行了详细研究。其中,两个或两个以上的学科耦合大大增加了不确定性量化的复杂性。事实上,学科之间的耦合甚至可能会导致它们之间产生循环(例如,学科 A 的输出传递到学科 B,学科 B 的输出也反向地传递到学科 A)。这就需要对存在不确定性情况下的多学科系统平衡状态可能性数值评估进行更进一步的研究。其面临两个主要问题:不确定条件下多学科耦合的数学表述及适配度,以及有效地求解这些数学模型的方法。

除了对具有不确定性的多学科系统进行分析外,UMDO 还考虑了设计变量、目标和约束函数。整个系统都会受到设计变量的影响,目标的最优值来自系统或学科层级的优化。利用 UMDO 求解问题时,需同时解决三个层级的难题:多学科耦合、不确定性传播和优化。从朴素的直接计算观点来看,这三个层次的分析可以看作三层的嵌套循环。这种情况下,问题的复杂性主要来自不同方面关键要素的结合,如重要变量的数量、目标与约束函数的非线性、计算能力的限制、不同层次的优化处理等。因此,具有不确定性的 MDO 仍是一个难题。然而,求解具有不确定性的 MDO 这一问题又是至关重要的,因为它是目前表征复杂设计问题最成熟的方法。此外,根据待设计系统的特征和可用信息,不确定性可以用多种形式描述(如概率、区间、模糊集等),设计问题的类型也可能不同(如受约束情况、多目标约束、离散连续组合设计变量等)。本书对现有的 UMDO 方法进行概述,并讨论其在处理不确定性带来的高度耦合的 MDO 过程中存在的主要问题:

(1)不确定性在设计的不同步骤中的公式化表述与建模。

(2)不确定性在不同类型和不同计算代价的学科模型之间的传播。

(3)受不确定性影响的多学科耦合方法和 MDO 公式化表述。

(4)不确定条件下的数值优化算法,应能给出满足约束条件下的全局最优解,即在成本约束下保证解决方案的质量。

(5)UMDO 在飞行器设计不同测试用例中的应用,其中的学科耦合广泛存在于飞行器的结构、弹道、空气动力学和推进系统之间的相互作用中。

读者应知,本书中涵盖的大部分内容目前仍处于研究中,部分项目甚至还在完善过程中。本书分为 4 个部分,从 MDO 与不确定性的基本知识到尚处于文献状态的先进方法,以解决复杂的 UMDO 问题。本书的组织结构遵循图 1 给出的 UMDO 问题标准求解流程。

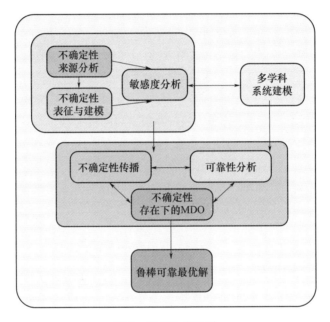

图 1　UMDO 流程图

第 1 部分包含 2 章。第 1 章着重介绍确定性的 MDO 方法,并简短回顾了迄今为止不同的确定性 MDO 公式,这一部分是 UMDO 的基础;本章还介绍了确定性 MDO 过程中需要用到的基本概念、符号和方法。第 2 章介绍了不确定性建模的不同数学描述方式,介绍了根据已有知识用于飞行器设计过程分析处理不确定性的不同框架;本章还特别关注了概率论框架,其特别适用于描述偶然不确定性。

第 2 部分由 3 章组成,着重分析求解单一学科问题的方法,并回顾了现有的不确定性传播、可靠性分析和优化技术。事实上,若要进行复杂的多学科模拟,必须要掌握解决单一学科问题的先进方法。第 3 章介绍了不确定性传播和灵敏度分析技术。不确定性的传播包括了模拟代码输入的不确定性对相关输出造成影响的数量与程度,换句话说,它包括了将不确定性从输入传播到模拟系统输出的全过程。灵敏度分析的目的是分析如何将输出结果的不确定性分配到各学科输入的不确定性。这些分析对于量化不确定性对系统性能的影响至关重要。第 3 章的主要目的是提出和讨论一些广泛使用的不确定性传播技术,以突出它们的特点和局限性,并利用一些单学科设计中的小例子来进行说明。第 4 章主要介绍可靠性分析技术,通常用于对失效概率的估计。它可以被看作一种对不确定性传播的特殊分析,目的是研究代码输出相对于给定阈值的分布情况,并确定输出结果超过(或低于)给定阈值的可能性。在存在不确定性的设计优化背景下,可靠性分析是十分重要的;对约束条件的评估也会影响对失效概率的估计。第 4 章对现有的可靠性分析技术进行了介绍,并通过单学科问题的小案例对它们进行了比较,讨论了每种方法的优缺点。第 5 章介绍了存在不确定性情况下的单学科优化问题。本章讨论了优化问题的公式化描述,特别是不确定性的处理、不确定性的量化以及目标函数与约束的不确定性测度。同时,对基于稳健性、基于可靠性和基于稳健性与可靠性并重的方法进行了综述。此外,第 5 章还讨论了适用于求解不确定性存在情况下优化问题的不同优化算法,如基于梯度的算法、基于种群的算法和基于代理的方法。

第 3 部分由 2 章组成,专门讨论了基于不确定性的 MDO 和相关问题。在第 3 章中已经讨论了单学科问题的不确定性传播方法,第 6 章考虑多学科问题的具体特征,并介绍致力于解决多学科耦合的系统不确定性传播方法。与确定性多学科问题不同的是,在不确定性存在的情况下,耦合变量也会变为不确定性变量。第 6 章主要介绍了前馈系统,并对现有用于不确定性传播的流程结构进行了概述,用以确保多学科间的一致性。最后通过一个测试案例,对上述技术进行了说明。第 7 章讨论了存在不确定性情况下的 MDO 公式,即 UMDO。该问题兼具确定性 MDO(设计过程的组织、跨学科耦合的控制)、多学科问题的不确定性传播以及不确定性存在情况下的优化等难点。第 7 章介绍了现有的 UMDO 方法,说明其特征和局限性,并通过一个易于分析说明的案例进行阐释。

第 4 部分由 2 章组成,涉及 3 个与 MDO 相关的问题:多保真优化、多目标优化、连续/离散组合变量优化。第 8 章主要介绍了多保真 MDO 和使用代理模型解决耦合代码仿真的方法。多保真方法旨在对不同保真度的模型进行组合,用以控制使用高保真模型的成本与使用低保真模型带来的不确定性。本章讨论了代理模型在多保真模型中的应用,并重点讨论了基于不同模型评估的组织过程。第 9 章着重介绍了与复杂多学科问题相关的两个主题:多目标 MDO 以及包含连续/离散组合变量的问题。首先，讨论了多目标 MDO 问题。复杂航空航天系统设计通常包含了对立的目标，这就需要我们在它们之间进行权衡，确定最适合的方案。其次，讨论了 MDO 中连续、离散和组合变量的处理。在复杂系统设计框架内，往往需要解决使用组合变量表征的优化问题，如结构与技术的选择。第 8 章和第 9 章两章都介绍了利用高斯过程来解决多保真、多目标以及组合变量优化问题的先进方法。

最后，第 5 部分包含了 3 章，主要介绍飞行器设计的测试案例。第 10 章主要介绍包含不确定性条件下的民用飞机设计问题，介绍了一种采用分布式混合电力推进的非常规大型客机设计案例。第 11 章主要介绍翼身融合飞行器（Blended Wing Body，BWB）设计，被认为是有望解决传统的翼身分离飞行器建造架构带来的经济与环境问题的替代方案。第 12 章主要介绍了部分可重复使用火箭的设计。首先介绍了研究背景和多学科问题的建模过程，随后，应用前 4 个部分中提出的一些方法对这些先进飞行器设计过程进行了一些多学科不确定性分析和优化。

参考文献

Blair, J., Ryan, R., and Schutzenhofer, L. (2001). *Launch vehicle design process: characterization, technical integration, and lessons learned*. NASA/TP - 2001 - 210992, NASA, Langley Research Center.

Jaeger, L., Gogu, C., Segonds, S., and Bes, C. (2013). Aircraft multidisciplinary design optimization under both model and design variables uncertainty. *Journal of Aircraft*, 50(2): 528 - 538.

Martins, J. and Lambe, A. (2013). Multidisciplinary design optimization: a survey of architectures. *AIAA Journal*, 51(9): 2049 - 2075.

Yao, W., Chen, X., Luo, W., van Tooren, M., and Guo, J. (2011). Review of uncertainty - based multidisciplinary design optimization methods for aerospace vehicles. *Progress in Aerospace Sciences*, 47(6): 450 - 479.

Zang, T. A., Hemsch, M. J., Hilburger, M. W., Kenny, S. P., Luckring, J. M., Maghami, P., Padula, S. L., and Stroud, W. J. (2002). *Needs and opportunities for uncertainty - based multidisciplinary design methods for aerospace vehicles*. NASA/TM - 2002 - 211462, NASA Langley Research Center.

目 录

第1部分 航空航天系统多学科建模与不确定性描述

第1章 多学科系统建模与优化 ································ 3
1.1 简介 ·· 3
1.2 一般确定性 MDO 问题的数学描述 ··················· 5
1.3 多学科耦合设计 ·· 8
1.4 MDO 公式化描述 ······································ 12
1.5 MDO 方法的实际应用 ································ 23
1.6 总结 ··· 24
参考文献 ··· 25

第2章 不确定性描述与建模 ································· 30
2.1 简介 ·· 30
2.2 不确定性的数学描述方法综述 ······················ 34
2.3 不确定性建模理论的比较与总结 ··················· 56
参考文献 ··· 58

第2部分 单学科问题:不确定性传播、可靠性分析与优化

第3章 不确定性传播与灵敏度分析 ······················· 63
3.1 概率论框架下的不确定性传播 ······················ 64
3.2 基于代理的方法 ·· 70
3.3 灵敏度分析 ·· 84

3.4　基于其他建模框架的不确定性传播 ·············· 94
　　3.5　总结 ·············· 100
　　参考文献 ·············· 101

第 4 章　可靠性分析 ·············· 108
　　4.1　简介 ·············· 108
　　4.2　可靠性分析的仿真方法 ·············· 110
　　4.3　可靠性分析的统计学方法 ·············· 116
　　4.4　基于可靠性分析的方法 ·············· 119
　　4.5　代理模型在稀有事件概率估计中的应用 ·············· 123
　　4.6　存在偶然不确定性和认知不确定性的可靠性分析综述 ·············· 126
　　4.7　总结 ·············· 129
　　参考文献 ·············· 130

第 5 章　不确定条件下的问题描述和优化方法综述 ·············· 135
　　5.1　优化问题描述 ·············· 135
　　5.2　优化问题中不确定性的量化 ·············· 141
　　5.3　优化算法简述 ·············· 143
　　5.4　非概率框架下的不确定性优化方法简述 ·············· 158
　　5.5　总结 ·············· 160
　　参考文献 ·············· 161

第 3 部分　不确定性下的多学科优化

第 6 章　多学科问题的不确定性传播 ·············· 171
　　6.1　简介 ·············· 171
　　6.2　耦合不确定性传播技术——与 FPI 相结合的朴素蒙特卡罗方法 ·············· 172
　　6.3　不确定性传播的混杂处理技术 ·············· 180
　　6.4　解耦的不确定性传播技术 ·············· 193
　　6.5　多学科问题的可靠性分析 ·············· 204
　　6.6　多学科系统中偶然/认知混杂不确定性的传播 ·············· 206

6.7	总结	209
	参考文献	210

第7章 基于不确定性的多学科设计优化 214

7.1	简介	214
7.2	MDO 和 UMDO 的区别	215
7.3	耦合 UMDO 模式	218
7.4	单级过程	231
7.5	分布式 UMDO 方法	237
7.6	混杂 UMDO 范式	257
7.7	存在偶然/认知混杂不确定性的 UMDO	258
7.8	总结	261
	参考文献	262

第4部分　MDO 相关问题：多保真、多目标和连续/离散混杂优化

第8章 应用高斯过程的多保真 MDO 271

8.1	简介	271
8.2	MDO 和多保真度方法：前期工作	271
8.3	用于多保真度分析的协同克里金法	275
8.4	多级协同克里金优化	286
8.5	总结	291
	参考文献	292

第9章 MDO 相关问题：多目标和连续/离散混杂优化 295

9.1	简介与概念	295
9.2	多目标 MDO	296
9.3	连续/离散混杂 MDO	311
9.4	总结	322
	参考文献	322

第 5 部分 案例分析

第 10 章 民用飞机设计 ⋯ 331
- 10.1 引言 ⋯ 331
- 10.2 混合动力飞机概念 ⋯ 332
- 10.3 推进链架构 ⋯ 333
- 10.4 固定翼飞机定型工具 ⋯ 336
- 10.5 全局灵敏度分析 ⋯ 339
- 10.6 结果 ⋯ 342
- 10.7 总结 ⋯ 350
- 参考文献 ⋯ 350

第 11 章 翼身融合体设计 ⋯ 353
- 11.1 简介 ⋯ 353
- 11.2 BWB 作为商业航空运输飞机的替代方案 ⋯ 354
- 11.3 BWB 配置的 MDA ⋯ 355
- 11.4 BWB 突破性配置的不确定性 ⋯ 372
- 11.5 远景观点 ⋯ 384
- 参考文献 ⋯ 385

第 12 章 一次性和重复使用运载火箭设计 ⋯ 387
- 12.1 简介 ⋯ 387
- 12.2 学科模型 ⋯ 390
- 12.3 重复使用运载火箭设计中的不确定性传播 ⋯ 399
- 12.4 重复使用运载火箭设计中的 UMDO 方法 ⋯ 402
- 12.5 一次性和重复使用运载火箭设计中的多目标优化 ⋯ 427
- 12.6 总结 ⋯ 439
- 参考文献 ⋯ 440

术 语

本节定义了各章节中的通用符号,特定的符号在各章节中具体介绍。通常情况下,向量和矩阵使用黑斜体表示,不确定量用大写字母表示。

$\hat{c}(\cdot)$	函数 $c(\cdot)$ 的代理模型
$\mathbb{E}[\cdot]$	数学期望
$\mathbb{K}[\cdot]$	约束函数的不确定性测度
$\mathbb{P}[\cdot]$	概率测度
$\mathbb{V}[\cdot]$	方差
$\bar{z}_i$	学科 i 的局部设计变量向量
$c(\cdot)$	学科输出向量函数
$g(\cdot)$	不等式约束向量函数
$h(\cdot)$	等式约束向量函数
$r(\cdot)$	状态方程的残差向量函数
U	不确定性变量向量
$u^{(i)}$	变量向量 u 的第 i 个元素
U_i	学科 i 的输入不确定性变量向量
x	状态变量向量
y	输入耦合变量向量
$y_{\cdot i}$	从所有学科到学科 i 的输入耦合变向量
y_{ij}	从学科 i 到学科 j 的输入耦合变向量
z_{sh}	不同学科之间的共享设计变量向量
z	设计变量向量
$\phi(\cdot)$	概率密度函数
$\Xi[\cdot]$	目标函数的不确定性测度
$C_{ov}(\cdot)$	协方差函数
$f(\cdot)$	目标函数
M	独立同分布样本数目
N	学科数目
$u_{(k)}$	不确定性变量 u 的第 k 个实现

第1部分

航空航天系统多学科建模与不确定性描述

第1章 多学科系统建模与优化

1.1 简介

随着飞行器系统变得日益复杂,从航天器早期设计开始并贯穿整个航天器设计过程,采用全局集成性的设计方法变得日益紧迫。在设计过程中,我们不仅要考虑与航天器紧密相关的空气动力学、推进、结构、制导与导航、弹道等学科,也要考虑到环境与操作方面的限制约束,以及制造难易程度、可靠性、可维护性等方面。这对设计者而言,无疑是一个巨大的挑战。例如,对于运载火箭来说,其全生命周期 80% 以上的成本在概念设计阶段就已经确定下来(Blair 等,2001)。对于如何缩短设计周期,同时将越来越多的知识融入设计中,多学科设计优化(Multi-disciplinary Design Optimization,MDO)方法给出了答案。你可以认为,MDO 是用于解决涉及多学科耦合的复杂设计问题的有效方法和有力工具。它的核心是一系列重要的算法,如多学科问题建模方法、优化算法、基于代理的高保真模型工具等。在各种设计与研究的过程中,这些方法得到了验证,变得越来越丰富。

MDO 为系统设计者提供了一个有效的设计框架:在 MDO 架构下,系统被分为一组相互关联的子系统(称为学科),设计时对其进行动力学建模与性能评估。目前,MDO 方法在各大领域的研究中都得到应用,如飞机设计(Henderson 等,2012;Nguyen 等,2013;Kenway 等,2014)、运载火箭设计(Braun,1996;Balesdent 等,2012;Breitkopf 与 Coelho,2013)、航天器设计(Hwang 等,2013;Huang 等,2014)、汽车设计(McAllister 与 Simpson,2003)、船舶设计(Peri 与 Campana,2003)、建筑设计(Choudhary 等,2005)等,并且提供了较使用经典方法更高效的复杂系统设计解决方案(Alexandrov,1997)。经典的设计方法(图 1.1)包含一系列学科优化问题。然而在复杂系统的设计过程中,这些学科经常出现彼此冲突的目标,经典设计方法并不能在这些目标中找到适当的折中方案(Balesdent 等,2012)。例如,在运载火箭的设计中,空气动力学学科要求尽可能减少各级直径,以减小在大气层中飞行时阻力的影响;而在结构学科方面,考虑到强度与稳定性需求,却往往要求增加各级直径。一些综述文章(Agte 等,2010;Alexandrov,1997;Balling 与 Sobieszczanski - Sobieski,1996;Sobieszczanski - Sobieski 与 Haftka,

1997；Tosserams 等,2009；Martins 与 Lambe,2013；Balesdent 等,2012)提供了不同 MDO 方法的最新进展概述。

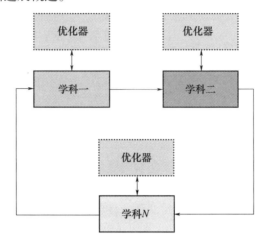

图 1.1　经典设计方法

与序列学科优化(图 1.1)不同,在 MDO 中,各学科间的相互作用被直接地考虑在内(Balesdent 等,2012)(图 1.2)。此外,复杂系统设计往往需要不同领域的专业知识,参与项目的工程师也由于工业企业的全球化而可能分布在全球各地。因此,在设计过程中必须考虑团队之间的数据交换。MDO 方法目的就是使学科间的信息交流更便捷,从而以较少的时间和成本找到最优方案。MDO 方法利用了设计过程中各学科间固有的耦合和协同增效效应,从而降低了设计计算成本,提高了全局优化的质量(Sobieszczanski‑Sobieski 与 Haftka,1997)。然而,同时处理所有的学科及其相互作用使问题的复杂性显著增加。为解决 MDO 带来的复杂性,人们开发了各种 MDO 模型。

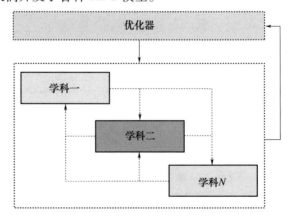

图 1.2　多学科设计优化

本章介绍不存在不确定性情况下描述 MDO 过程需要的基本概念、符号和方法。1.2 节介绍了学科的概念、一般的 MDO 公式，还介绍了描述 MDO 过程需要的符号。1.3 节描述了处理跨学科耦合的方法，这些方法可以分为不同类别：耦合和解耦方法，以及单级和多级方法。1.4 节概述了现有的 MDO 方法，描述了它们的关键步骤和各种方法的主要优缺点。

1.2 一般确定性 MDO 问题的数学描述

在 MDO 中，一个学科 i 由一个函数 $c_i(\cdot)$ 描述。设计变量与输入耦合变量作为函数输入，并计算得到耦合变量输出。图 1.3 给出了学科 i 的一般函数描述。

图 1.3 学科模型

一般的 MDO 问题表述可表示为（Balesdent 等，2012）

$$\min f(\boldsymbol{z},\boldsymbol{y},\boldsymbol{x}) \tag{1.1}$$

$$\text{w.r.t.} \quad \boldsymbol{z},\boldsymbol{y},\boldsymbol{x}$$

$$\text{s.t.} \quad \boldsymbol{g}(\boldsymbol{z},\boldsymbol{y},\boldsymbol{x}) \leq 0 \tag{1.2}$$

$$\boldsymbol{h}(\boldsymbol{z},\boldsymbol{y},\boldsymbol{x}) = 0 \tag{1.3}$$

$$\forall (i,j) \in \{1,2,\cdots,N\}^2, i \neq j, \boldsymbol{y}_{ij} = \boldsymbol{c}_{ij}(\boldsymbol{z}_i,\boldsymbol{y}_{\cdot i},\boldsymbol{x}_i) \tag{1.4}$$

$$\forall i \in \{1,2,\cdots,N\}, \boldsymbol{r}_i(\boldsymbol{z}_i,\boldsymbol{y}_{\cdot i},\boldsymbol{x}_i) = 0 \tag{1.5}$$

$$\boldsymbol{z}_{\min} \leq \boldsymbol{z} \leq \boldsymbol{z}_{\max} \tag{1.6}$$

下面段落描述了所有的变量和函数。

在一个确定性 MDO 问题中涉及 3 种类型的变量。

（1）$\boldsymbol{z}$ 是设计变量向量。对于 MDO 问题（包含目标函数与约束条件），设计变量在优化过程中不断变化。设计变量可以特定从属于某一学科或被几个学科共享。例如，在学科 i 中特定的设计变量记为 $\bar{\boldsymbol{z}}_i$，共享的设计变量标注为 $\boldsymbol{z}_{sh}$。我们定义 $\boldsymbol{z}_i = \{\boldsymbol{z}_{sh}, \bar{\boldsymbol{z}}_i\}$。作为 N 个学科中学科 $i = \{1,2,\cdots,N\}$ 的输入设计变量向量，$\boldsymbol{z} = \cup_{i=1}^{N} \boldsymbol{z}_i$，无重复。例如，在运载火箭的设计问题中，典型的设计变量包括各级直径、燃烧室压力、推进剂质量、整流罩几何参数等。

（2）$\boldsymbol{x}$ 是状态变量向量。与 $\boldsymbol{z}$ 不同的是，状态变量不是独立变量，而是取决于由设计变量、耦合变量 $\boldsymbol{y}$ 与残差 $\boldsymbol{r}(\cdot)$ 描述的状态方程。这些变量通常由隐式关系来定义,在具体的工业设计问题中需要具体的数值方法来求解。例如,为了保证有效载荷能够进入轨道,必须确定运载火箭的导引律(例如,通过弹道上一组点的俯仰角插值来建模得到)。导引律通常通过比较要进入的目标轨道与实际轨道间的误差,并经多次迭代得到。在此建模过程中,俯仰角轨迹规律为弹道学科中的状态变量,实际轨道与目标轨道的偏差为 $r(\cdot)$。

(3)在多学科背景下,各学科间交换的耦合变量定义为 y(图1.4)。该变量将不同学科联系起来,并对它们之间的相互作用进行建模。$c_{ij}(z_i, y_{\cdot i}, x_i)$ 是耦合函数,用于计算学科 i 的输出耦合变量向量,并作为输入传递到学科 j。$y_{\cdot i}$ 表示学科 i 的所有输入耦合变量,y_{ij} 是从学科 i 输出,并输入到学科 j 的输入耦合变量向量。我们注意到 $y = \bigcup_{i=1}^{N} y_{\cdot i} = \bigcup_{i=1}^{N} y_{i \cdot}$,且没有重复。将设计变量与输入耦合变量输入到学科 i,利用耦合函数 $c_{i \cdot}(z_i, y_{\cdot i}, x_i)$ 可计算输出耦合变量。$y_{i \cdot} = (y_{i1}, \cdots, y_{iN})$ 是学科 i 的输出向量,以及需要该耦合作为输入的所有其他学科的输入耦合变量。例如,结构学科设计的航天器干质量会传递到弹道学科用于对航天器的飞行弹道进行仿真。另一个例子是经典的空气动力学与结构分析的例子(图1.5)(Coelho 等,2009;El Majdet 等,2010;Kennedy 与 Martins,2014;Kenway 等,2014)。对于飞机来说,这种分析涉及空气动力学各学科(需要飞机的几何形状与变形)与结构学科(需要飞机结构上的空气动力学载荷,尤其是机翼上的载荷)间的耦合分析。对于这一耦合的系统,需要牢记它们间的设计目标经常相互冲突,例如,减重可能会带来更大的结构应力。

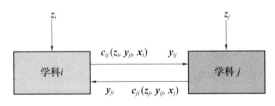

图1.4 学科 i 与学科 j 之间的耦合

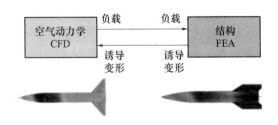

图1.5 空气动力学和结构学科之间的耦合

为了求解式(1.1)~式(1.6)描述的 MDO 问题,我们需要满足:

(1)等式与不等式约束的相容性:MDO 的解必须满足 $g(\cdot)$ 施加的不等约束与 $h(\cdot)$ 施加的等式约束。这些约束条件反映了系统在目标性能、安全性、灵活性等方面的要求。例如,运载火箭有效载荷的轨道高度就是一个必须满足的等式约束。

(2)单学科可行性:MDO 解决方案必须满足残差 $r_i(\cdot)$ 给出的等式约束。残差 $r_i(\cdot)$ 量化了学科 i 中状态方程(状态变量 x_i 是学科 i 状态方程的根)的满足程度。例如,状态方程可以描述火箭发动机燃烧室中各化学成分之间的热力学平衡。在本章的其余部分中,假定各学科可以确保满足各学科的可行性。因此,不再引述状态变量和残差。

(3)多学科相容性:MDO 的解必须满足输入耦合变量向量 y 与耦合函数 $c(\cdot)$ 通过学科仿真得到的输出耦合变量向量之间的跨学科等式约束(也称为多学科相容性约束)。在两个学科的背景下,当下面的跨学科方程组得到验证时,学科 i 与学科 j 间的耦合可以得到满足

$$\begin{cases} y_{ij} = c_{ij}(z_i, y_{\cdot i}) \\ y_{ji} = c_{ji}(z_j, y_{\cdot j}) \end{cases} \tag{1.7}$$

当满足所有耦合,例如,当式(1.7)中所有学科间的所有耦合都得到满足时,这个系统被认为是多学科相容的。满足跨学科耦合是至关重要的,因为这是建模模型能够在物理上实现的必要条件。事实上,在空气动力学和结构学的例子中,如果空气动力学计算得到的负载为 10MPa,结构学中必须使用 10MPa 作为输入,否则耦合分析便不连贯。现有的确定性 MDO 耦合满足方法见1.3 节。

(4)MDO 问题最优解:$f(\cdot)$ 是需要优化的目标函数(也被称为性能指标)。在优化过程中,可采用多个目标函数来量化多个性能指标(见第 8 章)。这种目标函数描述了一些系统特征,且是用某些度量来描述系统质量好坏的尺度(例如,航空航天飞行器生命周期的成本可用欧元,起飞总质量用千克,航程用千米等度量)。一般来说,最优解一般是目标函数的极小化。

总之,为解决 MDO 问题,必须确保:

(1)需求的可满足性:满足设计师的设计需求。
(2)单学科的可行性:满足单一学科描述的状态方程。
(3)多学科的相容性:考虑与已有设计之间的物理相关性。
(4)MDO 解决方案的最优性。

多学科的相容性是多学科系统的一个特点,它包含耦合分析并需要特定的方法来保证。1.3 节详细说明确保跨学科耦合得到满足的经典方法。

1.3 多学科耦合设计

在 MDO 中,满足跨学科耦合要求的方法有 2 类(Balling 与 Sobieszczanski - Sobieski,1996):耦合方法(图1.6)与解耦方法(图1.7)。

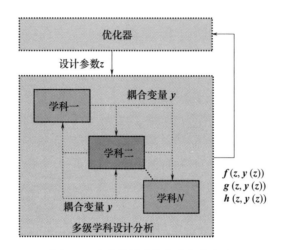

图 1.6 多学科设计优化的耦合方法

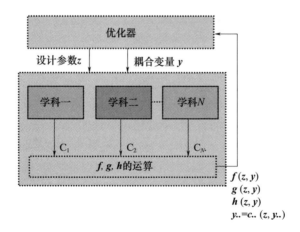

图 1.7 多学科设计优化的解耦方法

1.3.1 耦合方法(运用多学科分析)

耦合方法(图1.6)进行多学科分析(Multi – Disciplinary Analysis,MDA)以确保跨学科耦合在每次系统迭代优化过程中都能得到满足。多学科分析 MDA 是一种辅助分析手段,目的是通过求解跨学科方程组,在各学科之间找到一组平衡点(Coelho 等,2009)。换句话说,MDA 是要找到满足跨学科方程组(式(1.7))的输入耦合变量 y 值。由于学科间具有耦合特性,这一求解过程往往需要多次迭代。目前,有两种经典的 MDA 方法:固定点迭代(Fixed Point Iteration,FPI)方法和极小化跨学科方程残差的辅助优化方法(Coelho 等,2009;Breitkopf 与 Coelho,2013)。

(1) FPI。FPI 是一个从学科模型仿真中得到耦合变量,并在其不受控(初始化除外)情形下通过学科间循环迭代得到优化结果的过程。现有文献给出了多种不同的 FPI 迭代方案。最常用的是高斯 - 塞德尔法(Gauss - Seidel Approach)或雅克比法(Jacobi Approach)(Salkuyeh,2007;Lambe 与 Martins,2012;Martins 与 Lambe,2013)(图 1.8①)。采用高斯 - 塞德尔策略的 FPI 方法通过将前序学科计算得到的耦合变量更新代入新的学科并依次分析得到优化结果。这种 FPI 方法可以理解为一种多学科分析的广义高斯 - 塞德尔方法,因为它与求解线性代数方程组的高斯 - 塞德尔法存在联系。不同于高斯 - 塞德尔法,在雅克比法中,各学科以雅克比迭代上一步计算得到的而非更新后的耦合变量值作为输入。从这方面来说,在雅克比法中,所有学科是并行评估的。需要注意的是,FPI 并不总是收敛的,Ortega(1973)给出了关于确保 FPI 收敛(例如,当跨学科方程组定义了一个收敛映射时)的理论分析。

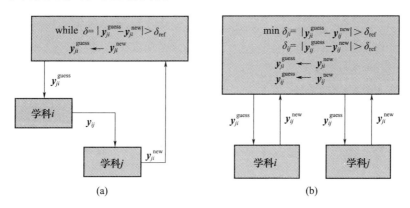

图 1.8　采用高斯 - 塞德尔策略与雅可比策略的 FPI 方法

在 FPI 方法中,仅初始化了一个耦合向量(如图 1.9② 中的 y_{ij})。算法 1 描述了使用高斯 - 塞德尔法计算两个学科间标量耦合变量的 FPI 算法,算法 2 是采用雅克比策略的算法。这些算法可以推广到向量耦合及两个以上学科优化问

---

① 译者改。
② 译者改。

题的求解。

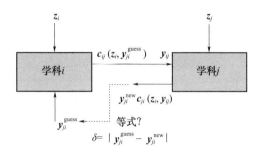

图1.9 学科i与学科j间固定点迭代的一般原则

算法1 两个学科间标量耦合的FPI算法（高斯－塞德尔法）

初始化:z_i,z_j猜测初始耦合y_{ji}^{guess},收敛容差准则δ_{ref},最大迭代次数$k_{\max}$。
　　(1)初始化$k=0$;
　　(2)评估学科i：$y_{ij}=c_{ij}(z_i,y_{ji}^{\text{guess}})$;
　　(3)评估学科j：$y_{ji}^{\text{new}}=c_{ji}(z_j,y_{ij})$;
　　(4)计算耦合误差:$\delta=|y_{ji}^{\text{guess}}-y_{ji}^{\text{new}}|$;
　　(5)$k \leftarrow k+1$,当$\delta>\delta_{\text{ref}}$且$k<k_{\max}$时;
　　　　(6-1)令$y_{ji}^{\text{guess}}=y_{ji}^{\text{new}}$;
　　　　(6-2)评估学i：$y_{ij}=c_{ij}(z_i,y_{ji}^{\text{guess}})$;
　　　　(6-3)评估学科j：$y_{ji}^{\text{new}}=c_{ji}(z_j,y_{ij})$;
　　　　(6-4)计算耦合误差:$\delta=|y_{ji}^{\text{guess}}-y_{ji}^{\text{new}}|$;
　　　　(6-5)$k \leftarrow k+1$;
　　结束。
　　如果$k<k_{\max}$,
　　　　返回y_{ji}^{new},y_{ij}和k;
　　否则,
　　　　返回"不收敛"。
　　结束。
结束。

算法2 两个学科间标量耦合的FPI算法（雅克比法）

初始化:z_i,z_j,猜测初始耦合y_{ji}^{guess},y_{ij}^{guess},收敛容差准则δ_{ref},最大迭代次数$k_{\max}$。

(1) 初始化 $k=0$;
(2) 评估学科 i 与学科 j：$\boldsymbol{y}_{ij}=\boldsymbol{c}_{ij}(\boldsymbol{z}_i,\boldsymbol{y}_{ji}^{\text{guess}})$，$\boldsymbol{y}_{ji}^{\text{new}}=\boldsymbol{c}_{ji}(\boldsymbol{z}_j,\boldsymbol{y}_{ij}^{\text{guess}})$;
(3) 计算耦合误差：$\delta_{ji}=|\boldsymbol{y}_{ji}^{\text{guess}}-\boldsymbol{y}_{ji}^{\text{new}}|$，$\delta_{ij}=|\boldsymbol{y}_{ij}^{\text{guess}}-\boldsymbol{y}_{ij}^{\text{new}}|$;
(4) $k \leftarrow k+1$，当 $\delta_{ij}>\delta_{\text{ref}}$，$\delta_{ji}>\delta_{\text{ref}}$ 且 $k<k_{\max}$ 时；

    (5-1) 令 $\boldsymbol{y}_{ji}^{\text{guess}}=\boldsymbol{y}_{ji}^{\text{new}}$，$\boldsymbol{y}_{ij}^{\text{guess}}=\boldsymbol{y}_{ij}^{\text{new}}$;

    (5-2) 评估学科 i 与学科 j：$\boldsymbol{y}_{ij}^{\text{new}}=\boldsymbol{c}_{ij}(\boldsymbol{z}_i,\boldsymbol{y}_{ji}^{\text{guess}})$，$\boldsymbol{y}_{ji}^{\text{new}}=\boldsymbol{c}_{ji}(\boldsymbol{z}_j,\boldsymbol{y}_{ij}^{\text{guess}})$;

    (5-3) 计算耦合误差：$\delta_{ji}=|\boldsymbol{y}_{ji}^{\text{guess}}-\boldsymbol{y}_{ji}^{\text{new}}|$，$\delta_{ij}=|\boldsymbol{y}_{ij}^{\text{guess}}-\boldsymbol{y}_{ij}^{\text{new}}|$;

    (5-4) $k \leftarrow k+1$;

结束。

如果 $k<k_{\max}$，

返回 $\boldsymbol{y}_{ji}^{\text{new}}$，$\boldsymbol{y}_{ij}^{\text{new}}$ 和 k；

否则，

    返回"不收敛"。

结束。

结束。

(2) 差异极小化：MDA 同样可以通过极小化输入耦合变量向量与耦合输出向量之间的差异来解决(Tedford 与 Martins, 2006)(图 1.10)。

$$\min \|\boldsymbol{y}_{1\cdot}-\boldsymbol{c}_{1\cdot}(\boldsymbol{z},\boldsymbol{y}_{\cdot 1})\|^2+\cdots+\|\boldsymbol{y}_{N\cdot}-\boldsymbol{c}_{N\cdot}(\boldsymbol{z},\boldsymbol{y}_{\cdot N})\|^2 \quad (1.8)$$
$$\text{w.r.t. } \boldsymbol{y}$$

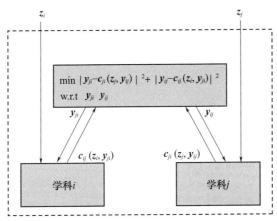

图 1.10 多学科分析中学科 i 与学科 j 差异极小化过程

如图 1.10 所示，$\boldsymbol{y}_{i\cdot}$ 表示与学科 i 相关的所有学科的输入耦合变量向量。当差异收敛到 0 时，跨学科耦合问题就得到了解决。相比于 FPI，有效的辅助优化算法对学

科 i 的调用次数更少,同时也可更自由的选择迭代步骤(Sankararaman 与 Mahadevan,2012)。Newton – Raphson 或交错解方法(Felippa 等,2001)都可用于 MDA 的寻根。更多关于 MDA 的细节可以参见 Keane 和 Nair(2005)。需要注意的是,MDO 过程要利用 MDA 来满足跨学科方程以匹配多学科在系统级迭代优化中的相容性。

需要注意的是,无论采用哪种数值计算方法来求解 MDA,最终的耦合结果都可能取决于猜测的初始值。事实上,一个非线性系统可能存在多组满足多学科相容性的平衡点。尽管这种情况较少出现在航空航天飞行器设计中,但也必须仔细计算 MDA,以确保设计过程中选择了最切合物理实际的方案。

1.3.2 解耦方法

解耦方法(图 1.7)的目的是消除 MDA,并在系统级 MDO 建模中(式(1.4))对耦合变量施加等式约束,以确保跨学科耦合在优化时得到满足。同 $g(\cdot)$ 与 $h(\cdot):\forall(i,j)\in\{1,2,\cdots,N\}^2, i\neq j, y_{ij}=c_{ij}(z_i, y_{\cdot i})$ 表示的约束一样,解耦方法可以在这一相同层级上对输入和输出耦合变量施加等式约束,而不必在 MDO 迭代过程中求解关于 z 的跨学科方程。通过定义输入耦合变量 y 为关于设计变量 z 的耦合变量,并施加如上约束,设计优化过程就自然满足了多学科相容性。事实上,在解耦方法中,系统级优化器既决定了设计变量,也决定着输入耦合变量。因此,由系统级优化变量展开引入的额外设计自由度,由耦合等式约束控制。虽然该等式约束可能不能确保在每一次迭代中都得到满足,但却引导了优化设计的搜索方向。

处理跨学科耦合的耦合与解耦方法已被纳入到各种 MDO 公式中,并在以下章节中进行介绍。

1.4 MDO 公式化描述

文献中提出了许多 MDO 方法来有效解决一般的或具体的工程问题。一些文献提供了这些不同方法的综述(Balling 与 Sobieszczanski – Sobieski,1996;Alexandrov,1997;Balesdent 等,2012;Martins 与 Lambe,2013;Breitkopf 与 Coelho,2013),并与标准的 MDO 问题(Yi 等,2008;Tedford 与 Martins,2010)进行了定性和定量的比较。

本节介绍以后章节中需要使用的主要的 MDO 公式。根据耦合或解耦处理,以及单级或多级优化,经典的 MDO 方法被分成以下 4 类(图 1.11):

(1)使用 MDA 的单级方法,如多学科可行法(Multi Discipline Feasible,MDF)(Balling 与 Sobieszczanski – Sobieski,1996)。

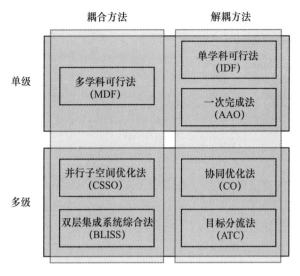

图 1.11 主要 MDO 方法的分类

（2）使用 MDA 的多级方法,如并行子空间优化(Concurrent Subspace Optimization,CSSO)(Sobieszczanski – Sobieski,1988)、双层集成系统综合法(Bi – level Integrated System Synthesis,BLISS)(Sobieszczanski – Sobieski 等,1998)。

（3）对耦合变量施加等式约束的单级方法,如单学科可行法(Individual Discipline Feasible,IDF)(Balling 与 Sobieszczanski – Sobieski,1996)、一次完成法(Au At Once,AAO)(Balling 与 Sobieszczanski – Sobieski,1996)。

（4）对耦合变量施加等式约束的多级方法,如协同优化(Collaborative Optimization,CO)(Braun,1996)、目标分流法(Analytical Target Cascading,ATC)(Allison 等,2005)、拟分解法(Quasi Separable Decomposition,QSD)(Haftka 与 Watson,2005)等。

单级方法与多级方法因优化器数量不同而不同。单级方法只有一个系统级优化器来解决 MDO 问题,而在多级方法中,除了系统优化器,还引入了学科(或子系统)优化器,将问题的复杂性分配到不同专业学科的优化中。在依靠 MDA 的方法中,MDF 是最常用的方法(Balesdent 等,2012)。MDF 是一个单级优化方法,系统性能通过学科迭代得到优化。CSSO 和 BLISS 使用 MDA 确保跨学科耦合的满足,并使用了学科解耦的方法来进行优化。IDF、CO、ATC 和 AAO 则是完全解耦的方法,其通过在 MDO 建模过程中加入附加变量或附加等式约束来满足学科耦合。

与 MDF 相比,解耦的 MDO 方法有以下优势:

（1）系统级的优化过程使各学科并行分析成为可能,然而,当一些分析或优化过程成本明显高于其他时,如多保真优化问题,就必须考虑到负载的平衡。例如,在 Zadeh 和 Toropov(2002)给出的例子中,当处理器在进行计算代价较低的分析或在等待其他处理器进行更新时,当前的处理器并不活跃,此时解耦方法并不是高效的方法。

(2)通过避免高代价 MDA 计算显著减少对高计算成本学科代码的调用。

(3)通过将问题的复杂性分配到不同专一学科优化上求解,多层级方法使系统优化更便利。然而,由于嵌入了几个层次的优化,可能导致收敛效率较低(DeMiguel 与 Murray,2000;Martins 与 Lambe,2013)。

(4)在多层级方法中,学科优化器处理局部设计变量(降低系统级设计空间大小),而系统级优化器仅处理多学科共享的变量和耦合变量;同时可以使用与学科匹配的多种适宜的优化器解决低层级的优化问题。

然而,与 MDF 相比,解耦的 MDO 方法需要对跨学科耦合进行适当的处理,同时,优化过程中也会涉及更多的变量(在多层级优化中分布在系统层级与学科层级优化器中的设计变量与耦合变量)和约束条件。

在 1.4.1 节中,为了突出 MDO 中耦合处理的主要形式,介绍 2 种单级方法(1 种耦合方法,1 种解耦方法)与 4 个多层级方法(2 个耦合,2 个解耦)。首先,对两种单级方法进行介绍。

1.4.1 MDF

MDF(图 1.12)是 MDO 中最常用的方法。Cramer 等(1994),Balling 与 Sobieszczanski - Sobieski(1996)提出了这种方法。MDF 是一种单级耦合的确定性方法,它使用 MDA 确保系统级优化器每次迭代时都满足跨学科耦合条件。一旦执行了 MDA,设计变量与耦合变量的收敛值用于计算目标函数和约束条件。学科方程仅用来找到满足状态方程的状态变量值,因此不会违背 MDF 方程。

$$\min f(z, y(z)) \tag{1.9}$$

w. r. t. z

$$\text{s. t.} \quad g(z, y(z)) \leq 0 \tag{1.10}$$

$$h(z, y(z)) = 0 \tag{1.11}$$

$$z_{\min} \leq z \leq z_{\max} \tag{1.12}$$

式中:$y(z)$(收敛后的)为满足跨学科方程组的耦合变量向量(也可以记为 $y^{\text{FPI}}(z)$)(式(1.7))。需要注意的是,MDF 中,由于多次调用 MDA,在每次迭代时,每个备选解都是多学科可行的。MDF 的主要优点是简单易实现,只涉及一个系统优化器,且由 MDA 解决跨学科耦合。此外,该方法具有足够好的通用性,可以较好地应用到所有类型的多学科系统。由于 MDA 的使用,MDF 能自然满足跨学科耦合,因此常被用作多学科优化的参考。但是,MDF 也存在明显的缺点。MDA 需要学科之间的迭代循环,因此,计算代价大。当存在计算成本高的学科时,在 MDF 中反复调用 MDA 会带来高昂的计算成本。

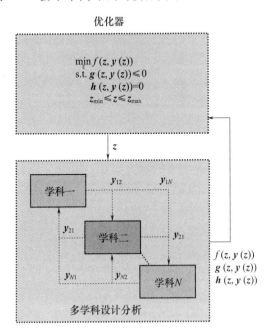

图 1.12　MDF 方法

对于大型的工业设计问题,每个子系统都可能涉及遍布世界各地的专家和工程团队,执行 MDA 将成为一项复杂的任务(Balesdent 2011):

(1)要实现考虑所有参与者的各子系统和作用域的自主定义。

(2)要实现信息和数据在各子系统间传播与交互的管理。

(3)要实现交互信息的可追溯和系统设计的可评价。

此外,该方法中子系统分析也是按顺序执行的,当使用高斯-赛德尔 FPI 法解 MDA 时,每个团队必须等待前一个团队完成后才能执行其任务,这可能非常耗时。

1.4.2　IDF

IDF(Cramer 等,1994;Balling 与 SobieszczanskiSobieski,1996)(图 1.13)是一个确定性单级解耦方法(式(1.13)~式(1.17))。它通过在建模的时候引入输入耦合作为附加的设计自由度(在系统层级处理)和跨学科耦合约束替代计算代价大的 MDA 过程(式(1.16)),即

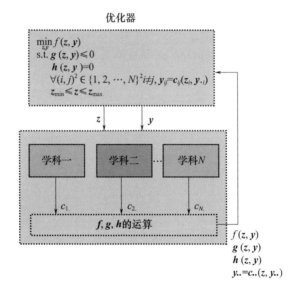

图 1.13 IDF 方法

$$\min f(\mathbf{z}, \mathbf{y}) \tag{1.13}$$

$$\text{w. r. t.} \quad \mathbf{z}, \mathbf{y}$$

$$\text{s. t.} \quad \mathbf{g}(\mathbf{z}, \mathbf{y}) \leqslant 0 \tag{1.14}$$

$$\mathbf{h}(\mathbf{z}, \mathbf{y}) = 0 \tag{1.15}$$

$$\forall (i, j) \in \{1, 2, \cdots, N\}^2 \, i \neq j, \mathbf{y}_{ij} = \mathbf{c}_{ij}(\mathbf{z}_i, \mathbf{y}_{\cdot i}) \tag{1.16}$$

$$z_{\min} \leqslant z \leqslant z_{\max} \tag{1.17}$$

式(1.13)~式(1.17)可以将主要问题划分为几个子问题以消除 MDA。输入耦合变量由系统级优化器进行控制,实现学科解耦合对其进行并行评估。优化器通过交换所有学科的耦合信息,并对它们进行协调,得到多学科兼容的可行解。与 MDF 相比,为了确保系统最优解的一致性,IDF 方法增加了输入和输出耦合变量之间的等式约束(式(1.16))。在 IDF 中,多学科可行性仅在 MDO 收敛时才能保证,在优化的中间过程并不能保证。这种分解增加了由系统级优化器控制的决策变量数量,但由于学科的并行处理,总体计算成本也可能会得到改善。与 MDF 不同,IDF 在每次系统级的迭代中仅对下层学科进行一次调用。在大规模应用中,由于每个学科只与优化器进行交互,IDF 比 MDF 的限制更少。

为了简化系统层级的优化,引入专一的子系统层级的优化器,形成了多层优化方法。1.4.3 节讨论 2 类解耦的 MDO 方法。首先,详细介绍属于多层级解耦的 CO 和 ATC,随后,讨论 BLISS 与 CSSO。其中,CSSO 可视作耦合和解耦方法的混合形式。

1.4.3 CO

CO(Braun,1996)是一种确定性的双层解耦优化方法(图1.14),人们用这种方法来提高设计的自主性以满足跨学科耦合要求。

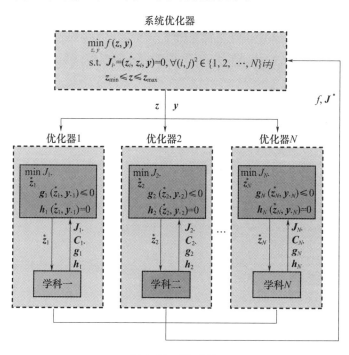

图1.14 CO方法

CO方法可表示为

$$\min f(z,y) \tag{1.18}$$

$$\text{w.r.t. } z,y$$

$$\text{s.t. } J_{i\cdot}(z_i^*,z_i,y)=0, \forall i \in \{1,2,\cdots,N\} \tag{1.19}$$

$$z_{\min} \leq z \leq z_{\max} \tag{1.20}$$

式中:$J_{\cdot i}$为学科优化后的目标函数;z_i^*为由子系统优化器控制的局部副本。

第 i 个子系统优化问题可表示为

$$\min J_{i\cdot} = \|z_i^* - z_i\|_2^2 + \|y_{i\cdot} - c_{i\cdot}(y_{\cdot i}, z_i^*)\|_2^2 \tag{1.21}$$

$$\text{w.r.t. } z_i^*$$

$$\text{s.t. } g_i(z_i^*, y_{\cdot i}) \leq 0 \tag{1.22}$$

$$h_i(z_i^*, y_{\cdot i}) = 0 \tag{1.23}$$

$$z_{i_{\min}}^* \leq z^* \leq z_{i_{\max}}^* \tag{1.24}$$

与单级 MDO 方法相比,CO 具有重要的优势。事实上,CO 允许使用各科专家们可能采用的、最适合各个学科的优化方法。此外,设计过程是模块化的,可以灵活添加或删除学科,而无须修改整个设计过程。然而,在理论和实际应用中,一些研究人员(Alexandrov 与 Lewis,2000)注意到采用二次型约束时的收敛性问题。为克服这一问题,人们提出了一些对 CO 的改进方法(DeMiguel 与 Murray,2006)。不管怎样,CO 在解一些 MDO 问题时给出了较好的结果并得到证实(Braun,1996)。

1.4.4 ATC

ATC(图 1.15)由 Michelena 等(1999,2003)与 Kim(2001)提出,最初是为了使工业产品的开发过程更加标准化,适用于解决具有层次结构的问题。ATC 是一种多级 MDO 方法(可能涉及 2 个以上的层级),其通过将系统和子系统层级的目标在不同的层级间传递优化而得到实现。在 ATC 中,最初的问题被细分为一系列子问题,指定的设计目标从系统级传递到低一些的子系统级,在低层级子系统优化后回馈到高层级系统,从而实现目标的优化。

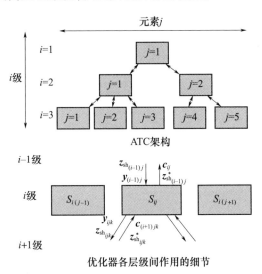

图 1.15 ATC 方法(Balesdent 等,2012)

在设计过程中的各个层级上,为了尽量减小各层输出和传播到该层级的目标间的误差并保证上下层优化层间之间的一致性,人们提出了一些具体的优化策略。对于一些问题,ATC 的数学表述可能与 CO 相似(Allison 等,2005)。

用 S_{ij} 表示第 i 优化层级的第 j 子系统,该子系统要解决的优化问题为

$$\min f_{ij} = \| C_{ij} - y_{(i-1)j} \| + \| z_{\text{sh}(i-1)j} - z_{\text{sh}(i-1)j}^{*} \| + \epsilon_{C_{ij}} + \epsilon_{Z_{ij}}$$

$$\text{w. r. t } \bar{z}_{ij}, z_{\text{sh}_{ij}}, z^*_{\text{sh}(i-1)j}, y_{ij}, \epsilon_{C_{ij}}, \epsilon_{Z_{ij}}$$

$$C_{ij} = c_{ij}(y_{ij}, \bar{z}_{ij}, z^*_{\text{sh}(i-1)j}) \tag{1.25}$$

$$\sum_{k \in \text{Child}_{ij}} \| y_{ijk} - C_{(i+1)jk} \| \leq \epsilon_{C_{ij}} \tag{1.26}$$

$$\text{s. t.} \sum_{k \in \text{Child}_{ij}} \| z_{\text{sh}_{ijk}} - z^*_{\text{sh}_{ijk}} \| \leq \epsilon_{Z_{ij}} \tag{1.27}$$

$$g_{ij}(c_{ij}, \bar{z}_{ij}, z^*_{\text{sh}(i-1)j}) \leq 0 \tag{1.28}$$

$$h_{ij}(c_{ij}, \bar{z}_{ij}, z^*_{\text{sh}(i-1)j}) = 0 \tag{1.29}$$

式中:$\bar{z}_{ij}$为S_{ij}的设计变量;$z_{\text{sh}_{ij}}$为S_{ij}的共享设计变量;$z^*_{\text{sh}(i-1)j}$为S_{ij}共享设计变量父变量的局部副本;C_{ij}为S_{ij}的反应;$C_{(i+1)jk}$为S_{ij}的第k个子变量的反应;y_{ij}为S_{ij}的耦合变量;$y_{(i-1)j}$为S_{ij}的父耦合变量;$\varepsilon_{c_{ij}}$与$\varepsilon_{z_{ij}}$为满足不等式约束条件的相对公差(式(1.28)与式(1.29));Child$_{ij}$为S_{ij}的一系列子变量。

对于顶层,目标函数不管耦合约束满足与否,$y_{(i-1)j}$都被要达到的真实目标取代(变量$z^*_{\text{sh}(i-1)j}$不是必需的)。同样地,对于底层,式(1.26)与式(1.27)不是必需的,底层的子系统优化器仅考虑变量$\bar{z}_{ij}$与$z^*_{\text{sh}(i-1)j}$。

在能够使用多层结构解决的大规模设计问题中,ATC 是常用的方法。通过将 MDO 问题划分为不同层级,ATC 方法能够将 MDO 问题的复杂性分配到不同优化层级的不同子系统中。因此,ATC 适用于解决可以划分为许多子问题的 MDO 问题。ATC 已经通过使用拉格朗日协调法得到了优化(Kim 等,2006),并扩展到非层次性优化问题的求解(Tosserams 等,2010),其并行优化过程与收敛性证明也已经得到说明(Michelena 等,2003;Han 与 Papalambros,2010)。

1.4.5 BLISS

BLISS(Sobieszczanski - Sobieski 等,1998,2000)是由一个系统级的优化器和一组子系统级的学科优化器组成的多层次确定性 MDO 方法(图 1.16),并且是一种迭代方法。BLISS 的主要思路是使用一系列原始问题的线性近似在设计空间中找到一条满足条件的路径。在这一过程中,设计师要确定设计变量迭代的步长和边界以避免设计点偏离近似点太多而使设计不准确。此概念类似于信任区域优化算法(Conn 等,2000)。BLISS 是一种基于梯度的算法,将对各特定专业学科设计变量(子系统优化问题)和目标函数的共享设计变量(系统级优化问题)的贡献权值进行相继优化。为确保多学科的可行性,BLISS 像 MDF 一样依赖于 MDA 在系统和子系统间处理跨学科耦合。

在 BLISS 的第 k 次迭代中,系统级优化器解决的问题为

$$\min f^*_k + \frac{\partial f^*_k}{\partial z_{\text{sh}}} \Delta z_{\text{sh}} \tag{1.30}$$

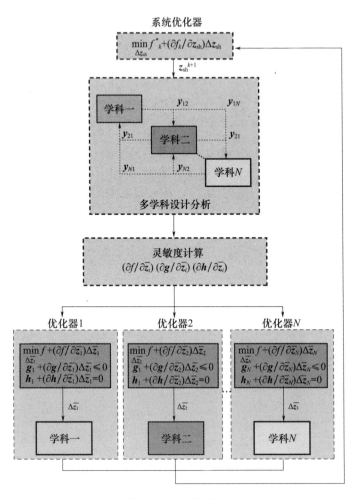

图 1.16 BLISS 方法

$$\text{w. r. t. } \Delta z_{sh}$$

$$\text{s. t. } \Delta z_{sh_{min}} \leq \Delta z_{sh} \leq \Delta z_{sh_{max}} \tag{1.31}$$

第 i 个子系统的优化问题描述为

$$\min f + \frac{\partial f}{\partial \overline{z}_i} \Delta \overline{z}_i \tag{1.32}$$

$$\text{w. r. t. } \Delta \overline{z}_i$$

$$\text{s. t. } \boldsymbol{g}_i + \frac{\partial \boldsymbol{g}_i}{\partial \Delta \overline{z}_i} \Delta \overline{z}_i \leq 0 \tag{1.33}$$

$$\boldsymbol{h}_i + \frac{\partial \boldsymbol{h}_i}{\partial \Delta \overline{z}_i} \Delta \overline{z}_i = 0 \tag{1.34}$$

$$\Delta \bar{z}_{i_{\min}} \leqslant \Delta \bar{z}_i \leqslant \Delta \bar{z}_{i_{\max}} \tag{1.35}$$

式中:Δz 为优化变量在当前第 k 次迭代中的增量。在式(1.30)~式(1.31)描述的系统级优化问题中,目标函数 $f_k^*(\cdot)$ 是精确目标函数 $f(\cdot)$ 在学科设计变量 z_i 通过子系统优化找到的最优解附近的一阶泰勒级数展开。在子系统级上,目标函数与约束条件是在系统级优化找到的共享设计变量最优解附近的一阶泰勒级数展开。BLISS 方法允许将系统级优化和不同学科的子系统级优化分离,并采用与各学科相匹配的优化方法来提高系统的收敛性。然而,BLISS 对线性近似的依赖可能会带来问题,特别是处理高度非线性的问题时,算法的收敛速度会十分缓慢。如果能正确地定义变量边界,例如,建立信任区域标架,将有助于系统收敛。此外,人们也发展了一些 BLISS 的变体,例如,BLISS-2000 使用了近似模型取代原来的学科模型,降低了计算成本。

1.4.6 CSSO

CSSO(图 1.17)由 Sobieszczanski-Sobieski(1988)提出。这种迭代方法也是基于系统分解策略,且允许各子系统独立地对优化过程产生作用。全局优化问题则由系统级的优化器来解决,以协调不同子系统的输出并对各子系统层级的优化结果进行折中。

为了确定耦合变量对目标 $f(\cdot)$ 以及约束 $g(\cdot)$、$h(\cdot)$ 的影响,其近似值被用于不同子系统优化中。当执行子系统优化时,一个子系统中变量变化对其他子系统约束的影响也可以被确定下来。这一方法引入了累积约束和约束违反判定的概念(Sobieszczanski-Sobieski,1988),即考虑学科中约束受到其他学科影响时约束的满足程度。这一概念可以通过在初始问题中引入附加(协调)变量来实现。

耦合变量的近似可以通过,如神经网络(Sellar 与 Batill,1996)或响应面(Renaud 与 Gabriele,1993,1994;Sellar 等,1996;Wujek 等,1996,1997)等方法来完成。一些使用近似模型(Rodriguez 等,1998,2001;Perez 等,2002)的 CSSO 方法可以在其他文献中查找,在本章不做介绍。CSSO 方法使用多学科分析来协调优化过程,并使用全局灵敏度方程(Global Sensitivity Equation,GSE)来进行灵敏度分析。GSE 的分辨率(Sobieszczanski-Sobieski,1990)使快速获得不同变量对目标函数总的影响成为可能。

系统级优化器解决的问题为

$$\begin{aligned} &\min f(\tilde{\boldsymbol{y}}, \boldsymbol{z}_{\mathrm{sh}}) \\ &\mathrm{w.r.t.} \quad \boldsymbol{z}_{\mathrm{sh}} \end{aligned} \tag{1.36}$$

$$\mathrm{s.t.} \ \boldsymbol{g}(\tilde{\boldsymbol{y}}, \boldsymbol{z}_{\mathrm{sh}}) \leqslant 0 \tag{1.37}$$

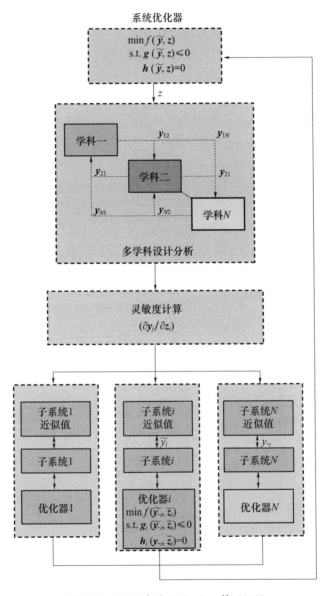

图 1.17 CSSO 方法（Balesdent 等，2012）

$$h(\widetilde{y}, z_{\mathrm{sh}}) = 0 \tag{1.38}$$

$$z_{\mathrm{sh}_{\min}} \leqslant z_{\mathrm{sh}} \leqslant z_{\mathrm{sh}_{\max}} \tag{1.39}$$

式中：$\widetilde{y}$ 为耦合变量的近似值。

第 i 个子系统的优化问题构建为

$$\min f(\widetilde{\boldsymbol{y}}_{\cdot i}, \boldsymbol{z}_{sh}, \bar{\boldsymbol{z}}_i), j \neq i \tag{1.40}$$

$$\text{w. r. t. } \boldsymbol{z}_i$$

$$\text{s. t. } \boldsymbol{g}_i(\widetilde{\boldsymbol{y}}_{\cdot i}, \boldsymbol{z}_{sh}, \bar{\boldsymbol{z}}_i) \leq 0 \tag{1.41}$$

$$\boldsymbol{h}_i(\widetilde{\boldsymbol{y}}_{\cdot i}, \boldsymbol{z}_{sh}, \bar{\boldsymbol{z}}_i) = 0 \tag{1.42}$$

$$z_{i_{min}} \leq \bar{z}_i \leq z_{i_{max}} \tag{1.43}$$

不同于 CO 方法,在子系统级并行优化期间,共享设计变量被当作常量。Huang 与 Bloebaum(2004)提出了基于 CSSO 的方法:多目标帕累托(Pareto)并行子空间优化法(Muti-Objective Pareto Concurent Subspace Optimization,MOPCSSO)。MOPCSSO 旨在利用 CSSO 架构并整合帕累托最优性的概念(Pareto,1971)来解决多目标优化问题。该方法可以使用基于 CSSO 的方法解决大规模的多目标优化问题。有关 MDO 和多目标问题的更多详细信息,见第 9 章。

CSSO 方法的主要特点是使用学科模型来估算其他学科变量的影响,并以解耦的方式解决这一问题。这些近似模型创建了一个由本地优化器使用的数据库,以优化目标和满足约束。这样,CSSO 可以减少优化过程的计算时间。简而言之,如果问题规模较小,且近似模型易于得到,CSSO 就会十分高效,并在较少的计算时间内获得结果。

不幸的是,CSSO 的效率高度依赖于耦合变量的近似模型。此外,对于大规模优化问题,构建近似模型所需时间可能比它们优化过程节省的时间更长。

对于确定性 MDO 方法的更多详情,见不同的参考文献(Balling 与 Sobieszczanski-Sobieski,1996;Alexandrov,1997;Balesdent 等,2012;Martins 与 Lambe,2013)。

1.5 MDO 方法的实际应用

为了简化 MDO 问题并利于其实现,MDO 问题框架本身被列为一个重要的研究方向。对于 MDO 框架的研究,人们已经从不同方面定义了多种需求(Salas 与 Townsend,1998;Padula 与 Gillian,2006;Hiriyannaiah 与 Mocko,2008),这些需求分为问题表述、问题执行、模块化、并行处理、用户界面、软件设计和数据工作流管理等。几款商业软件已经面世,如 iSIGHT(Golovidov 等,1998)、ModelCenter 和 ModeFRONTIER。这些软件能使用户对多个学科与仿真代码进行耦合,并可使用一些优化算法或不确定性量化技术进行多学科设计优化。此外,他们还提供了图形用户界面(Graphical User Interfaces,GUI),并集成封装了一些畅销的商业软件工具(NASTRAN、Matlab 等),以方便非专业人士进行多学科设计优化。然而,这些软件在可扩展性与解决复杂问题时的数值计算方面仍有诸多限制。

例如,为了解决基于梯度优化的 MDO 问题,软件使用了有限差分近似而不是更精确的解析导数,导致计算成本的增加与计算结果的不准确。最近,NASA Glenn(Gray 等,2019)使用 Python 开发了 OpenMDAO 框架,提出使用解析导数的梯度优化方法来解决 MDO 问题。OpenMDAO 提供了统一的导数方程和先进的数值计算方法,以解决更大规模、更复杂的 MDO 问题。事实上,与传统技术相比,解析推导的伴随方法能够简化耦合 MDO 问题,并降低计算成本。然而,这种方法目前并没有 GUI 或进行封装,使得不熟悉 MDO 方法的工程师难以对其进行应用。本书提出的所有 MDO 问题都是使用 OpenMDAO 实现的。有关 MDO 的 OpenMDAO 架构和基于梯度优化方法的更多细节,见 Gray 等(2019)。

1.6 总结

本章介绍了几种现有的确定性 MDO 方法。这些方法可以根据跨学科耦合处理的方法(耦合或解耦方法)和优化层级的数量(单级或多级)进行分类。设计过程的分解可以为各专业的工程团队提供更大自主权,但也使 MDO 问题的解决变得更加复杂。这些确定性 MDO 方法已被用于解决一大类航天飞行器的设计问题(Henderson 等,2012;Nguyen 等,2013;Kenway 等,2014;Braun,1996;Balesdent 等,2012;Breitkopf 与 Coelho,2013),其中主要涉及了单级的 MDF。

这些确定性的 MDO 方法发展起来后,因其能使航天器获得更好的性能、更高的可靠性、低风险和成本,研究人员、航空航天机构与制造业公司(Zang 等,2002)都十分重视多学科设计优化方法的发展。为了高效地实现这些目标,设计师们从概念设计到工业生产的航天器全生命周期都使用了建模、仿真与优化等方法,涉及航天器设计的方方面面。然而,在实践中,航天器的生命周期会受到自身、运行环境或工况等不确定性的影响。由于实际工况与预期标称条件的偏差,这些不确定性可能导致系统性能的波动,甚至导致系统失效。因此,在设计的早期阶段就考虑到各种不确定性,对避免意外故障的发生和维持系统最佳性能十分重要。基于学科耦合分析,在 MDO 过程中引入不确定性,考虑潜在的不确定性现象,能增强复杂系统的设计能力和稳定性。基于不确定性的多学科设计优化(Uncertainty – based Multidisciplinary Design Optimization, UMDO)就是要解决不确定性条件下的 MDO 问题。

在 MDO 中考虑到不确定性需要一些新的论题,以精确地处理不确定性。这些新论题在后面的章节中介绍。在第 2 章中,讨论不确定性的定义及分类,并明确不确定性的来源。随后,讨论 UMDO 问题下的不确定性建模。不确定性的数学表示能使我们将不确定性整合到 MDO 框架下。不确定性的不同存在形式与建模方式都会影响 UMDO 过程,第 2 章中将详细介绍。

参考文献

Agte, J. , de Weck, O. , Sobieszczanski – Sobieski, J. , Arendsen, P. , Morris, A. , and Spieck, M. (2010). MDO: assessment and direction for advancement—an opinion of one international group. *Structural and Multidisciplinary Optimization*, 40(1):17 – 33.

Alexandrov, N. and Lewis, R. (2000). Algorithmic perspectives on problem formulations in MDO. In *8th AIAA/USAF/NASA/ISSMO Symposium on Multidisciplinary Analysis and ptimization*, Long Beach, CA, USA.

Alexandrov, N. M. (1997). Multilevel methods for MDO. *Multidisciplinary Design ptimization: State of the Art*, SIAM, pages 79 – 89.

Allison, J. , Kokkolaras, M. , Zawislak, M. , and Papalambros, P. Y. (2005). On the use of analytical target cascading and collaborative optimization for complex system design. In *6th World Congress on Structural and Multidisciplinary Optimization*, Rio de Janeiro, Brazil.

Balesdent, M. (2011). *Multidisciplinary design optimization of launch vehicles*. PhD thesis, Ecole Centrale de Nantes.

Balesdent, M. , Bérend, N. , Dépincé, P. , and Chriette, A. (2012). A survey of multidisciplinary design optimization methods in launch vehicle design. *Structural and Multidisciplinary Optimization*, 45(5):619 – 642.

Balling, R. J. and Sobieszczanski – Sobieski, J. (1996). Optimization of coupled systems – a critical overview of approaches. *AIAA Journal*, 34(1):6 – 17.

Blair, J. , Ryan, R. , and Schutzenhofer, L. (2001). *Launch vehicle design process: characterization, technical integration, and lessons learned*. NASA/TP – 2001 – 210992, NASA, Langley Research Center.

Braun, R. D. (1996). *Collaborative optimization: an architecture for large – scale distributed design*. PhD thesis, Stanford University.

Breitkopf, P. and Coelho, R. F. (2013). *Multidisciplinary design optimization in computational Mechanics*. John Wiley & Sons.

Choudhary, R. , Malkawi, A. , and Papalambros, P. (2005). Analytic target cascading in simulation-based building design. *Automation in construction*, 14(4):551 – 568.

Coelho, R. F. , Breitkopf, P. , Knopf – Lenoir, C. , and Villon, P. (2009). Bi – level model reduction for coupled problems. *Structural and Multidisciplinary Optimization*, 39(4):401 – 418.

Conn, A. R. , Gould, N. I. , and Toint, P. L. (2000). *Trust region methods*, volume 1. SIAM.

Cramer, E. J. , Dennis, Jr, J. , Frank, P. D. , Lewis, R. M. , and Shubin, G. R. (1994). Problem formulation for multidisciplinary optimization. *SIAM Journal on Optimization*, 4(4):754 – 776.

DeMiguel, A. – V. and Murray, W. (2000). An analysis of collaborative optimization methods. In *8th*

AIAA/USAF/NASA/ISSMO symposium on multidisciplinary analysis and optimization, Long Beach, CA, USA.

DeMiguel, V. and Murray, W. (2006). A local convergence analysis of bilevel decomposition algorithms. *Optimization and Engineering*, 7(2): 99 – 133.

El Majd, B. A., Desideri, J. - A., and Habbal, A. (2010). Optimisation de forme fluide – structure par un jeu de Nash (in French). *Revue Africaine de la Recherche en Informatique et Mathématiques Appliquées*, (13): 3 – 15.

Felippa, C. A., Park, K., and Farhat, C. (2001). Partitioned analysis of coupled mechanical systems. *Computer methods in applied mechanics and engineering*, 190(24 – 25): 3247 – 3270.

Golovidov, O., Kodiyalam, S., Marineau, P., Wang, L., and Rohl, P. (1998). Flexible implementation of approximation concepts in an MDO framework. In *7th AIAA/USAF/NASA/ISSMO Symposium on Multidisciplinary Analysis and Optimization*, page 4959.

Gray, J. S., Hwang, J. T., Martins, J. R. R. A., Moore, K. T., and Naylor, B. A. (2019). OpenMDAO: An open – source framework for multidisciplinary design, analysis, and optimization. *Structural and Multidisciplinary Optimization*, 59(4): 1075 – 1104.

Haftka, R. T. and Watson, L. T. (2005). Multidisciplinary design optimization with quasiseparable subsystems. *Optimization and Engineering*, 6(1): 9 – 20.

Han, J. and Papalambros, P. (2010). A Note on the Convergence of Analytical Target Cascading With Infinite Norms. *Journal of Mechanical Design*, 132(3): 034502 – 034502 – 6.

Henderson, R., Martins, J. R. R. A., and Perez, R. (2012). Aircraft conceptual design for optimal environmental performance. *Aeronautical Journal*, 116(1175): 1.

Hiriyannaiah, S. and Mocko, G. M. (2008). Information management capabilities of MDO frameworks. In *ASME 2008 International Design Engineering Technical Conferences and Computers and Information in Engineering Conference*, pages 635 – 645. American Society of Mechanical Engineers.

Huang, C. - H. and Bloebaum, C. (2004). Incorporation of preferences in multi – objective concurrent subspace optimization for multidisciplinary design. In *10th AIAA/ISSMO Multidisciplinary Analysis and Optimization Conference*, Albany, New York, USA.

Huang, H., An, H., Wu, W., Zhang, L., Wu, B., and Li, W. (2014). Multidisciplinary design modeling and optimization for satellite with maneuver capability. *Structural and Multidisciplinary Optimization*, 50(5): 883 – 898.

Hwang, J. T., Lee, D. Y., Cutler, J. W., and Martins, J. R. R. A. (2013). Large – scale MDO of a small satellite using a novel framework for the solution of coupled systems and their derivatives. In *54th AIAA/ASME/ASCE/AHS/ASC Structures, Structural Dynamics, and Materials Conference*, Boston, MA, USA.

Keane, A. and Nair, P. (2005). *Computational approaches for aerospace design: the pursuit of excellence*. Wiley & Sons.

Kennedy, G. and Martins, J. (2014). A parallel aerostructural optimization framework for aircraft design studies. *Structural and Multidisciplinary Optimization*, 50(6):1079–1101.

Kenway, G., Kennedy, G., and Martins, J. R. R. A. (2014). Scalable parallel approach for highfidelity steady-state aeroelastic analysis and adjoint derivative computations. *AIAA Journal*, 52(5): 935–951.

Kim, H. (2001). *Target Cascading in Optimal System Design*. PhD thesis, University of Michigan, USA.

Kim, H., Chen, W., and Wiecek, M. (2006). Lagrangian Coordination for Enhancing the Convergence of Analytical Target Cascading. *AIAA Journal*, 44(10):2197–2207.

Lambe, A. B. and Martins, J. R. R. A. (2012). Extensions to the design structure matrix for the description of multidisciplinary design, analysis, and optimization processes. *Structural and Multidisciplinary Optimization*, 46(2):273–284.

Martins, J. R. R. A. and Lambe, A. (2013). Multidisciplinary design optimization: a survey of architectures. *AIAA Journal*, 51(9):2049–2075.

McAllister, C. D. and Simpson, T. W. (2003). Multidisciplinary robust design optimization of an internal combustion engine. *Journal of Mechanical Design*, 125(1):124–130.

Michelena, N., Kim, H., and Papalambros, P. (1999). A system partitioning and optimization approach to target cascading. In *12th International Conference on Engineering Design*. Munich, Germany.

Michelena, N., Park, H., and Papalambros, P. (2003). Convergence properties of analytical target cascading. *AIAA Journal*, 41(5):897–905.

Nguyen, N.-V., Choi, S.-M., Kim, W.-S., Lee, J.-W., Kim, S., Neufeld, D., and Byun, Y.-H. (2013). Multidisciplinary unmanned combat air vehicle system design using multi-fidelity model. *Aerospace Science and Technology*, 26(1):200–210.

Ortega, J. M. (1973). Stability of difference equations and convergence of iterative processes. *SIAM Journal on Numerical Analysis*, 10(2):268–282.

Padula, S. and Gillian, R. (2006). Multidisciplinary environments: a history of engineering framework development. In *11th AIAA/ISSMO Multidisciplinary Analysis and Optimization Conference*, page 7083.

Pareto, V. (1971). *Manual of Political Economy*. A. M Kelley. New-York, NY, USA.

Perez, V., Renaud, J., and Watson, L. (2002). Reduced sampling for construction of quadratic response surface approximations using adaptive experimental design. In *43rd AIAA/ASME/ASCE/AHS/ASC Structures, Structural Dynamics, and Materials Conference*, Denver, CO, USA.

Peri, D. and Campana, E. F. (2003). Multidisciplinary design optimization of a naval surface combatant. *Journal of Ship Research*, 47(1):1–12.

Renaud, J. and Gabriele, G. (1993). Improved Coordination in Nonhierarchic System Optimization. *AIAA Journal*, 31(12):2367–2373.

Renaud, J. and Gabriele, G. (1994). Approximation in Nonhierarchic System Optimization. *AIAA Journal*, 32(1):198 – 205.

Rodriguez, J. F., Perez, V. M., Padmanabhan, D., and Renaud, J. E. (2001). Sequential approximate optimization using variable fidelity response surface approximations. *Structural and Multidisciplinary Optimization*, 22(1):24 – 34.

Rodriguez, J. F., Renaud, J. E., and Watson, L. T. (1998). Trust region augmented Lagrangian methods for sequential response surface approximation and optimization. *Journal of Mechanical Design*, 120(1):58 – 66.

Salas, A. and Townsend, J. (1998). Framework requirements for MDO application development. In 7*th AIAA/USAF/NASA/ISSMO Symposium on Multidisciplinary Analysis and Optimization*, page 4740.

Salkuyeh, D. K. (2007). Generalized Jacobi and Gauss – Seidel methods for solving linear system of equations. *Numerical mathematics—English series* – ,16(2):164.

Sankararaman, S. and Mahadevan, S. (2012). Likelihood – based approach to multidisciplinary analysis under uncertainty. *Journal of Mechanical Design*, 134(3):031008.

Sellar, R. and Batill, S. (1996). Concurrent subspace optimization using gradient – enhanced neural network approximations. In 6*th Symposium on Multidisciplinary Analysis and Optimization*, Bellevue, WA, USA.

Sellar, R., Batill, S., and Renaud, J. (1996). Response surface based, concurrent subspace optimization for multidisciplinary system design. In 34*th Aerospace Sciences Meeting and Exhibit*, Reno, NV, USA.

Sobieszczanski – Sobieski, J. (1988). *Optimization by decomposition: a step from hierarchic to nonhierarchic systems*. NASA Technical Report, CP – 3031.

Sobieszczanski – Sobieski, J. (1990). Sensitivity of Complex Internally Coupled Systems. *AIAA Journal*, 28(1):153 – 160.

Sobieszczanski – Sobieski, J., Agte, J., and Sandusky, R. (1998). Bi – level integrated system synthesis(BLISS). *NASA Technical Report TM* – 1998 – 208715.

Sobieszczanski – Sobieski, J., Agte, J. S., and Sandusky, R. R. (2000). Bi – level integrated system synthesis. *AIAA Journal*, 38(1):164 – 172.

Sobieszczanski – Sobieski, J. and Haftka, R. (1997). Multidisciplinary aerospace design optimization: survey of recent developments. *Structural and Multidisciplinary Optimization*, 14(1):1 – 23.

Tedford, N. P. and Martins, J. R. R. A. (2006). On the common structure of MDO problems: a comparison of architectures. In 11*th AIAA/ISSMO multidisciplinary analysis and optimization conference*, Portsmouth, VA.

Tedford, N. P. and Martins, J. R. R. A. (2010). Benchmarking multidisciplinary design optimization algorithms. *Optimization and Engineering*, 11(1):159 – 183.

Tosserams, S., Etman, L. P., and Rooda, J. (2009). A classification of methods for distributed system optimization based on formulation structure. *Structural and Multidisciplinary Optimization*, 39(5):503.

Tosserams, S., Kokkolaras, M., Etman, L., and Rooda, J. (2010). A nonhierarchical formulation of analytical target cascading. *Journal of Mechanical Design*, 132(5):051002.

Wujek, B., Renaud, J., and Batill, S. (1997). A Concurrent Engineering Approach for Multidisciplinary Design in a Distributed Computing Environment. *Multidisciplinary Design Optimization: State-of-the-Art*, N. Alexandrov and M. Y. Hussaini (Ed.), SIAM Series: *Proceedings in Applied Mathematics* 80, pp. 189–208.

Wujek, B., Renaud, J., Batill, S., and Brockman, J. (1996). Concurrent Subspace Optimization Using Design Variable Sharing in a Distributed Computing Environment. *Concurrent Engineering*, 4(4):361–377.

Yi, S.-I., Shin, J.-K., and Park, G. (2008). Comparison of MDO methods with mathematical examples. *Structural and Multidisciplinary Optimization*, 35(5):391–402.

Zadeh, P. M. and Toropov, V. (2002). Multi-fidelity multidisciplinary design optimization based on collaborative optimization framework. In *9th AIAA/ISSMO Symposium on Multidisciplinary Analysis and Optimization*, Atlanta, GA, USA.

Zang, T. A., Hemsch, M. J., Hilburger, M. W., Kenny, S. P., Luckring, J. M., Maghami, P., Padula, S. L., and Stroud, W. J. (2002). *Needs and opportunities for uncertainty-based multidisciplinary design methods for aerospace vehicles*. NASA/TM-2002-211462, NASA Langley Research Center.

第 2 章　不确定性描述与建模

2.1　简介

2.1.1　不确定性的分类

复杂系统的设计过程,如航天器设计,包含基于物理和数学的不同模型。在适当的假设下,模型可作为客观实体的表征进行模拟仿真或实验(Der Kiureghian 与 Ditlevsen,2009)。由于简化假设的存在、认知的缺乏与固有的随机变量,模型对现实的表征存在不确定性。在设计的早期阶段,这些不确定性相当之大。由于研究领域的不同,不确定性这一术语有着不同的定义与分类,该概念与其他概念,如不完美性、无知性、歧义性、模糊性、不准确性、含糊性、不完备性等有关。

对于不确定性,通常有 2 种不同的含义(Jousselme 等,2003):

(1) 主观状态的不确定性。

(2) 物理属性信息的不确定性。

第 1 种含义描述由于决策者知识与信息的缺乏带来的不确定性,第 2 种含义指物理属性,即感知系统的局限性(例如测量的不确定性)。不确定性的不同分类方法在文献中均有介绍,如 Bronner 的社会学观点(Bronner,2015)、Smithson 的无知分类法(2012)、Krause 与 Clark 提出的不确定性分类(2012)、Bouchon-Meunier 与 Nguyen 提出的不确定性模型(1996)、Klir 与 Wierman 提出的不确定性的不同种类(2013)等。为了处理不确定性,必须定义一个框架,在此框架内知识、信息和不确定性可以被表示、整合、管理、减少、更新等。

在航天器设计领域,目前已对 2 个主要类别的不确定性达成了共识:偶然不确定性与认知不确定性,这反映了不确定性的 2 种可能的含义(表 2.1)(Thunnissen,2005)。偶然不确定性是信息的固有物理属性,无法通过收集更多的数据或信息来减小。认知不确定性源于对知识的缺乏,可以通过增加知识或收集更多的信息来减小。表 2.1 通过几个例子,提供了 2 种不确定性的定义。

表 2.1 偶然不确定性与认知不确定性

偶然不确定性	认知不确定性
定义： 源自拉丁文 *alea*，意为死亡，它表示物理系统与纳入考虑的环境内在的固有性。该种不确定性不能通过收集更多的信息或数据来减少	定义： 源自希腊语 *epist emikós*，意为知识，它表示所有对于基本现象的信息与认知的缺乏。这种模型的不确定性与选定的表征实际物理现象的简化数学模型精度有关（Thunnissen，2005）
别称： 变异性，随机不确定性，偶然性，不可约的不确定性（Thunnissen，2005）	别称： 无知导致的不确定性，主观不确定性，可约的不确定性（Thunnissen，2005）
例子： 在火箭发射过程中，是否有风的存在、风的方向和幅度等	例子： 在空气动力学中，选择一个可压缩的或不可压缩的、有无边界层的、有无湍流的流动模型，或多或少地反映了飞行器飞行过程中绕流的情形
适用的数学理论： 概率论	适用的数学理论： 不精确概率论，证据理论，可能性理论，概率框理论

这 2 种不确定性之间的区别十分重要，因为对不确定性的建模和适用数学框架的选用主要取决于不确定性的分类、认知以及收集的可以用来描述该不确定性的数据。一般情况下，不确定性可以分为 2 类。然而，在系统建模中，不确定性的来源是多样的，这将在 2.1.2 节中介绍。本章介绍航天系统分析与设计中可能使用的不确定性处理方法的不同架构。本章后面部分组织如下：2.1.2 节讨论工程领域中不确定性的各种来源。随后，2.2 节介绍用于描述不确定性的各种数学方法。本节首先介绍 2 个重要的数学概念：集合与测度。随后，简要回顾现有的不确定性理论，包括不精确概率论、证据理论、可能性理论、概率框理论、区间理论和概率论。2.2.6 节重点介绍概率论工具与相关方法。最后 2.3 节对这些方法进行比较并讨论它们在工程中的适用性。

2.1.2 不确定性的来源

Thunnissen（2005）区分了工程设计问题中 4 种不确定性的来源：输入不确定性、模型参数不确定性、测量不确定性以及工况/操作环境引起的不确定性。输入不确定性描述了需求定义中可能存在的不精确性和歧义。模型参数的不确定性，指实际物理系统通过一系列基于数学和物理模型表示的过程中引入的不确定性。测量不确定性描述了实验中测量与结果的不精确性与误差。最后，由于未知的、无法控制的外部扰动，会引入工况/操作环境方面的不确定性。

我们可以考虑一个表示真实物理系统的参数化模型(图 2.1)。模型包括了由一系列不确定变量 $u=(u_1,\cdots,u_d)$ 表示的输入变量。此外,模型的输出由映射 $y=c(u,p)$ 给出,其中 p 是物理模型的参数。在本章中,我们不考虑多学科方面的问题。因此,y 只是该模型的一个通用输出,而不考虑第一章中描述的任何一种耦合。基于同样的考虑,为了简单起见,本章中未考虑设计变量 z。

图 2.1　真实物理系统的通用参数化模型

在此背景下,我们可以确定以下几种不确定性的来源(Der Kiureghian 与 Ditlevsen,2009):

(1)由输入变量 u 固有的偶然性带来的不确定性(例如,由于发射台内火箭燃料箱中低温燃料的持续蒸发,火箭起飞时机载推进剂质量的变化;材料特性变化,如杨氏模量系数、泊松(Poisson)系数等)。

(2)由于对输入变量 u 的不确定性建模(用于向设计者提供可用信息)方法(如概率论、证据理论、可能性理论)不同而带来的不确定性。

(3)由于对物理现象表征的数学模型 $c(u,p)$ 不精确而带来的不确定性(如理想气体模型或范德华气体模型、欧拉(Euler)或纳维-斯托克斯(Navier-Stokes)流体模型)。

(4)由系统模型参数 p 引起的不确定性(如模型中的收敛参数、内部算法的初始值)。

(5)在由数值近似与误差带来的计算输出 y 过程中的不确定性(如数值积分的精度、常微分方程的公差)。

(6)所分析系统中学科耦合未建模误差带来的不确定性。

交叉不确定性(Thunnissen,2005)是多学科系统中特有的,因此,在 MDO 背景下受到了格外关注。它指的是参与复杂系统设计的各学科之间的未知的、未建模的交互作用。例如,在航天器设计方面,可以假设阻力系数与速度和攻角无关,因此弹道学与空气动力学之间的跨学科耦合没有被建模。这给使用该模型估算阻力系数带来了不确定性。在 MDO 框架下,不确定性来源必须由各个学科的专家们与飞行器设计专家共同确定,并分析所有不确定性的潜在来源。更多关于 MDO 与不确定性的讨论见第 6 章和第 7 章。

优化技术是一种经常用于在某些规范和约束下解决优化设计问题找到最优

设计变量的工程工具。对于设计优化问题,不确定性的来源可以分为3类:

(1)由输入变量 u 固有的随机性带来的不确定性(图2.2)。人们可能更倾向于找到不太容易被输入中的不确定性干扰的方案,这与优化结果的稳健性有关(见第5章)。

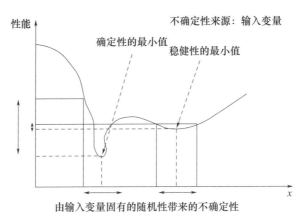

图2.2　由输入变量带来的不确定性

(2)由于模型参数 p 不完全清楚带来的不确定性(图2.3)。如果可能,通过收集更多数据,增加对于模型参数 p 的认知,有助于减少这些参数对设计优化问题的影响。

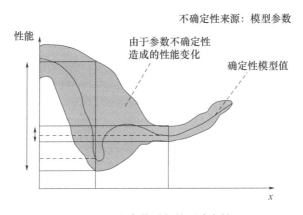

图2.3　由参数引起的不确定性

(3)由于建模方法而带来的不确定性,如简化假设、数值近似等(图2.4)。在设计的早期阶段必须考虑到模型的不确定性,以避免在后一个阶段具有更高保真度的模型中不能实现的情况。这个问题与多保真度设计有关,并在第8章中进行更深层次的讨论。

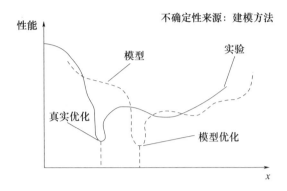

图 2.4 建模方法带来的不确定性

2.2 不确定性的数学描述方法综述

2.2.1 不确定性数学描述基础

不确定性分析依赖于 2 个关键的数学概念:集合与测度。下文简要概述这些概念。随后,介绍现有的不确定性模型的数学描述。

1)一些术语与前提条件

不确定性的数学表示很大程度建立在概率论与希尔伯特(Hilbert)空间(但不仅如本章所述)基础上,因此,了解不确定性数学描述的前提就是熟悉数学度量与概率论,以及函数分析。本章简要回顾这些基本要素。

首先介绍一些词汇:

(1)一个可测空间用($\mathscr{X}$,$\mathscr{A}$)表示,其中 $\mathscr{X}$ 是一个样本空间上的集合,$\mathscr{A}$ 是 $\mathscr{X}$ 上的 σ - 代数,表示包含 $\mathscr{X}$ 上空集∅和闭集在可数个并、交、补运算后形成的子集的集合。$\mathscr{A}$ 的元素被称为可测集或事件。

(2)对于每个子集都可测的任一集合 $\mathscr{X}$,都可以定义其 σ - 代数的幂集 $\mathscr{P}_\mathscr{X}$,对应于 $\mathscr{X}$ 的所有子集的集合。

(3)如果 $\mathscr{X}$ 是一个度量空间或赋范空间,经典方法是将 $\mathscr{A}$ 视为波莱尔(Borel) σ - 代数 $\mathscr{B}(\mathscr{X})$,它是 $\mathscr{X}$ 上的最小 σ - 代数。因此,每个开集都是可测的。

有关这些术语的更多详细信息,请参考 Tijms(2012)。在概率论中一个概率空间中的样本空间通常被称为 Ω(见 2.2.6 节)。

2)明确集与模糊集

不确定性分析建立在集合概念的基础上。任何不同元素的组合都被称为集合。集合可以被定义为宇宙中一系列令人感兴趣的元素的聚集。例如,对一个 6 面骰子,样本集合 Ω 是 $\Omega = \{1,2,3,4,5,6\}$。

对于更复杂的系统,样本集可以是无限的。一个随机事件对应于一个随机实验的一组结果(因为随机性而导致不同结果的实验)。经典集合(也被称为明确集合)被定义为这样的一个集合:任何给定的个体都可以唯一确定地被界定为是否是该集合的元素(图 2.5 的左边)。

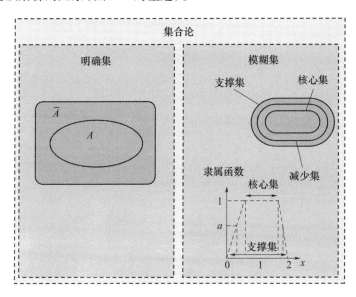

图 2.5　明确集与模糊集的解释

对于给定的明确集 A,可以定义一个特征函数 μ 为

$$\mu : \Omega \to \{0,1\} \tag{2.1}$$

该特征函数给全集 Ω 中的任一元素赋予一个特征为

$$\mu(x) = \begin{cases} 1 & \forall x \in A \\ 0 & \forall x \notin A \end{cases}$$

在工程问题中,明确集的概念在可靠性分析中是至关重要的。在一般近似中,一个系统通常被认为有 2 种可能的模式:正常模式或故障状态。因此,系统要么正常,要么故障。然而,如果从正常状态到故障状态的过程是渐变的,而不是瞬变的,那么就需要对状态进行更精细的描述。模糊集理论对明确集中元素的概念进行了改进(Zadeh 等,1965)。对于模糊集,其边界并不明确,而采用一个元素隶属于某个集合的程度来描述。因此,模糊集中成员到非成员的变化是渐进的,而不是像经典集那样突然的变化。此渐变过程的特征由隶属函数定义为

$$\mu : \Omega \to [0,1] \tag{2.2}$$

该特征导致其定义是一个区间,而非 2 个非此即彼的选项。对于一个给定的 $x \in \Omega$,考虑 A 是一个由此函数定义的模糊集的标签。所取的值 $\mu(x)$ 是元素对模糊集 A 的隶属度,即 x 与模糊集 A 所表示的概念的相容程度。不同于确定集只用两个数值 $\{0,1\}$ 表示,模糊集的隶属函数可能取 $[0,1]$ 间所有的数值。数值越大,元素对模糊集的隶属度就越高(即 x 属于 A 的特征越明显)。

对全集 Ω 上定义的模糊集 A 与单位区间内的一个数 $a \in [0,1]$,可以定义 A 的 a-截集,记为 ^aA。^aA 是一个明确集,由 A 中所有隶属度大于或等于 a 的元素组成(图 2.5 的右侧),即

$$^aA = \{x | \mu(x) \geq a\} \tag{2.3}$$

明确集 ^aA 是 x 的集合,其所有成员的隶属度 $\mu(x)$ 都大于或等于 a。模糊集 A 的核由 $a=1$ 的 a-截集定义(图 2.5 的右侧)。

3) 单调可加测度与不可加测度

测度是一个函数,它为一个给定集合的某些子集指定一个数来表示某种量化度量。经典情况下,度量与集合 A 中每一个元素到实轴的映射相对应(图 2.6)。它拓展了欧氏几何中长度、面积或体积的概念。

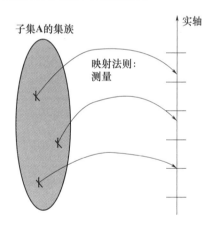

图 2.6 测度解释

常规的单调测度由全集 Ω 的子集组成的一个集族 A 到区间 $[0,1]$ 的映射 μ 来定义。通常,A 是 Ω 的幂集(Ω 所有子集的集合,定义为 $\mathscr{P}_\Omega$)。此函数可以表示为:$\mu:A \to [0,1]$。该映射除了连续性之外,还有如下特性:

(1)边界条件

$$\mu(\varnothing) = 0 \text{ 和 } \mu(\Omega) = 1 \tag{2.4}$$

(2)单调性

$$\forall C_i \text{ 和 } C_j \in A, \text{如果 } C_i \subseteq C_j, \text{那么 } \mu(C_i) \leq \mu(C_j) \tag{2.5}$$

(3) 自上连续性

$$\text{对于} A \text{ 中的集合 } C_1 \supseteq C_2 \supseteq \cdots \supseteq C_n \tag{2.6}$$

$$\text{如果} \bigcap_{\text{all } i} C_i \in A, \text{那么} \lim_{i \to \infty} \mu(C_i) = \mu\left(\bigcap_{\text{all } i} C_i\right) \tag{2.7}$$

(4) 自下连续性

$$\text{对于} A \text{ 中的集合 } C_1 \subseteq C_2 \subseteq \cdots \subseteq C_n \tag{2.8}$$

$$\text{如果} \bigcup_{\text{all } i} C_i \in A, \text{那么} \lim_{i \to \infty} \mu(C_i) = \mu\left(\bigcup_{\text{all } i} C_i\right) \tag{2.9}$$

对于两集合 $C_1 \subset A$ 与 $C_2 \subset A$，有 $C_1 \cap C_2 = \varnothing$，单调测度可通过如下情形表示：

(1) 超可加性：$\mu(C_1 \cup C_2) > \mu(C_1) + \mu(C_2)$。
(2) 正齐次性：$\mu(C_1 \cup C_2) = \mu(C_1) + \mu(C_2)$。
(3) 次可加性：$\mu(C_1 \cup C_2) < \mu(C_1) + \mu(C_2)$。

集合论的推广(Zadeh 等,1965)和测度理论(Halmos,1950;Choquet,1954)使得使用不同的理论和方法对不确定性进行建模(图2.7与表2.2)成为可能，也使不确定性的数学表达更多样。现代概率论由柯尔莫果洛夫(Kolmogorov)于1933年提出(见柯尔莫果洛夫1950年对柯尔莫果洛夫原论文的翻译)，是第一种处理不确定性的先进数学理论。它基于经典的明确集与单调可加性测度形成。Choquet(1954)引入"容度"概念将经典测度理论推广到单调测度理论。Negoita 等(1978)与Zadeh(1999)通过发展模糊集的概念，推广了集合理论。通过将扩展后的集合(模糊集合)和测度(非可加性测度)相结合，定义了多种不同的不确定形式。表2.2列出了工程师与科学家们在处理实际设计问题中发展起来的各种理论，其成熟程度不尽相同。因此，本章余下部分仅简单讨论成熟的和发展完备的一些理论。

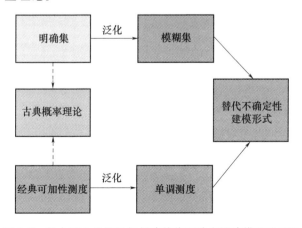

图 2.7 集合概念的扩展与创建替代不确定性建模理论过程

表2.2　不确定性理论分类(Ayyub 与 Klir,2006)

不确定性理论			格式化语言	
			经典集	模糊集
单调测度	可加	经典数值概率论	精确概率论	模糊事件的可能性
	不可加	可能性与必要性	精确可能性理论	分级的可能性理论
		信任度与似然度	Dempster – Shafer 理论 (DST,证据理论)	模糊的 DST
		区间值概率分布	可行区间值概率分布	可行的模糊概率分布
		一般的可能性上限与下限	一般的可能性上限与下限	NA

2.2.2　不精确概率理论

不精确概率理论由 Walley(1991)提出,是对现有不确定性理论的推广,以涵盖所有不具备明确的数值概率的不确定性测度的数学模型。令(Ω,Y)为一个可测空间,其中 Y 是 Ω 的一个可测子集的代数,Π 是可测空间上单调测度的集合。可以定义两种测度如下:

(1)上限概率:$\overline{P}(A) = \sup\limits_{P \in \Pi}[P(A)]$;$\forall A \subseteq \Omega$。

(2)下限概率:$\underline{P}(A) = \inf\limits_{P \in \Pi}[P(A)]$;$\forall A \subseteq \Omega$。

上限概率与下限概率由如下规则刻画(Walley,2000):

(1)$\underline{P}(A) = 1 - \overline{P}(A^c)$。

(2)$\underline{P}(\varnothing) = \overline{P}(\varnothing) = 0$。

(3)$0 \leqslant \underline{P}(A) \leqslant \overline{P}(A) \leqslant 1$。

(4)$\underline{P}(A) + \underline{P}(B) \leqslant \underline{P}(A \cup B) \leqslant \underline{P}(A) + \overline{P}(B) \leqslant \overline{P}(A \cup B) \leqslant \overline{P}(A) + \overline{P}(B)$。

其中,A 与 B 是不相交的集合,A^c 是 A 的补集。

$\underline{P}$ 与 $\overline{P}$ 定义了2个度量,分别指在可测空间上定义的所有单调测度的上界和下界(Baudrit 与 Dubois,2006)(图2.8)。$\overline{P}$ 是超可加性测度,$\underline{P}$ 是次可加性测度。下限概率可以理解为,当赌局中回报率为一个单位的事件 A 发生时,我们愿意投注的最大价格。它表示人愿意在事件 A 上下注的最大下注率。上限概率可以解释为赌局中事件 A 的最低售价,或者理解为 1 减去庄家下注 A 的最大概率。这 2 个测度的引入能够量化不确定性建模中的置信度,且两者间的差异反映了认知的不完备性(Baudrit 与 Dubois,2006),并由此定义了一系列测度。事实上,对未来复杂系统性能不确定性的认知通常是局部的(DeLaurentis 与 Mavris,2000),且这些局部认知中的不确定性也需要被量化。然而,对这一系列测度的论证是十分复杂的。对不精确理论的更多细节可参考 Walley(1991)。在以下章节中,介绍 4 种不确定性表征理论,且它们分别给出了工程应用中测度上下界的特殊表达形式。这 4 种理论分别是:证据理论(Dempster,1967;Shafer,1976),概率论(Kolmogorov,1950),可能性理论(Negoita 等,1978)与概率框理论(Ferson 等,1996)。

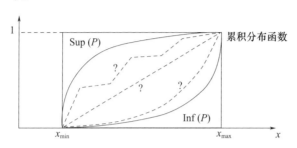

图 2.8　测度的概率上界和概率下界举例

这些不确定性理论之间存在着联系。如图 2.9 所示,不精确概率论是对不确定性理论的一种推广。证据理论、可能性理论、概率论、概率框理论是在现有认知和数据基础上经过处理组合对测度上界 $\overline{P}$ 与下界 $\underline{P}$ 的特殊构造。

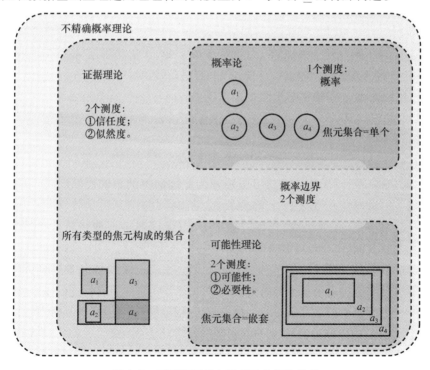

图 2.9　不同的不确定性理论之间的关系

2.2.3 证据理论

Dempster – Shafer 理论(DST),也称为证据理论,由 Dempster(1967)与 Shafer(1976)提出。这种理论基于 2 种单调不可加测度:可信性测度(Belief,Bel)与似然性测度(Plausibility,Pl)。相比之下,概率论仅使用了一个测度,即一个事件发生的概率(见 2.2.6 节)。概率论和可能性理论可以看作是 DST 的特殊情况。其中信任函数和似然函数的测度由命题的已有信息或证据决定,而无需将该证据分配到命题的子命题上。证据的全体由基本概率分配函数 $m:\mathscr{P}_\Omega \to [0,1]$(其中 $\mathscr{P}_\Omega$ 是 Ω 的幂集)表征的一组集合来表示,该集合的构建便于数据与信息的融合。一个基本概率分配表示了每个集合在幂集中可能性的大小。考虑全集 Ω 中一个子集 E,$m(E)$ 指对应于事件 E 的一个基本概率分配,它表征了证据对真实事件发生在集合 E 中的支持程度,但并未提供任何关于事件在 E 子集中潜在分配的信息。基本概率分配的建立方式和来源可以有多种,包括:理论计算、实验数据,以及专家对一个事件发生概率和参数值的评估。

证据理论的基础是元素基本概率分布的模糊性。基本分配必须满足如下 2 个条件:

(1) $m(\varnothing) = 0$。

(2) $\sum_{\text{all } E \in \mathscr{P}_\Omega} m(E) = 1$。

若 $m(E) > 0$,则 E 称为焦元。基本概率分布可以对应一系列测度,如 $\prod(m) = \{P | \forall E \in \mathscr{P}_\Omega, \text{Bel}_m(E) \leq P(E) \leq \text{Pl}_m(E)\}$(Shafer,1976)。

上限概率与下限概率的测度定义可表示为

$$\underline{P}(E) = \text{Bel}(E) = \sum_{\text{all} A_i \subseteq E} m(A_i) \tag{2.10}$$

$$\overline{P}(E) = \text{Pl}(E) = \sum_{\text{all} A_i \cap E \neq \varnothing} m(A_i) \tag{2.11}$$

映射 $\text{Bel}(\cdot)$、$\text{Pl}(\cdot)$ 与 $m(\cdot)$ 可以理解为相同信息的不同表示形式。这些函数描述了一个元素 e 属于每个集合 E 的可能性,分别是可信性测度(条件最强)、似然性测度(条件最弱)与基本概率分布(基于已有证据判断)。当定义了其中 1 个映射时,其他 2 个映射也同时被唯一确定下来。一个事件的可信性测度可通过与事件 E 完全吻合的所有命题的基本概率分配赋值相加得到,而该事件的似然性测度则可由所有与事件 E 完全或部分吻合的所有命题的基本概率分配赋值相加得到。因此,$\text{Bel}(\cdot)$、$\text{Pl}(\cdot)$ 分别给出了对应事件的概率下界和上界。

考虑如图 2.10 所示的例子,全集 Ω,集合 A,6 个元素 E_i,$i = 1,2,3,4,5,6$,以及与其相对应的基本概率分配函数 $m(E_i)$,$i = 1,2,3,4,5,6$。这种情况下,可

信函数与似然函数定义可表示为

$$\mathrm{Bel}(A) = m(E_2) + m(E_4) \tag{2.12}$$

$$\mathrm{Pl}(A) = m(E_2) + m(E_3) + m(E_4) + m(E_6) \tag{2.13}$$

可信函数仅计算了完全被包含在集合 A 中的元素 E_2 和 E_4。除了考虑 E_2 和 E_4 之外,似然函数还考虑了部分覆盖集合 A 的元素 E_3 和 E_6 的贡献。

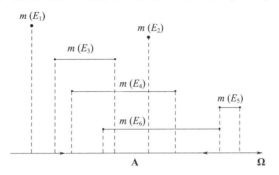

图 2.10　对于一个给定集 A 的基本概率分布、可信测度和似然测度的例子

图 2.11 给出了另一个基于 10 个证据 $(E_1, \cdots, E_{10})$ 及其基本概率分配函数 $m(E_i) = 0.1 \, \forall i \in [1,10]$ 计算可信函数 $\mathrm{Bel}(\cdot)$ 与似然函数 $\mathrm{Pl}(\cdot)$ 的例子。累积可信函数和累积似然函数就是可能性的概率下界和概率上界。

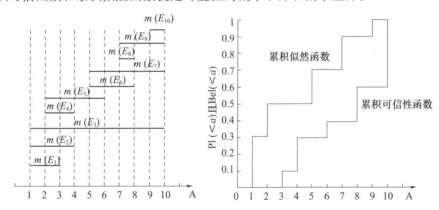

图 2.11　对于 $m(E_i) = 0.1 \, \forall i \in [1,10]$ 情况下的基本概率分布、
可信函数、似然函数与累积概率分布

证据理论还允许来自不同来源和专家的证据通过不同的证据组合规则(Dempster 规则,Yager 规则等)进行证据融合(Yager,1987;Inagaki,1991)。

不确定性建模的区间形式,也称为区间分析(见 2.2.5 节),该方法将不确定性变量建模为由不确定性变量可能取值的最大值和最小值形成的区间。区间分析可以看作证据理论的特殊状况,其中不确定性变量仅存在一个焦元,且其基本概率分布赋值为1。

证据理论的优点是既能够处理偶然不确定性,也能够处理认知不确定性,还能够将不同来源的专家观点进行整合。此外,依靠两种测度,证据理论提供了对不确定性建模的置信水平。然而,与概率论相比,在工程设计背景下,从非证据理论专家处得到不同元素的证据并且解释不确定性模型,可能会十分困难。

2.2.4 可能性理论

可能性理论存在多个不同方面的解释(Negoita 等,1978;Dubois 与 Prade,2012)(图2.12)。可能性理论可以解释为证据理论的一个子例,其仅可用于所提供的证据没有冲突的情形。在此情况下,焦元是相互嵌套的(如 $E_1 \subset E_2 \subset \cdots \subset E_n$),且与其伴随的可信性测度与似然性测度也要求与焦元关系一致。在此情况下,可信性测度与似然性测度的关系刻画为

$$\text{Bel}(B \cap C) = \min[\text{Bel}(B), \text{Bel}(C)], \text{对所有 } B \text{、} C \in \mathscr{P}_\Omega^2 \quad (2.14)$$

$$\text{Pl}(B \cap C) = \max[\text{Pl}(B), \text{Pl}(C)], \text{对所有 } B \text{、} C \in \mathscr{P}_\Omega^2 \quad (2.15)$$

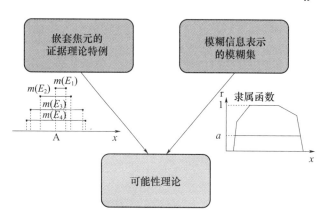

图 2.12 对可能性理论的不同解释

在可能性理论中,可信性测度与似然性测度的特殊对应称为必要性测度(Necessity, Nec)与可能性测度(Possibility, Pos)(Dubois 与 Prade,1998)。在 $\mathscr{P}_\Omega$ 上的每一个可能性测度 $\text{Pos}(\cdot)$ 都由可能性分配函数 $r(\cdot)$ 唯一单独地定义为

$$r: \Omega \to [0, 1] \quad (2.16)$$

且符合以下关系:对于每个 $A \in \mathscr{P}_\Omega$,有 $\text{Pos}(A) = \max_{x \in A} r(x)$。

必要性测度与可能性测度对偶,满足关系式 $\text{Nec}(A) = 1 - \text{Pos}(\overline{A})$。与可信性测度和似然性测度类似,必要性测度和可能性测度是不可加测度,并满足关系

$$\text{Nec}(A) \leq \text{Pos}(A) \quad (2.17)$$

$$\text{Pos}(A) + \text{Pos}(\overline{A}) \geq 1 \tag{2.18}$$

$$\text{Nec}(A) + \text{Nec}(\overline{A}) \leq 1 \tag{2.19}$$

$$\max[\text{Pos}(A), \text{Pos}(\overline{A})] = 1 \tag{2.20}$$

$$\min[\text{Nec}(A), \text{Nec}(\overline{A})] = 0 \tag{2.21}$$

可能性理论,正如 Zadeh(1999)介绍的一样,也可以看作是模糊集和模糊逻辑理论在存在稀疏信息情况下表征不确定性应用上的扩展。从模糊集方法到可能性理论,焦元用模糊集关联的 α-截集表示。这样,可能性理论使得在模糊集真实可能性附近定义不同的置信区间(α-截集)成为可能(见"明确集与模糊集"小节)。

同概率论中概率可由概率密度函数确定一样,可能性测度也可以用可能性分布函数 $r: \Omega \rightarrow [0,1]$ 表示,因此

$$\text{Pos}(A) = \max_{x \in A} r(x) \tag{2.22}$$

可能性测度与模糊集等价。元素 x 的隶属度对应于单例 $\{x\}$ 的似然性。事实上,正如"明确集与模糊集"小节所述,全集 Ω 中的模糊集 A 可由隶属函数 $\mu_A(\cdot)$ 表征。Zadeh(1999)定义了一个与模糊集 A 相关的可能性分配函数 $r(x) = \mu_A(x), \forall x \in \Omega$。那么,可能性测度 $\text{Pos}(\cdot)$ 可以定义为

$$\text{Pos}(A) = \sup_{x \in A} r(x), \text{对于每个 } A \in \mathscr{P}_\Omega \tag{2.23}$$

因此,如果概率密度函数对事件 Y 的响应已知,就可以定义真实事件的真实概率区间 $\mathbb{P}$(一般未知)为:$\text{Nec}(Y) \leq \mathbb{P}(Y) \leq \text{Pos}(Y)$。

例如,假设以下信息是收集到的专家观点:

(1)我确信 $X \in [0,10]$。

(2)我确定 $X \in [2,10]$ 的可能性是 80%。

(3)我确定 $X \in [4,8]$ 的可能性是 60%。

(4)我确定 $X \in [4.5,6.5]$ 的可能性是 25%。

然后,我们就可以定义可能性与必要性测度来表征这些信息(图 2.13 与图 2.14)。

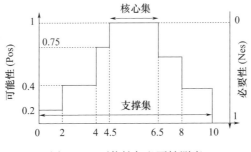

图 2.13 可能性与必要性测度

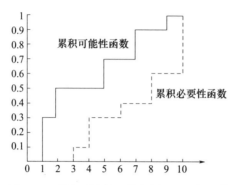

图 2.14 累积可能性函数与累积必要性函数

累积可能性与累积必要性函数给出了未知的真正的累积概率函数的置信区间。可能性理论展示了同证据理论一样的优势,同时显示了在描述偶然不确定性与认知不确定性,以及将他们整合到同一套理论下进行处理的能力。此外,可能性理论同样依赖于 2 个测度来解释不确定性建模中知识的缺乏。然而,对于航天器的设计来说,在存在不确定性的条件下,这些可能性信息与不确定条件下系统性能之间的关系可能很难确定。有关可能性理论的更多信息,我们可以参考 Dubois 和 Prade(1998)和 Zadeh(1999)。

2.2.5 区间分析

在实际工程问题中,我们会经常遇到区间数据,Ferson 等(2007)与 Du 等(2005)讨论了区间数据存在的情况。例如,在设计的早期阶段,专家们通常不能提供不确定变量 U 的完备概率密度函数(Probability Density Function,PDF,见 2.2.6 节),唯一可用的信息是用区间数据表示的变量的可能取值范围。此外,在某些情况下均匀分布可能并不适用,因为它需要明确样本能恰如其分地在区间内均匀分布(Klir,2005;Ferson 等,2007)。

实值连续不确定变量 u 的闭区间是一个集合,定义为

$$Y = \{u \in \mathbf{R} | u_{\min} \leqslant u \leqslant u_{\max}\} \tag{2.24}$$

式中:$u_{\min}$ 与 $u_{\max}$ 分别为区间的下界与上界。一个区间可由其边界 $[u_{\min}, u_{\max}]$ 定义。对于一个 d 维不确定变量 $\mathbf{u} = [u^{(1)}, \cdots, u^{(d)}]$,它的区间表示为

$$Y = \{u \in \mathbf{R}^d | u^{(i)} \in [u_{\min}^{(i)}, u_{\max}^{(i)}], \forall i \in \{1,2,\cdots,d\}\} \tag{2.25}$$

由于区间是集合,故可进行与集合相同的运算,如交、并、和等。有关区间方法的更多信息,可以参考 Moore 等(2009)。

2.2.6 概率论

概率论的基本定义由 Kolmogorov 于 1950 年给出。本节的目的是概述此理

论的主要部分,关于此主题的更多详细信息,请参考文献,如Tijms(2012)。

不确定性可以视作随机状态的集合。由于随机性,一个随机实验会带来不同的结果。实验的结果可以称为结果或实现,通常用 ω 表示。在此情况下,与概率论有关的用来描述这些结果的工具可由概率空间中的三元组$(\Omega, A, \mathbb{P})$定义:

(1) 假设全集 Ω 是非空集,它对应于所有可能结果 ω 的合集。

(2) σ - 代数 A 是全集 Ω 的一组子集(称为事件),且满足:

① $\Omega \in A$。

② 若 $B \in A$,则 $B^c \in A$。

③ 若 $B_1, B_2, \cdots, B_n$ 属于 A,则 $B_1 \cup B_2 \cup \cdots \cup B_n \in A$。

一个常见的 σ - 代数是波莱尔(Borel)代数。Ω 上的波莱尔代数是包含所有开集的最小 σ - 代数。如果 $\Omega \in \mathbf{R}$,波莱尔代数 $\mathscr{B}(\mathbf{R})$ 是 $\mathbf{R}$ 上包含所有区间的最小 σ - 代数。σ - 代数的另一个例子是 Ω 的幂集,记为 $\mathscr{P}_\Omega$。

(3) 可能性测度 $\mathbb{P}$ 是一个可数可加性测度,$\mathbb{P}: A \to [0,1]$,有

① $\mathbb{P}(\Omega) = 1$,且 $\mathbb{P}(\varnothing) = 0$。

② 令 $(B_1, B_2, \cdots, B_n)$ 是一个 A 中不相交事件的可数集合,有 $\mathbb{P}(\bigcup_{i=1}^{n} B_i) = \sum_{i=1}^{n} \mathbb{P}(B_i)$。

根据测度理论,二元组 (Ω, A) 是一个可测空间。可能性测度 $\mathbb{P}$ 给出了 A 中任意事件的可能性。若考虑 A 的两个子集 B 和 C,这些定义附带了如下特性:

(1) $\mathbb{P}(B^c) = 1 - \mathbb{P}(B)$

(2) $\mathbb{P}(C \cup B) = \mathbb{P}(C) + \mathbb{P}(B) - \mathbb{P}(C \cap B)$

(3) 任何一般测度 μ 均具有以上特性,即 $\mu = \mathbb{P}$(式(2.5)~式(2.9))。

一个实值随机变量 U 是从概率空间 $(\Omega, A, \mathbb{P})$ 到实数集 $\mathbf{R}$ 的可测函数。$U(\omega)$ 是随机变量的一个实现。对于所有的 $c \in \mathbf{R}$,集合 $\{\omega \in \Omega, U(\omega) \le c\}$ 必属于 A。如果 $A = \mathscr{B}(\mathbf{R})$,根据定义,前文判断成立。$U$ 在 $\{\omega \in \Omega, U(\omega) \le c\}$ 中取值的概率是 $\mathbb{P}(\omega \in \Omega, U(\omega) \le c) = \mathbb{P}(U \le c)$。概率集 $\mathbb{P}(U \in [a,b])$,$\forall a, b \in \mathbf{R}, a \le b$ 是 U 的概率分布或概率规律。U 的概率分布特性仅由 U 的累积分布函数(Cumulative Distribution Function,CDF)$F(\cdot)$决定,即

$$F(u) = \mathbb{P}(U \le u), u \in \mathbf{R}$$

对于连续随机变量,U 的概率密度函数 $\phi(\cdot)$ 定义为

$$\forall u \in \mathbf{R}, F(u) = \int_{-\infty}^{u} \phi(t) \mathrm{d}t$$

标准高斯(Gaussion)分布的高斯累积分布函数和概率密度函数如图2.15所示。

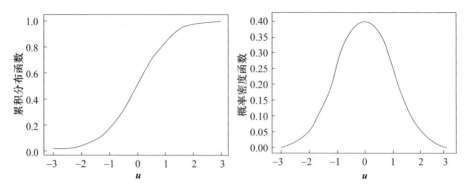

图 2.15 标准高斯分布(均值为 0,方差为 1)的
累积分布函数(左)与概率密度函数(右)示例

为简洁起见,$F(\cdot)$ 与 $\phi(\cdot)$ 的不同特性(极限、正定性等)在本书中不做详细说明。假设 U 是具有概率密度函数 $\phi(\cdot)$ 的连续随机变量,如果定义了积分收敛,则可以定义随机变量 U 的一些统计特性。

(1) 期望值(一阶统计矩): $\mathbb{E}(U) = \int_{\mathbb{R}} u \phi(u) \mathrm{d}u$(期望值的标量形式通常记为 μ)。

(2) 方差(二阶统计矩): $\mathbb{V}(U) = \mathbb{E}[(U - \mathbb{E}(U))^2] = \int_{\mathbb{R}} (u - \mathbb{E}(U))^2 \phi(u) \mathrm{d}u$。

(3) 标准差: $\sigma = \sqrt{\mathbb{V}(U)}$。

(4) p 阶中心矩: $m_P(U) = \mathbb{E}[(U - \mathbb{E}(U))^P] = \int_{\mathbb{R}} (u - \mu)^P \phi(u) \mathrm{d}u$。

随机变量的概念可以推广到随机向量。一个 d 维实值随机向量 $U = (U^{(1)}, U^{(2)}, \cdots, U^{(d)})$ 是从概率空间 $(\Omega, \mathcal{A}, \mathbb{P})$ 映射到 $\mathbb{R}^d$ 的可测函数。随机向量 U 的联合累积密度函数定义为

$$F(u) = F(u^{(1)}, u^{(2)}, \cdots, u^{(d)}) = \mathbb{P}(U^{(1)} \leqslant u^{(1)}, U^{(2)} \leqslant u^{(2)}, \cdots, U^{(d)} \leqslant u^{(d)})$$
$$\text{对于 } u = (u^{(1)}, u^{(2)}, \cdots, u^{(d)}) \in \mathbb{R}^d \tag{2.26}$$

若 U 是一个连续随机变量,则对应的联合概率密度函数为

$$\phi(u) = \frac{\partial^d F(u)}{\partial u^{(1)} \partial u^{(2)} \partial u^{(d)}} \bigg|_u$$

也可以定义联合分布随机变量 X 与 Y 间的协方差(假设两个变量定义了有限的二阶矩),则 X 与 Y 间的协方差为

$$\mathrm{cov}(X, Y) = \mathbb{E}[(X - \mathbb{E}[X])(Y - \mathbb{E}[Y])] \tag{2.27}$$

实际上,不确定随机变量 U 的分布必须确定下来。在一些情况下,该分布可以根据专家经验或对建模对象的物理过程进行假设。其他时候,该分布必须

由采样获得(例如,通过实验进行收集),收集的结果可以看成是随机变量 U 的实现。在3.1节中,我们假设一组独立的变量 M,以及连续型随机变量 U 的一个恒等分布 $U_{(1)}(\omega),U_{(2)}(\omega),\cdots,U_{(M)}(\omega)$,且以后的章节中不再重复 ω 的附属关系。为简洁起见,我们使用记号 $u_{(i)}=U_{(i)}(\omega)$。接下来回顾概率分布的主要估计方法(Silverman,1986)。

1)根据经验分配

对于样本 $u_{(1)},u_{(2)},\cdots,u_{(M)}$,可以计算它们的经验累积分布函数,定义为

$$F^{\mathrm{emp}}(u) = \frac{1}{M}\sum_{i=1}^{M}\mathbb{1}_{u_{(i)}\leqslant u}$$

式中: $\mathbb{1}(\cdot)$ 为指标函数,若 $u_{(i)}\leqslant u$,值为1,否则为0; F^{emp} 为一个离散随机变量的分布,因此,未定义概率密度函数。图2.16给出了根据一定的分布规律生成的100个样本得到的经验累积密度函数。为方便比较,分别展示了样本原点处的经验分布与实际分布。由图2.16可知,经验分布接近实际分布,但缺乏足够的数据来精准地表示实际的累积密度函数。作为替代,可以在这个分布中均匀采样来获得样本并替换 $u_{(i)}$,这种情况符合自举原则(Efron 与 Tibshirani,1994)。该方法对 U 的某些统计矩及其置信区间的估计会十分有用。然而,此方法永远不能自举出现原本数据中未观察到的样本,特别是当 M 规模有限时,此方法具有明显的局限性。

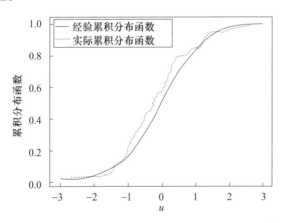

图2.16 一组样本中获得的实际累积分布函数与经验累积分布函数举例

2)熵与散度测度

为了依据可用数据选择合适的概率分布规律,我们可以使用最大熵定理。连续随机变量的熵可以定义为

$$H(U) = -\int_U \phi(u)\ln(\phi(u))\mathrm{d}u \qquad (2.28)$$

式中:$\mathbb{U} = \{\boldsymbol{u} \in \mathbf{R} | \phi(\boldsymbol{u}) > 0\}$ 为 $\phi(\cdot)$ 的支撑集。

熵量化了随机变量产生信息的信息量,且与信息论(Shannon,1948)相关联。从熵中推导出的另一测度称为 Kullback–Leibler 散度(Joyce,2011)(也称为相对熵),是表示一个概率分布与第二个分布有何不同的测度。对于两个连续的概率分布 $p(\cdot)$ 与 $q(\cdot)$,Kullback–Leibler 散度定义为

$$\mathrm{KL}(p,q) = \int_{-\infty}^{+\infty} p(\boldsymbol{u}) \lg\left(\frac{p(\boldsymbol{u})}{q(\boldsymbol{u})}\right) \mathrm{d}\boldsymbol{u} \tag{2.29}$$

散度总是非负的,且非对称。当 $p(\cdot)$ 收敛于 $q(\cdot)$ 时,它趋向于 0。

3) 参数化方法

存在一组常见的概率分布(如高斯分布、均匀分布、伽马(Gamma)分布、威布尔(Weibull)分布),不仅允许生成随机样本,也可以对现收集到的数据进行建模。以下对这些分布进行概述。

(1) 均匀分布:在区间 $[a,b]$ 上的一个均匀分布的 $\mathscr{U}(a,b)$ 的概率密度函数为

$$\phi(\boldsymbol{u}) = \frac{1}{b-a} \mathbb{1}_{[a,b]}(\boldsymbol{u}), \boldsymbol{u} \in \mathbf{R} \tag{2.30}$$

式中:$\mathbb{1}_{[a,b]}(\boldsymbol{u})$ 为指标函数,当 $u \in [a,b]$ 时,其值为 1,否则为 0。在区间 $[a,b]$ 内均匀分布的随机变量 U 的数学期望为:$\mathbb{E}(U) = \frac{a+b}{2}$,且其方差为:$\mathbb{V}(U) = \frac{(a+b)^2}{12}$。

使用概率论方法建立随机变量模型时,若变量边界已知,但该区间内的分布情况未知,常采用均匀分布。这一选择可以用最大熵定理来解释,因为均匀分布仅使用边界信息就能使熵最大化。

(2) 高斯分布:单变量高斯分布 $\mathscr{N}(\mu,\sigma^2)$ 的概率密度函数为

$$\phi(u) = \frac{1}{\sqrt{2\pi\sigma^2}} \exp-\left(\frac{\boldsymbol{u}-\mu}{\sqrt{2}\sigma}\right)^2, \boldsymbol{u} \in \mathbf{R} \tag{2.31}$$

式中:μ 与 σ^2 分别为高斯分布(也称为正态分布)的数学期望与方差。

对随机变量进行建模和对收集到的数据进行描述时,高斯分布是最常用的分布之一。高斯分布是所有实值分布中已知数学期望与方差情况下熵最大的分布。此外,中心极限定理(Central Limit Theorem, CLT)(Laplace,1810)也证明了正态分布在许多应用中的合理性。中心极限定理表明,在一些假设条件下,一些随机独立变量标准化的部分和趋近于正态分布,尽管这些变量自身不服从正态分布。在本书中,此分布用于特别的例证。标准高斯分布由 $\mathscr{N}(0,1)$ 确定(图 2.15)。

(3) Gamma 分布:在 $\lambda > 0$,且 $\alpha > 0$ 的情况下,Gamma 分布规律 $\varGamma(\lambda,\alpha)$ 的

概率密度函数为

$$\phi(\boldsymbol{u}) = \frac{1}{\Gamma(\alpha)}\lambda^{\alpha}\boldsymbol{u}^{\alpha-1}\exp(\lambda\boldsymbol{u}), \boldsymbol{u} \in \mathbf{R}_{+}^{*} \quad (2.32)$$

式中:$\Gamma(\alpha) = \int_{0}^{\infty}\boldsymbol{u}^{\alpha-1}\exp(-\boldsymbol{u})\mathrm{d}\boldsymbol{u}$。其数学期望与方差为:$\mathbb{E}(U) = \frac{\alpha}{\lambda}$,$\mathbb{V}(U) = \frac{\alpha}{\lambda^2}$。Gamma 分布通常用于金融服务或排队问题等应用。

图 2.17 展示了经典的概率密度分布函数,有关常见概率分布的更多细节,见 Tijms(2012)。

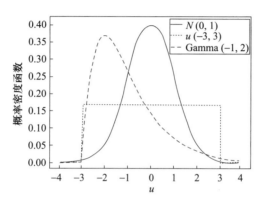

图 2.17 经典概率密度函数实例

(4)参数分布拟合:假设一个给定的统计模型,它对应于一个概率密度函数族 $\phi(\cdot|\theta)$(如前文提及的某一分布),其自变量为一个多维参数 $\theta \in \Theta$。$\phi(\cdot)$ 常取为一般分布,如高斯分布(θ 是其平均值与/或方差)等。这种选择可以考虑不同的因素,如 $\phi(\cdot|\theta)$ 的累积密度函数与 F^{emp} 形状的相似度,模型所需的复杂度与专家经验等。目前的分布估计问题在于使用样本 $u_{(1)},\cdots,u_{(M)}$ 得到真实值 θ 的估计值 $\hat{\theta}$。为此,人们提出了许多方法(Sahu 等,2015),如最大似然估计(Maximum Likelihood Estimation,MLE)或广义矩法。我们不对这些方法做详细介绍,只简单介绍一下最大似然估计。

样本的似然函数记为 $\mathscr{L}(\theta|u_{(1)},u_{(2)},\cdots,u_{(M)})$。对连续随机变量,若样本 $u_{(1)},u_{(2)},\cdots,u_{(M)}$ 独立同分布,则函数 $\mathscr{L}(\theta|u_{(1)},u_{(2)},\cdots,u_{(M)})$ 为

$$\mathscr{L}(\theta|u_{(1)},u_{(2)},\cdots,u_{(M)}) = \prod_{i=1}^{M}\phi(u_{(i)}|\theta)$$

若最大值存在,计算最大似然估计 $\hat{\theta}_{\mathrm{ML}}$ 的方法可表示为

$$\hat{\theta}_{\mathrm{ML}} = \underset{\theta \in \Theta}{\mathrm{argmax}}\{\mathscr{L}(\theta|u_{(1)},u_{(2)},\cdots,u_{(M)})\}$$

在许多情况下,不需要进行优化,因为 $\hat{\theta}_{\mathrm{ML}}$ 的解析表达式可以得到。$\hat{\theta}_{\mathrm{ML}}$ 也具

有一些有意思的理论性质,如一致性和统计效率。在参数估计结束时,可用 $\hat{\phi} = \phi(\cdot | \hat{\theta})$ 估算 U 的概率密度。

图 2.18 给出了一组样本采用不同参数分布的最大似然估计结果。这组样本是根据 Gamma 分布生成的,且通过正态分布、学生分布、对数正态分布与 Gamma 分布对超参数进行了不同最大似然估计。此外,还同在下文中介绍的非参数化方法进行了对比。直方图代表了真实的数据,不同的最大似然估计或多或少地同实际分布存在误差。Gamma 拟合与直方图数据最接近,与已有的数据相吻合。

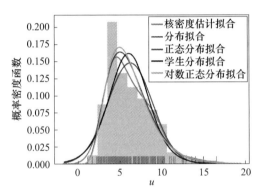

图 2.18 不同参数分布的最大似然估计示例和一组样本的 KDE
(见参数化方法核密度估计),底部的棒代表用相关的
直方图表示的样本(见彩图)

4)非参数化方法

当没有经典的参数化概率密度与样本在误差范围内吻合时,非参数方法可以作为一种有效的备选方法(Izenman,1991)。其中最著名的非参数化密度估计方法是核密度估计(Kernel Density Estimator,KDE),它估计 U 的概率密度函数的方法可表示为

$$\phi(\boldsymbol{u}) = \frac{1}{Mh} \sum_{i=1}^{M} K\left(\frac{u - u_{(i)}}{h}\right)$$

式中:K 为一个核(一个积分为 1 的非负对称函数);h 为一个称为带宽的正标量。

核密度分析在随机向量中的应用是可能的,但却易受到维度灾难的影响。有很多种可能的有效核函数,但在实践中最常用的是高斯核,定义为

$$K(u) = \frac{1}{\sqrt{2\pi}} e^{-\frac{u^2}{2}}$$

核的选择也取决于我们关于样本 u_i 概率密度函数尾端分布的假设等。带

宽值代表了 $\phi(\cdot)$ 偏置与方差之间的权衡。一般来说,在指定维度上的小带宽代表了小偏置与大方差。已有不同方法提出了给定准则下最优带宽的估计结果。大多数情况下,我们可以选择使用平均积分均方误差(Mean Integrated Square Error,MISE)最小的带宽作为最优带宽 h_{opt}(Heidenreich 等,2013)。核密度估计方法也可用于随机向量估计,但会受到维数灾难影响。

图 2.19(a)以服从高斯分布的一组样本解释了核密度估计。此外,带宽的影响也在图 2.19(b)有所展示。图 2.20 给出了在核密度估计中用到的与所收集到的样本数据关联的内核。图 2.21 给出了一组数据的一个二维核密度估计。

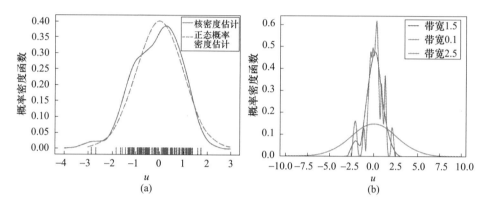

图 2.19 (a)一组数据的核密度估计实例;(b)不同带宽假设下的估计结果。

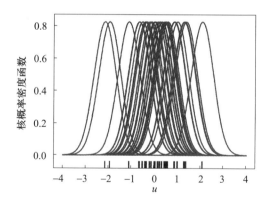

图 2.20 在核密度估计中使用的每个数据周围的高斯核

5) 半参数化方法

半参数化方法结合了参数化元素和非参数化元素。一种流行的半参数化密度估计方法是最大期望算法(Moon,1996),它利用高斯混合模型和最大似然估计来估计给定数据集的概率密度函数。

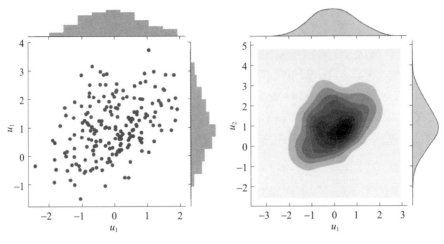

图2.21 一组二维数据的核密度估计实例

一种完全不同的半参数化方法是最大熵原理,由 Jaynes 提出(1957)。它以某种方式给出了 U 包含最大不确定性情况下的概率密度函数 $\phi(\cdot)$ 的估计。U 的不确定性测度由概率密度函数 $\phi(\cdot)$ 的微分熵定义(见式(2.28))。此外,关于所寻找的概率密度函数的可用形式为 $\mathbb{E}[g(U)] = b \in \mathbf{R}^m$,其中 $g(\cdot)$ 是在 m 个约束下从 $\mathbf{R}$ 到 $\mathbf{R}^m$ 的给定映射。例如,我们知道 U 的前二阶矩 μ_1 和 μ_2,与支撑集 $\mathbf{S}$,且有 $g(u) = (u, u^2, \mathbb{1}_{(u \in \mathbf{S})})$ 和 $b = (\mu_1, \mu_2, 1)$。那么,$\phi(\cdot)$ 的最大熵估计 $\hat{\phi}(\cdot)$ 可以通过求解优化问题得到

$$\begin{cases} \hat{\phi} = \arg\max H(\emptyset) \\ \text{s.t.} \int g(u)\phi(u)\mathrm{d}u = b \text{ and } \phi \in L^1(\mathbf{S}, \mathbf{R}^+) \end{cases} \quad (2.33)$$

式(2.33)是一个凸优化问题,可以用拉格朗日(Lagrange)乘子法重新表述,实例见 Boyd 与 Vandenberghe(2004)。实践中矩 $\mathbb{E}[g(U)]$ 可能是未知的,可用样本 $u_{(1)}, u_{(2)}, \cdots, u_{(M)}$ 来进行估计。对于约束选择,分数阶矩提供了比整数阶矩更好的估计(Zhang 与 Pandey,2013)。这种方法可以推广到随机向量,但会受到维度灾难的影响。

6)统计和定性测试

在概率分布学习快结束时,通过统计测试验证估计的概率密度函数 $\hat{\phi}(\cdot)$ (与之相关的累积密度函数为 $\hat{F}(\cdot)$)与样本 $u_{(1)}, u_{(2)}, \cdots, u_{(M)}$ 具有良好的匹配性是十分有用的。可以采用不同的拟合优度测试,如 Kuiper 测试、Kolmogorov - Smirnov 测试、Cramér - von Mises 准则、Pearson 卡方检验、Anderson - Darling 测试等(D'Agostino,1986),这些测试给出了观测数据与拟合分布模型的契合程度。

例如，Kolmogorov – Smirnov 测试方法计算了 $F^{\text{emp}}(\cdot)$ 与 $\hat{F}(\cdot)$ 之间的距离。Kolmogorov – Smirnov 统计上的距离 D_k 表示为

$$D_k = \sup_u | F^{\text{emp}}(\boldsymbol{u}) - \hat{F}(\boldsymbol{u}) |$$

D_k 属于区间 $[0,1]$。如果 D_k 接近 0，则该模型很好地拟合观察到的样本，反之则相反。

除了统计检验外，定性测试也可以用于验证是否选择了合适的分布函数描述样本数据。例如，QQ 图（分位数 – 分位数图）旨在以图形方式确定两组样本是否来自相同的概率分布。QQ 图依赖于分位数的概念。一组数据 $\boldsymbol{U}$ 的 α – 分位数 $q_U(\alpha)$ 定义为

$$\mathbb{P}(\boldsymbol{U} \leq q_U(\alpha)) = \alpha \tag{2.34}$$

对服从相同概率分布的两组样本 $\boldsymbol{U}$ 与 $\boldsymbol{U}'$，其 α – 分位数应当接近。因此，若 $\boldsymbol{U}$ 与 $\boldsymbol{U}'$ 来自同一概率密度函数，则图形上定义的数据集：$\{\hat{q}_U(\alpha), \hat{q}_{U'}(\alpha), \alpha = \dfrac{i-1}{M}, 1 \leq i \leq M\}$ 应靠近对角线。

图 2.22 给出了一组数据的两个 QQ 图的示例。对数据的分布有 2 个假设：右侧数据服从正态分布，左侧数据服从耿贝尔（Gumbel）分布。参数分布的超参数由最大似然估计给定。耿贝尔假说的 QQ 图比正态分布的 QQ 图更接近对角线（实际数据服从耿贝尔分布，与 QQ 图结果相吻合）。

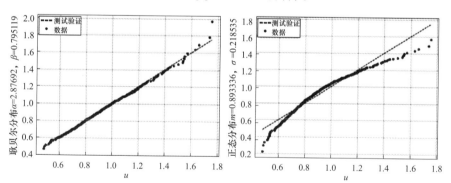

图 2.22　对于一维数据集两个最大似然估计的 QQ 图（数据由 Gumbel 分布生成）

7）变量间依赖性的识别

前文中描述的不同概率密度估计方法经适当修改可以应用于随机向量。然而，当维数 d 增加时，参数化与非参数化方法可能存在一些计算上的劣势。另一种替代方法是描述一个随机变量分量之间的依赖程度。如 Nelsen（2007），随机变量 $\boldsymbol{U} = (U^{(1)}, U^{(2)}, \cdots, U^{(d)})$ 的密度分布函数 $\phi(\cdot)$ 可以被唯一地分解为

$$\phi(u^{(1)}, u^{(2)}, \cdots, u^{(d)}) = \phi_{U^{(1)}}(u^{(1)}) \times \phi_{U^{(2)}}(u^{(2)}) \times \cdots \times \phi_{U^{(d)}}(u^{(d)}) \times$$

$$c(F_{U^{(1)}}(u^{(1)}), F_{U^{(2)}}(u^{(2)}), \cdots, F_{U^{(d)}}(u^{(d)})) \quad (2.35)$$

式中:$\phi_{U^{(1)}}(\cdot)$与$F_{U^{(1)}}(\cdot)$分别为$U^{(i)}$的概率密度函数与累积密度函数,它们是沿第i个维度的边缘分布;$c(\cdot)$为一个多变量密度函数,其支撑集是超立方体$[0,1]^d$,且它的边缘分布是均匀的。该密度函数$c(\cdot)$称为连接密度,能够将联合密度分布中边缘密度的贡献与随机向量各分量间依赖关系的贡献区分开。

随后,可用前文提到的一维参数化或非参数化方法对边缘分布$U^{(i)}$进行估计。该连接密度可以通过从一个给定连接族选取参数化方法(Nelsen,2007)、非参数化方法(Chen与Huang,2007)或带连接的半参数框架(Joe等,2010)来估计。

不同于边缘分布,不同随机变量之间的依赖性结构通常难以找到。为了更好地反映依赖结构,参数连接(如高斯、Clayton、耿贝尔)可能十分适用。图2.23给出了对一组数据采用不同参数化连接进行拟合的结果。

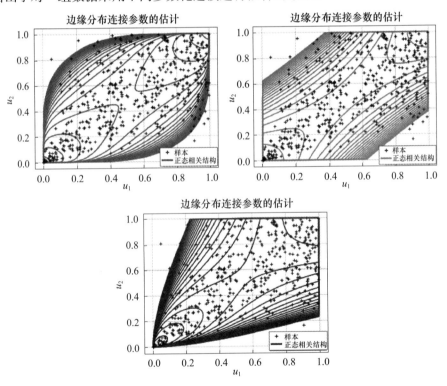

图2.23 边缘分布连接参数的估计

2.2.7 概率框理论

概率框理论(Probability Box,Pbox),也称为概率边界,可以理解为概率论和区间分析的结合(Ferson等,1996;Beer等,2013)。与不确定性实变量的区间边界相似,概率框给出了不确定性累积密度函数的边界。该方法能对概率分布形状的认知不确定性进行建模,也能对不确定性参数的分布进行建模。

将 U 作为定义在概率空间 $(\Omega, \mathbf{A}, \mathbb{P})$ 上的随机变量,且有一对不相交的累积分布 $(\overline{F}, \underline{F})$。Pbox$[\overline{F}, \underline{F}]$ 定义了一种概率测度,其累计密度函数 F 的边界由 Pbox 的上下界 $\overline{F}$ 与 $\underline{F}$ 确定,即:$\underline{F}(u) \leqslant F(u) \leqslant \overline{F}(u), \forall u \in \Omega$(Beer 等,2013)。

为了简化 Pbox 的构造和计算,一个随机变量累积密度函数的概率边界可以表示为阶跃函数。此外,在实践中,增加了一个限制以确保函数的左右阶跃都发生在相同的累积密度函数值上。

对两个变量 X 与 Y,假设它们之间是独立的,这些变量的操作,如 $X + Y$,首先需要将 X 和 Y 的不确定性空间划分为合适的区间。随后,执行 X 和 Y 笛卡儿空间上所有组合的区间运算,最后,通过计算相应区间的概率作为 Pbox 的估计结果。Williamson 与 Downs(1990)提出了仅给定输入分布边界时,随机变量加、减、乘、除结果边界的计算方法。

Pbox 结合了现有知识的不精确性与概率特征,可以被分为 2 类:参数化 Pbox 和一般 Pbox(图 2.24)。对参数化 Pbox,分布是已知的,但描述分布的参数是未知的,仅有参数区间可以被识别。一般 Pbox 是一种不依赖于分布的表示方法,仅依赖于统计或实验数据。基于可用信息,存在构建 Pbox 的不同准则(Beer 等,2013;Ferson 等,2015)。对于参数化 Pbox,基于专家意见,假设为高斯分布,但超参数分布的精确值(平均值和标准差)仅在一个区间内可知。通过计算超参数在特定区间内有分布的所有高斯分布的包络,可能分布的边界就能够以 Pbox 的形式获得。考虑到超参数集合 $\Theta = \{(\mu, \sigma) | \mu \in [\mu_{\min}, \mu_{\max}], \sigma \in [\sigma_{\min}, \sigma_{\max}]\}$,可能的累积概率密度函数的上界与下界定义为

$$\underline{F}(u) = \min_{\theta \in \Theta} F_\theta(u) \tag{2.36}$$

$$\overline{F}(u) = \max_{\theta \in \Theta} F_\theta(u) \tag{2.37}$$

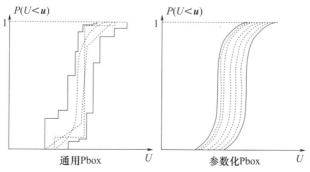

图 2.24　一般概率框与参数化概率框实例

参数化 Pbox 能够清楚地区分偶然不确定性和认知不确定性:偶然不确定性可以用分布函数族表示,而认知不确定性可以用带超参数分布的区间进行建模。然而,参数化 Pbox 比一般 Pbox 更难得到,因为其需要用到有关分布族的知识。

若分布族未知,Pbox 也能得到,但为一般 Pbox。针对这种情形,真实的累积密度函数可以是任何形状,它只需要遵循一般的累积概率密度函数的特性,并位于 Pbox 的边界之内。如果拥有额外的信息,如真实累积概率密度函数的平均值,则它能够通过定义更精确的边界将 Pbox 限制在更小的范围内。

Pbox 与 Dempster – Shaffer 结构(Dempster – Shaffer Structures,DSS)存在联系(Ferson 等,2015)。在 DSS 中,除非考虑单个元素,否则焦元通常表示变量 U 上现有证据或测度不能区分的一个区间的可能值。然而,任何特定焦元被分配的概率是一个精确数字。在 DSS 中,不确定性体现在 u 值上,而确定性体现在 p 值上。相比之下,Pbox 表达了对基本概率分布的认知不确定性,但却是对事件 U(它的定义区间)的一种确定性表达。这两种方法之间存在着对偶性,每种方法都可以转换到另一个观点。然而,DSS 与单个 Pbox 之间存在差异,因此没有一一对应的关系。

此外,Pbox 与可能性测度之间的联系已经在不同的工作中得到验证,如 Troffaes(2013)等。在此项工作中,作者证明了几乎每一种可能性测度都可以通过将元素按照可能性的升序重新排列被解释为一个 Pbox。因此,Pbox 是可能性测度的一般化表示。

2.3 不确定性建模理论的比较与总结

在简要介绍现存的适用于工程设计的成熟不确定性建模方法基础上,我们可以得出这些方法的一些优点与缺点,如表 2.3 所列。

表 2.3 不确定性建模方法比较

不确定性模型	优点	缺点
概率论	适于表示偶然不确定性	需要关于子集每个单例的信息
	通过贝叶斯(Bagesian)方法进行信息融合	主要处理偶然不确定性
	专家们熟悉概率论	无法测量不确定性模型的置信程度
	易于传播	
证据理论	能够处理偶然不确定性和认知不确定性	不确定性传播的计算成本大
	表示了不确定性模型的置信度	设计可能难以解释
	对子集内的不确定性分布无需作任何假设	可能难以从专家处获得信息

续表

不确定性模型	优点	缺点
可能性理论	隶属函数概念与模糊性	在设计上难以解释
	表示了不确定性模型的置信度	可能难以从专家处获得信息
	能够处理偶然不确定性和认知不确定性	不确定性传播的计算成本大
区间理论	建模简单	不确定性描述的局限性
Pbox	能够处理偶然不确定性和认知不确定性	不确定性传播的计算成本大
	表示了不确定性模型的置信程度	在设计上难以解释
	与概率形式接近	

概率论是在复杂系统设计领域工程师与研究人员最常用的不确定性建模理论。概率论特别适用于表示偶然不确定性,且按概率论发展起来的工具和方法(采样技术、灵敏度分析、可靠性分析等)适用于不确定性存在条件下的系统设计。与其他不确定建模方式相比,不确定性传播更加简单,尤其是对于复杂模型而言(见第3章)。经典方法如朴素蒙特卡罗方法(Crude Monte Carlo)等易于实现,通常用于不确定性传播分析。概率论法的一个缺点是需要通过概率分布获得关于子集的每个单例的信息。有时,关于子集的不确定性分布信息是未知的,只有边界是可用的。虽然在只有不确定变量边界已知的情况下,均匀分布能使熵最大化,但在没有额外信息的情况下,假设均匀分布可能会出现问题。实际上,考虑两个不确定变量 U_1 和 U_2,仅知道其边界为:$U_1, U_2 \in [0,1]^2$。我们可以考虑不确定变量 Y,如定义为 $Y = U_1 + U_2$。若假设 U_1 和 U_2 在0、1 之间均匀分布,通过对这些变量求和,可以得到 Y 分布为0 和2 之间的三角形分布,最大值为1,这与0 和2 之间的均匀分布不同。若在这种情况下使用区间形式,Y 的边界则为$[0,2]$。通过假设变量均匀分布,由于对 U_1 和 U_2 分布信息的缺乏,导致了 Y 无缘由的先验性(图2.25)。

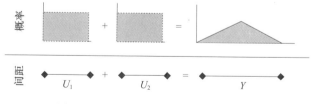

图2.25 不同形式的两个变量之和举例

与概率论相比,替代不确定性建模技术(证据理论、可能性理论、不精确概率论和Pbox)的一个优势是能够测量不确定性模型信息的置信度。实际上,由于替代技术是基于不可加测度的,其能够定义2 个测度。通过将可用信息获得的可能性程度用括号括起来,形成了可用不确定性信息的置信区间。因此,它自然地能够考虑经常存在于现场收集的数据和不同专家汇总意见中的认知不确定性。概率论可被视为替代不确定性方法的一种特殊情况,它提供了不同类别不确定性信息的简单组合。这些方法的一个重大缺陷是解释复杂系统设计的结果十分困难,尤其是那些用概率论表示的规则、设计准则和约束。此外,(就可能性分布和证据理论而言)如非一开始就使用这种不确定性建模的专家,其他专家使用这些方法的难度很大。最后,针对复杂系统设计,相较于概率论,选用替代性方法的不确定性传播更复杂,计算成本也更大。

  通过对不同不确定性建模方法的简要介绍,我们学到的东西是,要基于可用信息(数据、专家意见等)选择合适的建模方法,而不是利用默认的方法去适配数据。

参考文献

Ayyub, B. M. and Klir, G. J. (2006). *Uncertainty modeling and analysis in engineering and the sciences.* Chapman and Hall/CRC.

Baudrit, C. and Dubois, D. (2006). Practical representations of incomplete probabilistic knowledge. *Computational Statistics & Data Analysis*, 51(1):86–108.

Beer, M., Ferson, S., and Kreinovich, V. (2013). Imprecise probabilities in engineering analyses. *Mechanical Systems and Signal Processing*, 37(1–2):4–29.

Bouchon-Meunier, B. and Nguyen, H. T. (1996). *Les incertitudes dans les systèmes intelligents (in French).* Presses universitaires de France.

Boyd, S. and Vandenberghe, L. (2004). *Convex optimization.* Cambridge University Press, Cambridge, UK.

Bronner, G. (2015). *L'incertitude.* Presses Universitaires de France.

Chen, S. X. and Huang, T.-M. (2007). Nonparametric estimation of copula functions for dependence modelling. *Canadian Journal of Statistics*, 35(2):265–282.

Choquet, G. (1954). Theory of capacities. In *Annales de l'institut Fourier*, volume 5, pages 131–295.

D'Agostino, R. (1986). *Goodness-of-fit-techniques.* Routledge.

DeLaurentis, L. and Mavris, D. (2000). Uncertainty modeling and management in multidisciplinary analysis and synthesis. In *38th Aerospace sciences meeting and exhibit*, Reno, NV, USA.

Dempster, A. P. (1967). Upper and lower probability inferences based on a sample from a finite univariate population. *Biometrika*, 54(3–4):515–528.

Der Kiureghian, A. and Ditlevsen, O. (2009). Aleatory or epistemic? does it matter? *Structural Safety*, 31(2):105–112.

Du, X., Sudjianto, A., and Huang, B. (2005). Reliability-based design with the mixture of random and interval variables. *Journal of Mechanical Design*, 127(6):1068-1076.

Dubois, D. and Prade, H. (1998). Possibility theory: qualitative and quantitative aspects. In *Quantified representation of uncertainty and imprecision*, pages 169-226. Springer.

Dubois, D. and Prade, H. (2012). Possibility theory. In *Computational complexity*, pages 2240-2252. Springer.

Efron, B. and Tibshirani, R. J. (1994). *An introduction to the bootstrap*. CRC press, Boca Raton, USA.

Ferson, S., Ginzburg, L., and Akçakaya, R. (1996). Whereof one cannot speak: when input distributions are unknown. *Risk Analysis*.

Ferson, S., Kreinovich, V., Grinzburg, L., Myers, D., and Sentz, K. (2015). Constructing probability boxes and Dempster-Shafer structures. Technical report, Sandia National Laboratories, Albuquerque, NM, USA.

Ferson, S., Kreinovich, V., Hajagos, J., Oberkampf, W., and Ginzburg, L. (2007). Experimental uncertainty estimation and statistics for data having interval uncertainty. *Sandia National Laboratories, Report SAND*2007-0939, 162.

Halmos, P. R. (1950). Measure theory. 1950. *New York*.

Heidenreich, N.-B., Schindler, A., and Sperlich, S. (2013). Bandwidth selection for kernel density estimation: a review of fully automatic selectors. *AStA Advances in Statistical Analysis*, 97(4):403-433.

Inagaki, T. (1991). Interdependence between safety-control policy and multiple-sensor schemes via Dempster-Shafer theory. *IEEE Transactions on Reliability*, 40(2):182-188.

Izenman, A. J. (1991). Review papers: Recent developments in nonparametric density estimation. *Journal of the American Statistical Association*, 86(413):205-224.

Jaynes, E. T. (1957). Information theory and statistical mechanics. *Physical review*, 106(4):620.

Joe, H., Li, H., and Nikouloulopoulos, A. K. (2010). Tail dependence functions and vine copulas. *Journal of Multivariate Analysis*, 101(1):252-270.

Jousselme, A.-L., Maupin, P., and Bossé, É. (2003). Uncertainty in a situation analysis perspective. In *6th International Conference of Information Fusion*, Cairns, Australia.

Joyce, J. M. (2011). Kullback-Leibler divergence. In *International encyclopedia of statistical science*, pages 720-722. Springer.

Klir, G. J. (2005). *Uncertainty and information: foundations of generalized information theory*. John Wiley & Sons.

Klir, G. J. and Wierman, M. J. (2013). *Uncertainty-based information: elements of generalized information theory*, volume 15. Physica.

Kolmogorov, A. N. (1950). *Foundations of the Theory of Probability*. Chelsea, New York, First published in German in 1933.

Krause, P. and Clark, D. (2012). *Representing uncertain knowledge: an artificial intelligence ap-*

proach. Springer Science & Business Media.

Laplace, P. (1810). Sur les approximations des formules qui sont fonctions de tres grands nombres et sur leur application aux probabilites (in French). *OEuvres complètes*, 12:301–345.

Moon, T. K. (1996). The expectation-maximization algorithm. *IEEE Signal processing magazine*, 13(6):47–60.

Moore, R. E., Kearfott, R. B., and Cloud, M. J. (2009). *Introduction to interval analysis*, volume 110. SIAM.

Negoita, C., Zadeh, L., and Zimmermann, H. (1978). Fuzzy sets as a basis for a theory of possibility. *Fuzzy sets and systems*, 1(3–28):61–72.

Nelsen, R. B. (2007). *An introduction to copulas*. Springer Science & Business Media.

Sahu, P. K., Pal, S. R., and Das, A. K. (2015). *Estimation and inferential statistics*. Springer India, New Delhi, India.

Shafer, G. (1976). *A mathematical theory of evidence*, volume 42. Princeton university press.

Shannon, C. E. (1948). A mathematical theory of communication. *Bell System Technical Journal*, 27:379–423.

Silverman, B. W. (1986). Density estimation for statistics and data analysis. In *Monographs on Statistics and Applied Probability*. London: Chapman and Hall.

Smithson, M. (2012). The many faces and masks of uncertainty. In *Uncertainty and risk*, pages 31–44. Routledge.

Thunnissen, D. P. (2005). *Propagating and mitigating uncertainty in the design of complex multidisciplinary systems*. PhD thesis, California Institute of Technology.

Tijms, H. (2012). *Understanding probability*. Cambridge University Press, Cambridge, UK.

Troffaes, M. C., Miranda, E., and Destercke, S. (2013). On the connection between probability boxes and possibility measures. *Information Sciences*, 224:88–108.

Walley, P. (1991). *Statistical reasoning with imprecise probabilities*. London: Chapman & Hall.

Walley, P. (2000). Towards a unified theory of imprecise probability. *International Journal of Approximate Reasoning*, 24(2–3):125–148.

Williamson, R. C. and Downs, T. (1990). Probabilistic arithmetic. i. numerical methods for calculating convolutions and dependency bounds. *International journal of approximate reasoning*, 4(2):89–158.

Yager, R. R. (1987). On the Dempster-Shafer framework and new combination rules. *Information sciences*, 41(2):93–137.

Zadeh, L. A. (1999). Fuzzy sets as a basis for a theory of possibility. *Fuzzy sets and systems*, 100(1):9–34.

Zadeh, L. A. et al. (1965). Fuzzy sets. *Information and control*, 8(3):338–353.

Zhang, X. and Pandey, M. D. (2013). Structural reliability analysis based on the concepts of entropy, fractional moment and dimensional reduction method. *Structural Safety*, 43:28–40.

第 2 部分

单学科问题：不确定性传播、可靠性分析与优化

第3章 不确定性传播与灵敏度分析

不确定性传播包括确定仿真代码输入不确定性对输出结果的影响。在MDO背景下,举例而言,仿真代码表示了一组耦合的学科,而不确定性传播指利用第2章中描述的数学方法进行建模并考虑给定数量不确定性输入变量情况下表征多学科系统的输出(多学科系统不确定性传播见第6章)。在考虑第6章的多学科问题之前,本章讨论单学科问题建立不确定性传播的基础。事实上,由于不确定性的存在,学科的输出也是不确定变量,也需要对这些不确定输出变量进行描述,从而在设计过程中加以使用(如不确定性情形下的优化,见第5章)。

在不确定性设计背景下,研究不确定性的传播有望在不同的设计场景和案例下发挥不同的作用。因此,不确定性传播研究的目的是确定可用于描述不确定性从输入到输出的方法(图3.1)。例如,在处理设计中的稳健性概念时(见第5章),不确定性传播的目的是估算学科输出的低阶统计矩(如平均值、方差)。相反地,灵敏度分析(Sensitivity Analysis,SA)旨在研究一门学科输出的不确定性怎样归因于各学科输入中各种不同来源的不确定性。此外,不确定性传播方法根据表示不确定性知识形式的不同而不同。现有的描述不确定性传播的方法都可归结到概率论框架下,如抽样方法(朴素蒙特卡罗抽样(Robert 与 Casella,2013)、拉丁超立方抽样(Helton 与 Davis,2003,等)、数值积分、代理模型(如混沌多项式展开、泰勒展开)等。所有的方法在描述不同的学科模型时都有一定的优势和劣势(线性程度、计算成本、输入空间维度、计算复杂度等)。针对其他框架如区间分析、Pbox 模型,或证据理论框架等,也发展了不同的不确定性传播方

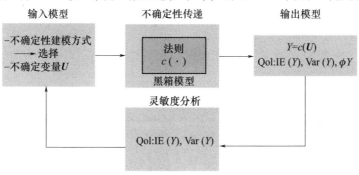

图3.1 单一学科问题的不确定性传播和灵敏度分析(QoI:感兴趣的量)

法。本章的目的是描述并讨论一些广泛使用的不确定性传播与灵敏度分析方法,以突出它们的特点和局限性,并用一些例子进行说明。

本章组织方法如下。3.1 节介绍在概率论框架下不确定性传播技术(抽样技术见 3.1.1 节,数值积分见 3.1.2 节)。3.2 节介绍可用于描述不确定性传播并降低计算成本的不同代理模型(混沌多项式展开、高斯过程、支持向量回归等)。3.3 节介绍不同的灵敏度分析方法,用以研究学科输出变量到学科输入变量的分配(图 3.1)。3.4 节简要介绍几种基于其他不确定性框架的不确定性传播方法,如区间分析、Pbox 模型,或证据理论框架等。作为不确定性传播的特殊情况,可靠性分析旨在在已知输入不确定性情况下估计学科输出失效的可能性,在第 4 章中进行讨论。

3.1 概率论框架下的不确定性传播

本章仅考虑单学科问题,多学科系统的不确定性传播方法见第 6 章。多学科不确定性传播方法依赖于单一学科中的不确定性传播,故先介绍单学科方法。此外,在本节中,学科输入不确定性 U 根据概率论建模,且由假定已知的联合概率密度函数 ϕ 定义: $\mathbf{R}^d \rightarrow \mathbf{R}$(图 3.2)。用于模拟该学科的仿真代码被认为是一个黑箱函数 $y = c(u)$,其中 $u \in \mathbf{R}^d$ 是一个不确定性输入变量,通过将该不确定性输入变量 $u \in \mathbf{R}^d$ 传播到函数 $c(\cdot)$ 的输出,系统的输出 y 跟着变化,故其也是随机变量。该方法中,系统的输出只能基于输入变量的值对代码进行重复计算得到(非侵入式方法)。

图 3.2 概率框架下的不确定性传播

如第 2 章所述,在概率方法中,学科输出 y 的特征可用以下参数表征:
(1)统计矩(平均值、方差等)。
(2)整个概率密度函数或其累积分布函数。
(3)分位数等。

描述学科输出的另一个方法是研究由学科输入变量变化引起的输出变量变化的分配问题。此类研究方法称为灵敏度分析(Saltelli 等,2000;Iooss 与 Lemaître,2015),在 3.3 节中进行介绍。另一种描述输出的方法是研究其关于一个阈值的分布并确定输出超过(或低于)此阈值的概率。此方法称为可靠性分析,详见第4章。

学科输出的 p 阶统计矩的可以使用传输定理进行多维积分(式(3.1))得到

$$\mathbb{M}_p[c(\boldsymbol{U})] = \int_{\mathcal{R}^d} (c(\boldsymbol{u}) - \mathbb{E}[c(\boldsymbol{U})])^p \phi(\boldsymbol{u}) \mathrm{d}\boldsymbol{u} \tag{3.1}$$

式中: $\mathbb{E}[\cdot]$ 为期望值的不确定性测度, $\mathbb{E}[c(\boldsymbol{U})] = \int_{\mathcal{R}^d} c(\boldsymbol{u})\phi(\boldsymbol{u})\mathrm{d}\boldsymbol{u}$ 。p 阶统计矩的前4阶分别命名为数学期望(期望值或平均值,表示分布的中心)、方差(表示分布对中心的离散程度)、偏态(表示分布偏离对称的程度)和峰态(表示分布的尖峰程度)。实际中,由于只能按点计算黑箱函数 $c(\cdot)$ 的输出,积分得到解析形式的各阶统计矩非常困难,只能使用数值积分进行逼近。下面,介绍几种经典的估计学科输出统计矩的方法。

3.1.1 抽样技术

1)朴素蒙特卡罗抽样法

近似多元积分的一种经典方法是使用朴素蒙特卡罗方法(Crude Monte Carlo,CMC)(Robert 与 Casella,2013)。这种抽样方法易于实现,并经常用于积分计算。在朴素蒙特卡罗抽样中,依据输入不确定变量的概率密度函数 $\phi(\cdot)$ 生成了 M 个独立同分布(iid)样本 $\boldsymbol{u}_{(1)},\cdots,\boldsymbol{u}_{(M)}$(图3.3)。根据学科函数 $c(\cdot)$: $c(\boldsymbol{u}_{(1)},\cdots,\boldsymbol{u}_{(M)})$ 对这些样本进行学科评估。随后,学科输出的数学期望 $\mathbb{E}[Y]$ 与标准差 $\sigma[Y]$ 的数值可近似为

$$\mathbb{E}[Y] = \mathbb{E}[c(\boldsymbol{U})] \simeq \frac{1}{M}\sum_{K=1}^{M} c(\boldsymbol{u}_{(k)}) = \mathbb{E}^{\mathrm{CMC}}[Y] \tag{3.2}$$

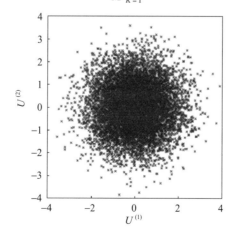

图3.3 二维输入空间中的朴素蒙特卡罗抽样

$$\sigma^2[Y] \simeq \frac{1}{M-1} \sum_{K=1}^{M} (c(\boldsymbol{u}_{(k)}) - \mathbb{E}^{\mathrm{CMC}}[Y])^2 \tag{3.3}$$

由于朴素蒙特卡罗法是根据 M 个独立同分布样本的近似,其计算出的估计量在本质上也是一个随机变量。根据大数定律(Laplace,1810),这种估计几乎必然收敛于精确的数学期望值。根据极限中心定理,若 M 足够大,Y 数学期望的朴素蒙特卡罗估计是无偏正态分布的,这意味着

$$(\mathbb{E}^{\mathrm{CMC}}[Y] - \mathbb{E}[Y]) \xrightarrow[M \to +\infty]{} \mathcal{N}(0, \sigma^2_{\mathbb{E}^{\mathrm{CMC}}[Y]}) \tag{3.4}$$

这种蒙特卡罗抽样估计的相对误差(Relative Error,RE)为

$$\mathrm{RE}(\mathbb{E}^{\mathrm{CMC}}[Y]) = \frac{\sigma_{\mathbb{E}^{\mathrm{CMC}}[Y]}}{\mathbb{E}[Y]} = \frac{1}{\sqrt{M}} \frac{\sqrt{\mathbb{E}[Y] - \mathbb{E}[Y]^2}}{\mathbb{E}[Y]} \tag{3.5}$$

其跟输入空间的维数 d 无关。朴素蒙特卡罗抽样估计的收敛速度仅取决于 $\sqrt{M}$ 与 $\mathbb{E}[Y]$。$\mathrm{RE}(\cdot)$ 越低,$\mathbb{E}^{\mathrm{CMC}}[\cdot]$ 相对于估计中残差的置信度越大。只要样本足够大,朴素蒙特卡罗法能达到任何精度水平。跟期望值残差一样,可以推导出标准差残差的表达式。基于同样的思想,p 阶中心统计矩都可以用朴素蒙特卡罗抽样来近似。该方法可以很容易地实现,但当对应学科是飞行器设计等计算密集型学科时,此方法从计算的角度来说是不可取的。目前,已经开发出更好的抽样方法来减轻计算负担,如 Sobol 序列(Bromley,1996)、拟蒙特卡罗法(Bromley,1996)或拉丁超立方体采样法(Latin Hypercube Sampling,LHS)(Helton 与 Davis,2003)等。

2)学科输出的完整概率密度函数估计

另一种描述学科输出的方法是使用概率密度函数。如果学科输出概率密度函数属于经典的参数化概率密度函数族(如高斯分布、Beta 分布、均匀分布),最大似然估计等方法可用于估计与输出分布拟合最好的参数(见第 2 章)。然而,在实践中,对于复杂系统的模型,学科输出的概率密度函数不属于经典的参数化概率密度函数。为估计输出的概率密度函数,人们提出了非参数化方法,如核密度估计(Wand 与 Jones,1994)。为说明核密度估计方法,我们可以考虑 $\boldsymbol{y}_{(1)}$,$\boldsymbol{y}_{(2)}, \cdots, \boldsymbol{y}_{(M)}$ 为一组通过学科模型 $c(\cdot)$ 重复计算得到的维度为 d 的独立同分布随机样本,其学科输出的概率密度函数 $\phi_Y(\cdot)$ 未知。这些输出向量的独立同分布随机分量样本可以通过朴素蒙特卡罗方法的不确定性传播获得。核密度估计(Wand 与 Jones,1994)能够近似输出概率密度函数 $\phi_Y(\cdot)$ 的方式为

$$\phi_Y(\boldsymbol{y}) \simeq \hat{\phi}_Y(\boldsymbol{y}) = \frac{1}{M |\boldsymbol{H}|^{\frac{1}{2}}} \sum_{k=1}^{M} K(\boldsymbol{H}^{-\frac{1}{2}}(\boldsymbol{y} - \boldsymbol{y}_{(k)})) \tag{3.6}$$

式中:Y 为核(积分为 1 的非负对称函数);$\boldsymbol{H}$ 为一个 $d \times d$ 的正定对称带宽矩阵。图 3.4 与图 3.5 说明了基于核密度估计的二维输出概率密度函数估计结果。

图3.4给出了学科输出的独立同分布分量样本,图3.5给出了用核密度估计方法估计的输出概率密度函数。有关用核密度估计进行概率密度函数估计的更多详细信息,见第2章。

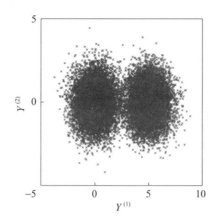

图3.4 学科输出独立同分布分量样本示例

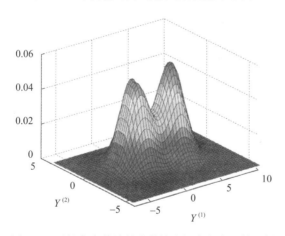

图3.5 用核密度估计的学科输出概率密度函数示例

3.1.2 数值积分

近似积分作为函数的加权和可在积分区间的特定点上进行近似(Davis 与 Rabinowitz,2007)。在朴素蒙特卡罗方法中,这些点可根据输入变量的联合概率密度函数 $\phi(\cdot)$ 进行随机抽样得到。这些抽样点称为节点、积分点,或求积点。一个一维积分能够用域 $\mathbb{D}$ 上的一维求积公式近似,表示为

$$\int_{\mathbb{D}} c(\boldsymbol{u})\phi(\boldsymbol{u})\mathrm{d}\boldsymbol{u} \simeq \sum_{i=1}^{M} w_i c(\boldsymbol{u}_{(i)}) \qquad (3.7)$$

式中:M 为求积公式的阶数;$\{(\boldsymbol{\omega}_i, \boldsymbol{u}_{(i)}), i=1,\cdots,M\}$ 为积分权重和求积点。在多维背景下,学科输出的期望值可以用使用张量化求积公式进行近似计算,例如

$$\mathbb{E}[\boldsymbol{Y}] = \mathbb{E}[c(\boldsymbol{U})] \approx \sum_{i_1}^{M_1}\sum_{i_2}^{M_2}\cdots\sum_{i_d=1}^{M_d}(\boldsymbol{\omega}_{(i_1)}\otimes\boldsymbol{\omega}_{(i_2)}\otimes\cdots\otimes\boldsymbol{\omega}_{(i_d)})\times c(\boldsymbol{u}_{(i_1)}^{(1)},\boldsymbol{u}_{(i_2)}^{(2)},\cdots,\boldsymbol{u}_{(i_d)}^{(d)})$$

(3.8)

式中:ω 为权重;d 为维度;$\otimes$ 为张量乘积运算符。多维积分最简单的近似是通过一个完全张量积求积(图3.6),其中 $M_1, M_2, \cdots, M_d$ 是每一维中节点的数量。求积规则基于插值函数,一般是多项式函数。内插值点 $\boldsymbol{u}_{(i_1)}^{(1)}, \boldsymbol{u}_{(i_2)}^{(2)}, \cdots, \boldsymbol{u}_{(i_d)}^{(d)}$ 和对应的权重系数 $\boldsymbol{\omega}_i$ 根据输入变量的关联概率密度函数 $\phi(\cdot)$ 确定。表3.1列出了一组多项式族,为不同的概率密度函数提供了最优基。最优基由超几何正交多项式族确定,称为阿斯基(Askey)方案(Askey 与 Wilson,1985)。这些多项式基的最优性来源于它们与标准概率密度函数对应的权重函数的正交性。由于概率密度函数在支撑集范围内,积分必须等于1,其与权重函数常相差一个常数因子。求积规则的节点是与输入变量联合概率密度函数 $\phi(\cdot)$ 正交的多项式的根(Davis 与 Rabinowitz,2007)。

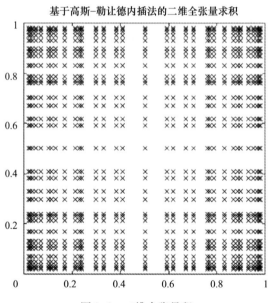

图3.6 二维全张量积

表 3.1　正交多项式族示例（Eldred,2009）

分布	多项式族	权重函数	作用范围
正态分布	Hermite	$e^{-\frac{u^2}{2}}$	$[-\infty,\infty]$
均匀分布	Legendre	1	$[-1,1]$
指数分布	Laguerre	e^{-u}	$[0,\infty]$
Beta 分布	Jacobi	$(1-u)^\alpha(1+u)^\beta$	$[-1,1]$

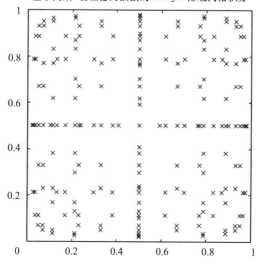

图 3.7　Smolyak 稀疏网格积分

使用全张量积方法的求积准则要求 $\prod_{i=1}^{d}M_i$ 次学科运算计算学科输出的统计矩。相比于朴素蒙特卡罗方法，基于张量积的近似方法在输入变量少的情况下十分高效，但随着维数的增加会产生维数灾难（Eldred,2009）。稀疏网格方法（Smolyak,1963）可以在减小函数运算次数的情况下仍保持高维积分的精度。图 3.6 与图 3.7 给出了一个基于高斯－勒让德（Gauss-Legendre）内插法的二维全张量求积近似与稀疏网格积分（Smolyak 方法）近似的实例。更多关于求积规则可以参考 Davis 与 Rabinowitz(2007)。

3.1.3　侵入式方法

描述不确定性传播的侵入式方法需要能够修改模拟代码，因此不能依赖于黑箱模型。侵入式方法通过修改学科方程并通过分析代码来得到不确定性传播结果。由于非侵入式方法必须通过抽样获得输入样本,并多次运行学科方程才能获得对应的输出,侵入式方法在计算效率上优于非侵入式方法。

针对结构工程学中的随机有限元问题,Ghanem 与 Spanos(1991b)对不确定性传播的侵入式方法做出了主要贡献。他们提出了谱随机有限元方法(Spectral Stochastic Finite Element Mothod, SSFEM)(Ghanem 与 Spanos,1991a),解决机械系统中涉及随机数的边界问题。在提出的方法中,不确定量由 Karhunen – Loève 展开离散化的高斯随机场进行建模(Karhunen,1947;Lévy 与 Loève,1965)。模型响应(此情况下为节点的位移)用混沌多项式展开表示(见 3.2.3 节)。不确定性的传播问题可被简化为求解一组控制系统响应的随机偏微分方程,且该过程可用随机维度中的伽辽金(Galerkin)过程描述(Matthies 与 Keese,2005)。

在工业仿真背景下,侵入式方法需要对仿真代码进行特定的调整,导致在后续针对新问题的应用中不能不加修改的使用原代码。更重要的是,在 MDO 背景下,不同学科的仿真代码通常由各学科的专家们以自己的方法独立开发,并通过系统集成进行联合仿真。在大部分时间内,此过程多涉及黑箱函数,因此侵入式方法不能够很容易地用于不确定性分析。有关不确定性传播侵入式方法的更多资料,见 Knio 与 Le Maitre(2006)、Sudret(2007)与 Debusschere(2017)。

3.2 基于代理的方法

在不确定性传播中,可使用学科黑箱函数 $c(\cdot)$ 的近似代替精确模型。这些数学近似通常称为代理模型或元模型,使用代理模型使得低成本计算学科输出样本并精确估计其统计矩、失效可能性、分位数、完整概率密度函数或函数最小值等成为可能(有关优化背景下的应用,见第 5 章)。后续章节介绍了几种不确定性传播的代理模型,这些代理模型也可以用于其他背景,如可靠性分析(见第 4 章)或优化(见第 5 章)。代理模型通常基于一组有限的精确函数计算值,并通过训练(或构建)以表示此数据集中的可用知识。然而,在使用代理模型时要确保准确性和因使用代理模型替代真实函数模型 $c(\cdot)$ 对感兴趣量进行估计的误差。代理模型同样会受到维数灾难的影响,使用时需要用大量样本以涵盖整个设计空间并准确地代表实际函数。

3.2.1 泰勒级数展开

泰勒(Taylor)级数展开式通常用于描述不确定性的传播,有时也称为摄动法。泰勒级数展开能够在局部对学科函数 $c(\cdot)$ 进行近似,并估计输出的统计矩。例如,函数 $c(\cdot)$ 围绕局部 $u_0 \in \mathbf{R}^d$ 进行泰勒级数展开可表示为:

$$c(\boldsymbol{u}) = c(\boldsymbol{u}_0) + \sum_{k=1}^{d} \frac{\partial c(\boldsymbol{u}_0)}{\partial \boldsymbol{u}^{(k)}} (\boldsymbol{u}^{(k)} - \boldsymbol{u}_0^{(k)}) +$$
$$\sum_{k=1}^{d} \sum_{j=1}^{d} \left(\frac{\partial^2 c(\boldsymbol{u}_0)}{\partial \boldsymbol{u}^{(k)} \partial \boldsymbol{u}^{(j)}} \right) (\boldsymbol{u}^{(k)} - \boldsymbol{u}_0^{(k)}) (\boldsymbol{u}^{(j)} - \boldsymbol{u}_0^{(j)}) + o(\|\boldsymbol{u} - \boldsymbol{u}_0\|^2) \quad (3.9)$$

基于局部近似,学科输出的期望值与标准差可以估计为

$$\mathbb{E}[Y] = \mathbb{E}[c(\boldsymbol{U})] \simeq c(\boldsymbol{u}_0) \quad (3.10)$$

$$\mathbb{V}[Y] = \mathbb{V}[c(\boldsymbol{U})] \simeq \sum_{k=1}^{d} \left(\frac{\partial c(\boldsymbol{u}_0)}{\partial \boldsymbol{u}^{(k)}} \right)^2 \sigma_{\boldsymbol{U}^{(k)}}^2 +$$
$$\sum_{k=1}^{d} \sum_{j=k+1}^{d} \left(\frac{\partial c(\boldsymbol{u}_0)}{\partial \boldsymbol{u}^{(k)}} \right) \left(\frac{\partial c(\boldsymbol{u}_0)}{\partial \boldsymbol{u}^{(j)}} \right) \mathrm{Cov}(\boldsymbol{U}^{(K)}, \boldsymbol{U}^{(j)}) \quad (3.11)$$

式中:$\sigma_{U^{(k)}}$为不确定向量 $\boldsymbol{U}$ 的第 k 个分量的标准差;Cov 表示协方差。泰勒级数展开只在局部有效,且需要计算偏导数,而这对于复杂的仿真模型可能是十分困难的。泰勒级数展开的一阶近似仅对接近线性的函数是精确的;高阶展开可用于非线性模型近似,但需要计算海塞(Hessian)矩阵。泰勒级数展开方法对统计矩估计的精确性随着输入随机变量变异系数增加而降低(Arras,1998)。

3.2.2 单变量降维法

单变量降维法(Univariate Dimension Reduction Mothod,UDRM)(Rahman 与 Xu,2004)能够用多个一元函数近似多元函数,从而高效地计算统计矩估计中的多维积分。

学科函数 $c(\cdot)$ 可用一元随机变量的单变量函数和进行近似,计算时其他变量被冻结在其平均值点,即

$$c(\boldsymbol{U}) \simeq \hat{c}(\boldsymbol{U}) = \sum_{i=1}^{d} c(\boldsymbol{u}^{(1)}, \cdots, \boldsymbol{U}^{(i)}, \cdots, \boldsymbol{u}^{(d)}) - (d-1)c(\boldsymbol{u}^{(1)}, \cdots, \boldsymbol{u}^{(d)})$$
$$(3.12)$$

式中:$\boldsymbol{u}^{(i)}$ 为变量 $U^{(i)}$ 的平均值。

统计矩可以使用由单变量降维法近似值 $\hat{c}(\boldsymbol{U})$ 替代真实值 $c(\cdot)$ 进行估计。例如,对于期望值

$$\mathbb{E}[c(\boldsymbol{U})] = \int_{\mathbf{R}^d} c(\boldsymbol{u}) \phi(\boldsymbol{u}) \mathrm{d}\boldsymbol{u} \simeq \int_{\mathbf{R}^d} \hat{c}(\boldsymbol{u}) \phi(\boldsymbol{u}) \mathrm{d}\boldsymbol{u} \simeq$$
$$\int_{\mathbf{R}^d} \Big[\sum_{i=1}^{d} c(\boldsymbol{u}^{(1)}, \cdots, \boldsymbol{u}^{(i)}, \cdots, \boldsymbol{u}^{(d)}) - (d-1) \cdot$$
$$c(\boldsymbol{u}^{(1)}, \cdots, \boldsymbol{u}^{(d)}) \Big] \phi(\boldsymbol{u}) \mathrm{d}\boldsymbol{u} \quad (3.13)$$

$$\mathbb{E}[c(\boldsymbol{U})] \approx \int_{\mathbf{R}^d} \Big[\sum_{i=1}^{d} c_i(\boldsymbol{u}^{(i)}) - (d-1)c(\boldsymbol{u}) \Big] \phi(\boldsymbol{u}) \mathrm{d}\boldsymbol{u} \quad (3.14)$$

式中：$c_i(\boldsymbol{u}^{(i)}) = c(\boldsymbol{u}^{(1)}, \cdots, \boldsymbol{u}^{(i)}, \cdots, \boldsymbol{u}^{(d)})$。

多维函数 $c(\cdot)$ 的期望值可表示为一元函数 $c_i(\cdot)$ 期望值的函数，并可以推广到高阶统计矩的估计。$c_i(\cdot)$ 的矩可以用前文所述的基于求积准则的一维数值积分方法进行估计。在每个一维积分都使用 m 个节点的情况下，统计矩估计至少需要进行 $(m-1)d+1$ 次计算（最多 $md+1$ 次）（图3.8）。

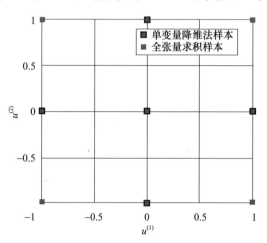

图 3.8　单变量降维法和全张量求积样本实例

单变量降维法方法 $\hat{c}(\cdot)$ 的泰勒级数展开包含 $c(\cdot)$ 泰勒级数展开的所有单变量项，同时用单变量降维法进行统计矩估计的推导可通过泰勒级数展开推导得到。

3.2.3　混沌多项式展开

混沌多项式展开（Polynomial Chaos Expansion, PCE）提供了函数 $c(\cdot)$ 的多项式近似（Wiener, 1938; Askey 与 Wilson, 1985; Eldred, 2009），是满足平方可积条件 $\mathbb{E}[c(\boldsymbol{U}^2)] < +\infty$ 的 $c(\cdot)$ 在一组多项式正交基上的展开（Hosder, 2012），即

$$c(\boldsymbol{U}) = a_0 + \sum_{k=1}^{\infty} a_k P_1(U_{(k)}^{(1)}) + \sum_{i=1}^{\infty} \sum_{j=1}^{i} a_{i,j} P_2(U_{(i)}^{(1)}, U_{(j)}^{(2)}) + \cdots \quad (3.15)$$

式中：$\{P_1, P_2, \cdots, P_r, \cdots\}$ 为多项式正交基；$P_r(\cdot)$ 阶数为 r；$\boldsymbol{a}$ 是混沌多项式展开系数向量。与求积规则一样，多项式基的选择与输入随机变量的联合分布一致（见3.1.2节），即多项式的基与输入不确定变量分布的权重函数正交（Askey 与 Wilson, 1985; Eldred, 2009）。经典正交多项式族如表3.1所列。

在实践中,展开式(式(3.15))常取 d_{PCE} 阶截断,并进行重述以使得系数与多项式一一对应,即

$$c(\boldsymbol{U}) \simeq \sum_{j=0}^{d_{PCE}} \alpha_j \Psi_j(\boldsymbol{U}) \equiv \hat{c}(\boldsymbol{U}, \boldsymbol{\alpha}) \tag{3.16}$$

式中:α_j 与 Ψ_j 对应于 $a_{i,j,\cdots,k}$ 与 $P_r(\boldsymbol{u}_i^{(1)}, \boldsymbol{u}_j^{(2)}, \cdots, \boldsymbol{u}_k^{(r)})$。

可以定义 2 种截断。全阶展开包括直到 p 阶的完整多项式基。混沌多项式展开系数的个数由 $d_{PCE} + 1 = \dfrac{(d+p)!}{d!\,p!}$ 确定,其中 d 是不确定性变量的数量,p 是阶数。另一种截断是张量积展开,与总展开的阶数无关,仅在每一维度按特定阶数展开(Askey 与 Wilson,1985;Eldred,2009)。这种方法使我们能用不同阶数 p_i 进行截断,进而能够使每一维的多项式阶数各异。在此情况下,混沌多项式展开系数的数量由 $d_{PCE} + 1 = \prod_{i=1}^{d}(p_i + 1)$ 确定。

混沌多项式展开的难点是对多项式系数的估计(Poles 与 Lovison,2009),可采用侵入式与非侵入式方法来计算该系数。侵入式方法需要修改用于计算函数 $c(\cdot)$ 的仿真代码以确定混沌多项式展开系数。因本书中仅考虑黑箱函数进行学科建模,我们在本章中重点关注非侵入式方法。非侵入式方法主要有 2 种:谱正交投影或回归(Xiong 等,2011)。谱正交投影包括了输出 $c(\cdot)$ 在每个多项式正交基函数上的投影(Eldred,2009),即

$$\alpha_j = \frac{\langle c, \Psi_j \rangle}{\langle \Psi_j^2 \rangle} = \frac{1}{\langle \Psi_j^2 \rangle} \int_{\mathbf{R}^d} c(\boldsymbol{u}) \Psi_j(\boldsymbol{u}) \phi(\boldsymbol{u}) \mathrm{d}\boldsymbol{u} \tag{3.17}$$

式中:$\langle \cdot, \cdot \rangle$ 为函数的内积;$\langle \cdot^2 \rangle$ 为范数的平方。多元积分可以通过抽样或其他数值积分方法进行估算(Eldred,2009)。回归方法依赖于最小二乘拟合。给定 M 个样本点 $\{\boldsymbol{u}_{(1)}, \boldsymbol{u}_{(2)}, \cdots, \boldsymbol{u}_{(M)}\}$,混沌多项式展开的系数向量 $\boldsymbol{\alpha} = [\alpha_0, \alpha_1, \cdots, \alpha_{d_{PCE}}]^\mathrm{T}$ 可表示为(Eldred 与 Burkardt,2009)

$$\boldsymbol{\alpha} = \underset{a \in \mathbf{R}^{d_{PCE}}}{\arg\min} \sum_{i=1}^{M} (c(\boldsymbol{u}_{(i)}) - \hat{c}(\boldsymbol{u}_{(i)}, \boldsymbol{a}))^2 \tag{3.18}$$

Xiong 等(2011)提出使用正交多项式基的根作为样本点,并使用加权的最小二乘回归表示样本点的贡献。随机变量在样本点出现频率越高,该样本点对展开估计的贡献越大。

在不确定性背景下,混沌多项式展开元建模提供了将混沌多项式展开系数与输出统计矩联系起来的解析统计矩公式。例如,混沌多项式展开输出的期望值与标准差为

$$\mathbb{E}[\hat{c}(\boldsymbol{U})] = \mu_{\hat{c}} \simeq \sum_{j=0}^{d_{PCE}} \alpha_j \langle \Psi_j \rangle \tag{3.19}$$

$$\mathbb{V}[\hat{c}(U)] = \sigma_{\hat{C}}^2 \simeq \sum_{j=0}^{d_{\text{PCE}}} \alpha_j^2 \langle \Psi_j^2 \rangle \qquad (3.20)$$

随着截断阶数的提高,这些解析统计矩收敛于真实的矩。高阶的统计矩也有其解析表达式(Eldred 与 Burkardt,2009)。

代理模型的拟合特性可通过损失函数 $L(\cdot)$(Vapnik,2000)进行评估,它量化了对于一个特定的 u_0,建模函数与代理模型之间的误差。现有多种不同的损失函数,其中最常用的是平方损失函数(Vapnik,2000),即

$$L(u_0, \alpha) = [c(u_0) - \hat{c}(u_0, \alpha)]^2 \qquad (3.21)$$

统计学学习理论定义了泛化误差 J,用损失函数的期望来量化代理模型的误差(Vapnik,2000),即

$$J = \mathbb{E}[(c(U) - \hat{c}(U, \alpha))^2] = \int_{\mathbf{R}^d} [c(u) - \hat{c}(u, \alpha)]^2 \phi(u) \mathrm{d}u \qquad (3.22)$$

3.2.4 高斯过程

高斯过程(Gaussian Processes,GP)(常称为克里金(Kriging)模型)(Matheron,1963;Sasena,2002)是一个统计学上的代理模型。它将学科模型考虑成一个高斯过程的实现,可用来在学科函数的 $\mathbf{R}^d$ 维输入空间上近似学科函数 $c(\cdot)$。

一个高斯过程可用于描述关于函数的分布,它对应于一个无限维随机变量的集合,且任一有限维数的集合都对应于一个高斯联合分布。高斯过程可通过其均值和协方差函数刻画。高斯过程可由一组 M 个样本(设计实验得到),输入数据集 $\mathcal{U}_M = \{u_{(1)}, \cdots, u_{(M)}\}(u \in \mathbf{R}^d)$,与对应的学科函数响应 $\mathcal{Y}_M = \{y_{(1)} = c(u_{(1)}), \cdots, y_{(M)} = c(u_{(M)})\}$ 进行构建(或训练)。随后,可以用此代理模型预测实际函数 $c(\cdot)$ 在新的点上的响应,而不需要代入学科模型进行计算。此方法的优势主要体现在计算评估成本方面。事实上,比起评估昂贵的黑箱函数 $c(\cdot)$,使用代理模型进行估计要代价小得多。

在高斯过程回归中,高斯过程对未观测的学科函数 $c(\cdot)$ 做了一些假设,即其先验协方差函数 $k^\Theta(u, u')$ 依赖于超参数 Θ 和均值 $\mu(\cdot)$。式(3.23)给出了常用的核函数(通常为 k 次幂)为

$$k^\Theta(u, u') = \Theta_\sigma \exp\left(-\sum_{i=1}^{d} \Theta_{\theta_i} |u^{(i)} - u'^{(i)}|^{\Theta_{P_i}}\right) \qquad (3.23)$$

由于响应的趋势是先验未知的,通常假设为其平均常函数 μ(高斯过程也称为一般克里金模型)。因此,高斯过程可写为:$\hat{c}(u) \sim \mathcal{N}(\mu, k^\Theta(u - u'))$,且在任一有限变量子集上都有一个多元分布,特别是在样本 $\mathcal{U}_M$(记作 c_M,$c_M | \mathcal{U}_M \sim \mathcal{N}(1_\mu, K_{MM}^\Theta)$ 上。其中 k_{MM}^Θ 是由 $\mathcal{U}_M$(在其余部分中,简洁起见,我们舍弃了 $\mathcal{U}_M$ 依赖

于 Θ 的记法)上的参数化协方差函数 $k^{\Theta}(\cdot)$ 构造的协方差矩阵。对协方差函数的选择决定了对待建模函数的先验假设。考虑高斯噪声方差(也被称为块金效应),潜在函数值 $c(\mathcal{U}_M)$ 与观测到的响应 $\mathcal{Y}_M$ 之间的关系可以由 $p(y|c_M) = \mathcal{N}(y|c_M, +\sigma^2 I)$ 来确定。当学科函数 $c(\cdot)$ 不确定时,引入高斯噪声是十分有必要的。通过对潜在函数 $c(\cdot)$ 进行积分可得到边际似然函数,即

$$p(y|\mathcal{U}_M, \Theta) = \mathcal{N}(y|\mu, K_{MM} + \sigma^2 I) \quad (3.24)$$

接下来我们令 $\hat{K}]_{MM} = K]_{MM} + \sigma^2 I$。为了训练高斯过程,可以最大化负对数边界似然值,以找到超参数 Θ、μ、σ 的最优值。所有的核矩阵都隐式依赖于超参数 Θ,且负对数边界似然(及其导数)可表示为

$$L(\Theta|\mathcal{U}_M, \mathcal{Y}_M) = \log(p(y|\mathcal{U}_M, \mathcal{Y}_M, \Theta)) \propto \log(|\hat{K}_{MM}|) - y^T \hat{K}_{MM}^{-1} y \quad (3.25)$$

$$\frac{\mathrm{d}L}{\mathrm{d}\Theta} = y^T \hat{K}_{MM}^{-1} \frac{\mathrm{d}\hat{K}_{MM}}{\mathrm{d}\Theta} \hat{K}_{MM}^{-1} y + \mathrm{Tr}\left(\hat{K}_{MM}^{-1} \frac{\mathrm{d}\hat{K}_{MM}}{\mathrm{d}\Theta}\right) \quad (3.26)$$

基于梯度的优化器可用于最小化负对数边界似然值,以确定训练高斯过程的超参数值。训练之后,可以通过多元正态分布的条件属性对一个新的点 $u^* \in \mathbf{R}^d$ 进行预测(图 3.9)。

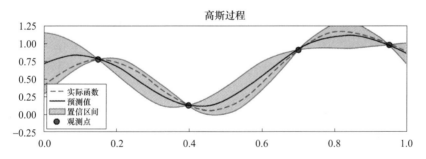

图 3.9　高斯过程预测与相关置信区间的例子

$$p(y^*|u^*, \mathcal{U}_M, \mathcal{Y}_M, \Theta) = \mathcal{N}(y^*|\hat{y}^*, \hat{s}^{*2}) \quad (3.27)$$

式中:$\hat{y}^*$ 与 $\hat{s}^{*2}$ 为预测平均值与对应的方差,其值为

$$\hat{y}^* = \mu + k_{u^*}^T (K_{MM} + \sigma^2 I)^{-1} (y - 1\mu) \quad (3.28)$$

$$\hat{s}^{*2} = k_{u^*, u^*} - k_{u^*}^T (K_{MM} + \sigma^2 I)^{-1} k_{u^*} \quad (3.29)$$

式中:$k_{u^*, u^*} = k(u^*, u^*)$ 且 $k_{u^*} = k[u_{(i)}, u^*]_{i=1,2,\cdots,M}$。

在高斯过程的训练阶段,控制时间复杂度的操作是求解线性解 $\hat{K}_{MM}^{-1} y$,对数行列式 $\lg(|\hat{K}_{MM}|)$ 与迹 $\mathrm{Tr}\left(\hat{K}_{MM}^{-1} \frac{\mathrm{d}\hat{K}_{MM}}{\mathrm{d}\Theta}\right)$ 的过程。在高斯过程中,这些量是通过 $\hat{K}_{MM}$ 的科列斯基(Cholesky)分解进行计算的,此分解为计算密集型的且包含 $\mathcal{O}(M^3)$ 复杂度的运算。为减小数据集很大时(如需要覆盖高维空间)的计算成

本,人们发展了稀疏高斯过程方法(Titsias,2009)。

图3.9给出了基于4个观察结果(样本)构建的一维函数与其高斯过程,其置信区间与高斯过程方差相关联。观测开始处的方差为零,并随着与现有数据样本的距离增加而增加。这在复杂的设计中非常有用,因为它同时提供了设计中对模型的预测与估计的不确定性。这种量化代理模型预测不确定性可能性的方法在可靠性分析中介绍以找到概率估计的上下界(见第4章)并且在全局搜索和利用中平衡优化(见第5章)。

3.2.5 支持向量机

支持向量机(Support Vector Machines,SVM)是一种机器学习方法(Vapnik 1998),在不同领域得到了应用,如可靠性分析(Basudhar与Missoum,2008)或分类与模式识别(Shawe - Taylor与Cristianini,2004)。针对回归问题改进的支持向量机,称为支持向量回归(Support Vector Machine for Regression,SVR)(Clarke 等,2005)。支持向量机的主要优点在于它能够支持复杂函数的建模,且能以最优的方式对不同数据样本进行分类。在概率估计中(如 Hurtado,2004;Bourinet 等,2011),支持向量机可用作 $c(\cdot)$ 在阈值 $S=0$ 附近的代理模型。此代理模型特别适用于不连续函数和高维问题的估计。本节旨在简述支持向量机的主要特点,更多细节见 Cristianini 与 Shawe - Taylor(2000)与 Steinwart 与 Christmann (2008)。本节只给出了经典支持向量机的特征,其他文献中提出的关于支持向量机的拓展,如概率性的支持向量机(Platt,1999;Gao 等,2002)或虚拟支持向量机(Song 等,2013),在本章中不予考虑。

支持向量机的基本形式是一个二进制分类器。在可靠性分析中,这些类别对应于故障区域(被称为"-1"区域)和安全区域(被称为"+1"区域)。支持向量机也可以扩展到多类别的分类问题(Duan 与 Keerthi,2005)。考虑在 d - 维空间上的 M 个训练样本构成的训练集 $\mathscr{U}_M = \{u_{(1)}, \cdots, u_{(M)}\}$,以学科函数输出与感兴趣的阈值 S 作比较进行分类并以数值 $r = \pm 1$ 进行标记。支持向量机的训练目的是找到将训练数据分为两类的最优边界(极限状态函数)。支持向量回归是支持向量机的拓展,用来对函数的建模,而不是将输出响应进行分类。支持向量回归使用了与支持向量机相同的准则,但支持向量回归的想法是最小化支持向量回归模型与精确响应样本之间的误差。下文中揭示了线性可分离数据集下的支持向量机理论,然后将其扩展为线性不可分离的情况。

考虑 d - 维空间上的 M 个训练样本构成的训练集 $\mathscr{U}_M = \{u_{(1)}, \cdots, u_{(M)}\}$,与其相关联的真实学科响应为:$\mathscr{Y} = \{y_{(1)}, \cdots, y_{(M)}\}$。在线性近似中,支持向量机的目的是找到一个函数

$$\hat{c}(\boldsymbol{u}) = \boldsymbol{w}^T \cdot \boldsymbol{u} + b \tag{3.30}$$

式中：b 为偏差；$\boldsymbol{w}$ 为超平面系数向量。

线性近似位于两个超平面（支持向量超平面）的中间，以相对于超平面的位置区分两类数据（相对于超平面存在正误差或负误差）。这一对超平面（图 3.10）必须至少通过每个类的一个训练样本（也称为支持向量）。

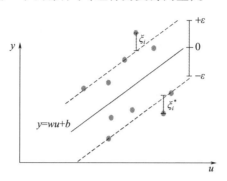

图 3.10　支持向量回归举例

为确定超参数 w 与 b，可求解优化问题，即

$$\min_{\boldsymbol{w},b,\xi_i,\xi_i^*} \frac{1}{2}\|\boldsymbol{w}\|^2 + C\sum_{i=1}^{M}(\xi_i + \xi_i^*) \tag{3.31}$$

$$\text{s.t. } y_{(i)} - (\boldsymbol{w}^T \cdot \boldsymbol{w}_{(i)} + b) \leq \epsilon + \xi_i, 1 \leq i \leq M \tag{3.32}$$

$$-y_{(i)} + (\boldsymbol{w}^T \cdot \boldsymbol{u}_{(i)} + b) \leq \epsilon + \xi_i^*, 1 \leq i \leq M \tag{3.33}$$

$$\xi_i, \xi_i^* \geq 0 \tag{3.34}$$

式中：C 为一个正标量，控制着 ϵ 边界之外的数据响应的惩罚项（为防止过度拟合）；ξ_i、ξ_i^* 为处理可能出现的违反约束情况时的松弛变量，这些松弛变量决定了支持向量回归误差的上界。

此优化问题是一个二次规划问题。这是一个凸优化问题，可以用现有的优化算法高效地解决（如 SQP 算法（Schittkowski，1986））。对偶的方法也常通过引入拉格朗日乘子来解决二次规划问题，并得到最优的 w、b 与拉格朗日乘子 λ_i、λ_i^*。输入空间中任一点 $\boldsymbol{u}$ 的预测函数可表示为

$$s(\boldsymbol{u}, \mathscr{U}_M) = b + \sum_{i=1}^{M}(\lambda_i - \lambda_i^*)\boldsymbol{u}_{(i)}^T \boldsymbol{u} \tag{3.35}$$

Karush – Kuhn – Tucker 条件确保了只有对应于支持向量的 λ_i 是严格正的，其他的均为 0。通常情况下，只有 $\mathscr{U}_M$ 中一小部分样本是支持向量。仅考虑样本中的支持向量 NSV，式(3.35)可以变为

$$s(\boldsymbol{u}, \mathscr{U}_M) = b + \sum_{i=1}^{\text{NSV}}(\lambda_i - \lambda_i^*)\boldsymbol{u}_{(i)}^T \boldsymbol{u} \tag{3.36}$$

当学科函数为非线性时,可利用核函数对该方法进行推广。初始变量集被映射到一个称为特征空间的高维空间之中。在这个 n 维空间中,样本 $\boldsymbol{u}$ 的一个新坐标由 $(\Psi_1(\boldsymbol{u}),\Psi_2(\boldsymbol{u}),\cdots,\Psi_n(\boldsymbol{u}))$ 给定,其中 Ψ_i 是其特征函数。对非线性函数而言,支持向量回归的一般思路是在增广特征空间内描述线性分类问题。对于一个新点 $\boldsymbol{u}$,支持向量回归预测为

$$s(\boldsymbol{u},\mathscr{U}_M) = b + \sum_{i=1}^{\mathrm{NSV}} (\lambda_i - \lambda_i^*)\langle \boldsymbol{\Psi}(\boldsymbol{u}_{(i)}),\boldsymbol{\Psi}(\boldsymbol{u})\rangle \tag{3.37}$$

式中: $\boldsymbol{\Psi} = (\Psi_1(\boldsymbol{u}),\Psi_2(\boldsymbol{u}),\cdots,\Psi_n(\boldsymbol{u}))$;$\langle\cdot,\cdot\rangle$ 为内积。内积形成一个核 K,因此支持向量回归预测可写为

$$s(\boldsymbol{u},\mathscr{U}_M) = b + \sum_{i=1}^{\mathrm{NSV}} \lambda_i r_i K(\boldsymbol{u}_{(i)},\boldsymbol{u}) \tag{3.38}$$

这种方法称为核技巧。高斯核是文献中使用最多的核,定义为

$$K(\boldsymbol{u}_{(i)},\boldsymbol{u}) = \exp\left(-\frac{\|\boldsymbol{u}_{(i)} - \boldsymbol{u}\|^2}{\sigma^2}\right) \tag{3.39}$$

式中: σ 为高斯核的宽度。

3.2.6 应用代理模型的不确定性传播实例

为了说明应用代理模型在不确定性传播中的作用,根据如下方程定义了一个简单实例,即

$$y = c(\boldsymbol{u}) = \boldsymbol{u}^{(1)} + |\boldsymbol{u}^{(2)2} - \boldsymbol{u}^{(1)}|^{1.3} + 2\boldsymbol{u}^{(2)}\exp(0.5 * \boldsymbol{u}^{(1)}) \tag{3.40}$$

不确定变量 $\boldsymbol{u}$ 的分布假定为标准高斯分布,且两个输入变量相互独立。图 3.11 与图 3.12 表示二维函数表面、相应的等高线图与输入变量概率密度函数。

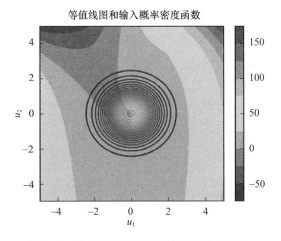

图 3.11 实例函数与输入变量概率密度函数

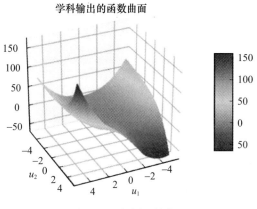

图 3.12 实例函数曲面

图 3.13 给出了用朴素蒙特卡罗方法对精确函数 $c(\cdot)$ 的采样(基于 5000 个样本)。图 3.14 给出了函数 $y=c(\bm{u})$ 输出分布的直方图,其平均值为 $\mu_y=1.77$,标准差为 $\sigma_y=3.37$。这些统计矩是基于函数 $c(\cdot)$ 的 5000 次重复仿真来计算得到的。一种降低这些统计矩估计计算成本的方法是基于实验设计 (Design of Experiment, DoE) 构建代理模型,并用构建的代理模型来传播不确定性。

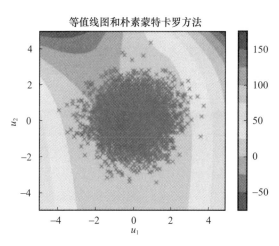

图 3.13 精确函数的朴素蒙特卡罗方法不确定性传播

图 3.15 给出了一个高斯过程,该过程由 LHS(Helton 与 Davis,2003)提供的 50 个样本(图 3.15 中蓝点)训练得到。LHS 能够生成输入空间的样本,并以适当的方法涵盖整个空间。随后,在这些 LHS 样本上对精确函数 $c(\cdot)$ 的输入与输出响应拟合,构建高斯过程 $\hat{c}(\cdot)$。构建的高斯过程能以远小于真实模型的

计算成本(尤其对于复杂系统而言)预测函数的输出(见图 3.15 中说明),高斯过程还提供了预测误差的方差来量化使用代理的不确定性(图 3.16)。代理模型相关的不确定性在样本点附近较低,并随着与现有数据点距离的增加而增加,其在信息密度较低的边界处的不确定性也较大。图 3.17 给出了一组精确函数与高斯过程输出直方图的对比。二者采用了相同的朴素蒙特卡罗方法样本,分布十分相近。高斯过程输出分布的统计矩为 $\hat{\mu}_y = 1.82, \hat{\sigma}_y = 3.26$,这与精确函数得到的结果十分相近(误差小于 5%),但高斯过程只进行了 50 次求值,而不是 5000 次。

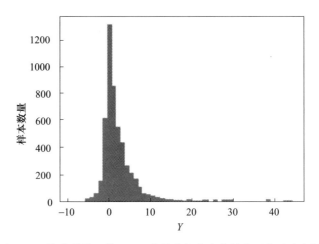

图 3.14　精确学科函数 $c(\cdot)$ 的输出与朴素蒙特卡罗方法直方图

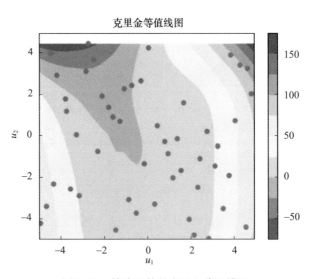

图 3.15　精确函数的克里金代理模型

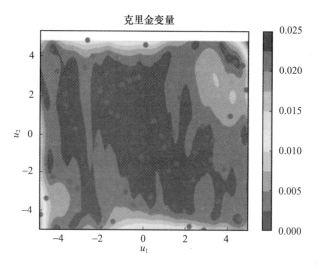

图 3.16 克里金代理模型的预测变量方差

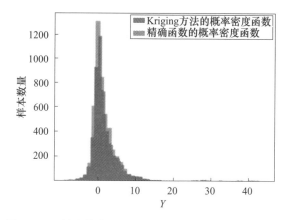

图 3.17 "朴素蒙特卡罗方法 + 高斯过程"与"朴素蒙特卡罗方法 + 精确函数"学科输出直方图对比

相似地,我们也用其他代理模型多个输入中的偶然不确定性传播进行了测试,并比较了代理模型和真实模型输出的直方图。建立了不确定性的混沌多项式展开模型,该模型建立在一组由服从正态分布的输入不确定变量定义的多变量正交基函数基础上。这些多变量正交基函数是正交的单变量函数族的张量积。随后,选定多元正交的截断策略确定多元基函数的不同项。接下来的策略包含迭代构造截断的混沌多项式展开的基。首先是估计常数项,然后对现有的基进行迭代直到达到所需的精度。随后,基于前文中解释过的最小二乘方法估计混沌多项式展开的系数。同样地,我们使用 50 次精确函数值计算结果来构建混沌多项式展开,由此产生的混沌多项式展开输出函数如图 3.18 所示。利用多项式展开的输出分布与精确函数输出分布的对比如图 3.19 所示,二者分布十分相似,但要注意到与精确函数相比,两者输出在边界处有所区别。

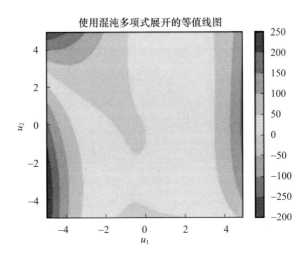

图 3.18　精确函数的混沌多项式展开代理模型输出

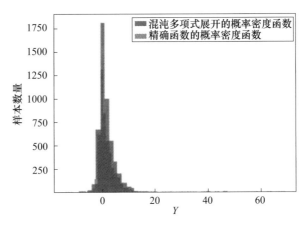

图 3.19　使用朴素蒙特卡罗方法与混沌多项式展开的
学科输出 $c(\cdot)$ 直方图

最后,建立了支持向量回归模型,如图 3.20 与图 3.21 所示。然而,对于目前描述的实例来说,仅有 50 个输入样本的结果不足以对统计矩进行合理精确地估计。事实上,图 3.22 给出的支持向量回归等值线图与精确函数的等值线图有很大区别。为了准确对函数进行估计,需要更多的输入样本。因此,我们在图 3.20 与图 3.21 中给出了基于 500 个样本的相关统计矩估计结果。

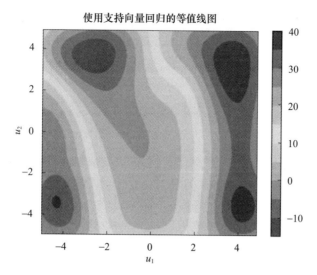

图 3.20 基于 500 个采样点的精确函数支持向量回归代理模型

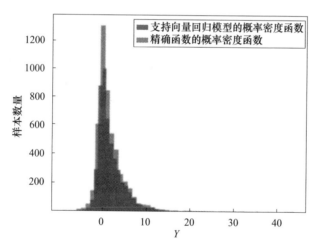

图 3.21 基于 500 个采样点的朴素蒙特卡罗方法 +
支持向量回归学科输出的直方图

本章给出的各代理模型对复杂函数的建模能力（如非线性、不连续性）、训练复杂度、维数灾难等方面各有优劣。高斯过程的一个优点是，除了给出基于代理模型的预测之外，还能给出了估计的不确定性。它可以用于控制高斯过程的误差，并基于这些信息发展改进算法（见第 4 章与第 5 章）。因此，代理模型的选择应当考虑对待建模型的认识程度和基于代理模型所要开展的研究类型。

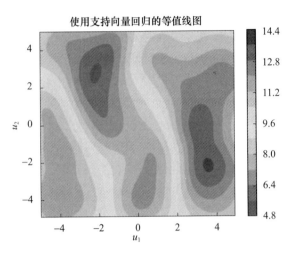

图 3.22　基于 50 个采样点的精确函数支持向量回归代理模型

3.3　灵敏度分析

　　复杂航天系统的设计通常依赖于包含大量变量的数值仿真和多种不同来源的不确定性的综合。在概率论框架下,灵敏度分析的目的是研究数据模型输出的不确定性怎样(定性或定量地)归因分配到模型输入中不同来源的不确定性上(Saltelli 等,2000;Iooss 与 Lemaître,2015)。灵敏度分析要求基于精确的学科模型传播不确定性,这一目标同前文所述的用来估计模型输出的统计矩或估计整个概率密度函数不同。灵敏度分析允许对不同不确定性来源的相对重要性进行比较进而识别对输出行为影响最大或最小的输入变量因素。这些信息可以用将某些输入变量冻结在其标称值上以降低待求问题的维度,更高效地实现不确定性量化、可靠性分析与优化。现有两类灵敏度分析方法:局部方法(围绕基线附近)和全局方法(覆盖整个输入变量的变化域)。目前在文献研究与工程领域最常用的灵敏度分析方法有 Morris 法(Morris,1991),傅里叶幅值检验法(FAST,Cukier 等,1973,1978),Sobol 指标(Sobol,1993),基于导数的全局灵敏度度量(Derivative-based Global Sensitivity Measure,DGSM)(Kucherenko 等,2009a)。下文中将对这些技术进行简要概述。我们考虑假定输入变量 $U = [U^{(1)}, U^{(2)}, \cdots, U^{(d)}] \in \mathbf{R}^d$ 的坐标相互独立和拥有标量输出 Y 的数值学科模型 $Y = c(U)$ 的例子。

3.3.1　Morris 分析法及其变体

　　定性分析(也称为筛选方法)是对定量方法的补充,与其他灵敏度分析方法相比需要的模型评估次数更少(Ekström 与 Broed,2006)。它们基于输入空间的离散化以识别对输出的变化影响最大的变量。

单次单因子(One Variable At a Time,OAT)方法仅考虑一个变量的变化,而将其他变量固定于标称值上(Saltelli 等,2004)。将输入变量 U 的标称值作为模型 $c(\cdot)$ 的基准线,单次单因子是将其他变量冻结在基准值上,而令一个变量在一个区间内(如 ±20%)变化。通过 d 次计算得到模型输出变量 Y 相对于模型输入变量变化时的变化区间。通过对模型输出变量区间的排序得到对输出影响最大的输入变量。

另一种先进的单次单因子方法是估计模型相对于输入变量的偏导数。由于这种方法依赖于计算偏导数时变量值(计算点)的选择,因此它也称为局部灵敏度分析。该方法对模型进行评估的次数与输入变量的维数 d 相等。此类单次单因子方法需要进行模型评估的次数很少,然而,它只提供局部而非整个输入变量变化区间的灵敏度信息。

Morris 方法(Morris,1991)扩展了单次单因子概念来提供全局灵敏度信息。它基于对一组随机单次单因子设计实验的重复。Morris 方法在输入变量变化范围内不同位置和方向(随机选择)上求偏导数。因为输入变量能在其整个定义域内变化,所以该方法是全局性的。Morris 方法能够将输入分为 3 组:无相互作用且具有大线性效应的输入,有大非线性效应与/或相互作用的输入,以及影响可以忽略不计的输入。对此过程的重复可以对每个输入的基本效应进行估计,并得出灵敏度指数。

Morris 方法包括 R 次重复的随机实验设计,且实验时输入变量顺次变化(Iooss 与 Lemaître,2015)。一次实验的首个中心点与一系列方向随机选取。Morris 方法可以确定输入变量 $U^{(j)}$ 对输出结果 Y 的影响是可忽略的还是显著的,线性的还是非线性的,与其他输入变量 U^{-j}(意为除 $U^{(j)}$ 外的所有变量)有无耦合。

考虑第 i 次重复实验中第 j 个坐标的基本效应 $e_{j(i)}$:$e_{j(i)} = \dfrac{c(\boldsymbol{u}_{(i)} + \delta_j) - c(\boldsymbol{u}_{(i)})}{\delta_j}$,其中 δ_j 为输入空间中第 j 方向的步长变化。Morris 方法依据 $e_{j(i)}$ 从 3 个方面说明了输入变量 $U^{(j)}$ 可能的重要性:

(1)非零,那么 $U^{(j)}$ 对输出有影响。

(2)非零且在整个实验样本上是常数,那么 $U^{(j)}$ 对输出有线性影响且与其他变量无相互作用。

(3)随着 $U^{(j)}$ 变化而变化,那么 $U^{(j)}$ 对输出有非线性影响,与其他变量的相互关系待定。

一旦实施了 R 次重复实验设计,绝对值偏差量的均值 $\mu_j = \dfrac{1}{R} \sum_{i=1}^{R} |e_{j(i)}|$ 可

作为灵敏度的测度。用偏导数的方差 $\sigma_j^2 = \frac{1}{R}\sum_{i=1}^{R}(e_{j(i)} - \mu_j)^2$ 度量输入间相互作用和对输出的非线性效应。值得注意的是，Morris 方法不能将输入对输出的非线性影响与输入间的相互影响效应区分开。Morris 方法的主要优点是计算成本低，每次重复试验只需要对每个基本影响进行一次模型评估。然而，它不能区分非线性效应和耦合，而有时这两者的区分对决策者来说又是十分重要的。

Kucherenko(2005)等扩展了 Morris 方法，提出了基于倒数的全局灵敏度测度(Derivative-based Global Sensitirity Measure, DGSM)为

$$\mu_j = \int_{\mathbf{R}^d} \left|\frac{\partial c(\boldsymbol{u})}{\partial u_j}\right| \mathrm{d}\boldsymbol{u} \tag{3.41}$$

$$\sigma_j^2 = \int_{\mathbf{R}^d} \left(\left|\frac{\partial c(\boldsymbol{u})}{\partial u_j}\right| - \mu_j\right)^2 \mathrm{d}\boldsymbol{u} \tag{3.42}$$

这些灵敏度测度可以使用朴素蒙特卡罗抽样来估计(Kucherenko 等,2009b)。

3.3.2 基于方差的方法

基于方差的灵敏度分析方法依赖于方差的函数分解提供灵敏度指标。它将方差分解为不同元素的贡献(输入变量的边际效应和相互作用)。我们可以考虑 $\boldsymbol{U}$ 的坐标为单位超立方体 $\mathbf{R}^d$ 上的均匀分布。由 Sobol 提出的 Sobol 分解指出(1993)

$$Y = c(\boldsymbol{U}) = c_0 + \sum_{j=1}^{d} c_j(\boldsymbol{u}^{(j)}) + \sum_{i<j}^{d} c_{ij}(\boldsymbol{u}^{(i)}, \boldsymbol{u}^{(j)}) + \cdots + c_{1,2,\cdots,d}(\boldsymbol{u}^{(1)}, \cdots, \boldsymbol{u}^{(d)}) \tag{3.43}$$

式中：$c_0 = \mathbb{E}[c(\boldsymbol{U})] = \int_\Omega c(\boldsymbol{u})\phi(\boldsymbol{u})\mathrm{d}\boldsymbol{u}$，$\Omega$ 为 d 维立方 $[0,1]^d$，其中输入变量服从均匀概率密度函数 $\phi(u)$。

进一步有：

$$c_j(U^{(j)}) = \mathbb{E}[c(\boldsymbol{U})|U^{(j)}] - c_0$$

$$c_{ij}(U^{(i)}, U^{(j)}) = \mathbb{E}[c(\boldsymbol{U})|U^{(i)}, U^{(j)}] - \mathbb{E}[c(\boldsymbol{U})|U^{(i)}] - \mathbb{E}[c(\boldsymbol{U})|U^{(j)}] + c_0$$

且 $c_{1,2,\cdots,d}(\boldsymbol{U}^{(1)}, \cdots, \boldsymbol{U}^{(d)})$ 由 $c(\boldsymbol{U})$ 与所有增维函数之和的差来定义。此外，$\forall l \in \{1,\cdots,s\}$，$\forall \{j_1,\cdots,j_s\} \in \{1,\cdots,d\}$[①]，有

$$\int_\Omega c_{j_1,\cdots j_s}(\boldsymbol{u}^{(j_1)}, \cdots, \boldsymbol{u}^{(j_s)}) \mathrm{d}\boldsymbol{u}_{j_l} = 0 \tag{3.44}$$

该式对分解的每个函数进行了验证(Sobol, 1990)。Sobol 分解函数的正交性可

---

① 原文误,译者改。

以通过式(3.43)证明(Sobol,1993)。

Sobol 提出了 Sobol 指标(Sobol,1990),该指标基于函数分解(式(3.43))量化输出方差的分配(Sobol,2001)。通过方差分解(Sobol,1993)将真实函数 $c(\cdot)$ 分解为增维函数的和,可以得到

$$\mathbb{V}[Y] = \sum_{j=1}^{d} \mathbb{V}_j[Y] + \sum_{i<j}^{d} \mathbb{V}_{ij}[Y] + \cdots + \mathbb{V}_{123\cdots d}[Y] \quad (3.45)$$

式中:$\mathbb{V}$ 为方差;$\mathbb{V}_j[Y]$ 定义见式(3.49)~式(3.50)。由除 $\boldsymbol{U}^{(j)}$ 以外的所有变量造成的输出 Y 的变化可以通过固定输入变量 $\boldsymbol{U}^{(j)}$ 在其一个实现 $\boldsymbol{u}^{(j)}$ 上进行分析,即

$$\mathbb{V}[Y|\boldsymbol{U}^{(j)} = \boldsymbol{u}^{(j)}] = \mathbb{E}[Y^2|\boldsymbol{U}^{(j)} = \boldsymbol{u}^{(j)}] - \mathbb{E}[Y|\boldsymbol{U}^{(j)} = \boldsymbol{u}^{(j)}]^2 \quad (3.46)$$

考虑所有可能的 $\boldsymbol{u}^{(j)}$,对条件方差求期望得到

$$\mathbb{E}[\mathbb{V}[Y|\boldsymbol{U}^{(j)} = \boldsymbol{u}^{(j)}]] = \int_{\Omega_{U^{(j)}}} \mathbb{V}[Y|\boldsymbol{U}^{(j)} = \boldsymbol{u}^{(j)}] \phi_{\boldsymbol{U}^{(j)}}(\boldsymbol{u}^{(j)}) \mathrm{d}\boldsymbol{u}^{(j)} \quad (3.47)$$

给定总方差

$$\mathbb{V}[Y] = \mathbb{V}[\mathbb{E}[Y|\boldsymbol{U}^{(j)}]] + \mathbb{E}[\mathbb{V}[Y|\boldsymbol{U}^{(j)}]] \quad (3.48)$$

那么 $\mathbb{V}[\mathbb{E}[Y|\boldsymbol{U}^{(j)}]]$ 的值可用于灵敏度分析。它随着变量 $\boldsymbol{U}^{(j)}$ 对于输出 Y 变化重要的增加而增加。

为了得到规范化的度量,输入方差 $\boldsymbol{U}^{(j)}$ 的一阶 Sobol 指数 S_j 与 $\boldsymbol{U}^{(i)}$、$\boldsymbol{U}^{(j)}$ 之间的二阶 Sobol 指数 S_{ij} 定义为

$$S_j = \frac{\mathbb{V}[\mathbb{E}[Y|\boldsymbol{U}^{(j)}]]}{\mathbb{V}[Y]} = \frac{\mathbb{V}_j}{\mathbb{V}[Y]} \quad (3.49)$$

$$S_{ij} = \frac{\mathbb{V}[\mathbb{E}[Y|\boldsymbol{U}^{(i)},\boldsymbol{U}^{(j)}]] - \mathbb{V}_i - \mathbb{V}_j}{\mathbb{V}[Y]} = \frac{\mathbb{V}_{ij}}{\mathbb{V}[Y]} \quad (3.50)$$

一阶 Sobol 指标量化了 Y 中由于 $\boldsymbol{U}^{(j)}$ 造成的变化量,称为主效应。二阶 Sobol 指标用来测度 $\boldsymbol{U}^{(i)}$、$\boldsymbol{U}^{(j)}$ 之间相互作用的重要性。同样的原理可以用于推导 3 阶、4 阶 Sobol 指标。总的 Sobol 指标 ST_j 是与 $\boldsymbol{U}^{(j)}$ 相关的所有 Sobol 指标之和,即

$$ST_j = \sum_{j \# i} S_i, \quad (3.51)$$

式中:$j \# i$ 为所有包含指标 j 的 $i1,\cdots,id$ 项。例如,ST_1 包含了 $S_1,S_{12},\cdots,S_{1d}$,$S_{123},\cdots,S_{123\cdots d}$。总的 Sobol 指标度量了由所有效应引起的输出的变化中输入变量 j 贡献的部分(一阶与其余高阶项)。

对于黑箱函数,Sobol 指标可能不能通过解析推导得到,必须进行数值估计。可以采用的数值方法有好多种。传统上,可以使用朴素蒙特卡罗方法来估计 Sobol 指标,也可采用其他抽样方法,如 Jansen 方法(Janse,1999)或傅里叶幅值

检验法(Fourier Amplitude Sensitivity Test,FAST)(Saltelli 等,1999)。傅里叶幅值检验法(McRae 等,1982)通过进行周期采样和傅里叶变换将模型输出的变化量分解为由各种模型参数引起的部分变化量。傅里叶幅值检验法主要受限于其仅对模型参数主效应引起的部分变化量进行估计。然而,Sobol 指标的计算成本很高,且需要大量调用待研究的函数。Sobol 方法适用于所有变化量有限的情形(线性的或非线性的,单调的或非单调的函数)。

Sobol 与 Kucherenko 等(2009a)提出了一种新的灵敏度测量方法,即模型相对于输入 $U_{(j)}$ 的均方导数,有

$$v_j = \mathbb{E}\left[\left(\frac{\partial c(\boldsymbol{u})}{\partial u_{(j)}}\right)^2\right] \quad (3.52)$$

在 U_j 服从[0,1]上均匀分布的情况下,Sobol 指标与此灵敏度测量值之间的联系已通过上界的形式建立(Kucherenko 等,2009a;Lamboni 等,2013),即

$$ST_j \leqslant S_j^{\text{DGSM}} = \frac{v_j}{\pi^2 V} \quad (3.53)$$

式中:V 为模型输出变化量;S_j^{DGSM} 为总 Sobol 指标 ST_j 的上界。之前的结果也已经被推广到满足其他类型分布的情形(Lamboni 等,2013)。

其他一些指标,如 Borgonovo 灵敏度指数(Borgonovo 与 Plischke,2016),也被作为灵敏度指标的替代选项被提出。此外,最近针对非独立变量的灵敏度分析方法也被提出(Saltelli 等,2010;Caniou,2012;Chastaing 与 Le Gratiet 2015;Mara 等,2015),但为简洁起见,本书中不做详细说明。值得注意的是输入变量之间如果存在相互依存关系时,将其纳入灵敏度分析的范畴考虑是十分重要的。因为其可能对系统输出产生巨大影响,甚至改变灵敏度分析的结论。

此外,当感兴趣学科的混沌多项式展开代理模型已经建立的情况下,混沌系数提供了学科输出相对于展开变量的全局灵敏度信息。Sudret(2008)说明了基于方差的分解与基于正交多项式基展开之间的相似性。当建立混沌多项式展开分解时,可以通过处理多项式混沌展开系数解析地计算 Sobol 灵敏度指数。因此,可以评估哪些展开变量对输出的变化影响最大。

3.3.3 灵敏度分析实例

为了说明前文所述的不同灵敏度分析技术,本节考虑一个实例(由 Welch 等提出(1992))。我们考虑一个函数 $c(\cdot)$,使 $\boldsymbol{U} \in [-0.5, 0.5]^{20} \to Y = c(\boldsymbol{U})$ 定义为

$$c(\boldsymbol{u}) = \frac{5 \times u^{(12)}}{1 + u^{(1)}} + 5(u^{(4)} - u^{(20)})^2 + u^{(5)} + 40 u^{(19)3} - 5 u^{(19)} + 0.05 u^{(2)} +$$
$$0.08 u^{(3)} - 0.03 u^{(6)} + 0.03 u^{(7)} - 0.09 u^{(9)} - 0.01 u^{(10)} - 0.07 u^{(11)} +$$

$$0.25u^{(13)2} - 0.04u^{(14)} + 0.06u^{(15)} - 0.01u^{(17)} - 0.03u^{(18)} \qquad (3.54)$$

观察此函数可以发现,与其他输入变量相比,部分输入变量对输出的影响很大。Welch 等(1992)指出,该函数的复杂性在于变量之间的相互作用以及非线性影响。在此实例中,比较了 3 种灵敏度分析法:Morris 法、FAST 法和 Sobol 方法。对于每一种灵敏度分析方法,其样本数 M 通过分析与合理的采样获得。

图 3.23 给出了函数 $c(\cdot)$ 散点图,有 $U \in [-0.5, 0.5]^{20}$,为了在灵敏度指数的计算中降低出错率,该函数采用了 Saltelli 方法(Saltelli,2002)扩展 Sobol 序列生成的 $M = 1000$ 个样本。从这些散点图中可以发现,$u^{(12)}$、$u^{(19)}$、$u^{(20)}$、$u^{(1)}$、$u^{(5)}$ 对输出结果 Y 有较大的影响。因此在灵敏度分析中,我们认为这些变量具有最重大的影响。其中,$u^{(20)}$ 与 $u^{(4)}$ 具有平方效应,而 $u^{(19)}$ 具有立方效应。

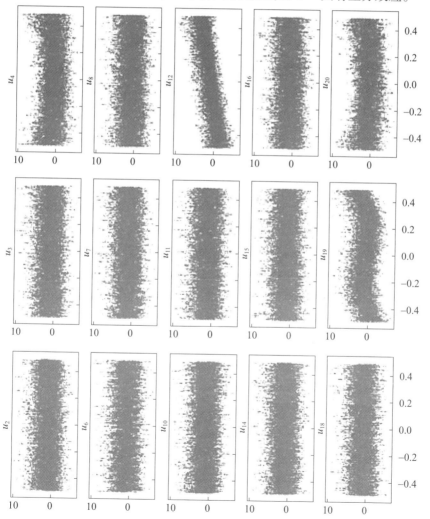

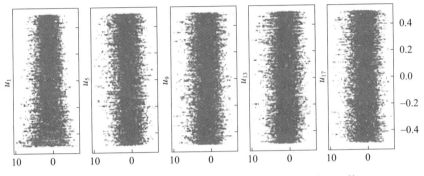

图 3.23　1000 个样本生成的 Sobol 序列和相关的输出函数

图 3.24、图 3.25 与图 3.26 分别给出了使用 100 个、1000 个和 5000 个样本算出的第一个 Sobol 灵敏度指数和总 Sobol 灵敏度指数。100 个样本不足以准确估计灵敏度指数(如估计为负的指数),而 1000 与 5000 个样本的 Sobol 指数估计为输入变量提供了相同的灵敏度指数。根据 Sobol 的研究,变量 12 的影响力最大(解释了 60% 的输出变量),其次是变量 19、20、4、1 与 5。其他变量对函数输出没有影响。这些 Sobol 分析证实了从散点图中得到的第一个结论。此外,从一阶指数和总阶指数可以推断出变量之间的相互作用是存在的(解释了一阶与总阶的区别)。因此,对于下一步的分析,例如,对不确定性存在的情况下不确定性传播或优化过程,冻结这些无影响变量有助于降低此类问题的计算成本。

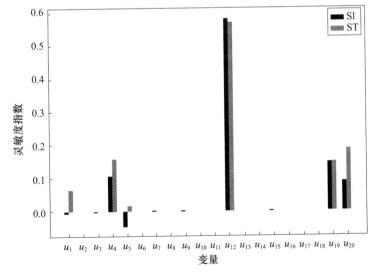

图 3.24　100 个样本对应的 Sobol 灵敏度指数
(因为灵敏度指数出现负指数,该结果不够精确)

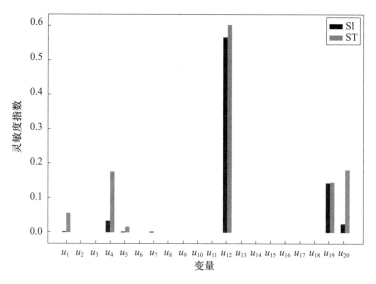

图 3.25　基于 1000 个样本的 Sobol 灵敏度指数

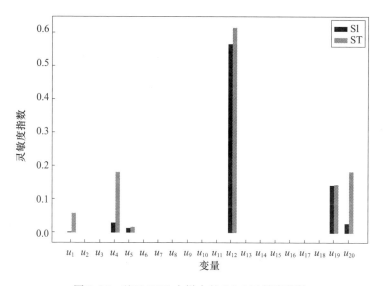

图 3.26　基于 5000 个样本的 Sobol 灵敏度指数

图 3.27、图 3.28 与图 3.29 分别给出了 100、1000 与 5000 个样本的一阶 FAST 灵敏度指数与总 FAST 指数。在识别最有影响力的变量方面,这些指数与 Sobol 指数相似。值得注意的是,对于 Sobol 来说 FAST 的成本依然昂贵。当输入变量数量增加时(超过 10),它会出现不稳定和偏差(Tissot 与 Prieur,2012;Iooss 与 Lemaître,2015)。在此实例中,相比于 Sobol 方法提供的结果,FAST 的结果更加不稳定。

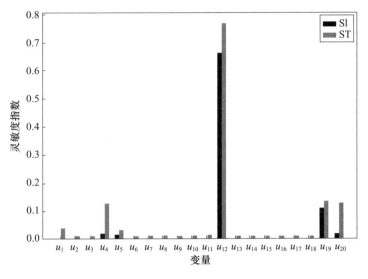

图 3.27 基于 100 个样本的 FAST 灵敏度指数

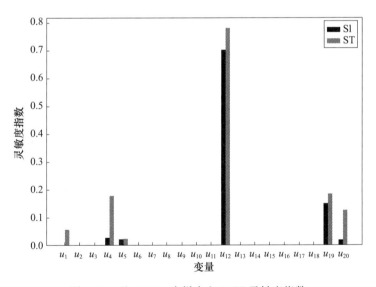

图 3.28 基于 1000 个样本和 FAST 灵敏度指数

图 3.30 至图 3.32 分别给出了 100、1000 和 5000 个样本的 Morris 灵敏度指数。在最有影响力的变量是 $u^{(12)}$、$u^{(19)}$、$u^{(20)}$、$u^{(1)}$、$u^{(5)}$ 这一方面，Morris 法提供了与 Sobol 法和 FAST 法一样的结论。作为 Morris 方法输出结果的 σ 与 μ 在同一数量级内，变量之间存在非线性，或相互作用。此外，即使一般来说 Morris 方法需要的样本数量比 Sobol 方法更少，但对于此实例，100 个样本依然不足以准确地估计影响（σ 与 μ 的值不收敛）。

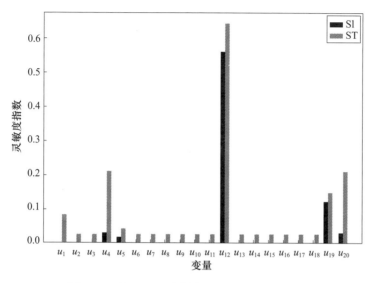

图 3.29 基于 5000 个样本和 FAST 灵敏度指数

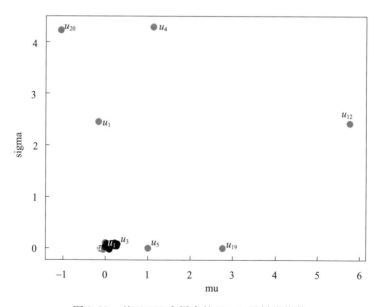

图 3.30 基于 100 个样本的 Morris 灵敏度指数

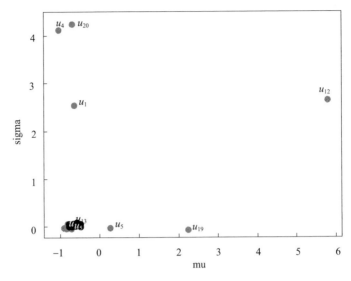

图 3.31　基于 1000 个样本的 Morris 灵敏度指数

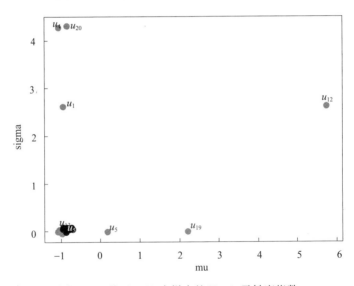

图 3.32　基于 5000 个样本的 Morris 灵敏度指数

3.4　基于其他建模框架的不确定性传播

在前文中,介绍了在概率论框架下传播不确定性的方法。对于第 2 章描述的其他表示不确定性的替代数学形式,提出了适用的不确定性传播方法。本节简要回顾其主要技术,其中大多数方法结合了优化与组合计算。

3.4.1 区间方法

我们考虑以区间方法对不确定性建模,以其上下边界 $Y = \{u \in \mathbf{R}^d | u^{(i)} \in [u_{\min}^{(i)}, u_{\max}^{(i)}], \forall i \in \{1, 2, \cdots, d\}\}$ 定义输入不确定性变量 u。在区间方法中,标量输出 $y = c(u)$ 的上界与下界可以表示为 $\{y \in \mathbf{R} | y_{\min} \leq y \leq y_{\max}\}$(图 3.33)。输出区间的边界可以用不同方法计算,如区间算法、采样策略、基于优化的技术。其中,对于包含非单调或非线性的复杂学科函数而言,区间运算可能十分困难。接下来对这些方法进行简要的概述。区间不确定性传播也被称为区间分析(Interval Analysis, IA)。

图 3.33 基于区间方法的不确定性传播

1)基于采样的方法

基于采样的方法(Kreinovich 与 Ferson, 2004; Swiler 等, 2009)包括考虑可能性框架下的区间,以估计输出区间边界。首先,输入不确定性区间用均匀随机变量 $u \sim \mathcal{U}(u_{\min}, u_{\max})$ 替代。随后,使用朴素蒙特卡罗抽样,得到联合均匀分布的 M 个独立同分布样本。在这些样本点上,根据学科模型 $c(\cdot)$ 进行学科运算得到输出 $\{y_{(1)} = c(u_{(1)}), \cdots, y_{(M)} = c(u_{(M)})\}$。最后,舍弃概率信息,仅考虑对输出分布的支撑区间来估计输出区间的边界 $[y_{\min}, y_{\max}]$。图 3.34 说明了一个通过朴素蒙特卡罗方法进行区间边界估计的例子。

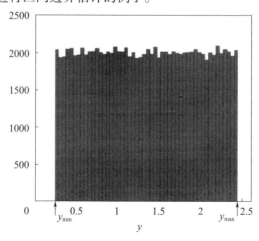

图 3.34 通过朴素蒙特卡罗方法估计的区间边界

$$\begin{cases} y_{\min} = \min\limits_{i=1,2,\cdots,M} y_{(i)} \\ y_{\max} = \max\limits_{i=1,2,\cdots,M} y_{(i)} \end{cases} \quad (3.55)$$

其他的采样方法,如 LHS,可用于在输入不确定性空间上生成样本。这些基于采样的方法易于应用。然而,由于需要大量学科评估来估计输出区间边界,这些方法均是计算密集型的。

2) 基于优化的方法

另一种传播区间不确定性的方法为通过求解优化问题(Hansen 与 Walster, 2003;Bruns,2006)确定每一个输出区间的边界。由于可能存在非线性行为或多个最大值/最小值点,这种方法依赖于全局优化方法。优化问题的解为

$$\begin{cases} y_{\min} = \min\limits_{u \in Y} c(\boldsymbol{u}) \\ y_{\max} = \max\limits_{u \in Y} c(\boldsymbol{u}) \end{cases} \quad (3.56)$$

相比于基于采样的方法,基于优化的方法在估计输出区间边界上效率更高。然而,优化方法在解决非凸优化问题时可能十分困难。

3.4.2 Pbox 不确定性传播方法

相比于概率形式的不确定性传播方法,Pbox 形式传播不确定性的方法要少得多。已经提出的方法有嵌套蒙特卡罗方法(Eldred 与 Swiler,2009)或基于区间分析的算法(Oberkampf 等,2004;Helton 等,2004)。由于 Pbox 的构造,这些方法都需要大量学科评估来精确估计输出 Pbox。因此,对计算密集型学科来说,这些方法难以使用。为解决非线性黑箱学科的高效 Pbox 传播,发展了基于代理模型的先进方法(如稀疏混沌多项式展开(Schöbi 与 Sudret,2017b))。

在 Pbox 框架下,不确定性的传播包括确定学科输出的累积分布函数上界与下界 $[\underline{F}, \overline{F}]$。Bruns 与 Paredis(2006)提出了 3 种传播 Pbox 的方法:双回路采样(Double Loop Sampling,DSL,也称为嵌套蒙特卡洛方法)、针对参数化 Pbox 的优化的参数化采样(Optimized Parameter Sampling,OPS)和对一般 Pbox 的 Pbox 卷积采样(Pbox Conrolution Sampling,PCS)。假设每一输入变量$(u^{(1)}, \cdots, u^{(d)})$都由参数化的 Pbox $[\underline{u}^{(i)}, \overline{u}^{(i)}]_{\forall i \in \{1,2,\cdots,d\}}$ 定义。$[\underline{\boldsymbol{u}}, \overline{\boldsymbol{u}}]$对应于输入变量的 Pbox 向量。

1) 参数化 Pbox 不确定性传播方法

假设对于输入的第 $i \in \{1,2,\cdots,d\}$ 个分量 $u^{(i)}$ 是根据已知分布 $\phi_i(a_1, \cdots, a_s)$进行分布的(图 3.35),且所有维度都相互独立。$\boldsymbol{a}_i = [a_1, a_2, \cdots, a_s]$是维度 i 上参数分布向量。分布 $\boldsymbol{a}_i$ 的参数是不确定的,但其边界已知,为 $\boldsymbol{a}_i \in [\boldsymbol{a}_{\min}, \boldsymbol{a}_{\max}]$。

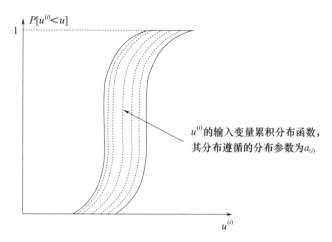

图 3.35 输入参数化 Pbox 的例子

DSL 是一种双嵌套循环传播方法(图 3.36)。内环传播包含对输入向量 d 维中每一维度的分布参数 $a_i \in [a_{\min}, a_{\max}]$ 值的经典概率传播(如使用朴素蒙特卡罗方法传播)(图 3.35)。

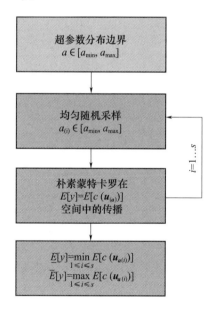

图 3.36 Pbox 传播的 DSL 方法

对于输入分布超参数的一个值,基于朴素蒙特卡罗方法的不确定性传播,学科输出的期望值计算公式为 $\mathbb{E}[y_{a_1,\cdots,a_d}] = \mathbb{E}[c(u_{a_1}^{(1)}, \cdots, u_{a_d}^{(d)})]$。外环传播对应于超参数环,它包括对 d 维输入空间中由 $a_i \in [a_{\min}, a_{\max}]$ 定义的每一维超参数空间的均匀采样。对于简单的学科函数,人们提出了使用单调性和顶点分析(Xiao 等,2016)的改进 DSL 方法。Bruns 与 Paredis(2006)对超参数空间采样,计算对应于输出 Pbox 期望值上界与下界的最大与最小期望值,该方法替代了计算输出的累积分布函数。这种方法易于实现,但由于循环的嵌套,计算量较大。

为了更有效地传播 Pbox,OPS 旨在用 2 个优化问题代替外循环中的均匀采样,以寻找期望值的上下边界(图 3.37),即

$$\underline{E}[Y] = \min_{(a_1,\cdots,a_d)} \mathbb{E}[c(u_{a_1}^{(1)},\cdots,u_{a_d}^{(d)})], \overline{E}[Y] = \max_{(a_1,\cdots,a_d)} \mathbb{E}[c(u_{a_1}^{(1)},\cdots,u_{a_d}^{(d)})]$$

(3.57)

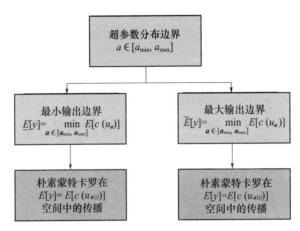

图 3.37 PBox 传播的 OPS 方法

$\underline{E}[Y]$ 与 $\overline{E}[Y]$ 给出了基于已知的不确定性变量知识的输出平均值的边界。Bruns 与 Paredis(2006)指出,一般来说,相比于均匀采样,OPS 能够减少学科函数的调用次数。Ghosh 与 Olewnik(2013)提出了采用稀疏网格数值积分的方法来替代偶然不确定性空间中的朴素蒙特卡罗方法传播,以进一步降低计算成本。Liu 等(2018)提出了估计学科输出统计矩边界的方法,该方法采用了 OPS 方法的变体来代替偶然不确定性空间中利用单变量降维方法的朴素蒙特卡罗方法传播。随后,利用统计矩边界,基于矩匹配技术,定义了与响应分布函数匹配的约翰逊(Johnson)分布族。最后,通过使用基于百分位数的优化方法,得到学科输出的概率边界。

2) 一般 Pbox 的传播方法

一般情况下,输入变量分布未知,前面提到的 2 种方法无法运用。取而代之的 Pbox 卷积采样方法能够根据输入变量边界函数计算累积分布函数的上下边界。对每一输入变量 $u^{(i)}$,随机选择 0 与 1 之间的概率 p_i(图 3.38)。随后,累积分布函数的上下界对应的区间可通过逆运算得到(Bruns 与 Paredis,2006;Schöbi

与Sudret,2017a),即

$$[\underline{u}^{(i)}, \overline{u}^{(i)}]_{p_i} = [\underline{F}^{-1}(p_i), \overline{F}^{-1}(p_i)] \tag{3.58}$$

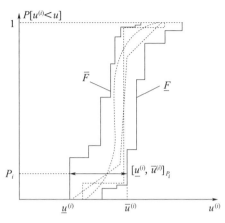

图3.38　一般Pbox的输入实例

在多维情况下,我们注意到 $\boldsymbol{p} = [p_1, p_2, \cdots, p_d]$。$[\underline{\boldsymbol{u}}, \overline{\boldsymbol{u}}]_p$ 由输入变量Pbox的组合定义。其目标是计算:$[\underline{y}_p, \overline{y}_p] = c([\underline{\boldsymbol{u}}, \overline{\boldsymbol{u}}]_p)$。求解上式的两个优化问题的解为

$$\underline{y}_p = \min_{\boldsymbol{u} \in [\underline{\boldsymbol{u}}, \overline{\boldsymbol{u}}]_p} c(\boldsymbol{u}); \overline{y}_p = \max_{\boldsymbol{u} \in [\underline{\boldsymbol{u}}, \overline{\boldsymbol{u}}]_p} c(\boldsymbol{u}) \tag{3.59}$$

Bruns与Paredis(2006)通过对每个变量 $u^{(i)}$ 的输入概率 $p_i \in [0,1]$ 进行采样,计算得到输出期望值的上下边界,而不用计算整个输出的累积密度函数。计算出的上界与下界提供了输出期望值的区间。

一般来说,现有Pbox形式的不确定性传播方法是计算密集型的,并且依赖于取样、优化与组合计算。

3.4.3　证据理论

基于证据理论框架的证据传播一般计算成本较高,且与Pbox框架下的卷积采样技术相似。为了估计学科输出累积密度函数的似然性和可信性,需要对输入不确定变量的所有区间组合进行评估。输入变量区间的每一组合都定义了一个输入"单元"。区间组合包括将第一个变量的第一区间与第二个变量的第一区间进行匹配,将第一个变量的第二个区间与第二个变量的第一个区间匹配等。在每个区间组合(单元)中,学科输出的最小值与最大值被聚合,分别生成可信性函数与似然性函数曲线。在实践中,现有方法(Agarwal等,2004;Mourelatos与Zhou,2006)依赖于取样(朴素蒙特卡罗方法,LHS取样等)或优化(Gogu等,2012)确定每一区间内单元学科响应的最大与最小值。

Agarwal 等(2004)、Mourelatos 和 Zhou(2006)提出了将证据从学科输入空间传播到输出空间的步骤。第一步,使用证据组合规则(如 Dempster – Shaffer 准则(Shafer,1976;Dempster,1967)、Yager 准则(Yager,1987)、Inagaki 准则(Inagaki,1991)),对专家们提供的每一输入变量的不同集合与基本概率分配进行组合(Sentz 等,2002)。对每一输入变量 $u^{(i)}$, N_i 个可能的集合 $S_i^{N_i}$ 是与相应的基本概率分配一起获得的。证据的传播包括测试 d 维输入变量集合所有可能的组合 $C^{N_1,\cdots,N_d} = \{S_1^{N_1} \cup, \cdots, \cup S_d^{N_d}\}$。这样的输入集合共有 $N_1 \times N_2 \times \cdots \times N_d$ 种可能的组合。

在第二步,对每一组合单元 $C^i = \{S_1^i \cup, \cdots, \cup S_d^i\}$ 使用取样技术(在输入单元内)(Oberkampf 与 Helton,2002,2004;Helton 等,2007)或优化方法确定输出的上界与下界。利用优化方法,解得的下界和上界分别为

$$\min_{\boldsymbol{u} \in C^i}(c(\boldsymbol{u}_{C^i})) \tag{3.60}$$

$$\max_{\boldsymbol{u} \in C^i}(c(\boldsymbol{u}_{C^i})) \tag{3.61}$$

假设输入变量是相互独立的,输入集组合 C^i 对应的输出区间的基本概率分配定义为

$$m(y)_{C^i} = \prod_{i=1}^{d} m(S^i) \tag{3.62}$$

在证据传播后,可信度 Bel(Y)与似然度 Pl(Y)可以根据输出累积分布函数的边界获得(见第2章)。

对于采样传播技术,Dempster – Shafer 传播结果的精度很大程度依赖于样本数量与区间组合的数量。更多基于混沌多项式展开的先进方法来传播认知不确定性(Terejanu 等,2010)。最后,证据理论与 Pbox 框架下的不确定性传播方法是计算密集型的,其涉及重要的组合计算。

3.5 总结

在本章中提出了不同的不确定性传播技术,这取决于不确定性的表达形式(概率论、区间理论、Pbox 理论、证据理论)与对学科输出感兴趣的量(整个概率密度函数、统计矩、边界等)。一般来说,最先进的技术结合了采样、优化与代理模型,高效地将不确定性从输入传播到输出,其总结如图 3.39 所示。此外,人们还提出了灵敏度分析方法来研究学科输出的变化如何分配到学科的输入变量。通过灵敏度分析能够减少待解问题在不确定性空间中的维度,降低问题复杂性和相关的计算成本。为了进行有效的不确定性传播,尤其是在使用学科函数进行系统设计时,对所有方法进行组合运用是十分必要的。

事实上,对不确定性条件下的系统优化重复进行不确定性传播能使得计算上难解的问题得以解决。

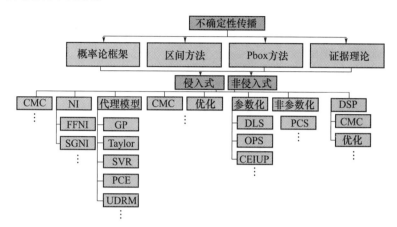

CMC:朴素蒙特卡罗方法
NI:数值积分
FFNI:全阶数值积分
SGNI:稀疏网格数值方法
FP:高斯过程
Tylor:泰勒展开
SVR:支持向量机
PCE:混沌多项式展开
UDMR:单变量降维法
DSL:双方循环采样
OPS:优化参数采样
PCS:Pbox卷积采样
CEIUP:高效的不精确不确定性传播
DSP:Dempster Shafer采样

图 3.39 不确定性传播技术的分类

第 4 章介绍一种被称为可靠性分析的特殊不确定性传播,它研究学科输出关于一个阈值的分布,确定故障的概率。

参考文献

Agarwal, H., Renaud, J. E., Preston, E. L., and Padmanabhan, D. (2004). Uncertainty quantification using evidence theory in multidisciplinary design optimization. *Reliability Engineering & System Safety*, 85(1-3):281-294.

Arras, K. O. (1998). An Introduction To Error Propagation: Derivation, Meaning and Examples of Equation Cy = Fx Cx FxT. Technical report, ETH Zurich.

Askey, R. and Wilson, J. A. (1985). *Some basic hypergeometric orthogonal polynomials that generalize Jacobi polynomials*, volume 319. American Mathematical Society.

Basudhar, A. and Missoum, S. (2008). Adaptive explicit decision functions for probabilistic design and optimization using support vector machines. *Computers & Structures*, 86(19-20):1904-1917.

Borgonovo, E. and Plischke, E. (2016). Sensitivity analysis: a review of recent advances. *European Journal of Operational Research*, 248(3):869–887.

Bourinet, J. - M., Deheeger, F., and Lemaire, M. (2011). Assessing small failure probabilities by combined subset simulation and support vector machines. *Structural Safety*, 33(6):343–353.

Bromley, B. (1996). Quasirandom number generators for parallel Monte Carlo algorithms. *Journal of Parallel and Distributed Computing*, 38(1):101–104.

Bruns, M. and Paredis, C. J. (2006). Numerical methods for propagating imprecise uncertainty. In *International Design Engineering Technical Conferences and Computers and Information in Engineering Conference, Philadelphia, PA, USA*.

Bruns, M. C. (2006). *Propagation of imprecise probabilities through black box models*. PhD thesis, Georgia Institute of Technology.

Caniou, Y. (2012). *Global sensitivity analysis for nested and multiscale modelling*. PhD thesis, Université Blaise Pascal – Clermont – Ferrand II.

Chastaing, G. and Le Gratiet, L. (2015). ANOVA decomposition of conditional gaussian processes for sensitivity analysis with dependent inputs. *Journal of Statistical Computation and Simulation*, 85(11):2164–2186.

Clarke, S. M., Griebsch, J. H., and Simpson, T. W. (2005). Analysis of support vector regression for approximation of complex engineering analyses. *Journal of Mechanical Design*, 127(6):1077–1087.

Cristianini, N. and Shawe – Taylor, J. (2000). *An introduction to support vector machines and other kernel – based learning methods*. Cambridge university press, New York, USA.

Cukier, R., Fortuin, C., Shuler, K. E., Petschek, A., and Schaibly, J. (1973). Study of the sensitivity of coupled reaction systems to uncertainties in rate coefficients. I Theory. *The Journal of chemical physics*, 59(8):3873–3878.

Cukier, R., Levine, H., and Shuler, K. (1978). Nonlinear sensitivity analysis of multiparameter model systems. *Journal of computational physics*, 26(1):1–42.

Davis, P. J. and Rabinowitz, P. (2007). *Methods of numerical integration*. Courier Corporation.

Debusschere, B. (2017). Intrusive polynomial chaos methods for forward uncertainty propagation. *Handbook of Uncertainty Quantification*, pages 617–636.

Dempster, A. P. (1967). Upper and lower probability inferences based on a sample from a finite univariate population. *Biometrika*, 54(3–4):515–528.

Duan, K. - B. and Keerthi, S. S. (2005). Which is the best multiclass SVM method? An empirical study. In *Multiple Classifier Systems*, pages 278–285. Springer.

Ekström, P. - A. and Broed, R. (2006). Sensitivity analysis methods and a biosphere test case implemented in EIKOS. *Posiva Working Report*, 31:84.

Eldred, M. (2009). Recent advances in non – intrusive polynomial chaos and stochastic collocation methods for uncertainty analysis and design. In *50th AIAA/ASME/ASCE/AHS/ASC Structures*,

Structural Dynamics, and Materials Conference, Palm Springs, CA, USA.

Eldred, M. and Burkardt, J. (2009). Comparison of non-intrusive polynomial chaos and stochastic collocation methods for uncertainty quantification. In *47th AIAA aerospace sciences meeting including the new horizons forum and aerospace exposition, Orlando, FL, USA.*

Eldred, M. S. and Swiler, L. P. (2009). Efficient algorithms for mixed aleatory-epistemic uncertainty quantification with application to radiation-hardened electronics. part 1: Algorithms and benchmark results. *Sandia National Laboratories Report, SAND*2009-5805.

Gao, J. B., Gunn, S. R., Harris, C. J., and Brown, M. (2002). A probabilistic framework for SVM regression and error bar estimation. *Machine Learning*, 46(1-3): 71-89.

Ghanem, R. G. and Spanos, P. D. (1991a). Spectral stochastic finite-element formulation for reliability analysis. *Journal of Engineering Mechanics*, 117(10): 2351-2372.

Ghanem, R. G. and Spanos, P. D. (1991b). Stochastic finite element method: Response statistics. In *Stochastic Finite Elements: A Spectral Approach*, pages 101-119. Springer.

Ghosh, D. D. and Olewnik, A. (2013). Computationally efficient imprecise uncertainty propagation. *Journal of Mechanical Design*, 135(5): 051002.

Gogu, C., Qiu, Y., Segonds, S., and Bes, C. (2012). Optimization based algorithms for uncertainty propagation through functions with multidimensional output within evidence theory. *Journal of Mechanical Design*, 134(10): 100914.

Hansen, E. and Walster, G. W. (2003). *Global optimization using interval analysis: revised and expanded.* CRC Press.

Helton, J., Johnson, J., Oberkampf, W., and Storlie, C. B. (2007). A sampling-based computational strategy for the representation of epistemic uncertainty in model predictions with evidence theory. *Computer Methods in Applied Mechanics and Engineering*, 196(37-40): 3980-3998.

Helton, J. C. and Davis, F. J. (2003). Latin hypercube sampling and the propagation of uncertainty in analyses of complex systems. *Reliability Engineering & System Safety*, 81(1): 23-69.

Helton, J. C., Johnson, J. D., and Oberkampf, W. L. (2004). An exploration of alternative approaches to the representation of uncertainty in model predictions. *Reliability Engineering & System Safety*, 85(1-3): 39-71.

Hosder, S. (2012). Stochastic response surfaces based on non-intrusive polynomial chaos for uncertainty quantification. *International Journal of Mathematical Modelling and Numerical Optimisation*, 3(1-2): 117-139.

Hurtado, J. E. (2004). An examination of methods for approximating implicit limit state functions from the viewpoint of statistical learning theory. *Structural Safety*, 26(3): 271-293.

Inagaki, T. (1991). Interdependence between safety-control policy and multiple-sensor schemes via Dempster-Shafer theory. *IEEE Transactions on Reliability*, 40(2): 182-188.

Iooss, B. and Lemaître, P. (2015). A review on global sensitivity analysis methods. In *Uncertainty management in simulation-optimization of complex systems*, pages 101-122. Springer.

Jansen, M. J. (1999). Analysis of variance designs for model output. *Computer Physics Communications*, 117(1 – 2):35 – 43.

Karhunen, K. (1947). *Über lineare Methoden in der Wahrscheinlichkeitsrechnung* (in German), volume 37. Sana.

Knio, O. and Le Maitre, O. (2006). Uncertainty propagation in CFD using polynomial chaos decomposition. *Fluid Dynamics Research*, 38(9):616.

Kreinovich, V. and Ferson, S. A. (2004). A new Cauchy – based black – box technique for uncertainty in risk analysis. *Reliability Engineering & System Safety*, 85(1 – 3):267 – 279.

Kucherenko, S. et al. (2005). Global sensitivity indices for nonlinear mathematical models, review. *Wilmott Mag*, 1:56 – 61.

Kucherenko, S. et al. (2009a). Derivative based global sensitivity measures and their link with global sensitivity indices. *Mathematics and Computers in Simulation*, 79(10):3009 – 3017.

Kucherenko, S., Rodriguez – Fernandez, M., Pantelides, C., and Shah, N. (2009b). Monte – Carlo evaluation of derivative – based global sensitivity measures. *Reliability Engineering & System Safety*, 94(7):1135 – 1148.

Lamboni, M., Iooss, B., Popelin, A. – L., and Gamboa, F. (2013). Derivative – based global sensitivity measures: general links with Sobol indices and numerical tests. *Mathematics and Computers in Simulation*, 87:45 – 54.

Laplace, P. (1810). Sur les approximations des formules qui sont fonctions de tres grands nombres et sur leur application aux probabilites (in French). *OEuvres complètes*, 12:301 – 345.

Lévy, P. and Loève, M. (1965). *Processus stochastiques et mouvement brownien* (in French). Gauthier – Villars Paris.

Liu, H., Jiang, C., Jia, X., Long, X., Zhang, Z., and Guan, F. (2018). A new uncertainty propagation method for problems with parameterized probability – boxes. *Reliability Engineering & System Safety*, 172:64 – 73.

Mara, T. A., Tarantola, S., and Annoni, P. (2015). Non – parametric methods for global sensitivity analysis of model output with dependent inputs. *Environmental modelling & software*, 72:173 – 183.

Matheron, G. (1963). Principles of geostatistics. *Economic Geology*, 58(8):1246.

Matthies, H. G. and Keese, A. (2005). Galerkin methods for linear and nonlinear elliptic stochastic partial differential equations. *Computer methods in applied mechanics and engineering*, 194(12 – 16):1295 – 1331.

McRae, G. J., Tilden, J. W., and Seinfeld, J. H. (1982). Global sensitivity analysis—a computational implementation of the Fourier amplitude sensitivity test (FAST). *Computers Chemical Engineering*, 6(1):15 – 25.

Morris, M. D. (1991). Factorial sampling plans for preliminary computational experiments. *Technometrics*, 33(2):161 – 174.

Mourelatos, Z. P. and Zhou, J. (2006). A design optimization method using evidence theory. *Journal* of Mechanical Design, 128(4):901–908.

Oberkampf, W. and Helton, J. (2002). Investigation of evidence theory for engineering applications. In 43rd AIAA/ASME/ASCE/AHS/ASC Structures, Structural Dynamics, and Materials Conference, Denver, CO, USA.

Oberkampf, W. L. and Helton, J. C. (2004). Evidence theory for engineering applications. In *Engineering design reliability handbook*, pages 197–226. CRC Press.

Oberkampf, W. L., Helton, J. C., Joslyn, C. A., Wojtkiewicz, S. F., and Ferson, S. (2004). Challenge problems: uncertainty in system response given uncertain parameters. *Reliability Engineering & System Safety*, 85(1–3):11–19.

Platt, J. C. (1999). Probabilistic outputs for support vector machines and comparisons to regularized likelihood methods. In *Advances in large margin classifiers*, pages 61–74. MIT Press.

Poles, S. and Lovison, A. (2009). A polynomial chaos approach to robust multiobjective optimization. In *Dagstuhl Seminar Proceedings*. Schloss Dagstuhl–Leibniz–Zentrum für Informatik.

Rahman, S. and Xu, H. (2004). A univariate dimension–reduction method for multi–dimensional integration in stochastic mechanics. *Probabilistic Engineering Mechanics*, 19(4):393–408.

Robert, C. and Casella, G. (2013). *Monte Carlo statistical methods*. Springer Science & Business Media.

Saltelli, A. (2002). Making best use of model evaluations to compute sensitivity indices. *Computer physics communications*, 145(2):280–297.

Saltelli, A., Annoni, P., Azzini, I., Campolongo, F., Ratto, M., and Tarantola, S. (2010). Variance based sensitivity analysis of model output. design and estimator for the total sensitivity index. *Computer Physics Communications*, 181(2):259–270.

Saltelli, A., Chan, K., Scott, E. M., et al. (2000). *Sensitivity analysis*, volume 1. Wiley New York.

Saltelli, A., Tarantola, S., Campolongo, F., and Ratto, M. (2004). *Sensitivity analysis in practice: a guide to assessing scientific models*. John Wiley & Sons.

Saltelli, A., Tarantola, S., and Chan, K.–S. (1999). A quantitative model–independent method for global sensitivity analysis of model output. *Technometrics*, 41(1):39–56.

Sasena, M. J. (2002). *Flexibility and efficiency enhancements for constrained global design optimization with kriging approximations*. PhD thesis, University of Michigan.

Schittkowski, K. (1986). NLPQL: A Fortran subroutine solving constrained nonlinear programming problems. *Annals of operations research*, 5(2):485–500.

Schöbi, R. and Sudret, B. (2017a). Structural reliability analysis for P–boxes using multi–level meta–models. *Probabilistic Engineering Mechanics*, 48:27–38.

Schöbi, R. and Sudret, B. (2017b). Uncertainty propagation of P–boxes using sparse polynomial chaos expansions. *Journal of Computational Physics*, 339:307–327.

Sentz, K., Ferson, S., et al. (2002). *Combination of evidence in Dempster–Shafer theory*, volume 4015. Sandia National Laboratories.

Shafer, G. (1976). *A mathematical theory of evidence*, volume 42. Princeton university press.

Shawe-Taylor, J. and Cristianini, N. (2004). *Kernel methods for pattern analysis*. Cambridge university press.

Smolyak, S. A. (1963). Quadrature and interpolation formulas for tensor products of certain classes of functions. In *Doklady Akademii Nauk*, volume 148, pages 1042–1045. Russian Academy of Sciences.

Sobol', I. M. (1990). On sensitivity estimation for nonlinear mathematical models. *Matematicheskoe modelirovanie*, 2(1):112–118.

Sobol, I. M. (1993). Sensitivity estimates for nonlinear mathematical models. *Mathematical modelling and computational experiments*, 1(4):407–414.

Sobol, I. M. (2001). Global sensitivity indices for nonlinear mathematical models and their Monte Carlo estimates. *Mathematics and computers in simulation*, 55(1–3):271–280.

Song, H., Choi, K. K., Lee, I., Zhao, L., and Lamb, D. (2013). Adaptive virtual support vector machine for reliability analysis of high-dimensional problems. *Structural and Multidisciplinary Optimization*, 47(4):479–491.

Steinwart, I. and Christmann, A. (2008). *Support vector machines*. Springer, New York, USA.

Sudret, B. (2007). Uncertainty propagation and sensitivity analysis in mechanical models – contributions to structural reliability and stochastic spectral methods. *Habilitation à diriger des recherches*, Université Blaise Pascal, Clermont-Ferrand, France.

Sudret, B. (2008). Global sensitivity analysis using polynomial chaos expansions. *Reliability Engineering & System Safety*, 93(7):964–979.

Swiler, L. P., Paez, T. L., and Mayes, R. L. (2009). Epistemic uncertainty quantification tutorial. In *27th International Modal Analysis Conference*, Orlando, FL, USA.

Terejanu, G., Singla, P., Singh, T., and Scott, P. D. (2010). Approximate interval method for epistemic uncertainty propagation using polynomial chaos and evidence theory. In *IEEE American Control Conference*, Baltimore, MD, USA.

Tissot, J.-Y. and Prieur, C. (2012). Bias correction for the estimation of sensitivity indices based on random balance designs. *Reliability Engineering & System Safety*, 107:205–213.

Titsias, M. (2009). Variational learning of inducing variables in sparse gaussian processes. In *12th International Conference on Artificial Intelligence and Statistics*, Clearwater Beach, FL, USA.

Vapnik, V. (1998). *Statistical learning theory*. 1998, volume 3. Wiley, New York.

Vapnik, V. N. (2000). The nature of statistical learning theory, ser. statistics for engineering and information science. *New York: Springer*, 21(1003–1008):2.

Wand, M. P. and Jones, M. C. (1994). *Kernel smoothing*. Chapman and Hall/CRC.

Welch, W. J., Buck, R. J., Sacks, J., Wynn, H. P., Mitchell, T. J., and Morris, M. D. (1992). Screening, predicting, and computer experiments. *Technometrics*, 34(1):15–25.

Wiener, N. (1938). The homogeneous chaos. *American Journal of Mathematics*, 60(4):897–936.

Xiao, Z., Han, X., Jiang, C., and Yang, G. (2016). An efficient uncertainty propagation method for parameterized probability boxes. *Acta Mechanica*, 227(3):633–649.

Xiong, F., Chen, W., Xiong, Y., and Yang, S. (2011). Weighted stochastic response surface method considering sample weights. *Structural and Multidisciplinary Optimization*, 43(6):837–849.

Yager, R. R. (1987). On the Dempster–Shafer framework and new combination rules. *Information sciences*, 41(2):93–137.

第4章 可靠性分析

对拥有不确定性传播的复杂系统进行可靠性评估在于估计其失效概率。此类任务的常规采样方法主要是蒙特卡罗采样。这种方法非常适于描述在一定仿真代价预算条件下相关概率不太低的事件。然而,对于特殊系统,如航天器系统,可靠性规范通常要求能保证故障发生率非常低(低于 10^{-4})。在此情况下,蒙特卡罗方法不是一个高效的方法,且会产生难以负担的仿真成本。在本章中,我们介绍一些针对低失效概率事件的高精度仿真技术。

4.1 简介

分析复杂系统的可靠性通常与估计它的失效概率相关。当不考虑系统不确定性时,人们提出了大量特殊的方法估计系统失效概率,如故障树或形式化方法(符号化方法)。在此情况下,系统的全局失效概率可以用一些级联的条件概率进行估计。如果系统输入的不确定性能够建模为随机变量,则系统失效概率可用一个积分表示。在存在不确定性的复杂系统设计与优化背景下,优化问题的约束条件通常用一个超过给定阈值的概率进行描述。因此,需要估计系统失效的概率(关于不确定性条件下优化的更多细节,见第5章)。在航天器设计中,在有限仿真预算下系统失效的概率可能很低,因此需要高效的可靠性分析技术。

假设我们纳入考虑的复杂系统是一个包含 d 维随机输入 U 的确定性黑箱函数 $g(\cdot)$,其输入变量在 $\mathbf{R}^d$ 空间内的联合概率分布函数 $\phi(\cdot)$ 已知。为了清楚起见,我们假设系统故障仅为输出超过阈值的情况,即 $g(u) > T$,其中 T 是标量。(即使对于更复杂的故障模型,下面章节中介绍的方法依然有效)。因此,可靠性工程技术的目标是估计故障的概率 $\mathbb{P}(g(U) > T)$(图4.1),即

$$P_f = \mathbb{P}(g(U) > T) = \int_{\mathbf{R}^d} \mathbb{1}_{(g(u) > T)} \phi(u) \mathrm{d}u = \mathbb{E}(\mathbb{1}_{g(U) > T}) \quad (4.1)$$

式中:$\mathbb{1}_{(\cdot)}$ 为指标函数,且满足若 $g(U) > T$,对于指标函数有 $\mathbb{1}_{(g(u) > T)} = 1$,否则为0。由于系统故障的特殊性质,$P_f$ 的值一般很小(作为指标,我们可以认为 $P_f < 10^{-4}$)。然而,P_f 需要的估计精度却非常高——因为错误的估计结果,特别

是低估 P_f 的后果,往往是灾难性的。

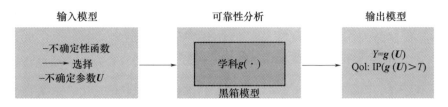

图 4.1　单学科问题的可靠性分析(QoI:感兴趣的量)

P_f 的估计对应于一个积分计算。然而在可靠性分析背景下,确定性的数值积分方法,如高斯求积(Novak,1988)或稀疏网格方法(Smolyak,1963;Gerstner 与 Griebel,2003)并不适用。可靠性分析通常需要函数具有一定的平滑性以进行积分,但在此处并不是这样,因为我们集成了一个指标函数 $\mathbb{1}_{(g(u)>T)}$。此外,确定性方法一般在维度比较小时有效(一般要求维度 $d<5$),这又与复杂系统的情况不符。

现有的失效概率估计方法主要分为以下 4 类:

(1)考虑输入不确定性传播的仿真技术。
(2)能够从输出样本集合中估计 P_f 的统计方法。
(3)利用函数 $g(\cdot)$ 几何性质的可靠性分析方法(有时还会与采样相结合)。
(4)对计算耗时的系统 $g(\cdot)$ 使用基于代理模型的方法。

Morio 与 Balesdent(2015)对现有主要的可靠新分析技术进行了详细分析。因此,为简洁起见,我们只重点关注那些最知名的可靠性评估方法。

函数 P_f 的估计量 $\hat{P}$ 与真值之间的相对偏差或变异系数(Coefficient of Variation,CV)可表示为

$$\mathrm{CV}(\hat{P}) = \frac{\sqrt{\mathbb{V}(\hat{P})}}{\mathbb{E}(\hat{P})} \tag{4.2}$$

接下来我们使用这个指标去对比在给定仿真预算下不同的概率估计结果。本章中考虑的实例是下面的三维函数,即

$$g(u^{(1)}, u^{(2)}, u^{(3)}) = 150 + \exp(-0.01\,(u^{(1)})^2) - 0.02 \times 0.01 \times \\ (u^{(2)})^5 - 0.01\exp(-0.1 \times u^{(3)})$$

随机输入 U 符合高斯分布,其均值为 0,协方差为 $0.7\boldsymbol{I}_3$,其中 $\boldsymbol{I}_3$ 为单位矩阵。阈值 T 设置为 150.9。基于朴素蒙特卡罗抽样的 10^7 个样本对 P_f 的估计值为 2.92×10^{-4}。在本章中,它作为一个与其他方法对比的实例参考。

4.2 可靠性分析的仿真方法

4.2.1 朴素蒙特卡罗方法

式(4.1)中的失效概率为期望值,因此可以使用大数定律。朴素蒙特卡罗方法(Silverman,1986;Sobol,1994;Kroese 等,2014)利用了此特点估计失效概率 P_f。为此,生成 M 个服从概率分布函数 $\phi(\cdot)$ 独立同分布(i.i.d)样本 $\boldsymbol{u}_{(1)},\cdots,\boldsymbol{u}_{(M)}$,并通过函数 $g(\cdot):g(\boldsymbol{u}_{(1)}),\cdots,g(\boldsymbol{u}_{(M)})$ 计算它们的输出。那么,失效概率可以估计为

$$\hat{P}_f^{\text{CMC}} = \frac{1}{M}\sum_{i=1}^{M} \mathbb{1}_{g(\boldsymbol{u}_{(i)})>T} \quad (4.3)$$

由大数定律(Sobol,1994)可知,当 $M\to\infty$ 时,估计值 $\hat{P}_f^{\text{CMC}}$ 几乎肯定收敛于失效概率 P_f。估计量 $\hat{P}_f^{\text{CMC}}$ 的变异系数为

$$\text{CV}(\hat{P}_f^{\text{CMC}}) = \frac{\sqrt{\mathbb{V}(\hat{P}_f^{\text{CMC}})}}{\mathbb{E}(\hat{P}_f^{\text{CMC}})} = \frac{1}{\sqrt{M}}\frac{\sqrt{P_f - P_f^2}}{P_f} \quad (4.4)$$

既然我们考虑的是稀有事件的估计,P_f 的值可能很低,那么

$$\lim_{P_f\to 0}\text{CV}(\hat{P}_f^{\text{CMC}}) = \lim_{P_f\to 0}\frac{1}{\sqrt{MP_f}} = +\infty \quad (4.5)$$

因此,变异系数是无界的。为了估计一个 10^{-4} 级别的概率 P_f,并保证偏差在 10% 以内,至少需要 10^6 个样本,这在实际应用中通常是难以负担的。

基于朴素蒙特卡罗方法的概率估计结果如表4.1所列。朴素蒙特卡罗方法估计值的变化范围随着 $\sqrt{M}$ 的减小而减小。朴素蒙特卡罗方法失效样本 $\boldsymbol{u}_{(i)}$,即 $\mathbb{1}_{(g(\boldsymbol{u}_{(i)})>T)} = 1$,如图4.2所示。它们的分布远非初始高斯分布。为得到低于10%的偏差,至少需要 10^5 个样本。因此,在稀有事件的概率估计中并不采用朴素蒙特卡罗方法,因为对于复杂系统,得到较低变异系数的仿真预算是难以承受的。

表4.1　针对实例基于朴素蒙特卡罗采样的失效概率估计

$\hat{P}_f^{\text{CMC}}$	$\text{CV}(\hat{P}_f^{\text{CMC}})$	仿真预算(样本数)
2.40×10^{-4}	197%	10^3
2.82×10^{-4}	61%	10^4
2.79×10^{-4}	15%	10^5
2.85×10^{-4}	7%	10^6

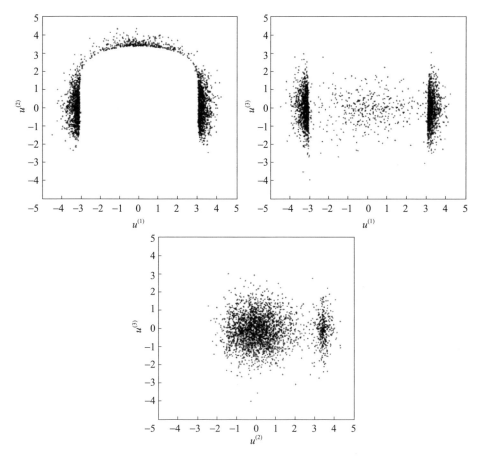

图 4.2 令 $\mathbb{1}_{(g(u_{(i)})>T)}=1$ 的朴素蒙特卡罗方法样本 $\boldsymbol{u}_{(i)}$

4.2.2 重要性采样

重要性采样方法(Importance Sampling,IS)(Bucklew,2004)的思想是用辅助分布变量 $\psi(\cdot)$ 重构式(4.1)的积分,使得

$$P_f = \int_{\mathbf{R}^d} \mathbb{1}_{(g(\boldsymbol{u})>T)} \frac{\phi(\boldsymbol{u})}{\psi(\boldsymbol{u})} \psi(\boldsymbol{u}) \mathrm{d}\boldsymbol{u} = \mathbb{E}_\psi \left(\mathbb{1}_{g(\boldsymbol{U})>T} \frac{\phi(\boldsymbol{U})}{\psi(\boldsymbol{U})} \right) \quad (4.6)$$

式中:符号 $\mathbb{E}_\psi$ 为在分布 $\psi(\cdot)$ 下的数学期望。为避免混淆,这一符号仅在本节使用。

分布 $\psi(\cdot)$ 的支持集必须包含 $\phi(\cdot)$ 的支持集以避免估计偏差。如果 $\psi=\phi$,则重要性采样就是朴素蒙特卡罗采样。因为基于重要性采样的失效概率仍然被描述成期望值的形式,其采样准则就与朴素蒙特卡罗采样相似,所以大数定律仍然适用。假定 M 个独立同分布样本 $\boldsymbol{u}_{(1)},\cdots,\boldsymbol{u}_{(M)}$,其输入概率分布函数

为 $\Psi(\cdot)$,通过函数 $g(\cdot):g(\boldsymbol{u}_{(1)}),\cdots,g(\boldsymbol{u}_{(M)})$ 计算它们的输出,失效概率可以估计为

$$\hat{P}_f^{\mathrm{IS}} = \frac{1}{M}\sum_{i=1}^{M} \mathbb{1}_{g(\boldsymbol{u}_{(i)}) > T} \frac{\phi(\boldsymbol{u}_{(i)})}{\Psi(\boldsymbol{u}_{(i)})} \tag{4.7}$$

式中:$\frac{\phi(\cdot)}{\Psi(\cdot)}$ 为似然比。与 $\hat{P}_f^{\mathrm{CMC}}$ 一样,当 $M\to\infty$ 时,估计 $\hat{P}_f^{\mathrm{IS}}$ 几乎肯定收敛于失效概率 P_f。然而,对于减少估计量的方差,$\Psi(\cdot)$ 的选择至关重要。不合适的 $\Psi(\cdot)$ 也会导致估计方差增大。我们可以分析一下重要性采样概率估计的方差为

$$\mathrm{Var}(\hat{P}_f^{\mathrm{IS}}) = \frac{\mathrm{Var}\left(\mathbb{1}_{g(\boldsymbol{U}) > T} \frac{\phi(\boldsymbol{U})}{\psi(\boldsymbol{U})}\right)}{M} \tag{4.8}$$

由于方差是非负数,最佳辅助分布 $\Psi_{\mathrm{opt}}(\cdot)$ 可通过消除式(4.8)中的方差进行定义。随后可以看到 $\Psi_{\mathrm{opt}}(\cdot)$ 被定义为(Bucklew,2004)

$$\psi_{\mathrm{opt}}(\boldsymbol{u}) = \frac{\mathbb{1}_{g(\boldsymbol{u}) > T}\phi(\boldsymbol{u})}{P_f} \tag{4.9}$$

最佳辅助分布 $\Psi_{\mathrm{opt}}(\cdot)$ 取决于 P_f,因此在实践中不能使用。考虑到 $\Psi_{\mathrm{opt}}(\cdot)$ 可被视为条件分布,我们注意到图 4.2 中的朴素蒙特卡罗方法样本遵循 $\Psi_{\mathrm{opt}}(\cdot)$。有价值的辅助分布 $\Psi(\cdot)$ 应当与 $\Psi_{\mathrm{opt}}(\cdot)$ 的形状相似。确定有效辅助分布的范围相当大,除非给定 g 的一些先验知识,并给出 $\Psi(\cdot)$ 的初始猜测。$\Psi(\cdot)$ 可以通过对给定范围内的模型(参数化或非参数化的)迭代学习确定。关于这一课题的最新进展是参数化分布模型($\Psi_\lambda(\cdot)$)的重要性采样交叉熵优化(De Boer 等,2005)与基于核密度估计模型的非参数化自适应重要性采样(Nonparametric Adaptive Importance Sampling, NAIS)(Zhang,1996;Morio,2012)。

在本章实例中已经使用了非参数化自适应重要性采样。当仿真预算为 6000 个样本时,使用非参数化自适应重要性采样的失效概率估计为 2.68×10^{-4},其变异系数为 6.5%。相比于朴素蒙特卡罗方法,方差显著减小。表 4.2 展示了不同仿真预算下所有的非参数化自适应重要性采样结果。图 4.3 同样展示了在 NAIS 算法迭代中产生的样本。

表 4.2 针对实例使用重要性采样的失效概率估计

$\hat{P}_f^{\mathrm{IS}}$	CV($\hat{P}_f^{\mathrm{IS}}$)	仿真预算(样本量)
2.78×10^{-4}	27%	3000
2.68×10^{-4}	7%	6000
2.84×10^{-4}	4.6%	15000
2.86×10^{-4}	2.4%	30000

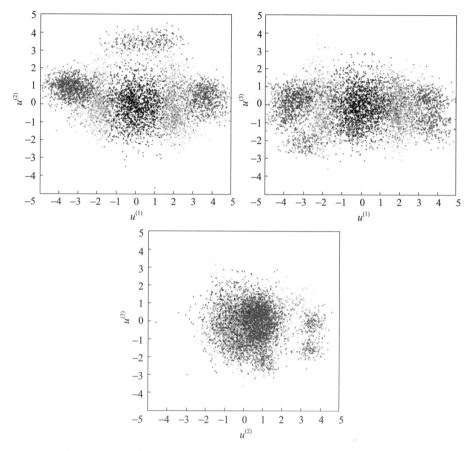

图4.3 非参数化自适应重要性采样算法不同迭代次数时的样本 $\boldsymbol{u}_i$
（黑色：第1次迭代；绿色：第2次迭代；红色：第3次和最后1次迭代）（见彩图）

非参数化自适应重要性采样特别适用于本实例，因为问题维度 d 较低。当 d 大于10，即使在参数化的条件下，找到有效的重要性采样辅助分布也会变得十分困难。

4.2.3 子集模拟法

子集模拟（Subset Simulation，SS）方法有时也称为重要性拆分、子集抽样或序贯蒙特卡罗方法，旨在将失效概率 P_f 分解为可以用经典朴素蒙特卡罗方法进行估计的条件概率乘积。近年来，人们提出了不同的变体（Au 与 Beck，2001；Cérou 等，2012；Botev 与 Kroese，2012）。

我们考虑集合 $A = \{\boldsymbol{u} \in \mathbf{R}^d \mid g(\boldsymbol{u}) > T\}$，概率 P_f 可以重写为 $P_f = \mathbb{P}(U \in A)$。子集模拟的原理是迭代估计 A 的超集，随后估计条件概率下的 $\mathbb{P}(U \in A)$。

定义 $A_0 = \mathbf{R}^d \supset A_0 \supset \cdots \supset A_{p-1} \supset A_p = A$，其是一个拥有最小元素 $A = A_p$ 的 $\mathbf{R}^d$ 子集的递减序列。得到子集 A_i 最简单的方法是选择一个阈值数列 $T = T_p > T_{p-1} > \cdots > T_i > \cdots > T_0 = -\infty$，随后考虑得到 $A_i = \{u \in \mathbf{R}^d | g(u) > T_i\}$。此种定义很适合于超过阈值数的概率估计。利用贝叶斯(Bayes)定理得到的概率 P_f 为

$$P_f = \mathbb{P}(U \in A) = \prod_{i=1}^{p} \mathbb{P}(U \in A_i | U \in A_{i-1}) = \prod_{i=1}^{p} \mathbb{P}(g(U) > T_i | g(U) > T_{i-1})$$
(4.10)

式中：$\mathbb{P}(U \in A_i | U \in A_{i-1})$ 为已知 $U \in A_{i-1}$ 情况下，$U \in A_i$ 的可能性。随后概率 $\mathbb{P}(U \in A_i | U \in A_{i-1})$ 可以通过密度为 $h^{i-1}(\cdot)$ 仅限于在集合 A_{i-1} 分布的样本 U 通过蒙特卡罗抽样估计。一般情况下 $h^{i-1}(\cdot)$ 的信息很少已知，但在这个例子中我们可以假定已知。因此，当所有阈值 T_i 都是算法的输入时，估计 P_f 所需的子集模拟的不同步骤为：

(1) 令 $i = 1$，且 $h^0 = \phi$。

(2) 从 $h^{i-1}(\cdot)$ 生成 M 个样本 $u^i_{(1)}, \cdots, u^i_{(M)}$，应用到函数 $g(\cdot)$ 得到 $g(u^i_{(1)}), \cdots, g(u^i_{(M)})$。

(3) 通过朴素蒙特卡罗方法概率 $\mathbb{P}(U \in A_i | U \in A_{i-1})$ 估计得到 $\hat{P}_i^{\mathrm{CMC}}$ 为

$$\hat{P}_i^{\mathrm{CMC}} = \frac{1}{M} \sum_{j=1}^{M} \mathbb{1}_{g(u^i_{(j)}) > T_i}$$

(4) 令 $i = i + 1$，若 $i < p + 1$，返回第(2)步，否则，概率 P_f 估计为

$$\hat{P}^{\mathrm{SS}} = \prod_{i=1}^{p} \hat{P}_i^{\mathrm{CMC}}$$

由于条件概率与稀有事件并不对应，朴素蒙特卡罗法适用于条件概率的估计。在一个合理的仿真预算 M 下，$\hat{P}_i^{\mathrm{CMC}}$ 的方差较小。当 $g(U) > T$ 特别罕见，即 $P_f < 10^{-4}$ 时，$\hat{P}^{\mathrm{SS}}$ 的方差可能低于直接用朴素蒙特卡罗方法估计的结果(Cérou 等，2012)。

如前所述，大部分情况我们并不具备对 $h^{i-1}(\cdot)$ 的详尽了解，但此函数上限为一个常数，即

$$h^{i-1}(u) = \frac{\mathbb{1}_{g(u) > T_{i-1}} \phi(u)}{\mathbb{P}(g(U) > T_{i-1})} \propto \mathbb{1}_{g(u) > T_{i-1}} \phi(u)$$

马尔可夫链蒙特卡罗方法(Markov Chain Monte Carlo, MCMC)是一种从已知概率最高为一常数的密度函数进行建模的知名方法。梅特罗波利斯-黑斯廷斯(Metropolis-Hastings)方法或吉布斯(Gibbs)采样(Robert 与 Casella, 2005)是经典的 MCMC 方法，可用于这个实例。此外，初始化这些方法的困难几乎可以忽略不计，因为 $\mathbb{1}_{g(u) > T_{i-1}}$ 的样本 $u^{i-1}_{(j)}$ 与 $h^{i-1}(\cdot)$ 完全同分布，且可用于启动马尔可

夫链。当 $\phi(\cdot)$ 满足高斯分布时，克兰克-尼科尔森(Crank-Nicolson)方法是另一种对 $h^{i-1}(\cdot)$ 取样的方法。

由于必须控制不同的条件概率不太低，且可以使用蒙特卡罗方法进行精确估计，阈值的先验选择较为困难。给定条件概率的显著方差很大程度影响了子集模拟的整体性能。事实上，当 $P(U \in A_i | U \in A_{i-1}) = \rho$（其中 ρ 为一常数），即当所有条件概率相等时，给出了序列 A_i 与 T_i 的最优选择。如 Lagnoux(2006)与 Cérou 等(2006)所述，据此配置 $\hat{P}^{SS}$ 的方差确实被最小化了。实际上，对 $i = 0, \cdots, p$，T_i 的值是基于服从概率分布函数 $h^{i-1}(\cdot)$ 的 ρ-分位数样本以一种自适应的方式设置从而获得有价值的结果的(Cérou 等，2012)。

实践中，利用子集模拟法估计 P_f 的不同步骤为：

(1) 令 $i = 1, \rho \in [0,1]$ 且 $h^0 = \phi$。

(2) 从 $h^{i-1}(\cdot)$ 生成 M 个样本 $\boldsymbol{u}^i_{(1)}, \cdots, \boldsymbol{u}^i_{(M)}$，并使用函数 $g(\cdot)$ 得到 $g(\boldsymbol{u}^i_{(1)}), \cdots, g(\boldsymbol{u}^i_{(M)})$。

(3) 估计样本 $g(\boldsymbol{u}^i_{(1)}), \cdots, g(\boldsymbol{u}^i_{(M)})$ 的 ρ-分位数 γ^i_ρ。

(4) 从样本 $g(\boldsymbol{u}^i_{(1)}), \cdots, g(\boldsymbol{u}^i_{(M)})$ 大于 γ^i_ρ 的样本中，使用 MCMC 生成服从 $h^{i-1}(\cdot)$ 分布的 M 个样本 $\boldsymbol{u}^i_{(1)}, \cdots, \boldsymbol{u}^i_{(M)}$。

(5) 若 $\gamma^i_\rho < T$，令 $i = i + 1$，并回到第(3)步，否则概率估计为

$$\hat{P}^{SS} = (1-\rho)^{i-1} \times \frac{1}{M} \sum_{j=1}^{M} \mathbb{1}_{g(\boldsymbol{u}^{i-1}_{(j)}) > T}$$

如表 4.3 所列，在失效概率超过 10^{-4} 时，子集模拟并不十分有效。在本实例下，子集模拟的性能与朴素蒙特卡罗方法相当。图 4.4 给出了当 $M = 500$ 时，不同迭代次数下子集模拟产生的样本。

表 4.3 针对实例采用子集模拟方法的失效概率估计

$\hat{P}^{SS}_f$	CV($\hat{P}^{SS}_f$)	M	仿真预算
2.85×10^{-4}	205%	100	1462
3.03×10^{-4}	73%	500	11645
2.69×10^{-4}	38%	1000	23290
2.85×10^{-4}	16%	10000	220900

子集模拟给出了在失效概率低于 10^{-4} 且当维度 d 大于 10 时，相对于其他方法的最好结果。为了得到概率估计，通常需要超过 10^4 个样本，所以子集模拟很难应用到高时间成本的应用上。

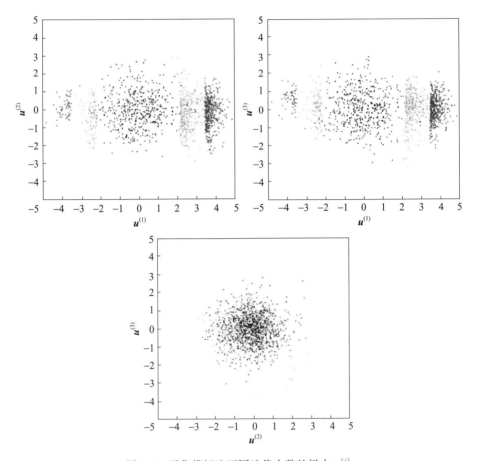

图 4.4 子集模拟法不同迭代次数的样本 $u_{(M)}^{(i)}$

(黑色:第1次迭代;绿色:第3次迭代;红色:第7次与最后的迭代)(见彩图)

4.3 可靠性分析的统计学方法

以下理论的原理为使用参数模型近似计算 $g(U)$ 的最大值或其尾概率分布函数。本节的一个假设为:输出独立同分布样本 $g(u_{(1)}),\cdots,g(u_{(M)})$ 的一个有限集是可以获得的,但不能生成 $g(u)$ 的新样本。独立同分布的假设在固定的样本下可以放宽一些。

4.3.1 极值理论

Fisher – Tippett – Gnedenko 定理(Embrechts 与 Schmidli,1994)展示了序列 $g(u_{(1)}),\cdots,g(u_{(M)})$ 的最大 S_M 收敛于广义极值(Generalized Extreme Value,

GEV)的分布 F_ξ。

如果存在 a_M 与 b_M，并且 $a_M > 0$，对所有 $y \in \mathbf{R}$，有

$$P\left(\frac{S_M - b_M}{a_M} \leqslant y\right) \xrightarrow{M \to \infty} F(y)$$

式中：F 为一个非退化的概率分布函数，则 F 为一个广义极值分布 F_ξ。在此情况下，F 属于 ξ 的最大吸引域（Maximun Domain of Attraction, MA），$F \in \mathrm{MA}(\xi)$。广义极值分布的集合有 3 类，以 $\xi = 0$、$\xi > 0$ 和 $\xi < 0$ 进行区分，分别对应于耿贝尔分布、Fréchet 分布，与韦伯分布。对于一般概率分布函数来说，a_M 与 b_M 的表达式通常已知（Embrechts 与 Schmidli, 1994）。对大样本 M 的例子来说，P_f 的估计（Embrechts 与 Schmidli, 1994）也可得到

$$\hat{P}_f^{\mathrm{EVT}} = \frac{1}{M}\left(1 + \xi\left(\frac{T - b_M}{a_M}\right)\right)^{-\frac{1}{\xi}} \tag{4.11}$$

由于 a_M, b_M 与 ξ 具有强关联性，式（4.11）在实际使用中较为困难。只有样本最大值已知时，才会特别考虑这种方法。例如，每月河流的最高水位对应于这种样本的最大值。当不是此类情况时，需要将样本 $g(\boldsymbol{u}_{(1)}),\cdots,g(\boldsymbol{u}_{(M)})$ 分块，并使用每一块最大值拟合广义极值。

4.3.2 峰值超阈值方法

峰值超阈值方法（Peak Over Threshold, POT）考虑样本 $g(\boldsymbol{u}_{(1)}),\cdots,g(\boldsymbol{u}_{(M)})$ 最大值而非分组样本的块最大值来估计概率 P_f。Pickands – Balkema – de Haan 理论（Embrechts 与 Schmidli, 1994）将极值理论与阈值超越联系起来。

我们假设独立同分布样本 $g(\boldsymbol{u}_{(1)}),\cdots,g(\boldsymbol{u}_{(M)})$ 的分布函数 F 是连续的。设 $y^* = \sup\{y, g(y) < 1\} = \inf\{y, g(y) = 1\}$。那么，接下来的 2 个条件是等价的：

（1）$F \in \mathrm{MA}(\xi)$。

（2）存在可测的正函数 $u \mapsto \beta(u)$，满足

$$\lim_{t \to y^*} \sup_{0 < y \leqslant y^* - t} |F^t(y) - H_{\xi, \beta(t)}(y)| = 0$$

式中：$F^t(y) = \mathbb{P}(g(\boldsymbol{U}) - t \leqslant y \mid g(\boldsymbol{U}) > t)$；$H_{\xi, \beta(t)}$ 为形状参数是 ξ，规模参数是 $\beta(t)$ 的广义帕累托分布的概率分布函数。

广义帕累托分布的概率分布函数表达式为

$$H_{\xi, \beta(x)} = \begin{cases} 1 - \left(1 + \dfrac{\xi x}{\beta}\right)^{-1/\xi}, & \xi \neq 0 \\ 1 - \exp\left(-\dfrac{x}{\beta}\right), & \xi = 0 \end{cases}$$

已知 $g(\boldsymbol{U}) > T$ 时，在 $g(\boldsymbol{U})$ 的分布以参数化概率分布函数建模的情况下，此

理论可用于估计超越概率 $\mathbb{P}(g(U)>T)$。事实上,当 $T>t$ 时,概率 P_f 可以写为

$$\mathbb{P}(g(U)>T) = \mathbb{P}(g(U)>T|g(U)>t)\mathbb{P}(g(U)>t) \quad (4.12)$$

由蒙特卡罗估计给出的 $\mathbb{P}(g(U)>T)$ 的自然估计值为

$$\mathbb{P}(g(U)>t) \approx \frac{1}{M}\sum_{i=1}^{M} \mathbb{1}_{g(u_{(i)})>t} \quad (4.13)$$

Pickands – Balkema – de Haan 理论下,对于大值 t,我们有

$$\mathbb{P}(g(U)>T|g(U)>t) \approx 1 - H_{\xi,\beta(t)}(T-t) \quad (4.14)$$

帕累托分布 H 的参数 (ξ,β) 必须基于样本 $g(u_{(i)})$ 进行估计,以使 $g(u_{(i)}) > T$。随后,使用峰值超阈值方法估计的 P_f 为

$$\hat{P}_f^{\mathrm{POT}} = \left(\frac{1}{M}\sum_{i=1}^{M} \mathbb{1}_{g(u_{(i)})>t}\right) \times (1 - H_{\xi,\beta(t)}(T-t)) \quad (4.15)$$

在式(4.15)的峰值超阈值方法概率估计中必须确定 3 个参数:阈值 t 与数组 $(\xi,\beta(t))$。t 的选择是敏感的,因为它确定了用于估计 $(\xi,\beta(t))$ 的样本。事实上,高阈值会导致在估计 $(\xi,\beta(t))$ 中仅考虑少量样本,因此它们的估计可能会被大方差破坏,而低阈值则会引入概率估计中的偏差(Dekkers 与 De Haan,1999)。在已知样本的情况下,有几种方法可以用来确定一个有价值的阈值。最著名的是希尔图(Hill Plot)与平均超额图(Mean Excess Plot)(Embrechts 与 Schmidli,1994)。然而,这些方法基于对图形的解释,因而很大程度上是经验性的。人们还提出了自动阈值选择的方法,例如,Thompson 等(2009)的文献中,阈值变化时基于对参数估计差值的分布进行阈值选择。实践中,比较不同方法给出的 t 的估计值是十分有必要的。一旦 t 值设定下来,参数 $(\xi,\beta(t))$ 通常由极大似然法(Coles,2001)估计,或偶尔用矩量法(Hosking 与 Wallis,1987)进行估计。这些不同方法的总结可以在 Neve 与 Fraga Alves(2004)的文献中找到。针对实例运用峰值超阈值方法在不同仿真预算 M 下的估计结果如表 4.4 所列。表 4.4 结果中,峰值超阈值方法阈值估计使用了 Thompson 等(2009)的方法,帕累托分布的参数则使用极大似然法进行估计。人们注意到,无论在何种仿真预算下,失效概率都被高估了。

表 4.4 针对实例运用峰值超阈值方法的失效概率估计

$\hat{P}_f^{\mathrm{POT}}$	CV($\hat{P}_f^{\mathrm{POT}}$)	仿真预算
4.69×10^{-4}	135%	$5 \cdot 10^{2}$[①]
3.71×10^{-4}	112%	10^{3}
3.18×10^{-4}	51%	$5 \cdot 10^{3}$[①]
3.91×10^{-4}	42%	10^{4}

① 原文误,译者改。

当不能进行重采样时,极值理论与峰值超阈值方法是估计失效概率仅有的方法。在相反的情况下,若可以进行重采样,考虑到失效概率估计的精确性,应当采用特殊样本法,如重要性采样方法或子集模拟方法。

4.4 基于可靠性分析的方法

4.4.1 一次可靠度法/二次可靠度法

一次可靠度法(First-Order Reliability Methed,FORM)/二次可靠度法(Second-Order Reliability Method,SORM)(Madsen 等,1986;Bjerager,1991;Yan-Gang 与 Tetsuro,1999;Lassen 与 Recho,2006)是一种针对结构可靠度的概率计算方法。当输入为标准正态分布时,FORM 通过估计最可能失效点(Most Probable Failure Poine,MPP)给出失效概率的解析近似值。极限状态面定义为输入区域,其中 $g(U)=T$。最可能失效点,也称为设计点,是从原点到极限状态面距离最近的点。此设计点由优化方法确定。随后通过在设计点处的标准正态分布累积分布函数估计值来估计失效概率。在此情况下,极限状态面可以通过设计点处的线性函数进行近似。因此,当性能函数为强非线性或最大可能失效点不唯一时(Sudret,2012),这种估计方法可能会出现精度问题。SORM(Kiureghian 等 1987)的提出,是一次提高 FORM 估计精度的尝试,因为它通过二阶平面对设计点处的极限状态面进行估计。对于最大可能失效点不唯一的问题,Kiureghian 与 Dakessian(1998)提出了多设计点的 FORM 与 SORM。FORM/SORM 方法分 3 个步骤对 P_f 进行估计:

(1)将变换 $V(\cdot)$ 应用于输入 U,使得 $R=V(U)$,其中 R 为标准正态变量。考虑输入 U 的概率分布函数信息,可以采取多种不同的变换(Nataf,1962;Hasofer 与 Lind,1974;Pei-Ling 与 Kiureghian,1991;Rosenblatt,1952;Lebrun 与 Dutfoy,2009a,b)。

(2)估计最大可能失效点 $\boldsymbol{\beta}$ 为

$$\boldsymbol{\beta} = \underset{\boldsymbol{R}}{\operatorname{argmin}} \|\boldsymbol{R}\| \tag{4.16}$$

$$\text{s.t.} \quad T - g(V^{-1}(\boldsymbol{R})) = 0 \tag{4.17}$$

式中:$\|\cdot\|$ 为欧几里得范数。常数 $T-g(V^{-1}(\boldsymbol{R}))=0$ 定义了变量 $\boldsymbol{R}$ 的极限失效空间。参数 $\boldsymbol{\beta}$ 为设计点,而 $\|\boldsymbol{\beta}\|$ 为可靠度指标。目前已提出了几种可以用来解这一优化过程的方法,见 Hasofer 与 Lind(1974)、Pei-Ling 与 Kiureghian(1991)、Rackwitz 与 Flessler(1978)、Dietlevsen 与 Madsen(1996)。

(3) 利用 FORM 估计失效概率为

$$\hat{P}_f^{\text{FORM}} = \Phi(-\|\boldsymbol{\beta}\|) \tag{4.18}$$

式中:Φ 为标准正态变量的累积分布函数。在 SORM 的框架下,失效概率由 Breitung(1984)给出为

$$\hat{P}_f^{\text{SORM}} = \Phi(-\|\boldsymbol{\beta}\|) \prod_{i=1}^{d-1}(1-\boldsymbol{\beta}\kappa_i)^{-\frac{1}{2}} \tag{4.19}$$

式中:κ_i 为 $T - \phi(V^{-1}(\boldsymbol{R}))$ 在距离最小点 $\boldsymbol{\beta}$ 处的主曲率。κ_i 定义为

$$\kappa_i = \frac{\partial^2(T-\phi(V^{-1}(\boldsymbol{R})))}{\partial^2 R^{(i)}}\bigg|_{\boldsymbol{R}=\boldsymbol{\beta}} \tag{4.20}$$

式中:$R^{(i)}, i=1,2,\cdots,d$,为向量 $\boldsymbol{R}$ 的分量。这些方法不需要通过大规模的采样就能得到有价值的结果。然而,在对实际函数 $g(\cdot)$ 运用 FORM/SORM 方法时,必须小心地设定不同的假设。此外,在 FORM/SORM 中还没有对误差的控制。从 FORM/SORM 的设计点出发,提出一个重要性采样的辅助分布,然后根据它进行采样来估计稀有事件的概率是可行的。

表 4.5 给出了针对实例采用标准 FORM、多设计点的 FORM 与 SORM 方法的失效概率估计结果。如图 4.5 所示,1096 个样本点的标准 FORM 设计点估计为 $\boldsymbol{\beta}=[3.07,0,-5.53\times10^{-2}]$。在此实例中,相对应的 $\hat{P}_f^{\text{FORM}}$ 并不是精确的估计,因为极限状态面为非线性的且设计点不唯一。多设计点的 FORM 方法找到了第二设计点,位于 $[-3.10,0.09,-3.22]$,虽然基于该设计点的估计将 FORM 给出的概率翻倍,但仍然低估了失效的概率。

表 4.5 针对实例运用 FORM/SORM 的失效概率估计

方法	$\hat{P}_f$	M
FORM	1.21×10^{-4}	1096
多设计点的 FORM	2.43×10^{-4}	2192
SORM	1.30×10^{-4}	1200

FORM/SORM 通常可以在有限的仿真预算下得到失效概率的粗略估计,但由于无法控制误差,通常将 FORM/SORM 与如重要性采样方法之类的采样方法相结合。

4.4.2 定向采样

定向采样(Directional Sampling,DS)(Bjerager,1988)的准则,也称为定向仿真,是针对极限状态函数求取其各个方向上的失效概率,并求取其平均值来估计失效概率的方法。当输入 $\boldsymbol{U}$ 遵循标准高斯分布时,可以考虑定向采样。若不是

第 2 部分 单学科问题:不确定性传播、可靠性分析与优化

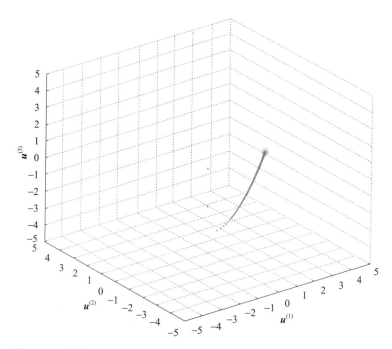

图 4.5 用绿色表示的在 FORM 优化过程中生成的样本和设计点(见彩图)

此类情况,可以考虑对输入的几个变量使用等概率变换(Nataf,1962;Hasofer 与 Lind,1974;Pei - Ling 与 Kiureghian,1991;Rosenblatt,1952;Lebrun 与 Dutfoy,2009a,b)。定向采样利用改写后的标准高斯向量 U 作为随机变量的乘积,即

$$U = RA$$

式中:R 为一个 d 自由度的卡方随机变量,密度为 ϕ_R;A 为一个单位随机向量,以密度 ϕ_d 均匀分布于 d 维单位球 Λ^d 上。R^2 与 A 是相互独立的随机变量。失效概率 P_f 与式(4.1)的积分表示为

$$P_f = \int_{A \in \Lambda^d} \int_0^{+\infty} \mathbb{1}_{g(ra) > T} \phi_R(r) \phi_A(a) \mathrm{d}a \mathrm{d}r =$$

$$\int_{A \in \Lambda^d} \mathbb{P}(g(RA) > T \mid A = a) \phi_A(a) \mathrm{d}a$$

事实上,定向采样估计与朴素蒙特卡罗估计 $\mathbb{E}(\mathbb{P}(g(RA) > T \mid A = a))$ 相对应。在实践中,先生成一个 M 维独立同分布随机方向向量 $A_j(j = 1,2,\cdots,M)$ 序列,随后,确定一个 r_j 使得 $g(r_j A_j) = T$,如通过二分法。对 $\mathbb{P}(g(RA) > T \mid A = A_j)$ 的估计可以由 $1 - F_{R^2}(r_j^2)$ 给出,其中 $F_{R^2}(\cdot)$ 为一个具有 d 自由度的卡方随机变量的累积分布函数。这个近似只有当输入失效区域和所选的采样方向之间只有一个交点时才有价值。此时,定向采样方法对失效概率的估计 $\hat{P}_f^{\mathrm{DS}}$ 为

$$\hat{P}_f^{\mathrm{DS}} = \frac{1}{M}\sum_{j=1}^{M}(1 - F_{R^2}(r_j^2))$$

针对实例,采用定向采样方法对失效概率进行了估计。表4.6列出了不同方向数量的所有失效概率的估计结果。图4.6给出了$M=100$时生成的样本。定向采样在此例中非常有效,因为函数维数d很低,且函数$g(\cdot)$是规则且可微的。

表4.6 针对实例采用DS方法的失效概率估计

$\hat{P}_f^{\mathrm{DS}}$	CV($\hat{P}_f^{\mathrm{DS}}$)	M	仿真预算
2.92×10^{-4}	24%	100	1850
2.86×10^{-4}	12%	500	9430
2.87×10^{-4}	7%	1000	18830
2.91×10^{-4}	2%	10000	188500

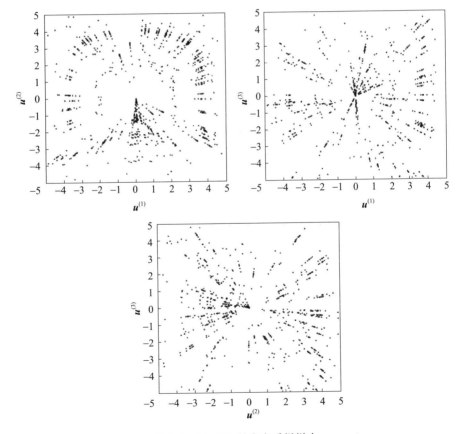

图4.6 $M=100$的定向采样样本

在复杂系统设计中,方向 M 的调整可能很复杂。为此,方向 A_j 可以自适应的选择,而非随机选择,以便将方向集中于拥有最高 $\mathbb{P}(g(RA)>T|A=A_j)$ 的输入区域(见 Zuniga 等(2011)),以减小估计的方差。

4.5 代理模型在稀有事件概率估计中的应用

建立一个高效的代理模型以减少对复杂输入–输出函数 $g(\cdot)$ 的调用,且保持概率估计的精度保持在合理水平,是十分重要的。因为代理模型不需要在全部支撑集 U 上精确,而只需要保证在 $g(u)=T$ 上精确,其在稀有事件的估计中就显得十分重要。若 $\forall u \in \mathbf{R}^d$, $\mathbb{1}_{g(u)>T} = \mathbb{1}_{\hat{g}(u)>T}$,使用精确函数 $g(\cdot)$ 或其代理 $\hat{g}(\cdot)$ 将得到相同的概率计算结果。换句话说,代理模型可能无法代表感兴趣区域之外的精确函数,因为这部分不参与概率估计。同时,$\hat{g}(\cdot)$ 必须是一个可以用于失效预测的样本分类器。

近年来,人们提出了许多方法,并对它们进行了比较。Liu 与 Xiu 提出了混沌多项式展开联合蒙特卡罗抽样以估计失效概率(Li 与 Xiu,2010)的方法。支持向量机也可以用来估计失效区域(Basudhar 等,2008),并与稀有事件估计方法(如子集采样)结合来估计失效概率(Bourinet 等,2011a)。克里金模型也已广泛地与经典方法相结合,如经典蒙特卡罗估计(Echard 等,2011)、重要性采样方法(Janusevskis 与 Le Riche,2012;Schueremans 与 Van Gemert,2005;Balesdent 等,2013;Dubourg 等,2011)、具有变量控制的重要性采样方法(Cannamela 等,2008)或子集模拟(Vazquez 与 Bect 2009;Li 等,2012;Bect 等,2012)等。以上所有方法主要基于 3 个部分进行区分:

(1)代理模型的种类(混沌多项式展开、克里金、支持向量机等)。
(2)代理模型精化策略,即怎样选择用于精确函数 $g(\cdot)$ 估计的样本。
(3)相关的抽样策略(朴素蒙特卡罗,重要性采样,子集模拟等)。

简洁起见,我们不会回顾文献中已经提过的不同方法组合,而是专注于 2 种最著名的方法。

4.5.1 基于支持向量算法的子集采样可靠性估计

基于支持向量算法的子集抽样可靠性估计(Subset Sampling by Support Vector Margin Algorithm for Reliability es Timation,[2]SMART)方法(Deheeger 与 Lemaire,2007;Bourinet 等,2011a)专注于自适应子集采样技术(Subset Sampling,SS),且对子集采样模拟中涉及的每个自适应阈值定义了一个支持向量机模型。对每个中间阈值,使用一个三步细化方法(局部化,稳定性,收敛性)构建一个支持向量机模型,这样能够准确地表示与包含的阈值对应的区域。在子集采样模拟的第 i 阶段,^{2}SMART 的主要步骤如下:

(1)生成第一组样本以构建对应于子集采样模拟的第 i 级支持向量机模型 $\hat{g}_{Ti}(\cdot)$。这些样本还用于通过子集采样模拟的 ρ - 分位数水平与此区域内的支持向量机回归模型确定当前的中间阈值 T_i。

(2)支持向量机模型 $\hat{g}_{Ti}(\cdot)$ 使用三段法进行优化,包括重采样(使用 MC-MC)或样本聚类。为此,生成了 3 个不同大小的样本种群用于改进现有的支持向量机模型。

(3)最后一步是评估与现有阈值 T_i 相关的条件概率 $P(\hat{g}_{Ti}(U) > T_i | \hat{g}_{Ti}(U) > T_{i-1})$。

本章实例使用 ^{2}SMART 方法在仅调用函数 $g(\cdot)$ 800 次的情况下实现了概率估计为 2.82×10^{-4},其变异系数为 17%。与子集采样模拟相比,函数调用次数的减少非常显著。图 4.7 给出了通过 ^{2}SMART 方法在开源的 FERUM 4.1 Matlab® 工具箱中得到的极限状态函数。

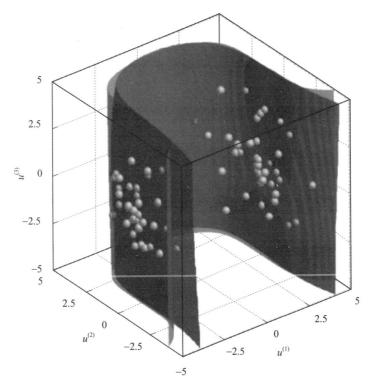

图 4.7 ^{2}SMART 最后一次迭代的限制状态样本

4.5.2 克里金模型和概率估计相结合的主动学习可靠性估计

从最初的训练集 $\mathscr{U}$ 开始,克里金的属性对于确定需要在 $g(\cdot)$ 评估上改进其代理模型所需的额外样本就是有价值的。主动学习方法(Echard,2012)通过求解以下最优化问题以确定新的样本点 $\boldsymbol{u}$,并将其添加到训练集 $\mathscr{U}$ 中,即

$$\max_{\boldsymbol{u}} \left[1 - \phi \left(\frac{|T - \hat{g}(\boldsymbol{u}, \mathscr{U})|}{\sigma(\boldsymbol{u}, \mathscr{U})} \right) \right] \tag{4.21}$$

式中: $\phi(\cdot)$ 为标准高斯分布的累积分布函数; σ 为克里金方差。使用该准则生成样本的克里金预测接近阈值(式(4.21)的分子),并且呈现较大的预测误差(式(4.21)的分母)。由于相关累积分布函数的单调性,优化问题式(4.21)等价于

$$\min_{\boldsymbol{u}} \frac{|T - \hat{g}(\boldsymbol{u}, \mathscr{U})|}{\sigma(\boldsymbol{u}, \mathscr{U})} \tag{4.22}$$

此准则已与朴素蒙特卡罗(Echard 等,2011)、重要性采样(Echard 等,2013)、子集采样模拟(Echard,2012)等采样方法相结合。在实践中,优化问题并没有得到解决。给定了朴素蒙特卡罗、重要性采样、子集采样模拟提供的样本集 $\{\boldsymbol{u}_{(1)}, \cdots, \boldsymbol{u}_{(M)}\}$,被添加到训练集中的新样本可表示为

$$\boldsymbol{u} = \underset{\boldsymbol{u}_{(1)}, \cdots, \boldsymbol{u}_{(M)}}{\operatorname{argmin}} \left\{ \frac{|T - \hat{g}(\boldsymbol{u}_1, \mathscr{U})|}{\sigma(\boldsymbol{u}_{(1)}, \mathscr{U})}, \cdots, \frac{|T - \hat{g}(\boldsymbol{u}_{(M)}, \mathscr{U})|}{\sigma(\boldsymbol{u}_{(M)}, \mathscr{U})} \right\}$$

与朴素蒙特卡罗相结合的主动克里金方法(10^5 个样本)已经用于本章的实例研究。在限制仿真预算为 54 次对精确函数 $g(\cdot)$ 调用的情况下,估计的失效概率为 2.68×10^{-4},其 CV 为 24%。与朴素蒙特卡罗相比,方差显著降低。图 4.8 给出了朴素蒙特卡罗样本,其中突出了在 $g(\cdot)$ 实际评估中用的样本。

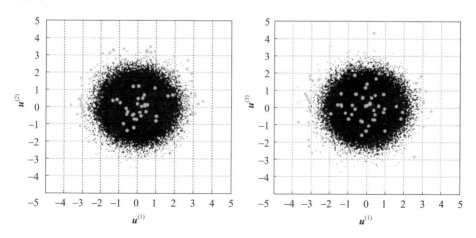

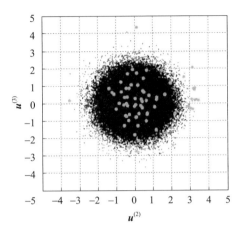

图 4.8 使用主动学习克里金方法的朴素蒙特卡罗样本群(黑色)与
运用到精确函数 $g(\cdot)$ 估计的样本(绿色)(见彩图)

代理模型特别适用于稀有事件的估计,因为它能够在很少调用 $g(\cdot)$ 的情况下给出概率估计值且估计值方差较小。然而,实际使用时需要对这些算法进行设置和调整,这一过程是非常复杂的,且有可能与待研究问题有关。此外,代理模型也会受到维度灾难的影响。因此,很难对高维度复杂系统的失效概率估计运用代理模型。

4.6 存在偶然不确定性和认知不确定性的可靠性分析综述

为了拓展在前文所述概率论框架下的可靠性分析结果,人们做了一些工作,以期涵盖其余的不确定性描述框架。本节简要介绍处理偶然不确定性和认知不确定性的可靠性分析方法。

现存的既考虑了概率论框架下的偶然不确定性,也考虑了使用替代建模框架(如证据理论、区间方法、可能性理论、Pbox)描述的认知不确定性的可靠性分析方法是可以明显区分的。第一类是对认知不确定性进行变换以使其统一到概率论框架下进行描述,而后采用前文所述的可靠性分析方法加以改进进行可靠性分析。第二种方法则是通过将不同框架描述的不确定性用嵌套循环来估计失效概率的界。也有一些方法尝试减少嵌套来降低可靠性分析成本。

在可靠性分析中,考虑到具有区间不确定参数的偶然输入分布,人们提出了不同的方法(Hurtado,2013;Balesdent 等,2016)。例如,若输入变量由高斯分布进行描述,但仅知道其平均值位于一个区间内。Hurtado(2013)提出了一种名为

第 2 部分　单学科问题：不确定性传播、可靠性分析与优化

可靠性图的拓展技术，解释偶然分布超参数的区间不确定性。Balesdent 等（2016）提出将克里金方法、重要性采样、代理模型的专用精化策略进行组合，以找到用区间不确定性描述的失效概率的上下边界。在更普遍的 Pbox 背景下，失效概率定义的边界为

$$\underline{P}_f = \min_\phi \int_{\mathbf{R}^d} \mathbb{1}_{(g(\boldsymbol{u}) > T)} \phi(\boldsymbol{u}) \mathrm{d}\boldsymbol{u} \tag{4.23}$$

$$\overline{P}_f = \max_\phi \int_{\mathbf{R}^d} \mathbb{1}_{(g(\boldsymbol{u}) > T)} \phi(\boldsymbol{u}) \mathrm{d}\boldsymbol{u} \tag{4.24}$$

式中：最大与最小为将对所有满足输入 Pbox 定义的概率分布函数 $\phi(\cdot)$ 进行优化。Schöbi 与 Sudret（2017）提出了一种输入变量由 Pbox 进行建模（针对一般 Pbox、参数化 Pbox 两种情况）的可靠性分析方法。其开发了一种使用克里金代理模型的双层方法，它能够在可靠性分析的不同层次上进行自适应实验设计。输入不确定性则使用凸正态隶属函数进行表示。

与概率论框架下可靠性分析中最大可能失效点的概念类似，Jiang（2013）等提出了最大可能焦元（Most Probable Focal Element，MPFE）的概念。由于基本概率分布的离散特性，最大可能焦元被定义为一个区域而非一个点，它对故障概率具有最大的贡献（图 4.9）。Du（2008）提出将 FORM 拓展到证据理论，以在一个统一的框架下考虑认知不确定性与偶然不确定性。我们可以考虑一个输入空间的划分，即偶然不确定性空间 $\mathcal{U}$ 与认知不确定性空间 $\mathcal{X}$。同时考虑状态函数 $U \in \mathcal{U} \times X \in \mathcal{X} \to g(U, X)$ 和对应于焦元 X 的状态 $C_{X_i}, i = \{1, 2, \cdots, n\}$，共有 n 个焦元。可以定义失效概率的信任与似然度为

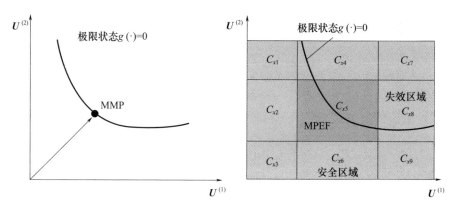

图 4.9　基于概率论可靠性分析中的最大可能失效点（左）和基于证据理论可靠性分析中的最大可能焦元（右）

$$\mathrm{Bel}(P_f) = \sum_{i=1}^n m_X(\boldsymbol{C}_{X_i}) \mathbb{P}[G_{\max}(U, X) > 0 | X \in \boldsymbol{C}_{X_i}] \tag{4.25}$$

$$\mathrm{Pl}(P_f) = \sum_{i=1}^{n} m_X(C_{X_i}) \, \mathbb{P}[G_{\min}(U,X) > 0 \mid X \in C_{X_i}] \tag{4.26}$$

式中：$G_{\min}(U,X)$ 与 $G_{\max}(U,X)$ 分别为子集 C_{X_i} 内 $g(\cdot)$ 的全局最小值与最大值。可信度或似然度的计算转换为每一个焦元 X 处最小或最大失效概率的计算。为了计算 $\mathrm{Bel}(P_f)$ 与 $\mathrm{Pl}(P_f)$，有必要进行区间分析以确定 $G_{\min}$ 与 $G_{\max}$，以及概率分析（Probability Analysis，PA）以估计相关的失效概率。Du 提出了基于一次可靠度的混合不确定性方法（Unified Uncertainty Analysis Methed Based on The Firstorder Reliability Method, FORM-UUA）方法以解决这一嵌套问题。FORM 用于概率分析，而采用非线性优化来解决区间问题。FORM-UAA 是一种序贯方法，其中在偶然不确定空间进行最大可能失效点搜索时，区间是固定的；同样在优化寻找到的状态函数 $g(\cdot)$ 的最大值和最小值时，偶然不确定性变量也被固定在最大可能失效点。证据理论的 2 个测度表明了偶然不确定性对系统响应的影响，同时 2 个测度之间的差别反映了认知不确定性对响应的影响。Yao 等（2013）拓展了 FORM-UAA 方法，将双循环优化问题重建为一个等效的单循环优化问题（Single-Level Optimization，SLO）。

Xiao 等（2015）提出将证据理论描述的变量转化为概率随机变量。支持向量回归方法（见第 3 章）用来构建极限状态函数的近似模型。基于代理模型，解只有随机变量的近似可靠性问题来获得最大可能失效点。随后，用证据变量确定原始问题的最大可能焦元。利用最大可能焦元和极限状态函数的单调性就可确定焦元对可信性测度与似然性测度的贡献。因此，减少了极限状态函数极值计算中焦元的数量，促进了混合不确定变量的可靠性分析。此方法的困难之处在于如何将证据变量进行适当的转换变为随机变量以及对支持向量回归不确定性的控制。

Nannapaneni 与 Mahadevan（2016）开发了一个可能性框架来考虑包含偶然不确定性与认知不确定性的可靠性分析问题。它以 FORM 为基础，基于概率积分变换和全概率定理，扩展到包括不确定性分布参数、分布种类、不确定相关性与使用辅助变量的模型误差等方面。此框架能够避免考虑不同种类的不确定性框架时不确定性传播的嵌套循环。其与可靠性分析中的 MCS 与 FORM 结合，得到了一个在存在认知不确定性和偶然不确定性情况下的单循环方法。

当认知不确定性是使用区间建模而非证据理论建模时，Yang 等（2015）提出将克里金模型（在分类模式下，而不是回归模式），代理的精化与矩形分割优化方法（Finkel，2003）进行组合，以找到每个偶然样本对应输出 $g(\cdot)$ 的最大与最小值，并用朴素蒙特卡罗方法来估计失效概率的边界。

在可能性理论框架下,Mourelatos 与 Zhou(2005)提出了数据不充分情况下的可靠性估计方法。作者提出了一种混合的全局－局部优化方法,而非传统模糊不确定性传播中经典的离散化方法(Akpan 等,2002)或顶点法(Penmetsa 与 Grandhi,2002)。此优化方法可用于计算模糊响应的置信水平。这种方法首先使用了矩形分割优化作为全局优化器,随后基于序列二次规划进行局部优化。

由于需要将不同数学理论进行组合以解释不确定性的多样性,同时需要混合不同的数据分析工具,如采样、优化、组合计算等,相比于传统概率估计,混合偶然不确定性与认知不确定性的可靠性分析更为复杂。

4.7 总结

在本章中,概述了可能用于稀有事件概率估计的主要算法,并展示了使用输入－输出函数 $g(\cdot)$ 超过阈值的概率作为失效概率的可靠性分析。从一个算法到另一个算法,可靠性分析方法的适用范围可能差别很大。因此,仿真方法的选择取决于可靠性问题的实际特征,如重采样能力、我们对于 $g(U)$ 密度的了解程度、$g(\cdot)$ 的计算成本与非线性特性、U 的维度或极限状态面的复杂性等。图 4.10 给出了本章所述可靠性分析技术的分类。

除了第 3 章中的不确定性传播和本章中的可靠性分析,为了解决不确定性存在下的单一学科优化问题,有必要解决优化问题的建模,并选择合适的优化方法进行求解。第 5 章重点讨论这些关键问题。

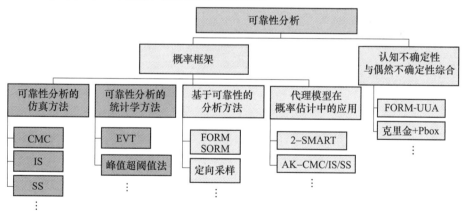

图 4.10 可靠性分析技术的分类

CMC:朴素蒙特卡罗方法　IS:重要性采样　SS:子集模拟　EVT:极值理论　FORM:一阶可靠性方法　SORM:二阶可靠性方法　2－SMART:基于支持向量算法的子集抽样可靠性估计　AK－CMC/IS/SS:克里金与 CMC/IS/SS 结合的主动学习可靠性方法　FORM—UUA:FORM 统一不确定性分析

参考文献

Akpan, U. , Rushton, P. , and Koko, T. (2002). Fuzzy probabilistic assessment of the impact of corrosion on fatigue of aircraft structures. In *43rd AIAA/ASME/ASCE/AHS/ASC Structures, Structural Dynamics, and Materials Conference*, Denver, CO, USA.

Au, S. K. and Beck, J. L. (2001). Estimation of small failure probabilities in high dimensions by subset simulations. *Probabilistic Engineering Mechanics*, 16(4):263–277.

Balesdent, M. , Morio, J. , and Brevault, L. (2016). Rare event probability estimation in the presence of epistemic uncertainty on input probability distribution parameters. *Methodology and Computing in Applied Probability*, 18(1):197–216.

Balesdent, M. , Morio, J. , and Marzat, J. (2013). Kriging–based adaptive importance sampling algorithms for rare event estimation. *Structural Safety*, 13:1–10.

Basudhar, A. , Missoum, S. , and Sanchez, A. (2008). Limit state function identification using Support Vector Machines for discontinuous responses and disjoint failure domains. *Probabilistic Engineering Mechanics*, 23:1–11.

Bect, J. , Ginsbourger, D. , Li, L. , Picheny, V. , and Vazquez, E. (2012). Sequential design of computer experiments for the estimation of a probability of failure. *Statistics and Computing*, 22(3):773–793.

Bjerager, P. (1988). Probability integration by directional simulation. *Journal of Engineering Mechanics*, 114(8):1288–1302.

Bjerager, R. (1991). *Methods for structural reliability computation*, pages 89–136. Springer Verlag, New York.

Botev, Z. I. and Kroese, D. P. (2012). Efficient Monte Carlo simulation via the generalized splitting method. *Statistics and Computing*, 22(1):1–16.

Bourinet, J. –M. , Deheeger, F. , and Lemaire, M. (2011a). Assessing small failure probabilities by combined subset simulation and support vector machines. *Structural Safety*, 33:343–353.

Breitung, K. (1984). Asymptotic approximation for multinormal integrals. *Journal of Engineering Mechanics*, 110(3):357–366.

Bucklew, J. A. (2004). *Introduction to Rare Event Simulation*. Springer.

Cannamela, C. , Garnier, J. , and Iooss, B. (2008). Controlled stratification for quantile estimation. *Annals of Applied Stats*, 2(4):1554–1580.

Cérou, F. , Del Moral, P. , Furon, T. , and Guyader, A. (2012). Sequential Monte–Carlo for rare event estimation. *Statistics and computing*, 22(5):795–808.

Cérou, F. , Del Moral, P. , Le Gland, F. , and Lezaud, P. (2006). Genetic genealogical models in rare event analysis. *INRIA report*, 1797:1–30.

Coles, S. G. (2001). *An introduction to statistical modeling of extreme values*. Springer, New York.

第2部分 单学科问题：不确定性传播、可靠性分析与优化

De Boer, P. - T. , Kroese, D. P. , Mannor, S. , and Rubinstein, R. Y. (2005). A tutorial on the cross-entropy method. *Annals of operations research*, 134(1):19 - 67.

Deheeger, F. and Lemaire, M. (2007). Support vector machine for efficient subset simulations: 2SMART method. In *10th International Conference on Application of Statistics and Probability in Civil Engineering*, Tokyo, Japan.

Dekkers, A. L. M. and De Haan, L. (1999). On the estimation of the extreme - value index and large quantile estimation. *The Annals of Statistics*, 17(4):1795 - 1832.

Dietlevsen, O. and Madsen, H. (1996). *Structural Reliability Methods*. John Wiley and Sons, New York.

Du, X. (2008). Unified uncertainty analysis by the first order reliability method. *Journal of Mechanical Design*, 130(9):091401.

Dubourg, V. , Deheeger, E. , and Sudret, B. (2011). Metamodel - based importance sampling for the simulation of rare events. In Faber, M. J. Kohler and K. Nishilima (Eds.), *Proceedings of the 11th International Conference of Statistics and Probability in Civil Engineering (ICASP2011)*, Zurich, Switzerland.

Echard, B. (2012). *Kriging - based reliability assessment of structures submitted to fatigue*. PhD thesis, Université Blaise Pascal.

Echard, B. , Gayton, N. , and Lemaire, M. (2011). AK - MCS: An active learning reliability method combining Kriging and Monte - Carlo Simulation. *Structural Safety*, 33:145 - 154.

Echard, B. , Gayton, N. , Lemaire, M. , and Relun, N. (2013). A combined importance sampling and Kriging reliability method for small failure probabilities with time - demanding numerical models. *Reliability Engineering & System Safety*, 111:232 - 240.

Embrechts, P. and Schmidli, H. (1994). Modelling of extremal events in insurance and finance. *Zeitschrift für Operations Research*, 39(1):1 - 34.

Finkel, D. E. (2003). DIRECT optimization algorithm user guide. *Center for Research in Scientific Computation, North Carolina State University*, 2:1 - 14.

Gerstner, T. and Griebel, M. (2003). Dimension - adaptive tensor - product quadrature. *Computing*, 71(1):65 - 87.

Hasofer, A. and Lind, N. (1974). An exact and invariant first - order reliability format. *Journal of Engineering Mechanics*, 100:111 - 121.

Hosking, J. and Wallis, J. (1987). Parameter and quantile estimation for the generalized Pareto distribution. *Technometrics*, 29(3):339 - 349.

Hurtado, J. E. (2013). Assessment of reliability intervals under input distributions with uncertain parameters. *Probabilistic Engineering Mechanics*, 32:80 - 92.

Janusevskis, J. and Le Riche, R. (2012). Simultaneous Kriging - based estimation and optimization of mean response. *Journal of Global Optimization*, 55(2):313 - 336.

Jiang, C. , Zhang, Z. , Han, X. , and Liu, J. (2013). A novel evidence - theory - based reliability analysis method for structures with epistemic uncertainty. *Computers & Structures*, 129:1 – 12.

Kiureghian, A. D. and Dakessian, T. (1998). Multiple design points in first and second – order reliability. *Structural Safety*, 20(1):37 – 49.

Kiureghian, A. D., Lin, H. – Z., and Hwang, S. – J. (1987). Second – order reliability approximations. *Journal of Engineering Mechanics*, 113(8):1208 – 1225.

Kroese, D. P., Brereton, T., Taimre, T., and Botev, Z. I. (2014). Why the Monte Carlo method is so important today. *Wiley Interdisciplinary Reviews: Computational Statistics*, 6(6):386 – 392.

Kroese, D. P. and Rubinstein, R. Y. (2012). Monte – Carlo methods. *Wiley Interdisciplinary Reviews: Computational Statistics*, 4(1):48 – 58.

Lagnoux, A. (2006). Rare event simulation. *Probability in the Engineering and Informational science*, 20(1):45 – 66.

Lassen, T. and Recho, N. (2006). *Fatigue Life Analyses of Welded Structures*. ISTE Wiley, New York.

Lebrun, R. and Dutfoy, A. (2009a). A generalization of the Nataf transformation to distributions with elliptical copula. *Probabilistic Engineering Mechanics*, 24(2):172 – 178.

Lebrun, R. and Dutfoy, A. (2009b). An innovating analysis of the Nataf transformation from the copula viewpoint. *Probabilistic Engineering Mechanics*, 24(3):312 – 320.

Li, J. and Xiu, D. (2010). Evaluation of failure probability via surrogate models. *Journal of Computational Physics*, 229:8966 – 8980.

Li, L., Bect, J., and Vazquez, E. (2012). Bayesian Subset Simulation: a Kriging – based subset simulation algorithm for the estimation of small probabilities of failure. In 11*th International Probabilistic Assessment and Management Conference (PSAM11) and The Annual European Safety and Reliability Conference (ESREL 2012)*, Helsinki, Finland.

Madsen, H., Krenk, S., and Lind, N. C. (1986). *Methods of structural safety*. Springer – Verlag.

Morio, J. (2012). Extreme quantile estimation with nonparametric adaptive importance sampling. *Simulation Modelling Practice and Theory*, 27(0):76 – 89.

Morio, J. and Balesdent, M. (2015). *Estimation of Rare Event Probabilities in Complex Aerospace and Other Systems: A Practical Approach*. Woodhead Publishing.

Mourelatos, Z. P. and Zhou, J. (2005). Reliability estimation and design with insufficient data based on possibility theory. *AIAA Journal*, 43(8):1696 – 1705.

Nannapaneni, S. and Mahadevan, S. (2016). Reliability analysis under epistemic uncertainty. *Reliability Engineering & System Safety*, 155:9 – 20.

Nataf, A. (1962). Distribution des distributions dont les marges sont données (in French). *Comptes rendus de l' Académie des Sciences*, 225:42 – 43.

Neves, C. and Fraga Alves, M. (2004). Reiss and Thomas' automatic selection of the number of extremes. *Computational Statistics and Data Analysis*, 47(4):689 – 704.

Novak, E. (1988). *Deterministic and Stochastic Error Bounds in Numerical Analysis*, volume 1349 of

Lecture Notes in Mathematics. Springer, Berlin, Germany.

Pei – Ling, L. and Kiureghian, A. D. (1991). Optimization algorithms for structural reliability. *Structural Safety*, 9(3):161 – 177.

Penmetsa, R. and Grandhi, R. (2002). Estimating membership response function using surrogate models. In 43*rd AIAA/ASME/ASCE/AHS/ASC Structures, Structural Dynamics, and Materials Conference*, Denver, CO, USA.

Rackwitz, R. and Flessler, B. (1978). Structural reliability under combined random load sequences. *Computers and Structures*, 9(5):489 – 494.

Robert, C. and Casella, G. (2005). *Monte Carlo Statistical Methods*. Springer, New York.

Rosenblatt, M. (1952). Remarks on a multivariate transformation. *Annals of Mathematical Statistics*, 23:470 – 472.

Schöbi, R. and Sudret, B. (2017). Structural reliability analysis for P – boxes using multi – level metamodels. *Probabilistic Engineering Mechanics*, 48:27 – 38.

Schueremans, L. and Van Gemert, D. (2005). Use of Kriging as Meta – model in simulation procedures for structural reliability. In 9*th International conference on structural safety and reliability*, Rome, pages 2483 – 2490.

Silverman, B. W. (1986). Density estimation for statistics and data analysis. In *Monographs on Statistics and Applied Probability*. London: Chapman and Hall.

Smolyak, S. (1963). Quadrature and interpolation formulas for tensor products of certain classes of functions. *Soviet Mathematics, Doklady*, 4:240 – 243.

Sobol, I. M. (1994). *A Primer for the Monte Carlo Method*. CRC Press, Boca Raton, Fl.

Sudret, B. (2012). Meta – models for structural reliability and uncertainty quantification. In 5*th Asian – Pacific Symposium on Structural Reliability and its Applications*, Singapore, Singapore.

Thompson, P., Cai, Y., Reeve, D., and Stander, J. (2009). Automated threshold selection methods for extreme wave analysis. *Coastal Engineering*, 56(10):1013 – 1021.

Vazquez, E. and Bect, J. (2009). A Sequential Bayesian algorithm to estimate a probability of failure. In 15*th IFAC Symposium on System Identification*, Saint – Malo, France.

Xiao, M., Gao, L., Xiong, H., and Luo, Z. (2015). An efficient method for reliability analysis under epistemic uncertainty based on evidence theory and support vector regression. *Journal of Engineering Design*, 26(10 – 12):340 – 364.

Yan – Gang, Z. and Tetsuro, O. (1999). A general procedure for first/second – order reliability method(FORM/SORM). *Structural Safety*, 21(2):95 – 112.

Yang, X., Liu, Y., Gao, Y., Zhang, Y., and Gao, Z. (2015). An active learning Kriging model for hybrid reliability analysis with both random and interval variables. *Structural and Multidisciplinary Optimization*, 51(5):1003 – 1016.

Yao, W., Chen, X., Huang, Y., and van Tooren, M. (2013). An enhanced unified uncertainty analysis approach based on first order reliability method with single – level optimization. *Reliability*

Engineering & System Safety, 116:28 – 37.

Zhang, P. (1996). Nonparametric importance sampling. *Journal of the American Statistical Association*, 91(434):1245 – 1253.

Zuniga, M. M., Garnier, J., Remy, E., and de Rocquigny, E. (2011). Adaptive directional stratification for controlled estimation of the probability of a rare event. *Reliability Engineering & System Safety*, 96(12):1691 – 1712.

第5章 不确定条件下的问题描述和优化方法综述

考虑到实际系统固有的物理随机性、对系统认知的缺乏、建模时的简化等情况,存在不确定性条件下的优化就成为了解决复杂系统设计的关键问题,且已有不确定性条件下优化技术的不同概述(Sahinidis,2004;Klamroth 等,2017)。在解决不确定性优化问题时,算法的选择通常是与问题相关的(Gabrel 等,2014)。设计师首先要根据系统的规格和研究选择优化问题的描述方式,而后选择适用的优化算法。本章的目的是展现现有的存在不确定性情况下解决优化问题的不同方法,尤其是对不确定性的处理机制。本章组织结构如下:在5.1节中,介绍了不同优化问题的架构,重点强调了不确定性测度的重要性与基于稳健性的建模、基于可靠性的建模,以及基于稳健-可靠性建模之间的区别;在5.2节中,讨论了量化优化问题中不确定性的方法;在5.3节中,对优化算法进行了概述,并重点关注了随机梯度算法、基于种群的算法和基于代理的方法。对每一种算法中不确定性的处理进行了分析与讨论。

5.1 优化问题描述

5.1.1 简介

我们从含一般确定性约束的优化问题开始。优化的目标是使目标函数(也被称为适应度或优化准则)极小化。该优化问题的目标函数是 $f:\mathbf{R}^n \to \mathbf{R}$,包含 m 个不等式约束 $g_i:\mathbf{R}^n \to \mathbf{R}(i=1,2,\cdots,m)$。$z \in \mathbf{R}^n$ 是由优化(设计)变量组成的向量。该问题描述为

$$\min f(z) \tag{5.1}$$

$$\text{w.r.t. } z \tag{5.2}$$

$$\text{s.t. } g_i(z) \leqslant 0 \quad i \in \{1,2,\cdots,m\} \tag{5.3}$$

$$z_{\min} \leqslant z \leqslant z_{\max} \tag{5.4}$$

假设不确定性存在条件下,等式约束可以转化为2个具有相应公差的不等式约束。为了说明优化问题在确定性与不确定性框架下的不同,我们考虑以下

实例。首先考虑确定性优化方法,即

$$\min (z_1^2 + z_2 - 15)^2 + (z_1 + z_2^2 - 11)^2 + 10(5 - z_1) + 10(5 - z_2) \quad (5.5)$$

$$\text{w. r. t. } z_1, z_2 \quad (5.6)$$

$$\text{s. t. } ((z_1 + 5)^2 + (z_2 + 6)^2 - 100) \leqslant 0 \quad (5.7)$$

$$-5 \leqslant z_1, z_2 \leqslant 5 \quad (5.8)$$

目标函数由 Himmelblau 函数(Himmelblau,1972)推导而来,其只有一个全局最优解,该问题的约束为一个抛物线函数。目标函数和约束条件如图5.1所示。该优化问题有 4 个局部最优解(3 个无约束,1 个受约束)和 1 个全局约束最优解。

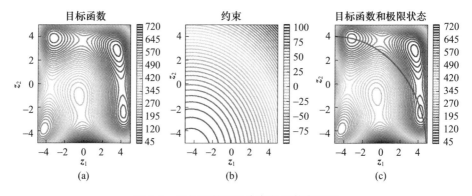

图 5.1　目标函数和约束条件的等高线图
(a)目标函数 $f(\cdot)$;(b)约束 $g(\cdot)$;(c)确定性目标函数与极限状态 $g(z) = 0$。

当引入不确定性时,这些不确定性可能会既影响目标函数,也影响约束(或仅影响目标函数,或一些约束),那么确定性优化问题变为

$$\min f(z, \boldsymbol{U}) \quad (5.9)$$

$$\text{w. r. t. } z \quad (5.10)$$

$$\text{s. t. } g_i(z, \boldsymbol{U}) \leqslant 0 \quad i \in \{1, 2, \cdots, m\} \quad (5.11)$$

$$z_{\min} \leqslant z \leqslant z_{\max} \quad (5.12)$$

式中:$f: \mathbf{R}^n \times \mathbf{R}^d \rightarrow \mathbf{R}$;$g_i: \mathbf{R}^n \times \mathbf{R}^d \rightarrow \mathbf{R}$, $(i = 1, 2, \cdots, m)$。$\boldsymbol{U} \in \mathbf{R}^d$ 表示不确定性向量的值。在本节中我们使用概率论框架。我们定义概率空间 $(\Omega, A, \mathbb{P})$,其中 Ω 为样本空间,A 为 σ - 代数,$\mathbb{P}$ 为不确定性测度。关于概率论框架的更多信息,见第 2 章。

在此问题中,只有设计变量 z 是优化问题的自由度。感兴趣的量(目标函数与约束)受到不确定变量变化的影响,并成为随机输出。在实践中,式(5.9)~式(5.12)表示的函数并没有被恰当地定义并加以解决,我们必须在目标函数与约束上引入不确定性测度以解决这类优化问题。我们定义 $\Xi[\cdot]$ 和 $\mathbb{K}[\cdot]$ 分

别为目标函数与约束上的不确定性测度。含不确定性测度的优化问题变为

$$\min \Xi[f(z,U)] \tag{5.13}$$

$$\text{w. r. t. } z \tag{5.14}$$

$$\text{s. t. } \mathbb{K}_i[g_i(z,U)] \leq 0 \quad i \in \{1,2,\cdots,m\} \tag{5.15}$$

$$z_{\min} \leq z \leq z_{\max} \tag{5.16}$$

下面回顾一下主要的不确定性测度：

(1) 期望(平均值或预期值)。考虑到 $\phi_U(\cdot)$ 为不确定变量 U 的概率密度函数，期望的表达式(此处应用于目标函数)为 $\mathbb{E}[f(z,U)]$，即

$$\mathbb{E}[f(z,U)] = \int_{\mathbf{R}^d} f(z,u)\phi_U(u)\mathrm{d}u \tag{5.17}$$

(2) 方差。方差的表达式(应用于目标函数) $\mathbb{V}[f(z,U)]$ 为

$$\mathbb{V}[f(z,U)] = \mathbb{E}[(f(z,U) - \mathbb{E}[f(z,U)])^2] \tag{5.18}$$

(3) 失效概率。此处定义约束与其相关联的失效阈值 T 为

$$P_f = \mathbb{P}[g(z,U) \geq T] \tag{5.19}$$

在第 4 章中，介绍了几种估计失效概率的方法，以高效计算约束 $g(\cdot)$ 的不确定性测度。

分位点。例如，对于约束 $g(\cdot)$ 与给定分位数水平 k，分位点表示为

$$\mathbb{Q}_k(g(z,U)) = \inf\{q \in \mathbf{R} : \mathbb{P}(g(z,U) \leq q) \geq k\} \tag{5.20}$$

可以将目标函数或约束的不确定性测度进行组合。根据之前介绍的确定性问题，现在我们可以考虑"基于不确定性的版本"，即

$$\min (z_1^2 + z_2 - 15 - 0.5U^2)^2 + (z_1 + z_2^2 - 11 + U)^2 + 10(5 - z_1) + 10(5 - z_2) \tag{5.21}$$

$$\text{w. r. t. } z_1, z_2 \tag{5.22}①$$

$$\text{s. t. } ((z_1 + 5 - 0.1(U - 2.5)^2)^2 + (z_2 + 6 - 2U)^2 - 100) \leq 0 \tag{5.23}$$

$$-5 \leq z_1, z_2 \leq 5 \tag{5.24}$$

式中：U 为一个符合高斯分布 $\mathcal{N}(2.0, 1.5)$ 的标量随机变量。图 5.2(a) 为目标函数的期望值。图 5.2(b) 为标准差。图 5.2(c) 为二者的线性组合(也称为稳健公式，如后面所述)。图 5.2(d) 为 0.99 分位数。如图 5.2 所示，不确定测度的选择会影响优化的目标函数值与在最优点 (z_1, z_2) 在设计空间中的位置。图 5.3 给出了不同不确定性测度对约束条件(与相应极限状态)的影响。可以看出，约束的可靠性测度的选择对找到解的保守性有着十分重大的影响(图 5.4)。

---

① 原书误，译者改，以后顺改。

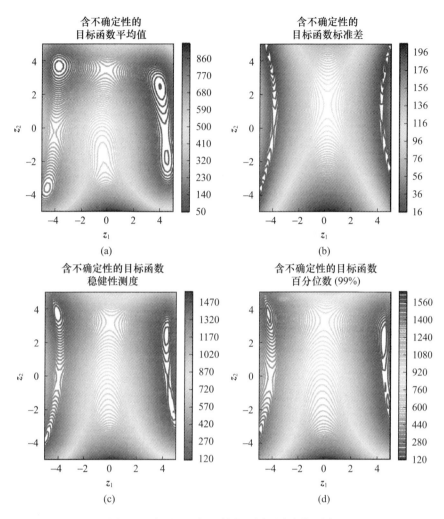

图 5.2 应用于目标函数的不同不确定性测度

(a) 目标函数的期望 $\mathbb{E}(f(z,U))$；(b) 目标函数的标准差 $\mathbb{V}(f(z,U))^{\frac{1}{2}}$；(c) 期望值与目标函数标准差的线性组合 $\mathbb{E}(f(z,U)) + 3\,\mathbb{V}(f(z,U))^{\frac{1}{2}}$；(d) 目标函数的 99% 分位数 $\mathbb{Q}_{0.99}(f(z,U))$。

根据不同的不确定性测度，设计师必须为其设计问题选择最具代表性的不确定性测度。目标函数与约束中对给定不确定性测度的选择带来了设计问题的特殊性，这在 5.2 节中进行描述。不同设计问题建模相关的更多细节，有兴趣的读者可以见 Yao 等 (2011)、Lelièvre 等 (2016) 等文献。建模方法的选择取决于设计研究的目标。一些文献 (Beck 等, 2015；Lelièvre 等, 2016) 讨论了建模的差异和其对设计结果的影响。Lelièvre 等 (2016) 的文献用不同数值的例子对这些建模方法进行了对比。

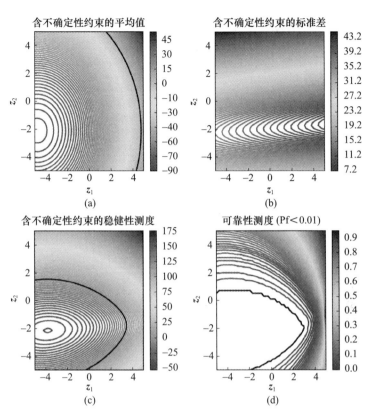

图 5.3 应用于约束的不同不确定性度量(相应限制状态为紫色)(见彩图)

(a)对约束条件的期望:$\mathbb{E}(g(z,U))$;(b)约束条件的标准差:$\mathbb{V}(g(z,U))^{\frac{1}{2}}$;

(c)期望值与目标函数标准差的线性组合:$\mathbb{E}(g(z,U))+3\,\mathbb{V}(g(z,U))^{\frac{1}{2}}$;

(d)基于可靠性的约束测度 $\mathbb{P}(g(z,U)\leqslant 0)\leqslant 0.01$。

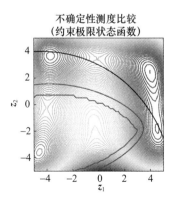

图 5.4 约束极限状态函数的不确定性测度比较:平均值(紫色)、稳健性(蓝色)和基于可靠性的测度(红色)(目标函数为 $f(z,U)$ 的平均值)(见彩图)

5.1.2 稳健优化模型

基于稳健性的建模(也称为稳健性公式)要确保设计对不确定性不敏感。Yao 等(2011)、Lelièvre 等(2016)给出了不同的稳健设计准则。这可以通过考虑目标函数的最小化和其变化量的最小化来实现,典型情况是解决双目标优化问题,即

$$\min\{\mathbb{E}[f(z,U)], \mathbb{V}[f(z,U)]\} \quad (5.25)$$

$$\text{w.r.t. } z \quad (5.26)$$

$$\text{s.t. } \mathbb{K}_i[g_i(z,U)] \leq 0 \quad i \in \{1,2,\cdots,m\} \quad (5.27)$$

$$z_{\min} \leq z \leq z_{\max} \quad (5.28)$$

通常,这类多目标优化问题可以转化为以目标函数期望和标准差的加权和作为优化目标的单目标优化问题(Papadrakakis 等,2005),即

$$\min \Xi[f(z,U)] = \mathbb{E}[f(z,U)] + k_s \mathbb{V}[f(z,U)]^{\frac{1}{2}} \quad (5.29)$$

式中:$k_s > 0$。在此模型中,k_s 确保了计算结果对 k_s 倍的目标函数标准差不敏感:k_s 越大,设计越保守。

相同的测度也可以通过考虑以下关系应用于约束 $g_i(\cdot)$,即

$$\mathbb{K}_i[g_i(z,U)] = \mathbb{E}[g_i(z,U)] + k_{s_i} \mathbb{V}[g_i(z,U)]^{\frac{1}{2}} \quad (5.30)$$

当该测度应用到约束时,此公式基于不等式函数向量的统计矩,确保在存在不确定性条件下系统依然可行。k_{s_i} 表示对可行区域的约束,即约束函数向量标准差偏离其均值的距离。

5.1.3 基于可靠性的模型

基于可靠性的方法考虑了可靠性测度,且其目标为确保在容许的失效概率下系统收敛,即

$$\mathbb{K}_i[g_i(z,U)] = \mathbb{P}[g_i(z,U) > 0] - P_{t_i} \quad (5.31)$$

式中:P_{t_i} 为对约束 $g_i(\cdot)$ 的容差(如0.01)。此方法基于约束失效概率的估计,这一概率估计的过程非常麻烦(关于失效概率估计见第4章)。

5.1.4 稳健可靠性模型

稳健可靠性模型是目标函数的稳健性模型与约束向量基于可靠性模型的结合(Yao 等,2011)。这形成的优化问题可表示为

$$\min \Xi[f(z,U)] = \mathbb{E}[f(z,U)] + k_s \mathbb{V}[f(z,U)]^{\frac{1}{2}} \quad (5.32)$$

$$\text{w.r.t. } z \quad (5.33)$$

$$\text{s.t.} \quad \mathbb{K}_i[g_i(z,U)] = \mathbb{P}[g_i(z,U)>0] - P_{t_i} \leq 0, i \in \{1,2,\cdots,m\} \quad (5.34)$$

$$z_{\min} \leq z \leq z_{\max} \quad (5.35)$$

5.2 优化问题中不确定性的量化

考虑到不确定性的一般测度(期望、方差、失效概率、分位数等)，以下优化问题成立(图5.5)，即

$$\min \Xi[f(z,U)] \quad (5.36)$$

$$\text{w.r.t.} \ z \quad (5.37)$$

$$\text{s.t.} \quad \mathbb{K}_i[g_i(z,U)] \leq 0 \quad i \in \{1,2,\cdots,m\} \quad (5.38)$$

$$z_{\min} \leq z \leq z_{\max} \quad (5.39)$$

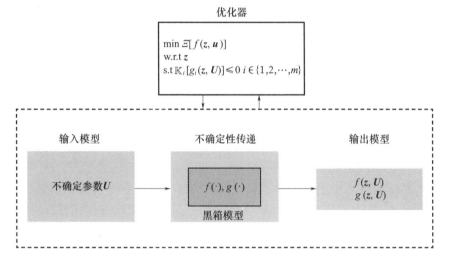

图 5.5 不确定性单学科问题优化

在拥有不确定性测度 $\Xi[\cdot]$ 与 $\mathbb{K}[\cdot]$ 精确估计的条件下，上述优化问题就变为了确定性问题，就可以使用经典的确定性优化算法解决。然而，主要困难来自使用数值方法估计不确定性测度。大多数情况下，不确定性测度需要多元积分计算。由于黑箱函数的存在，积分计算需要用到数值采样方法(蒙特卡罗估计、求积法则等)，更多细节见第3章。

求解直接考虑含不确定性的优化问题是十分困难的。不确定性使得目标函数与约束存在"噪声"，即这些函数可以在确定性优化变量的同一点处取不同的值，如图5.6所示。

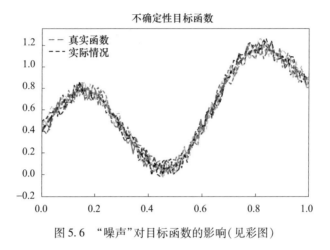

图 5.6 "噪声"对目标函数的影响(见彩图)

本章中全局优化的目标是找到设计变量 z 的最优值,该值能够在噪声存在的情况下,使得目标函数 $\Xi[f(\cdot)]$ 值最小化,并满足不确定性测度的约束。因此,有必要认真处理噪声,以便针对确定性设计变量优化目标函数。为此,发展了不同的噪声处理与优化方法(Hansen 等,2009a)。

最常用的方法是对被干扰函数在相同的设计向量 z 处进行一定次数的重采样来获得不确定性测度 $\Xi[f(z,U)]$(Aizawa 与 Wah,1994;Branke 与 Schmidt,2003;Cantú–Paz,2004;Stagge,1998)。根据采样样本获得统计数据(一般为期望值),而后用期望的估计值 $\Xi[f(z,U)]$ 进行优化。例如,如果 $\Xi[f(z,U)] = \mathbb{E}[f(z,U)]$,并且使用朴素蒙特卡罗方法来估计此测度,同时考虑到朴素蒙特卡罗方法的数值不确定性,需要对 $\mathbb{E}^{CMC}[f(z,U)]$ 进行 k 次重复估计,从而使得对同一个设计向量 z 值,有 $\hat{\Xi}[f(z,U)] = \dfrac{1}{k}\sum_{j=1}^{k}\mathbb{E}_j^{CMC}[f(z,U)]$。尽管这种方法易于理解和实现,主要缺点为数值仿真代价大,特别是受噪声干扰的函数本身计算复杂时。为了降低此成本,人们提出了新的重采样方法,如 Cantú–Paz(2004)与 Stagge(1998)。这种方法的主要思想之一是使用 t–测试之类的统计测试方法对需要重采样的次数进行量化(Stagge(1998))。同时,数值计算成本也可以通过计算设计点关于函数值变化量在设计点处的秩,并据此限制设计点的个数来实现。

另一种经典方法是通过实验设计获得被噪声干扰函数的代理模型(Branke,1998;Branke 等,2001),并用代理模型代替被噪声污染的函数进行优化。由于代理模型的使用,优化函数得到了平滑,从而减小了噪声的影响。但是,当处理高维度问题时,此类方法可能会遇到困难(Hansen 等,2009a)。

一旦设置了优化问题,该问题就需要一个适当的优化算法来求解。下面讨论 3 种不确定性条件下的不同优化器:基于梯度的优化、基于种群的优化和基于代理的优化。考虑基于种群的方法,如进化算法,种群的进化机制能够自适应的调整以降低噪声的影响(Branke 与 Schmidt,2003;Beyer,2000)。

5.3 优化算法简述

5.3.1 随机梯度法

最常用的基于梯度信息且应用于不确定性优化的方法为随机梯度法(Gardner,1984)。该方法利用梯度下降法和拉格朗日方法来极小化一个由目标准则和约束线性组合而成的目标函数。梯度方法是一种基于目标和约束梯度估计的方法,在处理确定性可微优化问题时非常高效。在处理有噪声的优化问题时,这类方法遇到的困难是目标和约束的梯度估计难以获得,因为估计器难以直接给出解析的结果。为解决这类有噪声的优化问题,人们提出了 Arrow – Hurwicz 方法的改进方法(Andrieu 等,2007)。此方法是基于 $f(z,U)$ 的信息而非 $\Xi[f(z,U)]$ 来确定 $f(z,U)$ 噪声估计器的梯度。此方法适用于目标函数 $\Xi[\cdot]$,它可以用实际情况的总和(通常为经验预期)来表示。这种梯度下降方法是一种迭代方法,基于目标与约束函数的梯度与不确定性 U 的具体实现。此方法的思路来源于经典的确定性梯度方法。同时,约束条件下的优化方法可以通过拉格朗日方法,将其作为无约束优化进行处理。在 $k+1$ 次迭代时的新设计点由第 k 次迭代的设计点与目标函数和约束的随机梯度函数线性组合确定。

为简化起见,我们考虑符号:$J(z) = \Xi[f(z,U)]$,$\Gamma_i(z) = \mathbb{K}_i[g_i(z,U)] \leq 0$。通常,考虑的目标函数为期望(Andrieu,2004;Arnaud,2014;Mercier,2018)。约束通常是 $g(\cdot)$ 的期望,或失效概率(Andrieu,2004)(基于可靠性的方法)。因此,以下优化问题成立,即

$$\min J(z) \tag{5.40}$$
$$\text{w.r.t. } z \tag{5.41}$$
$$\text{s.t. } \Gamma_i(z) \leq 0 \quad i \in \{1,2,\cdots,m\} \tag{5.42}$$
$$z_{\min} \leq z \leq z_{\max} \tag{5.43}$$

考虑到在设计变量搜索空间 z 的容许子空间 Z^{ad} 中存在最优解,则拉格朗日函数 $L(z,\kappa)$ 可以写为

$$L(z,\kappa) = J(z) + \kappa \Gamma(z) \tag{5.44}$$

式中：κ 为拉格朗日乘子向量。若 $\forall z \in [z_{\min}, z_{\max}]$，量 $J(z)$ 与 $\Gamma(z)$ 以及它们各自的梯度可知，则不考虑不确定性的 Arrow-Hurwicz 迭代方程可以应用于设计变量和拉格朗日乘数，即

$$z^{k+1} = \Pi_{z^{\mathrm{ad}}}(z^k - \epsilon^k(\nabla_z J(z^k) + \kappa^k \nabla_z \Gamma(z^k))) \tag{5.45}$$

$$\kappa^{k+1} = \Pi_+(\kappa^k + \rho^k \Gamma(z^k)) \tag{5.46}$$

式中：z^k 为 k 次迭代的设计点向量；$\Pi_{z^{\mathrm{ad}}}$ 为在 z 的容许子空间上的投影；ϵ^k 为第 k 次迭代需要的优化步骤；∇_z 为相对于设计变量 z 的梯度；Π_+ 为在拉格朗日乘子 κ 正空间上的投影。

若优化步骤 $(\epsilon^k)_{k \in \mathbb{N}}$ 满足 Robbins Monroe 条件（Cohen 与 Culioli 1994；Arrow 等，1958），则此迭代序列收敛于一个最优值，即

$$\sum_{k \in \mathbb{N}} \epsilon^k = +\infty, \sum_{k \in \mathbb{N}} (\epsilon^k)^2 \leq +\infty \tag{5.47}$$

关于拉格朗日乘子 $(\rho^k)_{k \in \mathbb{N}}$ 的步骤满足相同的条件。

在通过抽样方法（如朴素蒙特卡罗方法）进行估计的背景下，若抽样预算有限，则函数 $J(\cdot)$ 与 $\Gamma(\cdot)$ 具有不确定性。若计算代码代价大，通常就会出现这种情况。Andrieu 等（2007）提出了一种解决这类问题的方法，该方法将目标与约束函数 $f(\cdot)$ 与 $g(\cdot)$ 给出的信息作为估计器 $J(\cdot)$ 与 $\Gamma(\cdot)$ 及它们梯度的无偏估计。在 Andrieu（2004）与 Andrieu 等（2007）的文献中，约束被作为可靠性约束来处理。

$$\Gamma(z) = P_t - \mathbb{P}(g_i(z, U) > 0) \tag{5.48}$$

$\Gamma(\cdot)$ 由不连续的极限状态函数 $\mathbb{1}_{g(z,u)>0}$ 定义为

$$\Gamma(z) = \int \mathbb{1}_{g(z,u)>0} \phi(u) \mathrm{d}u \leq P_t \tag{5.49}$$

Andrieu 等（2011）提出了用评估不确定性 u^{k+1} 的实现过程中计算的梯度来代替目标函数与约束 $J(\cdot)$ 与 $\Gamma(\cdot)$ 的梯度，即

$$z^{k+1} = \Pi_{z^{\mathrm{ad}}}(z^k - \epsilon^k(\nabla_z f(z^k, u^{k+1}) + \kappa^k \nabla_z \mathbb{1}_{g(z^k, u^{k+1})>0})) \tag{5.50}$$

$$\kappa^{k+1} = \Pi_+(\kappa^k + \rho^k \mathbb{1}_{g(z^k, u^{k+1})>0}) \tag{5.51}$$

式中：$\mathbb{1}_{g(z^k, u^{k+1})>0}$ 为极限状态函数；$\Pi_{z^{\mathrm{ad}}}$ 为可行空间中 z 的投影；Π_+ 为正空间上拉格朗日乘子 κ 的投影。此方法被称为 Arrow-Hurwicz 梯度法。优化步骤中的 Robbins Monroe 条件通过不确定性存在条件下的优化收敛（见 Andrieu 等（2011））。此方法已经应用于考虑机翼空气弹性变形的基于不确定性的设计（Arnaud 和 Poirion（2014））。Mercier 等（2018）提出了将此方法拓展到解决多目标优化问题的方法，这些方法包括多重梯度下降算法（Désidéri，2014）与随机梯度算法的结合。

5.3.2 种群优化算法

1. 总则

种群优化算法非常受欢迎,过去几十年来人们陆续提出了大量的种群算法(Nabil,2016;Mirjalili 与 Lewis,2016)(图 5.7)。这些算法通常是模仿自然进程或动物行为而产生,并通常基于如图 5.8 所示的框架。

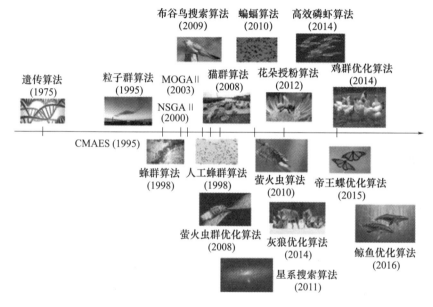

图 5.7 种群优化算法例子

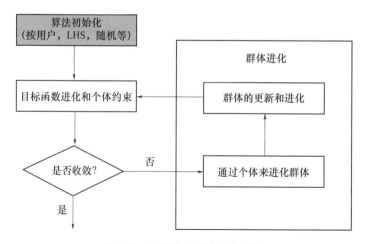

图 5.8 种群优化算法总体框架

这些算法基于2条基本原则：

(1) 利用当前迭代中获取的结果，以找到搜索区域（局部搜索）中有希望的区域。

(2)（随机的）探索新区域，以避免局部最小值（全局搜索）。

开发与探索之间的折中对此类算法的性能至关重要。为简洁起见，在接下来的小节中，我们只介绍最知名的种群优化算法。若需要对此算法进行完整的调研，有兴趣的读者可以查阅 Talbi(2009) 和 Boussaïd 等(2013)。

2. 进化算法

1) 准则

进化算法基于 N 个个体的种群。在算法的每次迭代中，种群中的几个个体被选择来进化整个种群。这可以通过涉及重组或突变的过程（如遗传算法(Davis, 1991; Holland, 1975; Goldberg, 1989)），或定义抽样规则在感兴趣区域内生成新的个体（如交叉熵(Rubinstein, 1999)、进化策略(Hansen 等, 2003)）来实现。

进化算法通常基于相同的原则：选择"父母"，随后进行重组、突变和评估以获得"孩子"（图5.9）。在遗传算法(Genetic Algorithms, GA)中，关于个体的信息被重新编码为一条"染色体"（如一个2进制字符串）。通过交换2个个体之间的基因链（交叉）或对1个个体随机反转基因（突变，在二元情况下，用0和1互换）来实现基因的重组与突变。执行以上操作与否由该算法的超参数确定，且取决于问题的种类与设计师的选择。可以通过不同类型的选择（轮盘、锦标赛、排名等）来确定执行重组与突变的个体。

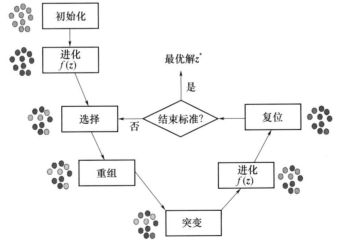

图5.9 遗传算法准则

第2部分 单学科问题：不确定性传播、可靠性分析与优化

在进化策略中，突变是通过多变量正态中心分布采样实现的，采用了一个标准差 σ 来量化突变过程。人们提出了不同的机制以改造突变率（Schwefel 与 Rudolph，1995；Bäck 等，2013）。协方差矩阵自适应进化策略（Covariance Matrix Adaptation Evolution Strategy，CMA-ES）（Hansen 等，1995）遵循进化策略的范式，在解决局部与全局优化问题时很有竞争力（Auger 等，2009）。此算法（式（5.3））基于对协方差矩阵 C 与步长 σ 的迭代细化，并使用专门的机制来规范生成新个体的准则。

$$z_i^{(k+1)} \sim m^{(k)} + \sigma^{(k)} \mathcal{N}(0, C^{(k)}), i = 1, 2, \cdots, \lambda \tag{5.52}$$

式中：$\mathcal{N}(0, C^{(k)})$ 为多元正态分布；λ 为个体数量；$C^{(k)} \in \mathbf{R}^{n \times n}$ 为参数化的协方差矩阵；$z_i^{(k+1)} \in \mathbf{R}^n$ 为第 (k) 代种群中的第 i 个个体；$m^{(k)} \in \mathbf{R}^n$ 为亲代个体的平均值；$\sigma^{(k)} \in \mathbf{R}$ 为步长参数。这能够直接在搜索的有希望的区域生成新个体。研究者在此基础上提出了大量 CMA-ES 的变体（如 1+1、bi-pop、$\lambda-\mu$ 等），但简洁起见，这里并不做介绍。所有描述协方差矩阵和步长参数自适应的机制都可以在 Auger 与 Hansen（2012）中找到。基本上，这些模型允许在搜索空间上旋转采样，以更快地收敛到目标区域（图 5.10）。

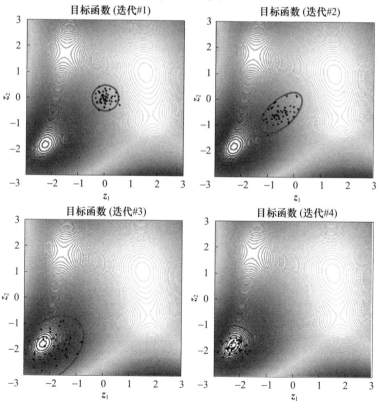

图 5.10　CMA-ES 进化说明

2）不确定函数的处理

Arnold(2001)、Arnold 与 Beyer(2002)、Branke 等(2005)、Vallejo 与 Corne (2016)、Beyer(2000)与 Rakshit 等(2017)分析了进化算法在不确定性环境下的性能。如在综述(Jin 与 Branke,2005)中解释的一样,有几种机制可以用来解决进化算法中目标与约束函数中的不确定性。

(1)目标与约束取平均值以减小不确定性。这通常包括对目标函数与约束的多次评估,以获取对这些感兴趣量的平均估计(Aizawa 与 Wah,1994;Branke 与 Schmidt,2003;Cantú-Paz,2004;Stagge,1998),或如 Branke 等(2001)所述在个别点附近抽样。此类方法通常代价大,对于大种群与计算代价大的仿真代码更甚。另一种想法是通过统计测试的方法确定重采样的次数,如 Stagge(1998)中提出的 t-测试。重采样的规模可以根据个体估计的方差或搜索空间上的不确定度进行自适应调整(Aizawa 与 Wah,1993;Di Pietro 等,2004;Cantú-Paz,2004;Stagge,1998)。进化算法的机制,如选择进程,也可以通过采样方法进行调整以解决不确定性问题,如 Branke 与 Schmidt(2003)中提到的方法。

(2)使用较大的种群规模。因为在进化算法中,许多个体是在搜索空间中感兴趣的区域生成的,增加种群规模可以减弱不确定性的影响。Fitzpatrick 与 Grefenstette(1988)比较了该策略与重采样技术,结果表明该策略可以得到更好的结果。最后,也有文献提出了依据不确定性自适应地调整种群规模的方法(Goldberg 等,1991;Miller 与 Goldberg,1996;Miller 等,1995)。

(3)自适应选择机制。可以通过设定阈值来选择子代样本,如只有在子代样本的适应性超过父代样本值一定阈值时才被选择(Markon 等,2001;Rudolph,1998;Branke 与 Schmidt,2003)。

此外,这些方法可以根据每一算法进行适应性调整,以强化其在噪声处理方面的性能。例如,对于 CMA-ES 方法,Hansen 等(2009b)提出了两步法来处理不确定性:

(1)通过对函数的重采样来量化不确定性以确定个体排序是否被不确定性影响。

(2)若在第一步中发现不确定性影响较大,则增加式(5.52)中步长参数 σ 以提高种群多样性,减小局部不确定性对当前平均值点的影响,增加个体的移动来限制过早的收敛。

3. 群算法

1）准则

群算法中的粒子群优化(Particle Swarm Optimization,PSO)(Kennedy,2011)

是最为熟知的,其基于一组个体,被称为粒子,这些粒子随机分布于搜索空间,并在优化过程中不断进化,以找到局部最优与全局最优。在 PSO 中,每个粒子在记忆中都有它的最佳位置,并可以与它邻域内的其他粒子对话。粒子的进化考虑了它们自己过去的位置,以及其他粒子发现的最佳位置。根据这些信息,粒子形成一条轨迹。这条轨迹取决于不同的要素:当前的速度、在上一次迭代中的最佳位置与邻近粒子的最佳位置(图 5.11)。

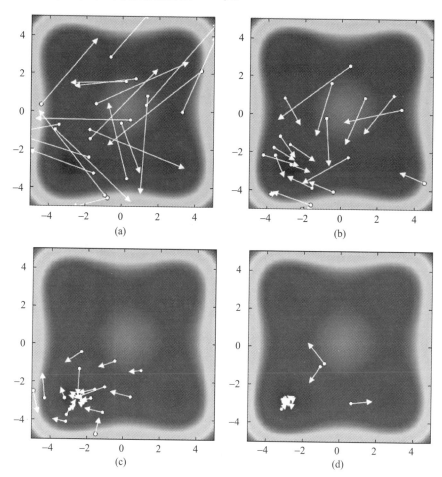

图 5.11　PSO 进化说明(Schwefel 函数,(Laguna 与 Martí,2005))
(a)初始化 PSO;(b)3 次迭代后的 PSO;(c)5 次迭代后的 PSO;(d)收敛时的 PSO。

PSO 基于 2 个主要原则:开发与探索。探索是在整个搜索空间上寻找全局信息,而开发则仅在粒子当前位置周围的有限空间内细化搜索。在 k 次迭代中,粒子 i 由其在搜索空间中的位置 z_i^k 与速度 v_i^k 来定义。在最常见的 PSO 算法中,$k+1$ 次迭代在搜索空间中的信息定义为

(1) 速度

$$v_i^{k+1} = \psi(v_i^k + c_1 r_1 (p_i^k - z_i^k) + c_2 r_2 (p_g^k - z_i^k)) \tag{5.53}$$

式中:ψ 为惯性因子;c_1 与 c_2 为 2 个定义探索与开发的因子;$r_1,r_2 \sim \mathcal{U}[0,1]$ 对应于 2 个以均匀方式从 $[0,1]$ 中提取的随机变量;p_g 为邻域内最佳粒子的位置;p_i 为当前粒子的历史最佳位置。

(2) 位置

$$z_i^{k+1} = z_i^k + v_i^{k+1} \tag{5.54}$$

算法中不同的超参数必须根据优化问题本身进行调整(Bartz - Beielstein 等,2007;Pal 等,2012;Rada - Vilela 等,2014)。

2) 不确定性的处理

PSO 已被应用于处理存在不确定性的情况,Parsopoulos 与 Vrahatis(2001)展示了其有趣的收敛特性。不同粒子位置的组合会带来一个平均效应,并使得不确定性函数对 PSO 的影响减小(Parsopoulos 与 Vrahatis,2001)。

在 PSO 框架中,人们提出了特殊的机制以应对噪声环境。Pan 等(2006)的文献提出对不确定性目标函数进行统计检验,量化不确定性,保持群的多样性,并增强算法的收敛性。

在 Rada - Vilela 等(2015)的文献中,作者定义了 3 个统计数字,表征不确定性扰动粒子的方式:欺骗(由于噪声造成的临近粒子的最优解不是真正的最优解)、失明(当前粒子无法确定更好的解以改善其位置)与迷失(粒子用一个更差的位置替代了当前位置)。人们利用 PSO 专有的机制提出了不同的算法来处理这些现象。例如,Cui 等(2005)提出了一种基于蒸发过程的粒子群优化算法,以减少算法的失明现象。该算法对没达到位置改善的粒子增加了一个蒸发因子。Rada - Vilela 等(2014)提出了几种种群统计方法,并与重采样方法进行了组合(被称为等重采样 PSO(PSO With Equal Resampling,PSO - ER),最优计算预算分配 PSO(PSO With Optimal Computing Budget Allocation,PSO - OCBA),或具有等重采样和 N - 级分配的 PSO)以改进经典 PSO 的收敛性。这些重采样方法旨在平衡用于提高目标函数精确度的投入与用于探索新区域的投入。RadaVilela 等(2015)描述了平均邻域的 PSO(PSO With Average Neighborhood,PSO - AN)方法,该方法不涉及在每次迭代中不同粒子的重采样,是一种单一评价方法。此方法利用邻域平均来提高每个粒子计算的目标函数的精度。最后,Kang 等(2018)提出了一种被称为基于对抗的混合 PSO 方法,该方法使用了对抗学习来提高具有给定概率的不同粒子的多样性。此机制已与前面所述的 PSO - AN、PSO - OCBA 相结合。

4. 约束处理

在绝大多数情况下，基于种群算法的约束是使用目标函数上的惩罚因子来进行处理的，即

$$\tilde{f}(z) = f(z) + p(z) \tag{5.55}$$

文献中给出了不同的惩罚因子。最常用的如表 5.1 所列。这些惩罚函数依赖于残差 $\mathrm{res}(z)$（量化约束的不满足程度）。若所有约束条件都得到满足，则残差为 0。主要残差函数如表 5.2 所列。

表 5.1 惩罚函数

策略	惩罚函数	参数
最大惩罚	$p(z) = \begin{cases} 0, \mathrm{res}(z) = 0 \\ \infty, \mathrm{res}(z) > 0 \end{cases}$	无
静态惩罚	$p(z) = K \cdot \mathrm{res}(z)$	K
进化策略	$p(z) = \lambda(k) \cdot \mathrm{res}(z)$, k 为当前迭代 $\lambda(k+1) = \begin{cases} 1/\beta_1 \cdot \lambda(k), & \mathrm{case\#1} \\ \beta_2 \cdot \lambda(k), & \mathrm{case\#2} \\ \lambda(k), & 其他 \end{cases}$ Case#1：在最后 m 次迭代中，最优个体是可行的 Case#2：在最后 m 次迭代中，最优个体不可行	$\lambda(1), \beta_1, \beta_2, m$

表 5.2 残差函数例子

标准	残差
l^1	$\mathrm{res}(z) = \sum_{i=1}^{n_{\mathrm{eq}}} \|h_i(z)\| - \sum_{i=1}^{n_{\mathrm{in}}} \min(0, g_i(z))$
l^2	$\mathrm{res}(z) = \sqrt{\sum_{i=1}^{n_{\mathrm{eq}}} \|h_i(z)\|^2 + \sum_{i=1}^{n_{\mathrm{in}}} \min(0, g_i(z))^2}$
l^∞	$\mathrm{res}(z) = \max(\|h_i(z)\|_{i=1,\cdots,n_{\mathrm{eq}}}, \|\min(0, g_i(z))\|_{i=1,\cdots,n_{\mathrm{in}}})$

最大惩罚为拒绝所有不满足限制条件的个体。此类策略的实现十分简单，但如果可行空间有限，则算法可能难以收敛。静态惩罚是基于残差值的惩罚，并附予固定的权重。为了提高静态策略的收敛性，引入了进化策略。此策略涉及基于观察到的约束满足度自适应地调整惩罚权重，以保证约束在优化收敛过程中始终得到满足。

在大多数情况下，通过引入公差，可以用不等式替代等式约束，即

$$h(z) = 0 \rightarrow |h(z)| - \epsilon \leq 0 \tag{5.56}$$

人们提出了其他特定的基于惩罚的方法,如 Oracle 惩罚(Schlüter 与 Gerdts,2010),来提高基于惩罚方法的收敛性,但为了简洁起见,此处不做描述。

此外,还可以使用其他方法来代替惩罚处理约束,例如:

(1)求解多目标优化问题(目标函数与约束违反的和)(Mezura - Montes 与 Flores - Mendoza,2008)。

(2)随机排序(Runarsson 与 Yao,2000)。

(3)约束控制(Coello 与 Montes,2002)。

基于种群的算法还可以有专门的方法来处理这些约束条件:

(1)补偿方法(进化算法)。

(2)修正的 CMA - ES 协方差矩阵法,以避免在不可行区域内产生新个体(Chocat 等,2015)。

(3)在可行域内创建引导粒子来引导群进化(Pulido 与 Coello 2004)等。

5.3.3 基于代理的方法

1)准则

在航天系统设计中,目标函数与约束通常来源于计算代价很高的函数。这些函数可能是高保真度模型,可能需要数个小时甚至数天时间才能为目标函数或约束生成一个值。在此框架下,经典算法(基于梯度的、元启发式算法等)产生的计算成本是难以负担的。而处理不确定性需要进行重采样,这进一步增加了成本。使用代理模型是一种有趣的方法,它可以快速逼近目标函数和约束,并在优化中得到应用。这些方法(多项式回归、神经网络(Cochocki 与 Unbehauen,1993)、支持向量机(Forrester 等,2008)、径向基函数(Gutmann,2001)、高斯过程(Jones 等,1998)、移动最小二乘法(Toropov 等,2005)等)首先从设计实验中构建近似模型,并使用模型预测目标和约束的最优值(代理模型见第 3 章)。可以找到 2 种基于代理的方法:要么在优化过程之前建立代理模型,且在优化过程中不对其进行更新;要么在优化过程的每次迭代中改进代理模型,以提高其在最大不确定性区域(探索)与当前最优区域附近(开发)的精度。现有文献中提供了大量代理模型的例子。感兴趣的读者可以参考 Forrester 等(2008)、Forrester 和 Keane(2009)进行全面调研。在本章中,我们只关注在后续章节中使用的用于处理不确定性的特殊方法。

2)基于高斯过程的确定性全局优化算法(高效全局优化)

本节中的所有概念都是基于高斯过程(或克里金模型)(高斯过程见第 3 章)。首先,让我们考虑一个无约束确定性全局优化问题,即

$$\min f(z) \tag{5.57}$$

$$\text{w. r. t. } z \tag{5.58}$$
$$z_{\min} \leq z \leq z_{\max} \tag{5.59}$$

黑箱函数$f(\cdot)$被建模为由任意$z \in \mathbf{R}^n$确定的高斯过程$F(\cdot)$的一条路径。令$\mathscr{L}_q = \{z_{(1)}, \cdots, z_{(q)}\}$为当前设计实验的变量，$\mathscr{Y}_q = \{y_{(1)} = f(z_{(1)}), y_{(2)} = f(z_{(2)}), \cdots, y_{(q)} = f(z_{(q)})\}$为相应的（标量）响应。人们提出了多种使用克里金模型在有限迭代次数下寻找函数最小值估计的策略。最常规的办法是使用克里金模型，通过最小化平均预测值来优化计算代价大的黑箱函数。然而，此策略没有考虑到方差信息，且由于没有考虑到具有较大不确定性的区域，效率较低（Jones，2001）。针对这一情况，文献中给出了2种主要的填充采样准则：概率改进准则与期望改进准则。主要思路是通过运行克里金代理模型以得到一个点（通过使得改进函数最大化来确定），该点可用来替代运行高昂的黑箱函数以改进对全局最小值的估计。

如第3章所述，在高斯过程框架下，最小化的精确函数$f(\cdot)$被认为是一个平均值为$\hat{f}(z)$、标准差为$\hat{s}(z)$的高斯变量的实现。当前样本$y_{\min} = \min\{y_{(1)}, \cdots, y_{(q)}\}$的改进定义为

$$I(z) = \max(y_{\min} - F(z), 0) \tag{5.60}$$

改进的概率（Probability of Improvement，PI）定义为$F(z) \leq y_{\min}$的概率，即

$$\text{PI}(z) = \mathbb{P}[F(z) \leq y_{\min}] = \frac{1}{\hat{s}(z)\sqrt{2\pi}} \int_{-\infty}^{y_{\min}} \exp\left(\frac{-(t-\hat{f}(z))^2}{2\hat{s}(z)^2}\right) dt$$

$$\text{PI}(z) = \phi\left(\frac{y_{\min} - \hat{f}(z)}{\hat{s}(z)}\right) \tag{5.61}$$

式中：$\phi(\cdot)$为正态分布的累积密度函数（Kushner，1964）。通过最大化该准则来确定模型的优化点。然而，这些点通常位于当前的最佳点附近，这里的概率很高。因此，这一标准与全局探索无关，且必须用于函数估计最小值附近的局部细化。

Jones等（1998）定义了期望改进（Expected Improvement，EI）的概念，改善探索与开发之间的平衡。此标准考虑到了预期的改善量，而不是仅仅找到改善函数的可能性很大的区域。随后，定义了改进的数学期望为

$$\text{EI}(z) = \mathbb{E}[\max(y_{\min} - F(z), 0)]$$

$$\text{EI}(z) = (y_{\min} - \hat{f}(z))\phi\left(\frac{y_{\min} - \hat{f}(z)}{\hat{s}(z)}\right) + \hat{s}(z)\phi\left(\frac{y_{\min} - \hat{f}(z)}{\hat{s}(z)}\right) \tag{5.62}$$

式中：$\phi(\cdot)$为正态概率分布函数。此方程由2部分组成，第1部分与搜索空间中搜索区域的确定有关，该区域内函数拥有潜在的改进（根据预测与当前最小值之间的偏差进行调整）。第2部分允许探索模型不确定性高的区域。期望改

进允许在细化准则中平衡与探索有关的部分和专门用于开发的部分。

高效全局优化(Efficient Global Optimization, EGO)是一个迭代过程(Jones 等,1998),其实施过程如下(图5.12):

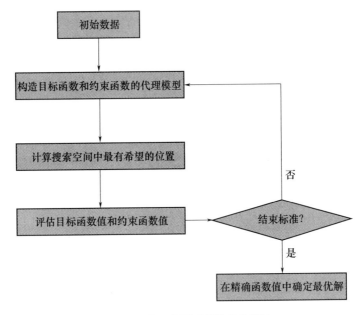

图 5.12　基于高斯过程的优化算法

(1) 从定义设计实验 $\mathscr{L}_q = \{z_{(1)}, z_{(2)} \cdots, z_{(q)}\}$ 开始,获得输出 $\mathscr{Y}_q = \{y_{(1)} = f(z_{(1)}), y_{(2)} = f(z_{(2)}), \cdots, y_{(q)} = f(z_{(q)})\}$,并训练给出高斯过程超参数(通过最大化对数似然值来训练高斯过程模型等内容见第3章)。

(2) 找到要增加到设计实验中的新点 z_{new} 来最大化填充准则,可以是式(5.61)的改进的概率或式(5.62)中的期望改进,并计算黑箱函数值 $\mathscr{Y}_{new}$。

(3) 将 z_{new} 加到 $\mathscr{L}_q$ 中,将 $\mathscr{Y}_{new}$ 加到 $\mathscr{Y}_q$ 中,形成新的训练集:$\mathscr{L}_{q+1}$ 与 $\mathscr{Y}_{q+1}$,训练给出新的超参数。

(4) 重复从步骤(2)开始的步骤,直到满足要求。经典情况是可以将函数估计的最大值或填充标准的最小阈值作为停止标准。

如 Schonlau 等(1996)、Forrester 等(2008)与 Sasena(2002)所述,期望改进准则特别适合于使用 EGO 的全局优化。图5.13 给出了2类填充准则在一维实例中的应用。这些填充准则可能带来大量的局部最大值。因此,EGO 的填充优化步骤必须以一个适当的全局搜索算法(如 CMA - ES、遗传算法、多起点梯度算法)来实现。

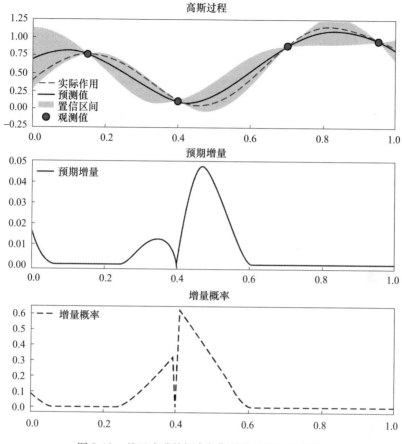

图 5.13　基于改进的概率与期望改进填充的例子

3) 约束处理

让我们在之前的优化算法中加入约束

$$\min f(z) \tag{5.63}$$

$$\text{w. r. t. } z \tag{5.64}$$

$$\text{s. t. } g(z) \leq 0 \tag{5.65}$$

$$z_{\min} \leq z \leq z_{\max} \tag{5.66}$$

此处,我们假设约束函数 $g(\cdot)$ 向量的计算成本同样高昂。在此背景下,每个约束都可以用一个高斯过程模型来近似。此方法与无约束情况下算法的主要区别在于细化阶段。在约束优化问题中,填充准则(EGO 的第 2 步)必须在约束近似中加以考虑。

第一种策略包括考虑所谓的可行性概率(Parr 等,2012),其针对约束 i 的定义为

$$\mathrm{PF}_i(z) = \Phi\left(-\frac{\hat{g}_i(z)}{\hat{s}_{gi}(z)}\right) \tag{5.67}$$

通过将期望改进的值乘以在该点处的可行性概率,可以将 EGO 第 2 步中,期望改进的约束优化问题转换为无约束问题(Schonlau 等,1998)。填充标准就变为

$$\mathrm{EI}(z) + \mathrm{PF}(z) = \mathrm{EI}(z)\prod_{i=1}^{m}\mathrm{PF}_i(z) \tag{5.68}$$

式中:m 为约束的个数。如果任意一个约束的可行性概率非常低,填充标准接近零。

第二种策略称为受约束的期望改进(Sasena 等,2001),非常简单,包括使用约束的预测(克里金平均值)将期望改进优化作为约束优化问题来解决。此方法高度依赖于约束代理模型的精确度。若约束处于活跃状态,此策略将添加接近于值 $\hat{g}(z) = 0$ 的点,即

$$\max_{z} \mathrm{EI}(z) \tag{5.69}$$
$$\mathrm{w.r.t.}\ z \tag{5.70}$$
$$\mathrm{s.t.}\ \hat{g}(z) \leqslant 0 \tag{5.71}$$
$$z_{\min} \leqslant z \leqslant z_{\max} \tag{5.72}$$

本章中展示的最后一种策略称为预期违规(EV),并规定约束条件(Audet 等,2000)为

$$\mathrm{EV}_i(z) = (\hat{g}_i(z) - 0)\phi\left(\frac{\hat{g}_i(z) - 0}{\hat{s}_{gi}(z)}\right) + \hat{s}_{gi}(z)\phi\left(\frac{\hat{g}_i(z) - 0}{\hat{s}_{gi}(z)}\right) \tag{5.73}$$

预期违规与期望改进准则十分相似。在约束很有可能饱和或约束模型不确定性很高的区域,这个值很高。要解决的辅助优化问题为

$$\max_{z} \mathrm{EI}(z)$$
$$\mathrm{s.t.}\ \mathrm{EV}_i(z) \leqslant t_{\mathrm{EV}}\quad i = 1,2,\cdots,m$$
$$z_{\min} \leqslant z \leqslant z_{\max} \tag{5.74}$$

式中:t_{EV} 为设计者定义的阈值。

4)不确定性处理

高斯过程定义了一个有价值的框架,以在优化过程中直接处理不确定性。这主要是利用高斯过程的块金效应实现的(见第 3 章)。它对应于添加一个项,这个项代表了在克里金方法中使用的协方差矩阵对角线中的观测方差。考虑到这一影响,克里金模型不再是严格的插值数据,且可以考虑到在收集数据过程中由于不确定性存在而带来的噪声(如不确定测度的预测,如图 5.14 所示)。使用块金效应的实际例子可以在 Le Riche 等(2009)中找到。块金可以用第 3 章

中解释的其他克里金超参数进行拟合。

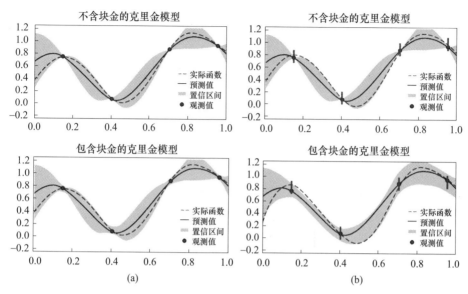

图 5.14　有/无噪声情况下使用高斯过程的回归
（顶：不含块金的模型；底：包含块金的模型）
(a)确定性函数；(b)噪声处理。

块金效应可以在处理不确定性的不同方法中使用（Pichen 与 Ginsbourger，2014）。第一种方法是用收集到的最佳平均数替换期望改进中的 $y_{\min}$ 项。第二种是添加块金，并使用替代的填充准则，如增广的期望改进（Augmented Expected Improvement,AEI）（Huang 等,200）（式(5.75)）或预期分位数改进（Expected Quantile Improvement,EQI）（Picheny 等,2013a）（式(5.76)）。

$$\text{AEI}(z) = (y_{\min} - \hat{f}(z))\phi\left(\frac{y_{\min} - \hat{f}(z)}{\hat{s}(z)}\right) +$$

$$\hat{s}(z)\phi\left(\frac{y_{\min} - \hat{f}(z)}{\hat{s}(z)}\right) \cdot \left(1 - \frac{\sigma}{\sqrt{\sigma^2 + \hat{s}^2(z)}}\right) \quad (5.75)$$

$$\text{EQI}(z) = (q_{\min} - \hat{q}(z))\Phi\left(\frac{q_{\min} - \hat{q}(z)}{\hat{s}_{q(z)}}\right) + \hat{s}_{q(z)}\phi\left(\frac{q_{\min} - \hat{q}(z)}{\hat{s}_{q(z)}}\right) \quad (5.76)$$

式中：σ 为块金；$q_{\min}$ 为根据训练点计算出的最小分位数；$\hat{q}(z)$、$\hat{s}_{q(z)}$ 分别为对预测和标准差分位数的估计。这些方程中涉及的量可以解析计算。有兴趣的读者可以查阅 Picheny 等(2013a)。有关噪声环境下不同填充准则的更多细节，有兴趣的读者可以查阅 Picheny 等(2013b)、Huang 等(2006)。期望改进与不同填充准则之间在实例函数中的差异如图 5.15 所示。

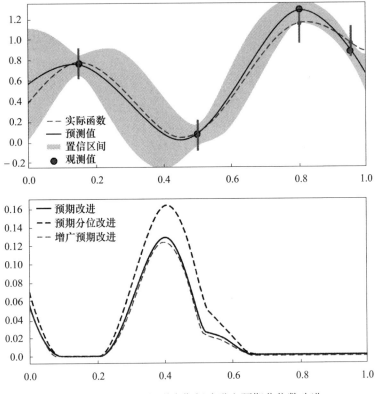

图 5.15 期望改进、增广期望改进和预期分位数改进

在 Janusevskis 与 Le Riche(2013)中,若能够控制不确定性,作者提出了一种在联合空间(z, U)中建立代理模型的替代方法。可以在代理模型上计算统计测度,以构建仅取决于 z 的另一种不确定性测度的代理模型。随后使用第一种方法在 z 与 U 空间(U 从其概率密度函数中采样)上寻找合适的填充。Janusevskis 和 Le Riche(2013)在文献中给出了该算法与基于蒙特卡罗的算法在解析函数上的比较。

5.4 非概率框架下的不确定性优化方法简述

如第 2 章中所述,不确定性可以用概率论以外的其他形式描述。在此情况下,不确定性的传播技术、优化建模方式与优化算法必须适应不确定性的表示形式式。本节中,简要介绍了使用区间,Dempster-Shafer 理论或模糊逻辑方法的不确定性优化建模方法与相应的优化算法。

5.4.1 区间描述的不确定性优化

当使用区间描述不确定性,且设计师想要优化可能受到不确定性带来的

"最坏"影响的目标函数时,往往可以将优化设置为最坏状况下的优化。这在文献中通常被称为极大极小值问题(Rustem 与 Howe,2009;Hansen 与 Walster,2003;Marzat 等,2013;Shimizu 与 Aiyoshi,1980),或双层规划(Tsoukalas 等,2009)。对建模方法和算法的回顾可以参考文献 Du 与 Pardalos(1995)。

$$\min_{z} \max_{U} f(z, U) \tag{5.77}$$

$$\text{w. r. t. } z \tag{5.78}$$

$$\text{s. t. } z_{\min} \leq z \leq z_{\max} \tag{5.79}$$

$$U_{\min} \leq U \leq U_{\max} \tag{5.80}$$

式中:$U = \{U^{(1)}, U^{(2)}, \cdots, U^{(n)}\}$,$\forall i, U_{i_{\min}} \leq U^{(i)} \leq U_{i_{\max}}$ 为不确定性变量向量。文献中已经提出了许多算法来解决这类问题,其中的几种需要连续或可微的性质来使用区间代数或假设子梯度的存在。当目标函数的代价昂贵时,进化算法(Cramer 等,2009;Lung 与 Dumitrescu,2011)或代理模型方法(Marzat 等,2013;Zhou 与 Zhang,2010;Ur Rehman 与 Langelaar,2015)已经被广泛地应用于这些问题的求解。可以将这些问题的求解区分为直接解决的方法和根据 z - 空间或 u - 空间将优化问题拆分为 2 个子问题的方法。后者称为松弛方法(Shimizu 与 Aiyoshi,1980)。

5.4.2 证据理论描述的不确定性优化

与使用概率形式描述的不确定性一样,Dempster – Shafer 理论中介绍的不确定性测度(可信度、似然度)可以直接用作约束不确定性的度量,以构建不确定性优化问题(Agarwal 等,2003;Mourelatos 与 Zhou,2006)。Huang 等(2013)综述了 Dempster – Shafer 理论在设计优化中的应用。基于证据理论的不确定性优化问题(Evldence – Based Design Optimization Problem,EBDO)可以构建为

$$\min_{z} f(z, \overline{U}) \tag{5.81}$$

$$\text{w. r. t. } z \tag{5.82}$$

$$\text{s. t. } \text{PI}(g_i(z, U)) < T, i = 1, 2, \cdots, m \tag{5.83}$$

$$z_{\min} \leq z \leq z_{\max} \tag{5.84}$$

此处使用似然性测度来描述约束,T 为给定的阈值,$\overline{U}$ 为不确定变量 U 的标称值(Huang 等,2017)。为了解决这类问题,可以使用基于梯度的算法(Alyanak 等,2008;Fan 等,2016)、进化算法(Saleghaffari 等,2013;Srivastava 与 Deb,2011;Su 等,2016)等。为了减轻由不确定性的传播与优化相互耦合带来的计算负担,可以使用 Salehghaffari 等(2013)与 Cao 等(2018)提出的反应面法,或多层次方法(Huang 等,2017;Zhang 等,2018)。

5.4.3 可能性理论描述的不确定性优化

当不确定性变量 U 使用可能性框架(或模糊集)描述时,可以使用约束的模

糊测度构建可能性优化设计问题(Possibility Optimization Design Problem,PBDO),如 a-截集(见第2章)(Mourelatos 与 Zhou,2005;Choi 等,2005)。

$$\min_z f(z) \tag{5.85}$$

$$\text{w. r. t. } z \tag{5.86}$$

$$\text{s. t. } \text{Pos}(g_i(z,\boldsymbol{U})) \leq a, i=1,2,\cdots,m \tag{5.87}$$

$$z_{\min} \leq z \leq z_{\max} \tag{5.88}$$

式中:Pos(·)为可能性测度;a 为 a-截集的水平(关于可能性测度与 a-截集的描述,见第2章)。此优化问题通常由一个双循环组成:内循环为 a-截集的计算,外环为优化。Zhou 与 Mourelatos(2006)提出了序列算法来求解这一问题,以降低计算成本。贝叶斯(Bayesian)优化(使用高斯过程)也可以用于降低计算成本,如 Du 等(2006a,b)所述。可能性设计优化得到了广泛的研究(如 Choi 等(2004,2005)、Yin 等(2018)),感兴趣的读者可以见 He 等(2007),该文献综述了可能性理论的使用及其在设计优化中的应用。

5.5 总结

本章简要介绍了不确定条件下的优化,重点介绍了使用概率论描述的不确定性优化。首先,给出了不同的问题描述方式(基于稳健性、基于可靠性以及基于稳健-可靠性的描述),并在实例中说明了它们的保守性。随后,提出了不同的优化算法(基于梯度的、基于种群的或基于代理模型的优化算法),重点介绍了不确定性与约束的处理。最后,简要描述了用概率论以外的其他形式来描述不确定性的设计优化扩展。在处理不确定性条件下的优化时,设计者必须做出的不同选择,如图5.16所示。

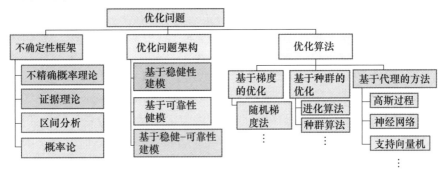

图5.16 在处理不确定条件下的优化问题时,关键步骤总结:
选择不确定形式、确定优化问题和选择适当的优化算法

参考文献

Agarwal, H., Renaud, J., and Preston, E. (2003). Trust region managed reliability based design optimization using evidence theory. In 44*th AIAA/ASME/ASCE/AHS/ASC Structures, Structural Dynamics, and Materials Conference, Northfolk, VA, USA*.

Aizawa, A. and Wah, B. (1994). Scheduling of genetic algorithms in a noisy environment. *Evolutionary Computation*, 2(2):97–122.

Aizawa, A. N. and Wah, B. W. (1993). Dynamic control of genetic algorithms in a noisy environment. In *Fifth International Conference on Genetic Algorithms, Urbana-Champaign, IL, USA*.

Alyanak, E., Grandhi, R., and Bae, H.-R. (2008). Gradient projection for reliability-based design optimization using evidence theory. *Engineering Optimization*, 40(10):923–935.

Andrieu, L. (2004). *Optimisation sous contrainte en probabilité (in French)*. PhD thesis, Ecole des Ponts ParisTech.

Andrieu, L., Cohen, G., and Vázquez-Abad, F. J. (2007). Stochastic programming with probability constraints. *arXiv preprint arXiv*:0708.0281.

Andrieu, L., Cohen, G., and Vázquez-Abad, F. J. (2011). Gradient-based simulation optimization under probability constraints. *European Journal of Operational Research*, 212(2):345–351.

Arnaud, R. (2014). *Etude d'un problème d'optimisation en aéroélasticité avec incertitudes (in French)*. PhD thesis, Ecole Centrale Paris.

Arnaud, R. and Poirion, F. (2014). Optimization of an uncertain aeroelastic system using stochastic gradient approaches. *Journal of Aircraft*, 51(3):1061–1066.

Arnold, D. V. (2001). Evolution strategies in noisy environments—a survey of existing work. In *Theoretical aspects of evolutionary computing*, pages 239–249. Springer.

Arnold, D. V. and Beyer, H.-G. (2002). *Noisy optimization with evolution strategies*, volume 8. Springer Science & Business Media.

Arrow, K. J., Hurwicz, L., and Uzawa, H. (1958). *Studies in linear and non-linear programming*. Cambridge Univ. Press.

Audet, C., Booker, A. J., Dennis Jr, J. E., Frank, P. D., and Moore, D. W. (2000). A surrogate-model-based method for constrained optimization. In *8th AIAA/NASA/USAF/ISSMO Symposium on Multidisciplinary Analysis and Optimization, Long Beach, CA, USA*.

Auger, A. and Hansen, N. (2012). Tutorial CMA-ES: evolution strategies and covariance matrix adaptation. In *14th International Conference on Genetic and Evolutionary Computation (GECCO'12), Philadelphia, PA, USA*.

Auger, A., Hansen, N., Zerpa, J. P., Ros, R., and Schoenauer, M. (2009). Experimental comparisons of derivative free optimization algorithms. In *International Symposium on Experimental Algorithms, Dortmund, Germany*.

Bäck, T., Foussette, C., and Krause, P. (2013). *Contemporary evolution strategies*. Springer.

Bartz-Beielstein, T., Blum, D., and Branke, J. (2007). Particle swarm optimization and sequential sampling in noisy environments. In *Metaheuristics*, pages 261–273. Springer.

Beck, A. T., Gomes, W. J., Lopez, R. H., and Miguel, L. F. (2015). A comparison between robust and risk-based optimization under uncertainty. *Structural and Multidisciplinary Optimization*, 52(3):479–492.

Beyer, H.-G. (2000). Evolutionary algorithms in noisy environments: theoretical issues and guidelines for practice. *Computer methods in applied mechanics and engineering*, 186(2):239–267.

Boussaïd, I., Lepagnot, J., and Siarry, P. (2013). A survey on optimization metaheuristics. *Information Sciences*, 237:82–117.

Branke, J. (1998). Creating robust solutions by means of evolutionary algorithms. In Eiben, A., Back, T., Schoenauer, M., and Schwefel, H.-P., editors, *Parallel Problem Solving from Nature, PPSN V*, volume 1498 of *Lecture Notes in Computer Science*, pages 119–128. Springer Berlin Heidelberg.

Branke, J., Chick, S. E., and Schmidt, C. (2005). New developments in ranking and selection: an empirical comparison of the three main approaches. In *37th conference on Winter simulation*, Orlando, FL, USA.

Branke, J. and Schmidt, C. (2003). Selection in the presence of noise. In *Genetic and Evolutionary Computation Conference (GECCO' 2003)*, Chicago, IL, USA, pages 766–777. Springer.

Branke, J., Schmidt, C., and Schmeck, H. (2001). Efficient fitness estimation in noisy environments. In *3rd Annual Conference on Genetic and Evolutionary Computation*, San Francisco, CA, USA.

Cantú-Paz, E. (2004). Adaptive sampling for noisy problems. In Deb, K., editor, *Genetic and Evolutionary Computation, GECCO 2004*, volume 3102 of *Lecture Notes in Computer Science*, pages 947–958. Springer Berlin Heidelberg.

Cao, L., Liu, J., Han, X., Jiang, C., and Liu, Q. (2018). An efficient evidence-based reliability analysis method via piecewise hyperplane approximation of limit state function. *Structural and Multidisciplinary Optimization*, pages 1–13.

Chocat, R., Brevault, L., Balesdent, M., and Defoort, S. (2015). Modified Covariance Matrix Adaptation-Evolution Strategy algorithm for constrained optimization under uncertainty, application to rocket design. *International Journal for Simulation and Multidisciplinary Design Optimization*, 6:A1.

Choi, K., Du, L., and Youn, B. (2004). A new fuzzy analysis method for possibility-based design optimization. In *10th AIAA/ISSMO Multidisciplinary Analysis and Optimization Conference*, Albany, NY, USA.

Choi, K. K., Du, L., and Youn, B. D. (2005). Integration of reliability- and possibility-based design optimizations using performance measure approach. Technical report, SAE Technical Paper.

Cochocki, A. and Unbehauen, R. (1993). *Neural networks for optimization and signal processing*. John Wiley & Sons, Inc.

Coello, C. A. C. and Montes, E. M. (2002). Constraint-handling in genetic algorithms through the use of dominance-based tournament selection. *Advanced Engineering Informatics*, 16(3):193–203.

Cohen, G. and Culioli, J.-C. (1994). Optimisation stochastique sous contraintes en espérance (in French). *Rapport interne Centre Automatique et Systèmes, Ecole des Mines de Paris*.

Cramer, A. M., Sudhoff, S. D., and Zivi, E. L. (2009). Evolutionary algorithms for minimax problems in robust design. *IEEE Transactions on Evolutionary Computation*, 13(2):444–453.

Cui, X., Hardin, C. T., Ragade, R. K., Potok, T. E., and Elmaghraby, A. S. (2005). Tracking non-stationary optimal solution by particle swarm optimizer. In *6th International Conference on Software Engineering, Artificial Intelligence, Networking and Parallel/Distributed Computing and First ACIS International Workshop on Self-Assembling Wireless Networks, Towson, MD, USA*. IEEE.

Davis, L. (1991). *Handbook of genetic algorithms*. Van Nostrand Reinhold Co., New York, USA.

Désidéri, J.-A. (2014). Multiple-gradient descent algorithm for pareto-front identification. In *Modeling, Simulation and Optimization for Science and Technology*, pages 41–58. Springer.

Di Pietro, A., While, R. L., and Barone, L. (2004). Applying evolutionary algorithms to problems with noisy, time-consuming fitness functions. In *IEEE Congress on Evolutionary Computation, Portland, RO, USA*.

Du, D.-Z. and Pardalos, P. M. (1995). *Minimax and applications*. Springer.

Du, L., Choi, K. K., and Youn, B. D. (2006a). Inverse possibility analysis method for possibility-based design optimization. *AIAA Journal*, 44(11):2682–2690.

Du, L., Choi, K. K., Youn, B. D., and Gorsich, D. (2006b). Possibility-based design optimization method for design problems with both statistical and fuzzy input data. *Journal of Mechanical Design*, 128(4):928–935.

Fan, S., Jiang, C., Zhang, Z., and Liu, J. (2016). A reliability-based design optimization method for structures using evidence theory. *Scientia Sinica Technologica*, 46(7):706–716.

Fitzpatrick, J. M. and Grefenstette, J. J. (1988). Genetic algorithms in noisy environments. *Machine learning*, 3(2–3):101–120.

Forrester, A., Sobester, A., and Keane, A. (2008). *Engineering design via surrogate modelling: a practical guide*. John Wiley & Sons.

Forrester, A. I. and Keane, A. J. (2009). Recent advances in surrogate-based optimization. *Progress in aerospace sciences*, 45(1–3):50–79.

Gabrel, V., Murat, C., and Thiele, A. (2014). Recent advances in robust optimization: An overview. *European Journal of Operational Research*, 235(3):471–483.

Gardner, W. (1984). Learning characteristics of stochastic-gradient-descent algorithms: A general study, analysis, and critique. *Signal Processing*, 6(2):113 – 133.

Goldberg, D. E. (1989). *Genetic Algorithms in Search, Optimization and Machine Learning*. Addison – Wesley Longman Publishing Co., Inc., Boston, MA, USA, 1st edition.

Goldberg, D. E., Deb, K., and Clark, J. H. (1991). Genetic algorithms, noise, and the sizing of populations. *Complex Systems*, 6:333 – 362.

Gutmann, H. – M. (2001). A radial basis function method for global optimization. *Journal of Global Optimization*, 19(3):201 – 227.

Hansen, E. and Walster, G. W. (2003). *Global optimization using interval analysis: revised and expanded*. CRC Press.

Hansen, N., Müller, S. D., and Koumoutsakos, P. (2003). Reducing the time complexity of the derandomized evolution strategy with covariance matrix adaptation(CMA – ES). *Evolutionary computation*, 11(1):1 – 18.

Hansen, N., Niederberger, A., Guzzella, L., and Koumoutsakos, P. (2009a). A method for handling uncertainty in evolutionary optimization with an application to feedback control of combustion. *IEEE Transactions on Evolutionary Computation*, 13(1):180 – 197.

Hansen, N., Niederberger, A. S., Guzzella, L., and Koumoutsakos, P. (2009b). A method for handling uncertainty in evolutionary optimization with an application to feedback control of combustion. *IEEE Transactions on Evolutionary Computation*, 13(1):180 – 197.

Hansen, N., Ostermeier, A., and Gawelczyk, A. (1995). On the adaptation of arbitrary normal mutation distributions in evolution strategies: The generating set adaptation. In *6th International Conference on Genetic Algorithms, Pittsburgh, PA, USA*.

He, L. – P., Huang, H. – Z., Du, L., Zhang, X. – D., and Miao, Q. (2007). A review of possibilistic approaches to reliability analysis and optimization in engineering design. In *International Conference on Human – Computer Interaction*, pages 1075 – 1084. Springer.

Himmelblau, D. M. (1972). *Applied nonlinear programming*. McGraw – Hill Companies.

Holland, J. H. (1975). *Adaptation in natural and artificial systems: An introductory analysis with applications to biology, control, and artificial intelligence*. University of Michigan Press.

Huang, D., Allen, T. T., Notz, W., and Zheng, N. (2006). Global optimization of stochastic blackbox systems via sequential Kriging meta – models. *Journal of Global Optimization*, 34(3):441 – 466.

Huang, H. – Z., He, L., Liu, Y., Xiao, N. – C., Li, Y. – F., and Wang, Z. (2013). Possibility and evidence – based reliability analysis and design optimization. *American Journal of Engineering and Applied Sciences*, 6:95 – 136.

Huang, Z., Jiang, C., Zhang, Z., Fang, T., and Han, X. (2017). A decoupling approach for evidencetheory – based reliability design optimization. *Structural and Multidisciplinary Optimization*, 56(3):647 – 661.

Janusevskis, J. and Le Riche, R. (2013). Simultaneous kriging – based estimation and optimization of mean response. *Journal of Global Optimization*, 55(2):313-336.

Jin, Y. and Branke, J. (2005). Evolutionary optimization in uncertain environments – a survey. *IEEE Transactions on evolutionary computation*, 9(3):303-317.

Jones, D. R. (2001). A taxonomy of global optimization methods based on response surfaces. *Journal of Global Optimization*, 21(4):345-383.

Jones, D. R., Schonlau, M., and Welch, W. J. (1998). Efficient global optimization of expensive black-box functions. *Journal of Global Optimization*, 13(4):455-492.

Kang, Q., Xiong, C., Zhou, M., and Meng, L. (2018). Opposition-based hybrid strategy for particle swarm optimization in noisy environments. *IEEE Access*, 6:21888-21900.

Kennedy, J. (2011). Particle swarm optimization. In *Encyclopedia of machine learning*, pages 760-766. Springer.

Klamroth, K., Köbis, E., Schöbel, A., and Tammer, C. (2017). A unified approach to uncertain optimization. *European Journal of Operational Research*, 260(2):403-420.

Kushner, H. J. (1964). A new method of locating the maximum point of an arbitrary multipeak curve in the presence of noise. *Journal of Fluids Engineering*, 86(1):97-106.

Laguna, M. and Martí, R. (2005). Experimental testing of advanced scatter search designs for global optimization of multimodal functions. *Journal of Global Optimization*, 33(2):235-255.

Le Riche, R., Picheny, V., Meyer, A., Kim, N.-H., and Ginsbourger, D. (2009). Gears design with shape uncertainties using controlled Monte Carlo simulations and kriging. In *50th AIAA/ASME/ASCE/AHS/ASC Structures, Structural Dynamics, and Materials Conference, Palm Springs, CA, USA*.

Lelièvre, N., Beaurepaire, P., Mattrand, C., Gayton, N., and Otsmane, A. (2016). On the consideration of uncertainty in design: optimization-reliability-robustness. *Structural and Multidisciplinary Optimization*, 54(6):1423-1437.

Lung, R. I. and Dumitrescu, D. (2011). A new evolutionary approach to minimax problems. In *2011 IEEE Congress on Evolutionary Computation (CEC), New Orleans, LA, USA*.

Markon, S., Arnold, D. V., Back, T., Beielstein, T., and Beyer, H.-G. (2001). Thresholding-a selection operator for noisy ES. In *2001 IEEE Congress on Evolutionary Computation (CEC), Seoul, South Korea*.

Marzat, J., Walter, E., and Piet-Lahanier, H. (2013). Worst-case global optimization of black-box functions through kriging and relaxation. *Journal of Global Optimization*, 55(4):707-727.

Mercier, Q. (2018). *Optimisation multicritere sous incertitudes : un algorithme de descente stochastique (in French)*. PhD thesis, Université Sofia Antipolis.

Mercier, Q., Poirion, F., and Désidéri, J.-A. (2018). A stochastic multiple gradient descent algorithm. *European Journal of Operational Research*, 271(3):808-871.

Mezura-Montes, E. and Flores-Mendoza, J. (2008). Multiobjective problems solving from nature: From concepts to applications. *Nature-Inspired Algorithms for Optimization, Studies in Computa-*

tional Intelligence Series, Ch. Improved Particle Swarm Optimization in Constrained Numerical Search Spaces, pages 978 – 3.

Miller, B. L. and Goldberg, D. E. (1996). Genetic algorithms, selection schemes, and the varying effects of noise. Evolutionary computation, 4(2):113 – 131.

Miller, B. L., Goldberg, D. E., et al. (1995). Genetic algorithms, tournament selection, and the effects of noise. Complex systems, 9(3):193 – 212.

Mirjalili, S. and Lewis, A. (2016). The whale optimization algorithm. Advances in Engineering Software, 95:51 – 67.

Mourelatos, Z. P. and Zhou, J. (2005). Reliability estimation and design with insufficient data based on possibility theory. AIAA Journal, 43(8):1696 – 1705.

Mourelatos, Z. P. and Zhou, J. (2006). A design optimization method using evidence theory. Journal of Mechanical Design, 128(4):901 – 908.

Nabil, E. (2016). A modified flower pollination algorithm for global optimization. Expert Systems with Applications, 57:192 – 203.

Pal, S. K., Rai, C., and Singh, A. P. (2012). Comparative study of firefly algorithm and particle swarm optimization for noisy non – linear optimization problems. International Journal of intelligent systems and applications, 4(10):50.

Pan, H., Wang, L., and Liu, B. (2006). Particle swarm optimization for function optimization in noisy environment. Applied Mathematics and Computation, 181(2):908,919.

Papadrakakis, M., Lagaros, N. D., and Plevris, V. (2005). Design optimization of steel structures considering uncertainties. Engineering Structures, 27(9):1408 – 1418.

Parr, J. M., Keane, A. J., Forrester, A. I. J., and Holden, C. M. E. (2012). Infill sampling criteria for surrogate – based optimization with constraint handling. Engineering Optimization, 44(10):1147 – 1166.

Parsopoulos, K. E. and Vrahatis, M. N. (2001). Particle swarm optimizer in noisy and continuously changing environments. In M. H. Hamza(Ed.), Artificial Intelligence and Soft Computing, pages 289 – 294.

Picheny, V. and Ginsbourger, D. (2014). Noisy kriging – based optimization methods: a unified implementation within the DiceOptim package. Computational Statistics & Data Analysis, 71:1035 – 1053.

Picheny, V., Ginsbourger, D., Richet, Y., and Caplin, G. (2013a). Quantile – based optimization of noisy computer experiments with tunable precision. Technometrics, 55(1):2 – 13.

Picheny, V., Wagner, T., and Ginsbourger, D. (2013b). A benchmark of kriging – based infill criteria for noisy optimization. Structural and Multidisciplinary Optimization, 48(3):607 – 626.

Pulido, G. T. and Coello, C. A. C. (2004). A constraint – handling mechanism for particle swarm optimization. In 2004 IEEE Congress on Evolutionary Computation(CEC), Portland, OR, USA.

Rada – Vilela, J., Johnston, M., and Zhang, M. (2014). Population statistics for particle swarm optimization: Resampling methods in noisy optimization problems. Swarm and Evolutionary Computation,17:37-59.

Rada-Vilela,J.,Johnston,M.,and Zhang,M.(2015). Population statistics for particle swarm optimization: Hybrid methods in noisy optimization problems. *Swarm and Evolutionary Computation*, 22:15-29.

Rakshit,P.,Konar,A.,and Das,S.(2017). Noisy evolutionary optimization algorithms - a comprehensive survey. *Swarm and Evolutionary Computation*,33:18-45.

Rubinstein,R.(1999). The cross - entropy method for combinatorial and continuous optimization. *Methodology and computing in applied probability*,1(2):127-190.

Rudolph,G.(1998). Evolutionary search for minimal elements in partially ordered finite sets. In *7th International Conference on Evolutionary Programming*,San Diego,CA,USA.

Runarsson,T. P. and Yao, X. (2000). Stochastic ranking for constrained evolutionary optimization. *IEEE Transactions on evolutionary computation*,4(3):284-294.

Rustem,B. and Howe,M.(2009). *Algorithms for worst - case design and applications to risk management*. Princeton University Press.

Sahinidis, N. V. (2004). Optimization under uncertainty: state - of - the - art and opportunities. *Computers Chemical Engineering*,28(6):971-983. FOCAPO 2003 Special issue.

Salehghaffari,S.,Rais - Rohani,M.,Marin,E.,and Bammann,D.(2013). Optimization of structures under material parameter uncertainty using evidence theory. *Engineering Optimization*,45(9):1027-1041.

Sasena, M. J., Papalambros, P. Y., and Goovaerts, P. (2001). The use of surrogate modeling algorithms to exploit disparities in function computation time within simulation - based optimization. In *Proceedings of the 4th Congress on Structural and Multidisciplinary Optimization*,Dalian, China,2001.

Sasena,M. K.(2002). *Flexibility and Efficiency enhancements for constrained global design optimization with Kriging approximation*. PhD thesis,University of Michigan.

Schlüter,M. and Gerdts,M.(2010). The oracle penalty method. *Journal of Global Optimization*,47(2):293-325.

Schonlau,M.,Welch,W. J.,and Jones,D.(1996). Global optimization with nonparametric function fitting. *Proceedings of the American Statistical Association's on physical and engineering sciences*, pages 183-186.

Schonlau,M.,Welch,W. J.,and Jones,D. R.(1998). Global versus local search in constrained optimization of computer models. *Lecture Notes - Monograph Series*,pages 11-25.

Schwefel,H. - P. and Rudolph,G.(1995). Contemporary evolution strategies. In *European conference on artificial life*,pages 891-907. Springer.

Shimizu,K. and Aiyoshi,E.(1980). Necessary conditions for min - max problems and algorithms by a relaxation procedure. *IEEE Transactions on Automatic Control*,25(1):62-66.

Srivastava,R. K. and Deb,K.(2011). An EA - based approach to design optimization using evidence theory. In 13*th annual conference on Genetic and evolutionary computation*, Dublin, Ireland.

Stagge, P. (1998). Averaging efficiently in the presence of noise. In Eiben, A., Back, T., Schoenauer, M., and Schwefel, H. - P., editors, *Parallel Problem Solving from Nature*, volume 1498 of *Lecture Notes in Computer Science*, pages 188 - 197. Springer Berlin Heidelberg.

Su, Y., Tang, H., Xue, S., and Li, D. (2016). Multi - objective differential evolution for truss design optimization with epistemic uncertainty. *Advances in Structural Engineering*, 19(9):1403 - 1419.

Talbi, E. - G. (2009). *Metaheuristics: from design to implementation*, volume 74. John Wiley & Sons.

Toropov, V. V., Schramm, U., Sahai, A., Jones, R. D., and Zeguer, T. (2005). Design optimization and stochastic analysis based on the moving least squares method. *6th World Congresses of Structural and Multidisciplinary Optimization*, Rio de Janeiro, Brazil.

Tsoukalas, A., Rustem, B., and Pistikopoulos, E. N. (2009). A global optimization algorithm for generalized semi - infinite, continuous minimax with coupled constraints and bi - level problems. *Journal of Global Optimization*, 44(2):235 - 250.

Ur Rehman, S. and Langelaar, M. (2015). Efficient global robust optimization of unconstrained problems affected by parametric uncertainties. *Structural and Multidisciplinary Optimization*, 52(2):319 - 336.

Vallejo, M. and Corne, D. W. (2016). Evolutionary algorithms under noise and uncertainty: a location - allocation case study. In *2016 IEEE Symposium Series on Computational Intelligence (SSCI)*, Athens, Greece.

Yao, W., Chen, X., Luo, W., van Tooren, M., and Guo, J. (2011). Review of uncertainty - based multidisciplinary design optimization methods for aerospace vehicles. *Progress in Aerospace Sciences*, 47(6):450 - 479.

Yin, H., Yu, D., Yin, S., and Xia, B. (2018). Possibility - based robust design optimization for the structural - acoustic system with fuzzy parameters. *Mechanical Systems and Signal Processing*, 102:329 - 345.

Zhang, J., Xiao, M., Gao, L., Qiu, H., and Yang, Z. (2018). An improved two - stage framework of evidence - based design optimization. *Structural and Multidisciplinary Optimization*, pages 1 - 21.

Zhou, A. and Zhang, Q. (2010). A surrogate - assisted evolutionary algorithm for minimax optimization. In *2010 IEEE Congress on Evolutionary Computation (CEC)*, Barcelona, Spain.

Zhou, J. and Mourelatos, Z. P. (2006). A sequential algorithm for possibility - based design optimization. In *ASME 2006 International Design Engineering Technical Conferences and Computers and Information in Engineering Conference*, Charlotte, NC, USA.

第 3 部分

不确定性下的多学科优化

第6章 多学科问题的不确定性传播

6.1 简介

第3章介绍了几种黑箱函数的不确定性传播技术。为了考虑多学科设计问题的具体特点,必须对这些方法进行相应的调整。本章对耦合多学科系统有效传播不确定性的各种方案(图6.1)进行综述。

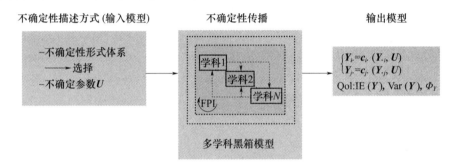

图6.1 多学科问题的不确定性传播(QoI:有价值的量)

与确定性多学科设计问题不同,在存在不确定性的情况下,耦合变量也成为不确定变量。针对这一情况,本章对前馈系统进行讨论。在没有耦合变量反馈情况下,可以直接使用第3章描述的不确定性传播技术。

大多数用于确保跨学科兼容性的确定性多学科分析技术结合一些方法,如朴素蒙特卡罗方法和FPI,都可以扩展到包含不确定性的情况。然而,这种结合自然地包含了FPI的计算成本和不确定性的传播,同时考虑到该方法对学科函数的重复评估,导致整个过程计算代价大。

因此,研究者们致力于改进多学科系统的不确定性传播技术。在早期的工作中,提出了使用基于导数的方法对多学科系统中不确定性传播的最坏情况进行估计(Gu等,2000)。还有几种方法专门处理多学科系统的不确定性传播问题,例如,使用代理模型与简化的不确定性模型相结合的方法来减少计算量。不确定性的近似模型(例如,将不确定性信息简化为均值和方差,而不是全概率分布)也已被用于规避抽样和重复的学科评估。其中,不确定性的简化表示包括隐式不确定性传播(Gu 等,2006)、高斯过程(Jiang 等,2014)、鲁棒矩匹配(McDonald 和 Mahadevan,2008)、泰勒级数展开(Du 和 Chen,2002b)等。Kokkolaras 等(2004)提出通过使用高级的平均值(Advanced Mean Value,AMV)方法产生非线性响应的精确概率分布来描述不确定性传播。Liu 等将这种方法进行了扩展,将不确定分布的描述简化为统计矩(前二阶矩),并使用矩匹配(Liu 等,2006)来描述不确定性传播。

另一类方法是将代理模型与抽样策略相结合,避免不确定性表示的过度简化,并可增加不确定性耦合变量的信息。例如,Chaudhuri 等(2017)提出耦合变量的自适应代理模型,以减少 FPI 与朴素蒙特卡罗方法应用的次数。Ghoreishi 等提出将重要性抽样与高斯过程相结合,以处理模型差异和偶然不确定性(Ghoreishi 和 Allaire,2017)。

还有一些利用耦合系统结构的方法,如使用完全解耦的策略或者交替混合使用耦合和解耦策略。例如,Chiralaksanakul 等提出使用确定性等效公式和一阶泰勒近似的耦合传播技术(Chiralaksanakul 和 Mahadevan,2007)。Sankaraman 等提出了一种基于可能性的方法来对反馈回路进行解耦,从而形成一个近似的前馈系统(Sankaraman 和 Mahadevan,2012),这种方法除了可以处理偶然不确定性外,已被扩展到处理认知不确定性(Liang 等,2015)。Ghosh 等提出了一种分布式多学科体系结构的概率分析方法,该方法除了进行矩匹配外(Ghosh 和 Mavris 2016),还对系统输入和输出耦合变量的概率分布函数进行匹配。Arnst 等采用混沌多项式展开(Arnst 等,2014)和截断 Karhunen-Loeve 展开(Arnst 等,2012、2013)对耦合反馈系统进行降维和度量变换处理,以降低系统维数并在耦合分量之间传播耦合变量。

本章首先回顾了如前所述的所有方法,其余的章节安排如下。6.2 节介绍了现有的耦合方法,并通过一个简单案例说明不同的策略。6.3 节介绍了一种基于混合技术的替代耦合方法。6.4 节讨论了在不确定性传播过程中为避免学科之间重复循环的解耦策略。6.5 节介绍了第 4 章中介绍的可靠性分析技术在多学科问题的变体。6.6 节简要回顾了在偶然不确定性和认知不确定性同时存在情况下的专有不确定性传播技术。6.7 节总结了本章提出的不同方法,并对策略进行了分类。

6.2 耦合不确定性传播技术——与 FPI 相结合的朴素蒙特卡罗方法

1)原理

第一种描述多学科系统不确定性传播的简单方法是将朴素蒙特卡罗方法与

FPI 相结合。对于不确定变量的每个实现,FPI 通过求解跨学科耦合方程组可以对耦合变量的值进行估计同时保证多学科的相容性。因此在每个实现中,要执行一次 FPI(Park 等,1977;Felippa 等,2001)。对于每次 FPI,可以具体使用高斯 – 赛德尔(Gauss – Seidel)迭代方法、雅克比(Jacobi)方法或第 1 章中解释的其他方法。

在本章中,我们考虑一个由 N 个学科组成的多学科系统(按照第 1 章中介绍的符号)。该系统由学科函数 $c_{i\cdot}(z_i, Y_{i\cdot}, U_i)$ 描述,其中 U_i 为输入不确定变量向量,$Y_{i\cdot}$ 为输入中与其他学科的耦合变量,z_i 为设计变量。本章将设计变量视为固定变量,并将其从设计优化中移除,对其具体地优化处理在第 7 章中介绍。因此,本章的目标是通过 N 个学科方程传播不确定变量向量 U,以估计感兴趣的量(输出的统计矩、输出的概率密度函数、输出的分位数等)。为此,根据 U 的联合概率分布函数生成 M 个独立同分布样本 $\boldsymbol{u}_{(1)}, \boldsymbol{u}_{(2)}, \cdots, \boldsymbol{u}_{(M)}$。然后,对于 U 的每个朴素蒙特卡罗方法实现,执行 FPI(图 6.2)以获得一组兼容的耦合变量样本。

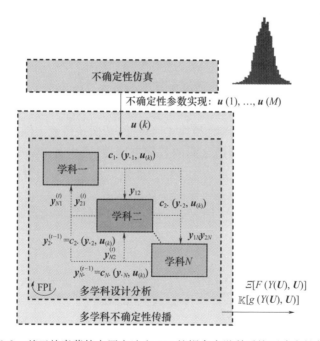

图 6.2 基于朴素蒙特卡罗方法和 FPI 的耦合多学科系统不确定性传播

对于两个学科 i 和 j,对于第 k 个朴素蒙特卡罗实现 $\boldsymbol{u}_{(k)}$,FPI 可以表示为

$$c_{ij}(\boldsymbol{y}_{ji}^{(t)}, \boldsymbol{u}_{(k)}) = \boldsymbol{y}_{ij}^{(t)} \to c_{ji}(\boldsymbol{y}_{ij}^{(t)}, \boldsymbol{u}_{(k)}) = \boldsymbol{y}_{ji}^{(t+1)}$$

$$\boldsymbol{y}_{ji}^{(0)}$$

对于 M 个输入不确定向量 $u_{(1)}, u_{(2)}, \cdots, u_{(M)}$ 的每个实现,可以利用这种方法验证其跨学科耦合特性。一旦得到了含不确定性传播的 M 个实现,耦合变量的统计矩或其整个概率分布函数就可以被近似估计(见第 3 章)。这种方法的优点是易于实现,但由于同时包含了 FPI 和朴素蒙特卡罗方法的计算成本,并且需进行反复的学科评估(Haldar 和 Mahadevan,2000),高昂的计算代价使其难以应用于复杂模拟代码(CFD、FEM 等)的仿真。

也有一些基于 FPI 的替代方法被提出来,以解决不确定性在多学科系统中传播的问题。Padmanabhan 和 Batill(2002)提出了一种参数化的方法。该方法基于对耦合变量概率分布族的假设,对分布参数(如对于高斯分布)执行 FPI 有

$$\|\mu_{yij}^{(k)} - \mu_{yij}^{(k+1)}\|^2 + \|\sigma_{yij}^{(k)} - \sigma_{yij}^{(k+1)}\|^2 + \|\mu_{yji}^{(k)} - \mu_{yji}^{(k+1)}\|^2 + \|\sigma_{yji}^{(k)} - \sigma_{yji}^{(k+1)}\|^2 < \epsilon \tag{6.1}$$

式 6.1 表示第 k 次 FPI 迭代。式中:μ 和 σ 为学科 i 和 j 之间耦合变量 y_{ij} 的期望值和标准差;ϵ 为 FPI 收敛的容差。该方法避免了使用朴素蒙特卡罗方法进行不确定性传播,从而降低了计算成本。然而,对耦合变量的分布族的假设限制了其使用范围。

此外,也可以设想采取另一种更为复杂的替代办法。由于耦合变量跨学科兼容解的概率分布函数是先验未知的,可以对输入耦合变量的概率分布函数进行猜想,并通过各自的学科同时和独立地传播,从而获得输出耦合变量的分布,并对输入和输出概率分布函数之间的差异进行估计,如 Kullback – Leibler 散度(Joyce,2011)(见第 2 章)。更新输入耦合变量的概率分布函数,而后通过学科函数独立并行地传播输入耦合变量。反复执行这一过程,直到输入和输出分布之间的距离满足给定的条件。同样地,使用这一方法时,对耦合变量的概率分布进行假设是必要的。

2)示例案例说明

为了说明本章介绍的不同不确定性传播技术,考虑以下简单案例(图 6.3)。

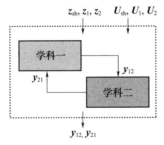

图 6.3 不确定性传播的多学科案例

该案例包含 2 个学科如下。

(1)学科 1：
$$c_{12}(z_{sh}, z_1, u_{sh}, u_1, y_{21}) = -z_{sh}^{0.2} + u_{sh} + 0.25 * u_1^{0.2} + z_1 + y_{21}^{0.58} + u_1^{0.4} * y_{21}^{0.47} + 20$$

(2)学科 2：
$$c_{21}(z_{sh}, z_2, u_{sh}, u_2, y_{12}) = -z_{sh} + u_{sh}^{0.1} + 3 * y_{21}^{0.47} + u_2^{0.33} + y_{12}^{0.16} * u_2^{0.05} + y_{12}^{0.6} * u_2^{0.13} + 30$$

式中：$z = [z_{sh}, z_1, z_2] = [0.3, 0.7, 0.5]$ 为设计变量构成的向量（本章中视为常数），$U = [U_{sh}, U_1, U_2]$ 为不确定变量向量，并根据以下概率分布函数分布：

(1) U_{sh} 服从正态分布：$U_{sh} \sim \mathcal{N}(2, 0.3)$。

(2) U_1 服从均匀分布：$U_1 \sim \mathcal{U}(0, 1)$。

(3) U_2 服从正态分布：$U_2 \sim \mathcal{N}(4, 0.5)$。

在这个测试用例中，感兴趣的量是跨学科耦合变量 y_{12} 和 y_{21}。在学科 1 和学科 2 之间建立 FPI，以确保对于 $u_{(0)} = [u_{sh(0)}, u_{1(0)}, u_{2(0)}]$（图 6.4）的特定实现，方程组成立，即

$$\begin{cases} y_{12(0)} = c_{12}(z_{sh}, z_1, u_{sh(0)}, u_{1(0)}, y_{21(0)}) \\ y_{21(0)} = c_{21}(z_{sh}, z_2, u_{sh(0)}, u_{2(0)}, y_{12(0)}) \end{cases} \quad (6.2)$$

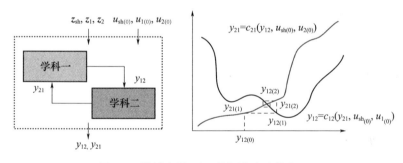

图 6.4 设计变量 $u(0)$ 的固定点迭代实现

出于展示的目的，考虑 U_{sh} 的不同实现（U_1、U_2 是固定的）。对于每个实现，执行 FPI 以获得满足跨学科约束的不同耦合值（图 6.5）。如图 6.5 所示，平衡点（跨学科方程组的解）随着 U_{sh} 实现的变化而变化。因此，耦合变量 Y_{12} 和 Y_{21} 为随机变量。

考虑 $M = 10^4$ 个样本 $u_{(1)}, u_{(2)}, \cdots, u_{(M)}$，图 6.6 和图 6.7 分别给出了耦合变量 Y_{12} 和 Y_{21} 的分布直方图。可以看出，耦合变量不是高斯的，也不是对称的。图 6.8 给出了满足兼容条件（意味着满足跨学科耦合）的耦合变量的联合概率分布。由于 FPI 引入了耦合变量函数依赖关系，联合概率分布函数表现为特定的形状。因而，如果 $Y_{12} = 39.0$，Y_{21} 的取值便可能对应在 62 左右。

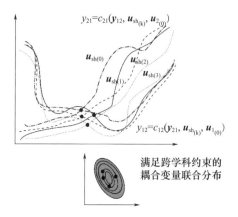

图 6.5 U_1 和 U_2 固定时采用 FPI 的 U_{sh} 不同实现

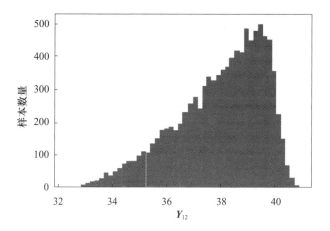

图 6.6 采用 FPI 和朴素蒙特卡罗方法的 Y_{12} 直方图

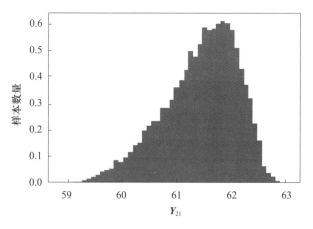

图 6.7 采用 FPI 和朴素蒙特卡罗方法的 Y_{21} 直方图

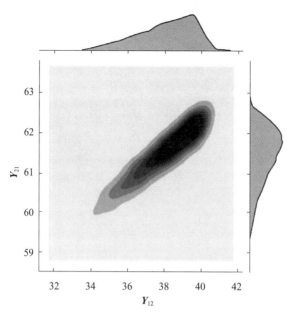

图 6.8 采用 FPI 和核密度估计 - 朴素蒙特卡罗方法获得的
兼容性耦合变量的联合概率分布

输入变量和耦合变量之间的联合概率分布函数如图 6.9 ~ 图 6.14 所示。可以看出耦合变量值对输入不确定变量 U_1 有很强的依赖性。

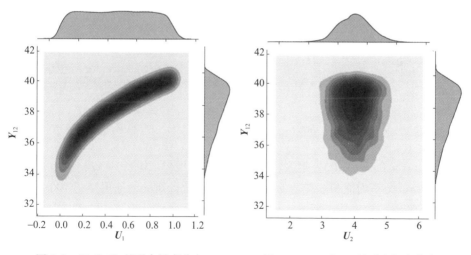

图 6.9　U_1 和 Y_{12} 的联合概率分布　　　图 6.10　U_2 和 Y_{12} 的联合概率分布

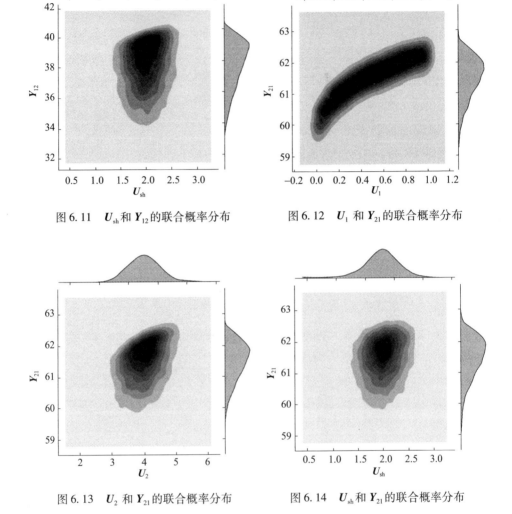

图 6.11 U_{sh} 和 Y_{12} 的联合概率分布

图 6.12 U_1 和 Y_{21} 的联合概率分布

图 6.13 U_2 和 Y_{21} 的联合概率分布

图 6.14 U_{sh} 和 Y_{21} 的联合概率分布

图 6.15 给出了不同朴素蒙特卡罗方法采样规模(10^2、10^3 以及 10^4)情况下 2 个耦合变量的平均值和标准差的箱线图。这些统计矩的估计重复了 100 次。可以看出,随着朴素蒙特卡罗方法样本量的增加,这些统计矩估计的不确定性明显降低。但是,样本量的增加也要求执行更多次的学科评估。

由于输入不确定变量和跨学科耦合变量之间的非线性映射,满足跨学科方程组的变量的分布是非高斯的,很难用经典分布族来正确逼近它们(图 6.8)。

如果只需要分布收敛,可以对 Y_{21} 的概率密度函数执行 FPI,并且迭代停止准则可以设定为 2 次连续迭代获得的分布之间的 Kullback – Leibler 散度(这里

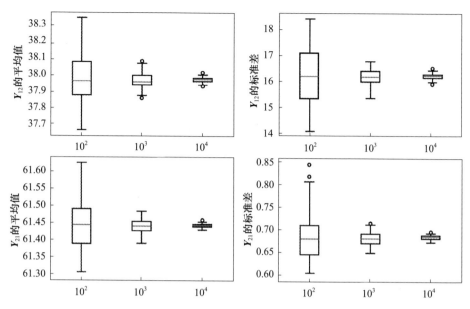

图 6.15　不同样本规模(10^2、10^3 和 10^4)朴素蒙特卡罗方法下跨学科耦合变量的平均值和标准差箱线图

基于 Y_{21} 的分布)。这一方法可以根据如下步骤获得:①根据高斯分布推测 Y_{21} 的初始分布,并生成 M 个样本;②在学科 1 内评估这些样本,并获得 Y_{12} 的分布(该分布是计算学科 2 输出、计算初始猜测概率密度函数和输出结果概率密度函数之间 Kullback–Leibler 散度的输入);③根据散度值,计算 Y_{21} 的输出概率分布并用作下一次 FPI 的新猜想值(图 6.16)。图 6.17 给出了 3 次连续的迭代。最初

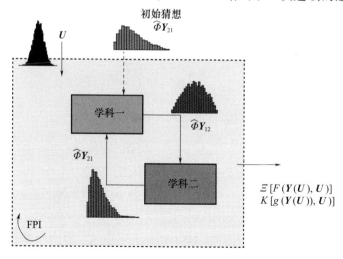

图 6.16　采用自适应采样策略的耦合多学科系统不确定性传播

的猜想与结果相差甚远,但经 3 次迭代后,2 个分布收敛,从而得到 Y_{21} 概率分布的一个不动点。如果只需要耦合变量概率分布的近似值,这种方法是有效的,但它不能确保朴素蒙特卡罗方法所有实现的耦合满足程度都能达到相同的精度。

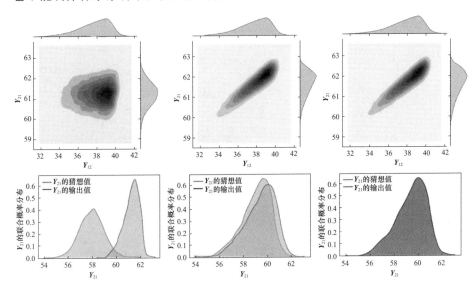

图 6.17　兼容耦合变量的联合概率分布(上方)以及 3 次迭代中 Y_{21} 猜想
概率分布和输出概率分布之间的距离(下方)

通过多学科耦合系统传播不确定性,并降低计算成本的替代方法在 6.3 节中介绍。在 6.3 节中,首先介绍耦合和解耦策略混杂的方法;然后,介绍完全解耦的方法。

6.3　不确定性传播的混杂处理技术

本节介绍一些混杂了耦合和解耦策略的不确定性传播技术。

6.3.1　系统不确定性分析

1) 原理

为了避免重复多学科分析带来的计算负担,Du 和 Chen(2002b)以及 Du(2002)提出了一种称为系统不确定性分析(System Uncertainly Analysis,SUA)的不确定性传播方法。该方法使用跨学科耦合变量的前两阶统计矩近似值来替代使用 FPI 的多学科分析。整个多学科分析被当成黑箱来对感兴趣量(这里为耦合变量)的均值和标准差进行估计。在不确定输入变量的期望值 $\boldsymbol{\mu}_U$ 处,需要执行 FPI 来获得一个可行系统(通过求解跨学科耦合方程组得到)。在本节中,要注意区分学科之间共享的不确定变量向量 U_{sh} 和学科 i 特定的不确定变量向量 U_i。

在实际应用中,耦合关系的代理模型 $\hat{Y}(u)$ 可通过一阶泰勒展开(见第3章)获得,其仅用于估计耦合变量的前二阶统计矩(图 6.18)。在第一步中,对于实现 $u = \mu_U$,执行单个基于 FPI 的多学科估计来计算相应的耦合变量,即

$$\forall (i,j) \in \{1,2,\cdots,N\}^2, i \neq j, \quad y_{ij}(\boldsymbol{\mu}_{U_{sh}}, \boldsymbol{\mu}_{U_i}) = c_{ij}(y_{\cdot i}, \boldsymbol{\mu}_{U_{sh}}, \boldsymbol{\mu}_{U_i}) \quad (6.3)$$

对于 $u = [\boldsymbol{\mu}_{u_{sh}}, \boldsymbol{\mu}_{u_i}]$,将其假设为满足线性近似,即

$$\forall (i,j) \in \{1,2,\cdots,N\}^2 i \neq j, \boldsymbol{\mu}_{Y_{ij}} \approx y_{ij}(\boldsymbol{\mu}_{U_{sh}}, \boldsymbol{\mu}_{U_i}) \quad (6.4)$$

而后,针对学科 i 和 j 之间的耦合变量在 $\boldsymbol{\mu}_U$ 附近进行一阶泰勒近似,有

$$\hat{Y}_{ij}(Y_{\cdot i}, U_{sh}, U_i) = \boldsymbol{\mu}_{Y_{ij}} + \frac{\partial c_{ij}}{\partial U_{sh}}\bigg|_{u=\mu_U}(U_{sh} - \boldsymbol{\mu}_{U_{sh}}) + \frac{\partial c_{ij}}{\partial U_i}\bigg|_{U=\mu_U}$$
$$(U_i - \boldsymbol{\mu}_{U_i}) + \frac{\partial c_{ij}}{\partial Y_{\cdot i}}\bigg|_{U=\mu_U}(Y_{\cdot i} - \boldsymbol{\mu}_{Y_{\cdot i}}) \quad (6.5)$$

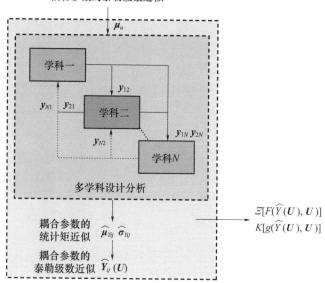

图 6.18 基于 SUA 的耦合多学科系统不确定性传播

然后,通过对所有学科之间的所有耦合变量执行该操作并重新组织方程组,可以得到耦合不确定变量 U 在 $\boldsymbol{\mu}_U$ 附近函数的一阶近似矩阵表达式为

$$\hat{Y}(U) = A^{-1} \times B \times (U_{sh} - \mu_{U_{sh}}) + A^{-1} \times C \times (U_i - \mu_{U_i}) \quad (6.6)$$

式中:矩阵 A、C 和向量 B 为式(6.5)的不同项,A 为学科输出对于输入耦合变量

的导数 $\left[\dfrac{\partial c_{ij}}{\partial Y_{\cdot i}}\bigg|_{u=\mu_U}\right]$，$C$ 为学科输出对特定学科不确定变量的导数 $\left[\dfrac{\partial c_{ij}}{\partial u_i}\bigg|_{u=\mu_U}\right]$。完整的推导在 Du 和 Chen(2002b)中有详细说明。

一阶泰勒级数展开给出了关于不确定变量耦合依赖的局部函数模型。该模型可用于以较小的计算量进行朴素蒙特卡罗方法样本的不确定性传播。然而，该方法有几个局限性：一阶泰勒近似仅对可以局部近似为线性函数的学科函数有效，并且该方法需要执行多学科设计分析来建立代理模型。此外，它没有考虑输入不确定变量之间可能存在的依赖关系以及由此产生的耦合变量之间的依赖关系。

为了同时考虑偶然不确定性和认知不确定性，Jiang 等(2014、2015)提出利用高斯过程来扩展系统不确定性分析方法以处理模型不确定性(见第 3 章)。该方法利用高斯过程来修正由于认知不确定性引起的估计耦合变量时的潜在模型偏差。SUA 方法使用耦合变量的克里金近似代替确切的学科模型导致了与实验数据之间的偏差。作者还提出了一个估计耦合变量协方差的推导方法来处理耦合变量间的潜在依赖性。提出的扩展方法除了解释偶然不确定性外，还可以解释模型的不确定性，但由于其采用局部近似，它与线性模型具有相同的局限性。

2) 在示例案例上的应用

在这种方法中，对跨学科耦合变量 y_{12} 和 y_{21} 进行了一阶泰勒级数展开。这种局部近似需在不确定空间中的一个点附近进行。本例中选择不确定变量向量的平均值 $\mu_U = [2,0.5,4]$。对于这个特殊的输入 μ_U，在 2 个学科内进行 FPI，以获得收敛的跨学科耦合值：$y_{12(0)} = 38.30$ 和 $y_{21(0)} = 61.59$，而后围绕 μ_U、$y_{12(0)}$ 和 $y_{21(0)}$ 进行局部近似。

$$\hat{Y}(u) = \begin{bmatrix} \hat{y}_{12}(u) \\ \hat{y}_{21}(u) \end{bmatrix} = A^{-1} \times B \times (u_{sh} - \mu_{U_{sh}}) + A^{-1} \times C \times (u_i - \mu_{U_i}) \quad (6.7)$$

式中：$A = \begin{bmatrix} 1 & -\dfrac{\partial c_{12}}{\partial y_{21}}\big|_{u=\mu_U} \\ -\dfrac{\partial c_{21}}{\partial y_{12}}\big|_{u=\mu_U} & 1 \end{bmatrix}$；$B = \begin{bmatrix} -\dfrac{\partial c_{12}}{\partial u_{sh}}\big|_{u=\mu_U} \\ -\dfrac{\partial c_{21}}{\partial u_{sh}}\big|_{u=\mu_U} \end{bmatrix}$；$C = \begin{bmatrix} -\dfrac{\partial c_{12}}{\partial u_1}\big|_{u=\mu_U} & 0 \\ 0 & -\dfrac{\partial c_{21}}{\partial u_2}\big|_{u=\mu_U} \end{bmatrix}$。

然后，这些耦合变量的函数近似可用于传播不确定性和估计感兴趣量的统计矩。

基于 10 次学科模型评估得到的耦合变量前两阶统计矩近似值误差分别为：平均值 1%，标准差 20%。由于耦合变量的局部近似(在不确定空间的平均点附近),获得的概率分布与 FPI 和朴素蒙特卡罗方法相结合获得的耦合变量的精确边际分布(图 6.19 和图 6.20)和联合概率分布(图 6.21)不同。这是由于输入不确定变量与 SUA 进行的局部逼近之间的非线性映射导致的。

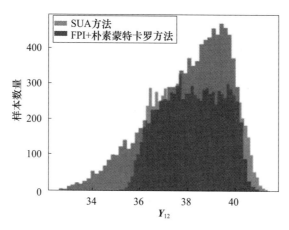

图 6.19 使用 SUA 和 FPI + 朴素蒙特卡罗方法的 Y_{12} 对比直方图

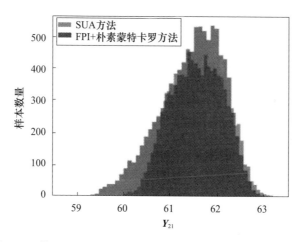

图 6.20 使用 SUA 和 FPI + 朴素蒙特卡罗方法的 Y_{21} 对比直方图

如果不确定变量 U_1 被认为服从高斯分布而非均匀分布,如 $U_1 \sim \mathcal{N}(0.5, 0.1)$,SUA 近似仍是有效的,且能给出与 FPI + 朴素蒙特卡罗方法相结合方法一样精确的结果(图 6.22 和图 6.23),同时降低了计算成本。由 SUA(图 6.24)和 FPI + 朴素蒙特卡罗方法(图 6.25)获得的耦合变量的联合概率分布类似,证明了一阶 SUA 在这种情况下对耦合进行适当建模的能力。

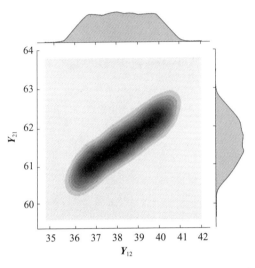

图 6.21 SUA 结合核密度估计获得的兼容性耦合变量的联合概率分布

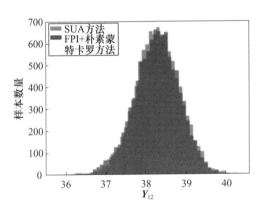

图 6.22 使用 SUA 和 FPI + 朴素蒙特卡罗方法的 Y_{12} 直方图比较（U_1 服从高斯分布）

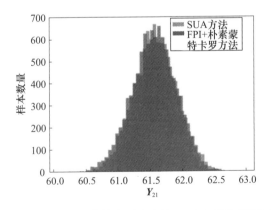

图 6.23 使用 SUA 和 FPI + 朴素蒙特卡罗方法的 Y_{21} 直方图比较（U_1 服从高斯分布）

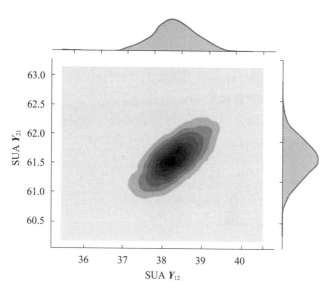

图 6.24 使用 SUA 的 Y_{12} 和 Y_{21} 的联合分布（U_1 服从高斯分布）

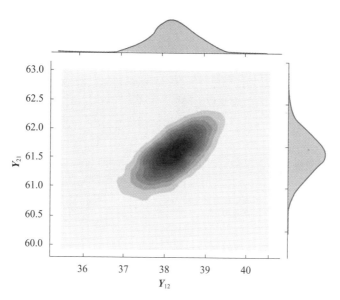

图 6.25 使用 FPI + 朴素蒙特卡罗方法的 Y_{12}/Y_{21} 联合概率分布（U_1 服从高斯分布）

为了使用 SUA，有必要确保一阶泰勒近似对于传播不确定性足够精确，否则对耦合变量分布的估计就会失效，并且在不确定性量化时给出错误的估计结果。

6.3.2 基于代理的多保真耦合不确定性传播

1）原理

Chaudhuri 等（2017 年）提出使用耦合变量的自适应代理模型替代基于真实学科模型的朴素蒙特卡罗方法和 FPI 方法，以减少固定点迭代次数。使用的代理模型由满足跨学科耦合方程组的解在输入随机变量空间中建立，并通过基于信息增益和残差度量的自适应采样技术进行迭代细化。具体可采用 4 步法实现（图 6.26）。

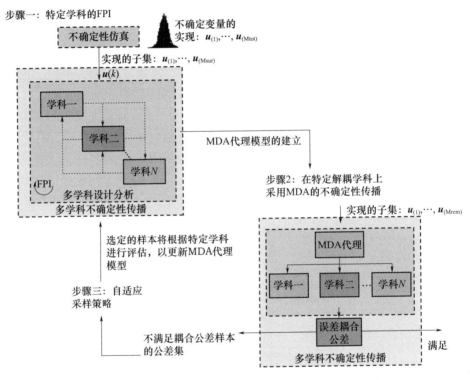

图 6.26　基于自适应代理模型的耦合多学科系统不确定性传播

（1）步骤1：给定一组朴素蒙特卡罗方法实现 M_{tot}，通过最大化样本之间的最小距离，确保不确定空间能被所选样本适当填充，来选择这些实现的子集 $M_{sur} \ll M_{tot}$。然后，对不确定变量的每个实现 M_{sur} 基于精确的学科函数进行 FPI，以获得 FPI 收敛时的跨学科耦合。利用这些多学科耦合系统的输出，建立各学科耦合变量的克里金代理模型。

（2）步骤2：对于剩余的 $M_{rem} = M_{tot} - M_{sur}$ 个朴素蒙特卡罗方法样本，基于精确学科模型的不确定性传播通过使用解耦的各学科代理模型对输入耦合变量进行估计。对于剩余的每个朴素蒙特卡罗方法样本,通过比较代理模型预测的各个输入耦合变量和精确学科模型的输出耦合变量估计归一化的残差。

(3)步骤3:对所有不满足规定耦合误差容限的实现,采用自适应采样策略来选择一种使给定准则(填充耦合准则)最大化的实现方法,然后基于这种实现在精确的多学科设计分析中进行FPI,计算满足多学科设计分析方程组的耦合变量值。

(4)步骤4:使用此新样本,更新所有耦合变量的代理模型,并对不满足耦合误差容限的剩余朴素蒙特卡罗方法样本集执行不确定性传播的新迭代。

(5)重复步骤3和4,直到所有样品满足耦合误差容限。

由于克里金模型能够提供不确定性估计的预测,因此选定其作为代理模型(更多关于克里金模型的细节见第3章)。3种用于选择更新耦合代理模型新样本的不同自适应采样策略(使用填充耦合准则)有:最大残差法、最大信息增益法和最大加权信息增益法,具体描述如下:

(1)最大残差法:选择具有最大标准化残差的样本作为下一个点,并在此点处基于精确的学科模型执行FPI。

(2)最大信息增益法:为了评估信息增益,通过在克里金模型预测的可能采样位置处假设潜在的未来样本,构建假想的代理模型。对当前和假想更新后的代理模型在剩余朴素蒙特卡罗方法样本点处对预测高斯分布的差异进行量化,并用Kullback-Leibler散度进行表征,则这一散度代表了信息增益。最大信息增益法要求添加到训练集中的新样本点应是极大化信息增益的样本点。

(3)最大化加权信息增益法:加权信息增益准则使用潜在采样位置的当前归一化残差作为信息增益的权重。这一准则使得具有较大残差的输入实现显得更加重要。

使用代理模型的耦合不确定传播方法的主要优点是考虑了跨学科耦合变量与不确定变量之间的函数关系,保证了不确定变量的所有实现满足系统多学科方程组的要求。一个缺点可能是相关的计算成本。因为当样本不满足耦合误差容限时,除了MDA评估本身之外,该方法还需要对初始训练集重复MDA以补充样本。对于复杂且计算成本高昂的学科,它可能会导致大量的学科评估。另一个潜在的问题是,对于在第2步中满足FPI容差标准的朴素蒙特卡罗方法样本,一旦添加新样本进行克里金代理模型更新和训练,耦合变量的克里金模型便不再适用于满足FPI容差的样本。在满足FPI容差的情况下,克里金代理模型不能在同一样本上重复使用。

2)在示例案例上的应用

该部分基于15个($M_{\text{DoE}}=15$)初始实验设计建立了每个跨学科耦合变量的

高斯过程。这些设计实验的样本是从 10^5 个传播必需的朴素蒙特卡罗方法样本中选取得到的。对于设计实验的每个样本,在 2 个学科之间进行 FPI,以获得跨学科耦合变量的收敛值。然后,基于实验设计输入和耦合变量值,建立 2 个高斯过程 $\hat{y}_{12}(\boldsymbol{u})$ 和 $\hat{y}_{21}(\boldsymbol{u})$。

这些代理模型可用于以解耦的形式对 $M_{\text{CMC}} = 10^5$ 个样本进行不确定性传播,其中代理模型用于向学科 1 和学科 2 提供输入耦合值 $\boldsymbol{y}_{ij}$。传播后的耦合分布如图 6.27 和图 6.28 所示。

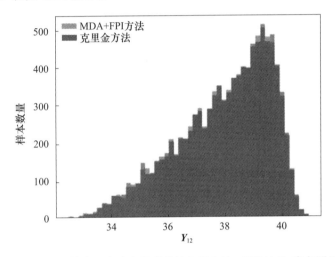

图 6.27　基于初始克里金法和朴素蒙特卡罗方法 + FPI 的 Y_{12} 直方图比较

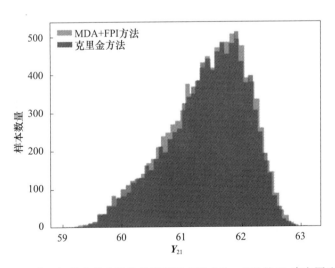

图 6.28　基于初始克里金法和朴素蒙特卡罗方法 + FPI 的 Y_{21} 直方图比较

这些分布与"示例案例说明"一节中给出的精确分布非常接近。这是由于克里金方法能够在输入不确定变量和跨学科耦合变量之间建立非线性映射模型,即使只有 15 个样本。然而,通过观察克里金法预测的输入耦合变量与经学科模拟的精确耦合变量之间的误差(图 6.29),可以看出代理模型并不够精确。误差计算为:$e = 100 \times \left(\dfrac{|y_{ij_{kr}} - c_{ij}|}{c_{ij}} + \dfrac{|y_{ji_{kr}} - c_{ji}|}{c_{ji}} \right)$,其中 $y_{ij_{kr}}$ 为利用克里金法预测的结果,c_{ij} 为经过学科评估的精确结果。

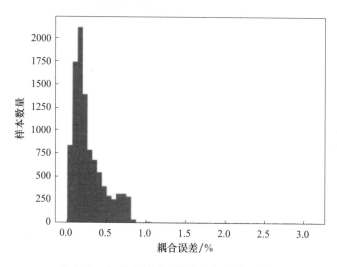

图 6.29 初始设计试验耦合变量误差百分比

使用克里金模型,耦合变量误差在 0%~3.5% 之间变化(图 6.29)。为了减少跨学科耦合匹配中的误差,采用 6.3.2 节中介绍的自适应方法,使用最大化残差准则添加一个样本定义为:$\text{IC} = \max \left[100 \times \left(\dfrac{|y_{ij_{kr}} - c_{ij}|}{c_{ij}} + \dfrac{|y_{ji_{kr}} - c_{ji}|}{c_{ji}} \right) \right]$。在每次迭代中,误差超过某个阈值(这里是 1.0%)的样本被传递,并且极大化这一误差的样本用精确学科函数执行 FPI,并被加入到设计实验中。同时,克里金模型被重建。图 6.30 给出了耦合变量最大误差关于迭代次数的函数。可以看出,在不确定空间中,通过使用与区域相对应的满足耦合条件的极大化误差样本附加信息来更新克里金模型,可以减小最大误差。

图 6.31 给出了迭代 0、5 和 10 次时 Y_{12} 和 Y_{21} 的联合概率分布函数,以及用于建立耦合变量高斯过程的相关数据点。可以观察到,添加的点位于联合概率分布函数的尾部区域,以减少耦合之间的最大误差。图 6.32 给出了新添加的样本,并从不确定空间的角度说明了减少高斯过程相关不确定性的重要区域。图 6.33 给出了经过 10 次迭代后基于更新克里金模型的 2 种耦合误差的直方图。

对于所有经 MCMC[①] 传播的样本,跨学科耦合变量的误差均小于 0.65%。此外,图 6.34 给出了通过高斯过程方法和朴素蒙特卡罗方法 + FPI 获得的耦合变量的叠加。这些分布比初始设计试验更相似、更接近。

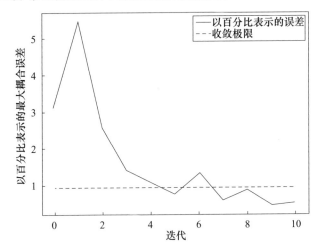

图 6.30　耦合变量最大误差关于自适应代理模型迭代的函数曲线

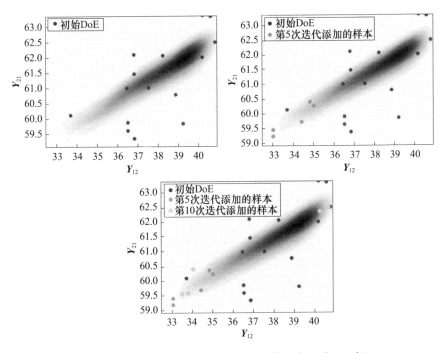

图 6.31　Y_{12} 和 Y_{21} 的联合概率分布(迭代 0 次、5 次、10 次)

---

① 原书误,译者改。

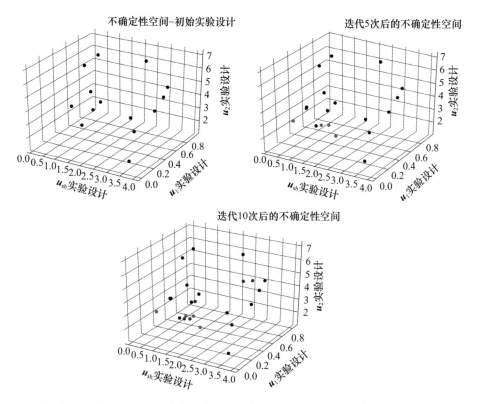

图 6.32 新增实验设计样本在输入不确定空间中的表示(迭代 0 次、5 次和 10 次)

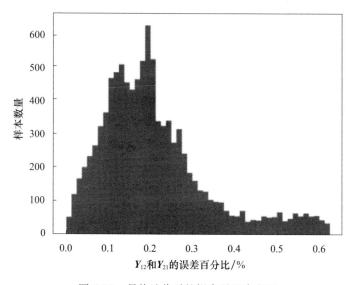

图 6.33 最终迭代时的耦合误差直方图

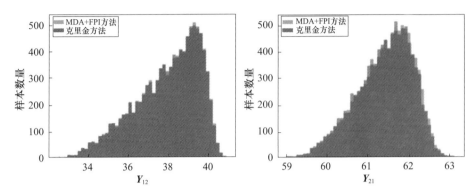

图 6.34 Y_{12} 和 Y_{21} 的最终边缘分布:采用自适应克里金技术(蓝色)和 FPI + 朴素蒙特卡罗方法技术(红色)(见彩图)

对于所有耦合变量的实现而言,该方法能够在限制用于满足跨学科耦合 FPI 次数的同时传播不确定性。它可使学科评估并行化,且所需的学科评估次数较常用的朴素蒙特卡罗方法 + FPI 方法少。使用该方法的困难之处可能在于确定初始设计实验的规模大小和各种阈值的选取以确保算法执行有限次迭代,否则可能导致对学科函数进行更多的调用。此外,对于那些 FPI 收敛本身只需很少的学科评估(运算)问题,这种方法可能不那么具有竞争力。

6.3.3 稀疏表示与高维模型截断表示(Cut – HDMR)

Isaac(2018)和 Friedman(2018)等提出了 2 种传播不确定性的变体方法,该方法利用稀疏表示和高维模型截断表示相结合的跨学科耦合变量近似来传播不确定性。为了建立这些耦合变量的近似值,需要进行有限次的 FPI 评估。一旦建立了这种近似,其被用来将输入变量的不确定性传播到多学科系统,而不需要对耦合系统进行任何评估。

耦合变量的近似依赖于 2 个概念:

(1)构造从输入不确定变量 $\boldsymbol{u}_{(k)}$ 的随机样本集合 $\{\boldsymbol{u}_{(k)}, \boldsymbol{y}_{i \cdot (k)}\}_{k=1,2,\cdots,M}$ 到 FPI(满足跨学科方程组)输出 $\boldsymbol{y}_{i \cdot (k)}$ 在某些函数基上的稀疏表示 $\boldsymbol{\Psi}$。稀疏表示导致系数向量 $\boldsymbol{\alpha}:\boldsymbol{f}=\boldsymbol{\Psi}\boldsymbol{\alpha}$ 坐标的非零项数量有限,其中 $\boldsymbol{f}$ 指信号(源自压缩传感的方法,其中测量值对应于 FPI 评估,信号值对应于耦合变量的收敛值)。

在实践中,作者建议使用勒让德(Legendre)多项式基,并用 l_1 极小化方法来确定多项式系数

$$\hat{\boldsymbol{\alpha}} = \underset{\boldsymbol{\alpha} \in \mathbf{R}^N}{\arg\min} \|\boldsymbol{\alpha}\|_1 \text{ 满足 } \|\boldsymbol{\Phi}\boldsymbol{\Psi}\boldsymbol{\alpha} - \boldsymbol{b}\|_2 \leq \epsilon$$

式中: $\boldsymbol{b} = \boldsymbol{\Phi}\boldsymbol{f}$ 对应于 M 个 FPI 精确解,且 $\|\boldsymbol{\alpha}\|_1 = \sum_{k=1}^{N} \alpha^{(k)}$。在已有的工作

中,作者假设从一元和二元输入子空间到收敛的耦合变量空间的映射是足够稀疏的,即近似是足够精确的;同时采用张量积技术是来通过一维勒让德多项式建立一组勒让德多项式基。

(2)假设耦合变量空间中输入和不动点之间的映射具有低叠加维数(假设耦合变量可由加性映射表示并在二元子空间上分解),则使用 l_1 - 最小化的高维近似为

$$f(\bm{u}^{(1)},\cdots,\bm{u}^{(d)}) = f_0 + \sum_{j=1}^{d} f_j(\bm{u}^{(j)}) + \sum_{j<l}^{d} f_{j,l}(\bm{u}^{(j)},\bm{u}^{(l)}) + \cdots + f_{1,2,\cdots,d}(\bm{u}^{(1)},\cdots,\bm{u}^{(d)})$$

作者使用了一种被称为高维截断表征(cut-HDMR)的特殊 HDMR 方法,它使用了基于用户定义的截断向量 $\bm{U}^c$(通常对应于输入不确定空间中的一个标称点)的狄拉克(Dirac)测度,并定义了 $f_0 = f(\bm{u}^c)$,则高维截断表征子函数表示为

$$f_j(\bm{u}^{(j)}) = f(\bm{u}^{(j)};\bm{u}^c|\bm{u}^{(j)}) - f_0 \tag{6.8}$$

$$f_{j,l}(\bm{u}^{(j)},\bm{u}^{(l)}) = f(\bm{u}^{(j)},\bm{u}^{(l)};\bm{u}^c|\bm{u}^{(j)},\bm{u}^{(l)}) - f_j(\bm{u}^{(j)}) - f_l(\bm{u}^{(l)}) - f_0 \tag{6.9}$$

式中:$(\bm{u}^{(j)};\bm{u}^c|\bm{u}^{(j)})$ 表示第 j 分量可以自由变化的截断向量。

这两个概念的结合使得在存在不确定性的情况下使用有限数量的 FPI 评估来构造函数化的耦合变量近似成为可能,并且它特别适合于求解高维问题。然而,作者强调必须知道一元和二元分解的基表示,而该基并不容易被先验性地获得。若不能知道分解的基表示,该方法找不到有用的近似。此外,对于具有高叠加维数的复杂耦合系统,单变量和双变量 HDMR 可能不够精确,但增加分解程度会相应地增加计算成本。

如果通过对分离学科的离线评估可以获得关于耦合变量的附加信息,Friedman 等(2018)在 Ghoreishi(2016)和 Ghoreishi and Allaire(2017)(见 6.4.2 节)等工作的基础上利用重要性重采样和核密度估计对该方法进行了扩展。

对于多学科耦合问题完全解耦的不确定传播技术也已被提出,其可避免执行多学科设计分析。这些方法将在以下章节中讨论。

6.4 解耦的不确定性传播技术

6.4.1 并发子系统不确定性分析

为了进一步改进 SUA,Du 和 Chen(2002b)以及 Du(2002)提出了一种改进的并发子系统不确定性分析(Concurrent Subsystem Uncertainty Analysis,CSSUA)方法,以避免用于局部代理模型(一阶泰勒近似)建立时的 FPI。该方法将 SUA

中所需的 FPI 转化为寻找耦合变量期望值 $\boldsymbol{\mu}_{Y_{ij}}$ 的一个优化问题,具体表示为

$$\min \sum_{i=1}^{N} \| \boldsymbol{\mu}_{Y_{i\cdot}} - \boldsymbol{c}_{i\cdot}(\boldsymbol{\mu}_{Y_{\cdot i}}, \boldsymbol{\mu}_{U}) \|_{2}^{2} \quad (6.10)$$

w. r. t. $\boldsymbol{\mu}_{Y}.$

与 SUA 一样,进行了学科函数的线性近似假设,即

$$\forall (i,j) \in \{1,2,\cdots,N\}^{2} i \neq j, \boldsymbol{\mu}_{Y_{ij}} = \boldsymbol{y}_{ij}(\boldsymbol{\mu}_{U_{sh}}, \boldsymbol{\mu}_{U_{i}}) \quad (6.11)$$

该优化问题允许并行调用学科函数,在使用合适的优化算法情况下与 FPI 相比,能降低计算成本。一旦找到耦合变量的期望值,则使用与 SUA 相同的不确定性传播。CSSUA 在对学科函数的相对线性化方面与 SUA 有相同的缺点。在航天飞行器设计中,空气动力学和弹道等学科涉及高度非线性动力学,同朴素蒙特卡罗方法和 FPI 相比,线性化假设会引入较大的误差。

6.4.2　基于重要性重采样、Gibbs 算法和密度估计的自适应多学科不确定性传播

1) 原理

Ghoreishi(2016) 和 Ghoreishi and Allaire(2017) 在 Amaral 等(2014) 针对参数化输入不确定性前馈系统提出的基于分解的不确定性分析方法基础上,提出了一种解耦的多学科不确定性传播方法。自适应不确定性传播方法可以同时传播认知不确定性和偶然不确定性。该方法使用模型差异法来考虑模型差异(认知不确定性)。这一过程可将高斯过程表征的模型差异项 $\boldsymbol{\delta}(\cdot)$ 添加到学科输出中来实现,可表示为

$$\hat{c}_{ij}(\boldsymbol{U}, \boldsymbol{Y}_{\cdot i}) = c_{ij}(\boldsymbol{U}, \boldsymbol{Y}_{\cdot i}) + \boldsymbol{\delta}(\boldsymbol{U}) \quad (6.12)$$

在此基础上,提出了一种传递模型不确定性和输入偶然不确定性的方法来估计耦合变量的联合分布。

该方法由 2 个阶段组成:离线阶段(图 6.35)和在线阶段(图 6.36)。离线

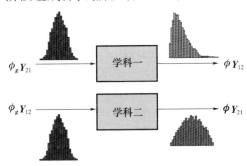

图 6.35　离线过程

阶段包括假设输入耦合变量概率分布函数的初始猜想 $\phi_{gY_{ij}}(\cdot)$ 并通过各学科同时独立地传播不确定性。然后，在第二阶段，使用 Gibbs 算法（Geman 和 Geman，1984）、密度估计和重要性重采样相结合的迭代过程来修正猜测的输入耦合概率分布函数，使其在分布上收敛到满足跨学科可行性的联合概率分布函数。

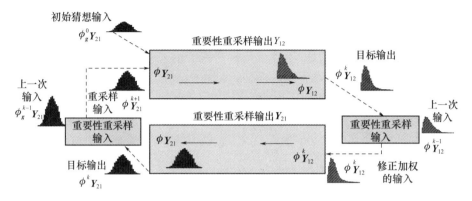

图 6.36　在线过程（学科 1 和学科 2 不进行表征和评估，仅将其输出耦合概率
分布函数通过重要性重采样进行重采样和修正权系数）

在离线阶段，基于输入耦合变量概率分布函数的初始猜想生成每个学科的输入和输出样本，并在解耦的学科上并行传播不确定性。

在线阶段包括一个迭代过程（从学科 1 到学科 2，…，到学科 N，再重新回到学科 1），该过程依赖于离线过程中获得的输入和输出分布的连续重新加权。在线阶段，从离线阶段得到的分布出发，采用 Gibbs 抽样策略来得到满足跨学科可行性的收敛的联合概率分布函数。从第一个学科开始，使用重要性重采样技术，由服从假定概率分布函数 $\phi_{gY_{ij}}(\cdot)$ 生成的 M 个输入耦合变量样本 $\hat{y}_{\cdot 1}$ 根据在离线阶段生成的目标输出耦合变量 $y_{\cdot 1}$ 进行重新加权赋值。这个过程需要基于密度估计的技术（如核密度估计）（见第 2 章）来对输入概率分布函数进行近似。然后，基于获得的 Radon–Nikodym 重要性权重（Glynn 和 Iglehart，1989）（对应于猜测的概率分布函数与相应输出概率分布函数的权重之比）来更新学科 1 的耦合变量输出概率分布函数 $y_{1\cdot}$（导致基于假设的和目标分布的输入样本计算权重对输出样本进行重采样）。而后，这些样本用于下一个学科 2 计算（流程中的下一个学科）。对所有学科执行这一过程。最后，在学科 1 重新加权的概率分布函数和学科 N 获得的输出概率分布函数之间估计其 Kullback–Leibler 散度。如果散度太大，则使用获得的学科 N 的输出概率分布函数来开始 Gibbs 算法的新迭代，直到从样本集获得的分布收敛到平稳分布。收敛到平稳分布几乎可以肯定需要大量的样本。在样本不足的情况下，作者还提出了一种基于 Kullback–

Leibler 散度的贪婪样本增量算法,以保证各学科的假设概率分布函数与目标概率分布函数之间的匹配。

这一方法能够绝对避免对多学科设计分析的调用,并且只需要对离线获得的数据进行重新赋予权重和重采样,而不用进行相应的学科评估。然而,由于需对耦合变量进行重采样,得到的耦合变量联合分布不能保证学科间的函数关系和跨学科方程组的满足。同时由 Gibbs 算法得到的分布的收敛性也不能保证满足耦合函数关系。更重要的是,该方法需要关于耦合变量联合概率分布(及其定义域)的先验知识来启动离线过程。

2)在示例案例上的应用

在这种方法中,首先执行离线过程,将不确定性沿着解耦的各学科传播(图 6.35)。过程中对耦合变量 $Y_{12_{initialguess}}$ 和 $Y_{21_{initialguess}}$ 的分布进行了初步的猜想,生成耦合变量 Y_{12} 和 Y_{21} 的 M 个独立同分布样本。在学科 1 中,这些样本表示为 $(\boldsymbol{u}_{(1)}, y_{21(1)}), \cdots, (\boldsymbol{u}_{(M)}, y_{21(M)})$,学科 2 中表示为 $(\boldsymbol{u}_{(1)}, y_{12(1)}), \cdots, (\boldsymbol{u}_{(M)}, y_{12(M)})$。然后,对于每个朴素蒙特卡罗方法实现,对两个学科进行并行的学科评估(图 6.37)。猜想服从高斯分布的 2 个耦合变量初值如图 6.37 所示。图 6.37

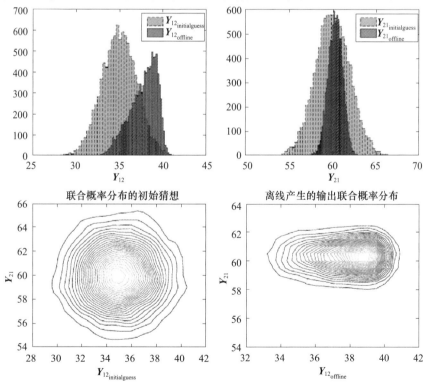

图 6.37 离线过程

也给出了并发学科评估后的离线输出分布。可以看出，输入和输出分布非常不同。在线阶段的目标就是通过使用 Gibbs 采样算法来强迫各自的输入和输出分布收敛。图 6.37 还给出了耦合的联合概率分布。

获得耦合输出后，在线过程开始。它由一个具有重要性重采样的 Gibbs 算法组成。首先根据获得的离线学科 2 输出(目标分布，图 6.38 中的 $Y_{21_{\text{offline}}}$)来估计 Y_{21} 初始猜想样本(假想分布，图 6.38 中的 $Y_{21_{\text{initialguess}}}$)的拉东 - 尼科迪姆(Radon - Nikodym)重要性权重。根据这些权重和核密度估计技术，生成 Y_{21} 的新输入样本(图 6.38 中的 $Y_{21_{\text{IR}}} = Y_{21_{\text{outputIRiter0}}}$)作为学科 1 的输入(对应于更新后的假想分布)。然后，将之前的拉东 - 尼科迪姆重要性权重应用于学科 1 的输出(Y_{12} 的离线样本，在图 6.38 中标记为 $Y_{12_{\text{outputIR}}}$)来获得学科 2 的新目标输入分布。该步骤避免了学科 1 模型的评估，降低了计算成本。通过更改现有输出概率分布函数的权重，它可以模拟输入概率分布函数的更改对输出概率分布的影响，而无须进行任何精确的学科评估。

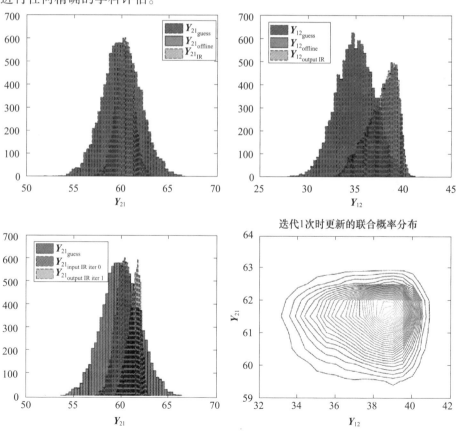

图 6.38 在线过程迭代 1 次的结果

然后,对学科 2 执行相同的过程(基于新的输入目标分布和学科 2 输出的改进,对学科 2 的初始猜想概率分布赋予新的权重)。然后,使用 Kullback – Leibler 散度比较初始假想分布($Y_{21_{outputIRiter0}}$)和 Y_{21} 的新输出分布(图 6.38 中的 $Y_{21_{outputIRiter1}}$)。所有这些分布如图 6.38 所示。如果散度高于某个阈值,得到的 Y_{21} 输出分布(对应于 $Y_{21_{outputIRiter1}}$)就被当成新的目标分布,并执行 Gibbs 算法的下一次迭代。图 6.38、图 6.39 和图 6.40 给出了耦合变量基于 Gibbs 算法的 3 次迭代(初始猜想、先前输出和重要性重采样)。Y_{21} 的分布(迭代 $k-1$ 时的假定分布和迭代 k 次时的目标分布)收敛于相同的边缘分布,此过程无须任何新的精确的学科评估。

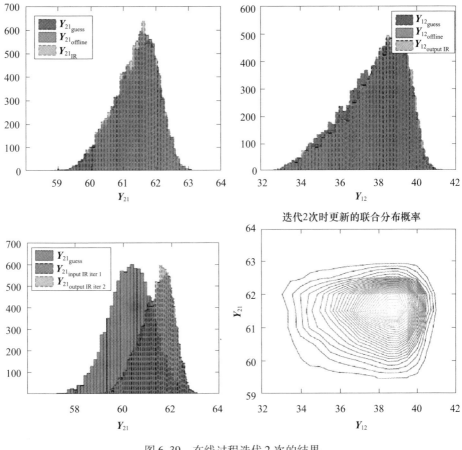

图 6.39　在线过程迭代 2 次的结果

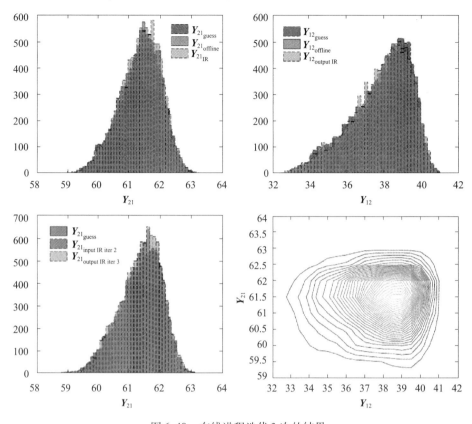

图 6.40 在线进程迭代 3 次的结果

6.4.3 多学科分析的似然方法

1）原理

多学科分析的似然方法（Likelihood Approach For Multidisciplinary Analysis，LAMDA）（Sankararaman 和 Mahadevan，2012）专注于多学科系统的半解耦不确定性传播。Sankararaman 等提出通过构建反馈（或前馈）输入耦合概率分布函数来满足不确定变量所有实现的跨学科耦合，以确保多学科之间的兼容性。

如图 6.41 所示，考虑部分解耦的多学科系统。图 6.41 中移除了从学科 i 到学科 j 的耦合。对于不确定向量 U 和耦合向量 Y_{ij} 的每一个实现，都可以计算出：$c_{ij}(u_i, c_{ji}(u_j, y_{ij}))$ 和 $e_{ij}(u, y_{ij}) = y_{ij} - c_{ij}(u_i, c_{ji}(u_j, y_{ij}))$。$E_{ij}$ 为输入耦合变量与相应输出耦合变量之间的误差。在这种部分解耦的方法中，$y_{ji} = c_{ji}(u_j, y_{ij})$ 直接来自于对学科 j 的仿真。为了简化，我们将 $c_{ij}(U_i, c_{ji}(U_j, Y_{ij}))$ 表示为 c_{ij}。

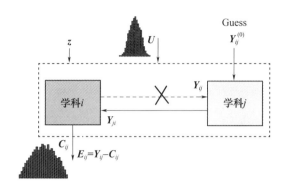

图 6.41　部分解耦的多学科系统(Sankaraman 和 Mahadevan,2012)和相关符号

Sankararaman 等提出的方法是基于满足耦合关系的可能性来构造"解耦"变量 Y_{ij} 的概率分布。一旦得到此概率分布函数,就有可能产生 U 和 Y_{ij} 的样本来传播半解耦系统中的不确定性。

为了说明该方法,我们考虑如图 6.41 所示的系统,并对此部分解耦的系统进行分析。在 $Y_{ij(0)}$ 固定的情况下对 U 的 M 个朴素蒙特卡罗方法样本进行不确定性传播,生成对应于学科 $c_{ji}(\cdot)$ 输出的 M 个样本。这些样本被直接传递给学科 i,学科 i 产生 M 个 $c_{ij}(\cdot)$ 的输出样本。在所有学科 c_{ij} 输出的样本中,当 c_{ij} 输出样本和实现 $y_{ij(0)}$ 相等(即 $E_{ij}=0$)时,跨学科耦合得到满足。$y_{ij(0)}$ 满足跨学科耦合的似然性 $\mathscr{L}(\cdot)$ 正比于概率 $\mathbb{P}(y_{ij(0)}=c_{ij})$。作者假设该概率与 $\mathbb{P}(-\epsilon \leq y_{ij(0)}-c_{ij} \leq \epsilon)$($\epsilon$ 足够小)相等,即

$$\mathscr{L}(\mathbf{y}_{ij(0)}) \propto \mathbb{P}(-\epsilon \leq y_{ij(0)}-c_{ij} \leq \epsilon \mid \mathbf{y}_{ij(0)}) \tag{6.13}$$

根据相同的原理可计算 Y_{ij} 不同实现的似然性。用该方法生成了几个样本 $\mathbf{y}_{ij(k)}$,并估计了 $\mathscr{L}(\mathbf{y}_{ij(k)})$。为了得到 Y_{ij} 样本,预先假设其服从均匀分布。基于似然性和贝叶斯定理,满足跨学科耦合的变量 Y_{ij} 的条件概率分布函数的估计值为

$$\phi_{Y_{ij} \mid E_{ij}=0}(\mathbf{y}_{ij}) = \frac{\mathscr{L}(\mathbf{y}_{ij})}{\int \mathscr{L}(\mathbf{y}_{ij}) \mathrm{d}\mathbf{y}_{ij}} \tag{6.14}$$

然后,利用条件概率分布函数 $\phi_{Y_{ij} \mid E_{ij}=0}(\cdot)$ 作为输入分布在部分解耦系统上传播不确定性。

在实际应用中,为了高效地估计耦合变量概率分布函数的收敛值,可采用以下两种近似方法。首先,计算某一特定实现的似然值 $\mathscr{L}(\mathbf{y}_{ij(k)})$,该过程需要估计概率分布函数 $\phi_{\mathbf{y}_{ij}}(\mathbf{c}_{ij}=\mathbf{y}_{ij(k)} \mid \mathbf{y}_{ij(k)})$。作者提出利用两种 FORMs 的有限差分方法估计累积分布函数,即

给定 $\phi_U(\cdot), y_{ij(k)}$ (6.15)

$$\min \beta = x^T x \quad (6.16)$$

w. r. t. x (6.17)

s. t. $y_{ij(k)} - c_{ij}(u_i, c_{ji}(u_j, y_{ij(k)})) = 0$ (6.18)

$$x = T(u) \quad (6.19)$$

式中:$x = T(u)$ 为输入不确定变量到标准正态空间的等概率变换。2 种 FORMs 被用来求解 $y_{ij(k)}$ 和 $y_{ij(k)} + \delta$(式(6.15)~式(6.19))以得到最终的累积分布函数值(即 $\Phi(-\sqrt{\beta})$,标准高斯累积分布函数)。2 个累积分布函数经作差并除以 δ, 可得到概率分布函数在 $y_{ij(k)}$ 处的近似值。因此,似然函数的估计值是基于 2 次近似得到的——通过一阶近似得到计算需要的累积概率分布函数,通过对 2 个累积分布函数进行有限差分得到概率分布函数。然后,为了估计 Y_{ij} 满足跨学科方程(式(6.14))的条件概率分布函数,必须估计 Y_{ij} 在其支撑域上的似然积分。求解该积分可以使用不同的方法,如朴素蒙特卡罗方法、求积技术等(见第 3 章)。最后,用获得的反馈耦合(或前馈)的概率分布函数来传播不确定性以估计感兴趣的量,还需要与抽样策略相结合的概率分布函数建模技术(如与 MCMC 结合的参数估计方法)。

Sankararaman 等提出的方法允许不确定变量的所有实现满足相应的耦合,而不仅仅是在最大可能失效点或期望值处。此外,该方法还可以在部分解耦的系统上传播不确定性,以避免计算昂贵的 MDA。然而,这种方法在满足跨学科耦合方面有一些限制。首先,不确定变量 U 和输入耦合变量 Y_{ij} 之间的函数依赖性在感兴趣量估计中丢失,因为这些变量是独立抽样的。这种函数依赖性可能是必要的,因为它确保了对于不确定变量的特定实现,耦合变量存在一个"唯一"的收敛值,如 FPI + 朴素蒙特卡罗方法一样。

基于同样的原理,提出了对完全解耦系统的一种扩展,即通过 2 个连续半解耦过程构造耦合变量的概率分布函数。该方法除处理偶然不确定性外,还被扩展到处理认知不确定性和高维耦合变量(如场耦合变量)的情况(Liang 等,2015;Liang 和 Mahadevan,2016)。

2)在示例案例上的应用

在这个方法中,移除了反馈耦合变量 Y_{21},并通过 2 个 FORM 过程(估计相关的概率密度函数值)来估计 Y_{21} 满足耦合关系的似然值。基于这个目的,先对 Y_{21} 的一个猜测域进行采样(图 6.42(a)),而后执行 2 种有限差分来估计满足耦合条件的 Y_{21} 的概率分布函数。然后,为了根据 Y_{21} 的这种近似生成更多样本,我们使用了 MCMC 方法(Metropolis – Hasting 算法(Hastings 1970))

(图6.42(b))。

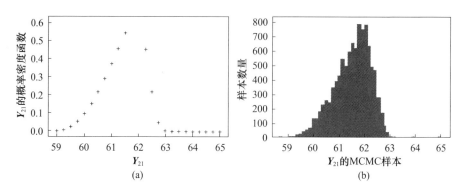

图 6.42　LAMDA 在示例案例中的应用
(a)使用2种FORMs估计的满足跨学科耦合的概率分布函数；
(b)用于在半解耦系统上传播不确定性的 Y_{21} MCMC 样本。

利用 MCMC 生成的样本，用朴素蒙特卡罗方法对输入不确定性 U 和输入耦合变量 Y_{21} 进行了传播，得到的满足跨学科耦合约束的耦合变量联合概率分布函数如图6.43所示。此外，图6.43(b)给出了 Y_{21} 输入和输出之间的百分比误差。这一相对误差最大为6%，大多数情况下在4%以下。这一误差很难被进一步减小，因为先前采用了 FORM 近似和 SUA 方法本身具有非线性特性（见6.3.1节）。

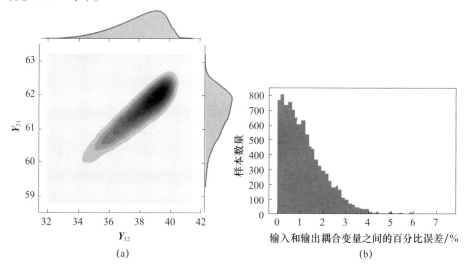

图 6.43　LAMDA 在示例案例中的应用
(a) Y_{21} 的最终联合概率分布函数；(b) Y_{21} 输入和输出耦合百分比误差。

6.4.4 分布式多学科体系的概率分析

Ghosh 和 Mavris(2016)提出了一种名为分布式多学科体系架构概率分析(Probabilistic Analysis of Distributed Multidisciplinary Architectures,PADMA)方法。该方法在矩匹配方法基础上,除进行统计矩匹配外,还对输入和输出耦合变量的概率分布函数进行匹配。该方法的目的是消除输入输出耦合概率分布函数之间的 FPI 过程。

在 PADMA 中,使用输入和输出耦合变量的概率分布函数信息计算事件跨学科兼容(Event of Interdisciplinary Compatibility, EIC)的可能性。对于不确定变量向量 U 的特定实现 $u_{(0)}$,定义 EIC(·)(图 6.44)为

$$\mathrm{EIC}(\boldsymbol{y}_{ij(0)},\boldsymbol{y}_{ji(0)}) = \begin{cases} 1, \boldsymbol{y}_{ij(0)} = \boldsymbol{c}_{ij}(\boldsymbol{y}_{\cdot i(0)}, \boldsymbol{u}_{(0)}) \text{ 和 } \boldsymbol{y}_{ji(0)} = \boldsymbol{c}_{ji}(\boldsymbol{y}_{\cdot j(0)}, \boldsymbol{u}_{(0)}) \\ 0, \text{其他} \end{cases}$$

(6.20)

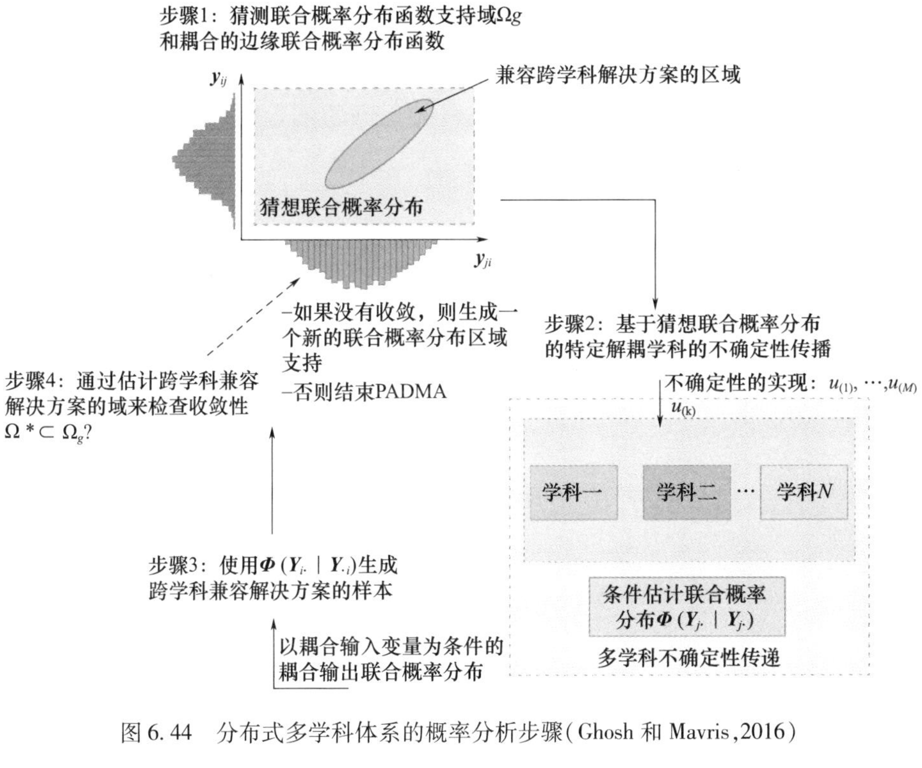

图 6.44 分布式多学科体系的概率分析步骤(Ghosh 和 Mavris,2016)

所提方法的步骤如下。

(1)步骤 1:猜测耦合变量的输入联合概率分布函数。因为跨学科兼容的联

合概率分布函数(满足跨学科方程组的耦合变量的联合概率分布函数)的最终域未知,所以初始猜测域必须足够大,以包含兼容的解域。

(2)步骤2:通过解耦的学科并发传播不确定性。每个学科都可以使用第3章中介绍的最恰当的不确定性传播技术。在输入耦合变量的条件下,估计了输出耦合变量的联合概率分布函数 $f_{y_i.|y_{.i}}(\cdot)$。这一函数可以通过使用参数方法如贝叶斯回归或非参数方法如高斯过程进行建模。作者建议使用 Copula 分位数回归(Ghosh 和 Mavris,2016)。

(3)步骤3:生成跨学科兼容解样本。该样本以前述步骤不确定性传播结果和以输入耦合变量为条件的输出耦合概率分布函数 $f_{y_i.|y_{.i}}(\cdot)$ 为基础。

(4)步骤4:验证跨学科兼容的联合概率分布函数最终域是否包含在猜想域中。利用步骤3生成的多学科兼容样本的统计平均值和标准差,将耦合变量 y_{ij} 的最终域定义为 $[\mu_{y_{ij}} - \eta\sigma_{y_{ij}}, \mu_{y_{ij}} + \eta\sigma_{y_{ij}}]$。如果初始猜想的跨学科兼容域没包含最终域,则根据之前的结果更新初始猜想域,并执行一次新的迭代。如果最终域被包含在初始猜想域中,则流程终止。

该方法能够在没有任何 FPI 的情况下,通过不同学科自主并发地传播不确定性。通过评估跨学科兼容的可能性(使用 EIC),可以获取耦合变量的依赖关系。该方法需要估计满足跨学科方程组的耦合变量概率分布函数支持度。PADMA 提供了耦合变量概率分布函数的匹配,而不是像 FPI + 朴素蒙特卡罗方法那样通过样本实现来实现。PADMA 的一个缺点是,与集成方法相比,它通常需要大量的样本来准确估计跨学科兼容解的联合概率分布函数。

下面讨论多学科系统里一些特定的不确定性传播技术。6.5 节讨论多学科问题可靠性分析面临的挑战,最后 6.6 节提出了偶然不确定性和认知不确定性混杂存在情况下多学科系统传播不确定性的一些方法。

6.5 多学科问题的可靠性分析

如第 4 章所述,可靠性分析是一种特殊的不确定性传播技术,已被应用于多学科问题来避免重复调用 MDA。本章中提到的所有技术都可以用于可靠性分析。如在考虑基于最大可能失效点的可靠性分析(如 FORM)情况下,多学科问题的最大可能失效点搜索过程包括双回路算法(图 6.45),即外环的最大可能失效点优化和内环的 MDA 迭代。

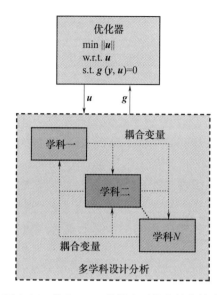

图 6.45 带有 MDA 的最大可能失效点搜索

为了避免这种嵌套循环,提出了几种基于分解的方法来提高最大可能失效点搜索效率。Du 和 Chen(2002a,2005)开发了一种基于 FORM 和协同优化(协同可靠性分析)的可靠性分析方法来搜索并行学科评估中的最大可能失效点(图 6.46)。与在标准正态空间中通过优化搜索不确定变量 U 的最大可能失效点不同,最大可能失效点搜索是在扩展的设计空间中进行的,该设计空间还在建模的过程中引入了输入耦合变量 Y_{ij} 和附加的跨学科兼容性条件,具体为

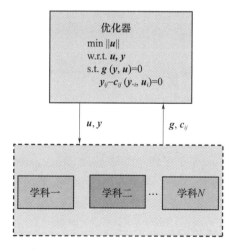

图 6.46 通过协同可靠性分析进行最大可能失效点搜索(Du 和 Chen,2005 年)

$$\min \|u\| \tag{6.21}$$
$$\text{w. r. t. } u, y$$
$$\text{s. t. } g(u, y) = 0 \tag{6.22}$$
$$\forall (i, j) \in \{1, 2, \cdots, N\}^2 i \neq j, y_{ij} = c_{ij}(y_{\cdot i}, u_i). \tag{6.23}$$

这样,在保证学科相容性的前提下,可以平行地对这些学科进行评估以找到最大可能失效点。这个想法是由 Padmanabhan 等提出的,其使用 CSSO 过程(MPP – CSSO)代替并行学科评估的 CO(Padmanabhan 和 Batill,2002)。Mahadevan 和 Smith(2006)也提出了利用一次二阶矩(First – Order Second Moment, FOSM)技术来表征耦合变量,同时对整个系统应用更高级的可靠性分析(如朴素蒙特卡罗方法或 FORM)来进行最大可能失效点搜索。此外,Du 和 Chen(2005)提出的方法已经扩展应用到由区间形式表示的偶然不确定性和认知不确定性分析(Guo 和 Du,2010)(见第 6.6 节)。其提出的框架将概率分析(FORM)与区间分析按顺序解耦,以减少在学科解耦评估过程中的计算成本。

Ahn 等提出了一种替代策略,称为多学科分析系统的序贯可靠性分析方法(Sequential Approach to Reliability Analysis for Multidisciplinary Analysis Systems, SARAM)(Ahn and Kwon,2004)。该方法将 MDA 和可靠性分析按顺序分解并形成一个递归循环。分解后的过程可以针对可靠性分析和 MDA 执行并发子系统分析,并利用 GSE 求得极限状态函数的梯度。

6.6 多学科系统中偶然/认知混杂不确定性的传播

致力于偶然/认知混杂不确定性传播(不考虑设计变量和优化,考虑设计变量和优化的议题在第 7 章讨论)的研究较少。关于输入认知不确定性描述已在第 2 章中进行了阐述。

Du 等提出了统一可靠性分析框架(Du,2008),可以同时处理随机变量和区间变量。Guo 与 Du(2010)将 Du(2008)中的策略(统一可靠性分析——URA)扩展到存在偶然不确定性和区间不确定性等混杂不确定性的多学科可靠性分析(见第 4 章)。这个工作提出了 3 个策略来进行可靠性分析:序贯双环路策略(Sequential Double Loops,SDL)、序贯单环路策略(Sequential Single Loops,SSL)和序贯"单 – 单"环路策略(Sequential Single – Single Loop,SSSL)。

设 U 是服从概率分布函数特征的随机变量,X 是定义在 $[x^l, x^u]$ 范围内的区间变量。这类问题的失效概率被定义为 $P_f \in [P_f^l, P_f^u]$。所有的困难来源于对这些边界的估计。对于一个多学科问题,这些边界的定义为

$$P_f^l = \mathbb{P}[\max_X g(U, X, y(U, X)) \leq 0] \tag{6.24}$$

$$P_f^u = \mathbb{P}[\min_X g(U,X,y(U,X)) \leq 0] \quad (6.25)$$

在给定这些存在偶然不确定性和区间不确定性条件下失效概率边界定义的情况下,估计边界的过程包括一个双重嵌套循环:用区间分析搜索 $g(\cdot)$ 的最大值和最小值,用概率分析估计相应的失效概率。

SDL 包含按次序进行的概率分析和区间分析序列,其中使用 FPI 和 MDA 来确定跨学科耦合(图 6.47)。如果使用 FORM 进行概率分析,对于某个 x^{k-1}(在 SDL 的前一次迭代中确定),最大可能失效点定义为

$$\min \|u\| \quad (6.26)$$
$$\text{w. r. t.} \ u$$
$$\text{s. t.} \ g(u,x^{k-1},y(u,x^{k-1})) = 0 \quad (6.27)$$

式中:$y(\cdot)$ 由 MDA 利用 FPI 得到。

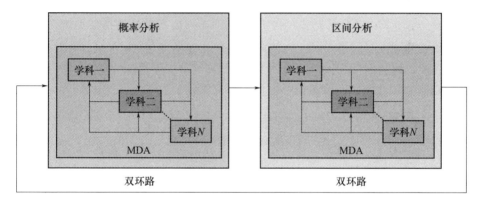

图 6.47 SDL(Guo 和 Du,2010)

对于当前最大可能失效点处 $u^{*(k)}$ 对应的偶然不确定变量集,在前一次概率分析的基础上,区间分析的下界被定义为

$$\max g(u^{*k},x,y(u^{*(k)},x)) \quad (6.28)$$
$$\text{w. r. t.} \ x \in [x^l,x^u]$$

类似地,$y(\cdot)$ 由 MDA 使用 FPI 确定。在 SDL 中,跨学科耦合是通过每一次迭代过程中的概率分析和区间分析优化来保证的。

SSL(图 6.48)遵循与序贯双环路法相同的思路。与序贯双环路法使用 MDA 保证跨学科兼容性不同,其将系统一致性约束加入到概率分析和区间分析优化问题中,在概率分析和区间分析收敛时保证跨学科兼容性,而不像 SDL 那样需在每次迭代时保证学科兼容性。该方法中的概率分析是基于 6.5 节中提出的协同优化可靠性分析中的最大可能失效点搜索进行的(Du 和 Chen,2005)。

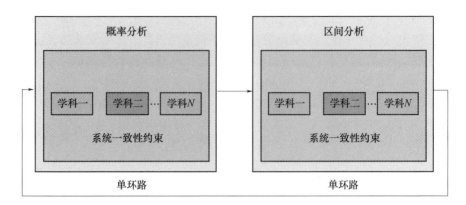

图 6.48　SSL(Guo 和 Du,2010)

对于可靠性分析,SDL 依赖于高效的最大可能失效点搜索,而在 SSL 中,只有非线性优化策略能用于概率分析。从学科评价达到收敛的角度来看,非线性优化通常不如专门的最大可能失效点搜索算法高效。为了利用最大可能失效点搜索算法的优势,将 SSL 和 SDL 2 种方法结合,给出了序贯 SSSL。这种方法依赖于 SDL 的概率分析环路和 SSL 的区间分析环路(图 6.49)。

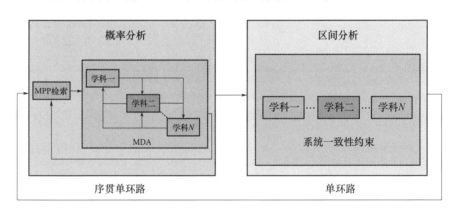

图 6.49　SSSL(Guo 和 Du,2010)

提出的每种方法的效率取决于不同因素,如随机变量的数量、区间描述的变量数量、学科数量以及多学科设计分析的效率。在 SSL 和 SSSL 方法中,各子系统之间通过相等约束来保证跨学科的相容性,这一约束使得优化过程同 SDL 方法相比更难收敛。因此,使用 SSL 和 SSSL 的一个重要因素在于选择适当的起点以简化收敛过程。

Tao 等(2014)提出了一种基于证据理论的多学科系统处理偶然/认知混杂不确定性的可靠性分析方法。采用与一次二阶矩等价的归一化方法来寻找近似的最大可能失效点,并采用重要抽样方法(见第4章)对含有认知不确定性和偶发不确定性等混杂不确定性的多学科系统进行可靠性分析。在最大可能失效点近似值的基础上,采用一次二阶矩求解近似的最大可能失效点,并采用重要性采样方法计算精确失效概率、方差和变异系数。其中的跨学科耦合变量则采用FPI确定。

Jiang等(2014)提出了一种在多学科问题中同时传播偶然不确定性和认知不确定性的方法。这项工作是 SUA 方法的扩展(Du 和 Chen,2002b;杜,2002)。的确,在最初的 SUA 中,作者提出了在预先确定模型偏差函数的前提下,将多学科系统的输入不确定性和模型不确定性融合。然而,这项工作并没有明确说明如何对模型的不确定性进行量化。在这项工作中,Jiang 等通过含有模型偏差修正的高斯过程来量化学科模型的认知不确定性,并将其引入SUA 来对 SUA 进行扩展。耦合变量的协方差可以使用与 SUA 类似的一阶泰勒展开进行估计。

6.7 总结

本章描述了不同的不确定性传播技术。由于不同物理模型之间存在的跨学科耦合,必须使用特定的方法来减少与不确定性传播相关的计算成本,并寻求跨学科的一致性。

本章所述的处理多学科系统不确定性传播的方法可以根据耦合的处理方式(耦合式、混杂式、解耦式)或耦合变量的收敛方式(基于样本实现的、基于概率分布的或基于统计矩的)进行分类,具体的分类结果如图 6.50 所示。

耦合策略是最常用的策略,其在满足跨学科耦合(利用 FPI)的不同学科环路之上增加一个不确定性传播的附加环路(经典的方法为朴素蒙特卡罗方法)。然而,当存在计算密集型学科时,那些需要大量重复 MDA 评估的不确定性分析方法将带来计算灾难。为了避免这种嵌套循环,提出了混合策略或者解耦策略。新提出的替代策略将 MDA 中嵌套的不确定性分析重新组织为并行学科或者子系统,以利用并行计算的优势进行不确定性传播。

解耦策略可以通过各自学科并发地传播不确定性,并采用匹配方法来确保学科间耦合的兼容性。混杂策略则依赖于 FPI 找到兼容的解,并通过学科并行不确定性传播避免重复的 MDA 评估。

为了展示耦合系统中存在不确定性的影响,并突出每种技术在处理不确定性时的优点和缺点,我们使用了一个示例案例来对所述的多学科不确定性传播策略进行比较说明。

针对具有高维耦合或大量不确定参数的耦合系统,不确定性传播仍然是一个未解决的问题,需要先进的技术来对工业级的耦合进行精细建模和处理。

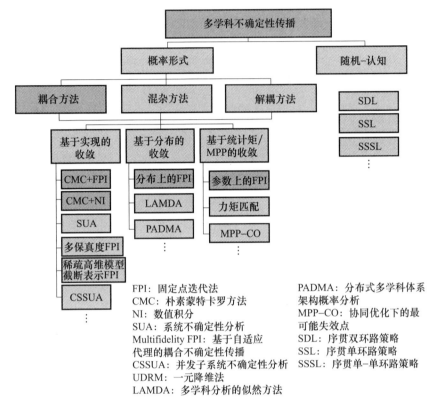

图 6.50 多学科耦合系统不确定性传播方法分类

参考文献

Ahn, J. and Kwon, J. - H. (2004). Sequential approach to reliability analysis of multidisciplinary analysis systems. *Structural and Multidisciplinary Optimization*, 28(6):397 - 406.

Amaral, S., Allaire, D., and Willcox, K. (2014). A decomposition - based approach to uncertainty analysis of feed - forward multicomponent systems. *International Journal for Numerical Methods in Engineering*, 100(13):982 - 1005.

Arnst, M., Ghanem, R., Phipps, E., and Red - Horse, J. (2012). Dimension reduction in stochastic modeling of coupled problems. *International Journal for Numerical Methods in Engineering*, 92 (11):940 - 968.

Arnst, M., Ghanem, R., Phipps, E., and Red - Horse, J. (2014). Reduced chaos expansions with random coefficients in reduced-dimensional stochastic modeling of coupled problems. *International Journal for Numerical Methods in Engineering*, 97(5):352–376.

Arnst, M., Soize, C., and Ghanem, R. (2013). Hybrid sampling/spectral method for solving stochastic coupled problems. *SIAM/ASA Journal on Uncertainty Quantification*, 1(1):218–243.

Chaudhuri, A., Lam, R., and Willcox, K. (2017). Multifidelity uncertainty propagation via adaptive surrogates in coupled multidisciplinary systems. *AIAA Journal*, pages 235–249.

Chiralaksanakul, A. and Mahadevan, S. (2007). Decoupled approach to multidisciplinary design optimization under uncertainty. *Optimization and Engineering*, 8(1):21–42.

Du, X. (2002). *Efficient methods for engineering design under uncertainty*. PhD thesis, Graduate College, University of Illinois at Chicago.

Du, X. (2008). Unified uncertainty analysis by the first order reliability method. *Journal of Mechanical Design*, 130(9):091401.

Du, X. and Chen, W. (2002a). Collaborative reliability analysis for multidisciplinary systems design. In *9th AIAA/ISSMO Symposium on Multidisciplinary Analysis and Optimization*, Atlanta, GA, USA.

Du, X. and Chen, W. (2002b). Efficient uncertainty analysis methods for multidisciplinary robust design. *AIAA Journal*, 40(3):545–552.

Du, X. and Chen, W. (2005). Collaborative reliability analysis under the framework of multidisciplinary systems design. *Optimization and Engineering*, 6(1):63–84.

Felippa, C. A., Park, K., and Farhat, C. (2001). Partitioned analysis of coupled mechanical systems. *Computer methods in applied mechanics and engineering*, 190(24–25):3247–3270.

Friedman, S., Isaac, B., Ghoreishi, S. F., and Allaire, D. L. (2018). Efficient decoupling of multiphysics systems for uncertainty propagation. In *2018 AIAA Non-Deterministic Approaches Conference*, Kissimmee, FL, USA.

Geman, S. and Geman, D. (1984). Stochastic relaxation, Gibbs distributions, and the Bayesian restoration of images. *IEEE Transactions on pattern analysis and machine intelligence*, (6):721–741.

Ghoreishi, S. and Allaire, D. (2017). Adaptive uncertainty propagation for coupled multidisciplinary systems. *AIAA Journal*, pages 3940–3950.

Ghoreishi, S. F. (2016). *Uncertainty analysis for coupled multidisciplinary systems using sequential importance resampling*. Master's thesis, Texas A&M University, College Station.

Ghosh, S. and Mavris, D. N. (2016). A Methodology for Probabilistic Analysis of Distributed Multidisciplinary Architecture (PADMA). In *17th AIAA/ISSMO Multidisciplinary Analysis and Optimization Conference*, Washington, DC, USA.

Glynn, P. W. and Iglehart, D. L. (1989). Importance sampling for stochastic simulations. *Management Science*, 35(11):1367–1392.

Gu, X., Renaud, J. E., Batill, S. M., Brach, R. M., and Budhiraja, A. S. (2000). Worst case propagated uncertainty of multidisciplinary systems in robust design optimization. *Structural and Mul-

tidisciplinary Optimization, 20(3):190 – 213.

Gu, X. S., Renaud, J. E., and Penninger, C. L. (2006). Implicit uncertainty propagation for robust collaborative optimization. *Journal of Mechanical Design*, 128(4):1001 – 1013.

Guo, J. and Du, X. (2010). Reliability analysis for multidisciplinary systems with random and interval variables. *AIAA Journal*, 48(1):82 – 91.

Haldar, A. and Mahadevan, S. (2000). *Probability, reliability, and statistical methods in engineering design*, volume 1. Wiley New York.

Hastings, W. K. (1970). *Monte Carlo sampling methods using Markov chains and their applications*. Oxford University Press.

Isaac, B., Friedman, S., and Allaire, D. L. (2018). Efficient approximation of coupling variable fixed point sets for decoupling multidisciplinary systems. In *2018 AIAA/ASCE/AHS/ASC Structures, Structural Dynamics, and Materials Conference, Kissimmee, FL, USA*.

Jiang, Z., Chen, S., Apley, D. W., and Chen, W. (2015). Resource allocation for reduction of epistemic uncertainty in simulation – based multidisciplinary design. In *ASME 2015 International Design Engineering Technical Conferences and Computers and Information in Engineering Conference, Boston, MA, USA*.

Jiang, Z., Li, W., Apley, D. W., and Chen, W. (2014). A system uncertainty propagation approach with model uncertainty quantification in multidisciplinary design. In *ASME 2014 International Design Engineering Technical Conferences and Computers and Information in Engineering Conference, Buffalo, NY, USA*.

Joyce, J. M. (2011). Kullback – Leibler divergence. In *International encyclopedia of statistical science*, pages 720 – 722. Springer.

Kokkolaras, M., Mourelatos, Z. P., and Papalambros, P. Y. (2004). Design optimization of hierarchically decomposed multilevel systems under uncertainty. In *ASME 2004 International Design Engineering Technical Conferences and Computers and Information in Engineering Conference, Salt Lake City, UT, USA*.

Liang, C. and Mahadevan, S. (2016). Stochastic multidisciplinary analysis with high – dimensional coupling. *AIAA Journal*, 54(2):1209 – 1219.

Liang, C., Mahadevan, S., and Sankararaman, S. (2015). Stochastic multidisciplinary analysis under epistemic uncertainty. *Journal of Mechanical Design*, 137(2):021404.

Liu, H., Chen, W., Kokkolaras, M., Papalambros, P. Y., and Kim, H. M. (2006). Probabilistic analytical target cascading: a moment matching formulation for multilevel optimization under uncertainty. *Journal of Mechanical Design*, 128(4):991 – 1000.

Mahadevan, S. and Smith, N. (2006). Efficient first – order reliability analysis of multidisciplinary systems. *International Journal of Reliability and Safety*, 1(1 – 2):137 – 154.

McDonald, M. and Mahadevan, S. (2008). Uncertainty quantification and propagation in multidisciplinary analysis and optimization. In *12th AIAA/ISSMO Multidisciplinary Analysis and Optimiza-*

tion Conference, Victoria, Canada.

Padmanabhan, D. and Batill, S. (2002). Decomposition strategies for reliability based optimization in multidisciplinary system design. In *9th AIAA/ISSMO Symposium on Multidisciplinary Analysis and Optimization*, Atlanta, GA, USA.

Park, K., Felippa, C., and DeRuntz, J. (1977). Stabilization of staggered solution procedures for fluid-structure interaction analysis. *Computational methods for fluid-structure interaction problems*, 26(94-124):51.

Sankararaman, S. and Mahadevan, S. (2012). Likelihood-based approach to multidisciplinary analysis under uncertainty. *Journal of Mechanical Design*, 134(3):031008.

Tao, Y., Han, X., Duan, S., and Jiang, C. (2014). Reliability analysis for multidisciplinary systems with the mixture of epistemic and aleatory uncertainties. *International Journal for Numerical Methods in Engineering*, 97(1):68-78.

第7章 基于不确定性的多学科设计优化

7.1 简介

本章致力于描述存在不确定性时的MDO范式。第1章介绍了确定性MDO范式,并强调了这些方法在解决复杂多学科设计问题时的优点。UMDO则主要研究MDO问题中存在的不确定性。UMDO的重要性也正引起学术界和产业界的广泛关注。然而,与确定性MDO方法相比,UMDO方法仍处于发展的早期阶段,还有许多问题有待解决。本章对过去几十年里,这一领域研究取得的重要进展进行介绍。

UMDO问题结合了确定性MDO的诸多挑战(如设计过程的组织、跨学科耦合的控制等)和多场物理问题中不确定性传播涉及的难点。大多数现存的UMDO范式都建立在第6章中所述的多学科不确定性传播技术基础上。用于解决这些UMDO问题的算法不在本章的讨论范畴之内,但是在第5章中提出的所有优化技术都可以用于解决UMDO问题。

本章的目的是了解现有的UMDO范式,理解其特点和局限性,并通过示例案例加以说明。为了了解现存的UMDO范式,本章组织如下:7.2节强调了确定性MDO和UMDO之间的区别,讨论了基于稳健性的UMDO方法和基于可靠性的UMDO方法之间的区别,并介绍了本章中可能用到的符号标记;7.3节主要关注依赖于MDA和第6章所述多学科系统不确定性传播的耦合UMDO范式;7.4节介绍不确定性传播从优化中分离的单级UMDO过程;7.5节关注的是分布式UMDO范式和存在不确定性时的跨学科耦合兼容问题;其他一些混杂UMDO方法在7.6节中介绍,这些方法使用MDA来确保跨学科耦合的满足,并允许不确定性通过解耦系统进行传播;7.7节简要回顾了处理偶然/认知混杂不确定性的UMDO策略。

对于每种方法,本章都首先介绍这一方法的基本原理,给出数学描述方式和相应的解释,最后总结优缺点。此外,这些方法还通过一个示例案例进行解释说明。

7.2 MDO 和 UMDO 的区别

考虑到跨学科耦合的问题,为了简化 UMDO 的建模过程和符号系统,需要对考虑的 UMDO 问题作几个必要的假设:

(1)除跨学科耦合方程外,仅考虑不等式约束。实际上,在航天飞行器设计问题中,当不确定性存在时,经常在等式约束基础上(入射轨道约束)引入公差来考虑不确定性问题,即将等式约束转化为带公差的不等式约束。

(2)不失一般性,状态变量 x 和状态方程残差 $r(\cdot)$ 均在学科一级的水平上处理而不出现在 UMDO 过程中。

处理含不确定性的 MDO 问题需要来自以下领域的工具和技术:

(1)不确定性表征和建模(见第 2 章)与灵敏度分析(见第 3 章)。

(2)可靠性分析(见第 4 章)。

(3)不确定性传播(见第 3 章和第 6 章)。

(4)可用的优化算法(见第 5 章)。

此外,为了有效地评估系统性能和可靠性,设计过程的有效组织是必不可少的。UMDO 范式和第 1 章描述的确定性 MDO 范式之间存在着重要的区别。UMDO 范式要求对不确定性建模、测度、传播和优化。

在 MDO 问题中引入不确定性形成了一个新的通用 UMDO 问题(Yao 等,2011),具体表述为

$$\min \Xi[f(z,\boldsymbol{\theta}_Y,U)] \tag{7.1}$$
$$\text{w. r. t. } z,\boldsymbol{\theta}_Y$$
$$\text{s. t. } \mathbb{K}_k[g_k(z,\boldsymbol{\theta}_Y,U)] \leq 0 \quad k \in \{1,2,\cdots,m\} \tag{7.2}$$
$$\forall i \neq j \subset [1,N]^2, \forall u \in \mathbf{R}^d, y_{ij}(\boldsymbol{\theta}_{Yij},u_i) = c_{ij}(z_i,y_{\cdot i}(\boldsymbol{\theta}_{Y\cdot i},u_{\cdot i}),u_i) \tag{7.3}$$
$$z_{\min} \leq z \leq z_{\max} \tag{7.4}$$

下面介绍这一通用 UMDO 问题中使用的符号和与确定性 MDO 问题的区别:

(1) U 是不确定向量(设为实值随机向量,$U \in \mathbf{R}^d$)。我们记学科 i 的输入不确定向量为 U_i,且 $U \in \cup_{i=1}^N U_i$,各学科不确定向量间无重复。在本章中(7.7 节除外),假定不确定变量是用概率论建模的,且其联合输入变量的概率分布已知。为了简化本章后面小节使用的符号,对于所有的不确定变量,实现 $U(w)$ 记为 u。例如,经朴素蒙特卡罗方法产生的随机向量 U_i 的第 k 个样本记为 $u_{i(k)}$。随机向量 U_i 的第 k 个样本的第 p 个坐标记为 $u_{i(k)}^p$。正如第 2 章强调的,不确定性的其他建模方式也存在,如证据理论(Dempster,1967)、可能性理论(Negoita

等,1978)或区间分析(Moore 等,2009),它们与 UMDO 地结合在 7.7 节进行讨论。此外,假设设计变量 z 是确定性变量,所有的不确定性由 U 表示。我们记 $(\Omega, \sigma_\Omega, \mathbb{P})$ 为一个概率空间,Ω 是一个样本空间,σ_Ω 是一个 σ - 代数,$\mathbb{P}[\cdot]$ 是一个概率测度。记 $\phi(\cdot)$ 为不确定向量 u 的联合概率密度函数。如果一个设计变量被认为是不确定的,那么,它的贡献由 2 部分组成:①由优化器控制的确定性部分;②通过系统传播的偶然性部分。例如,如果将推进剂质量 m 视为不确定设计变量,则推进剂质量的期望值 μ_m 是由优化器控制的确定性设计变量(可视为系统级参数),围绕该期望值的推进剂质量不确定性根据推进剂质量概率密度函数通过系统进行传播。

(2)$\Xi[\cdot]$ 为目标函数的不确定性测度。度量 $\Xi[\cdot]$ 量化了待优化目标函数中的不确定性。在概率论框架下,期望值 $\mathbb{E}[f(z, \theta_Y, U)]$ 或期望值和标准差的集合通常用来量化目标函数中的不确定性(Baudoui,2012)(关于优化中的不确定性测度见第 5 章)。

(3)由于不确定向量 U 的存在,耦合变量向量 Y 也是一个不确定向量。同确定性 MDO 一样,在解耦的处理方法中,输入耦合变量必须由优化器控制。然而,在不确定性存在的情况下,优化器不能直接控制不确定的耦合变量。实际上,由于输入耦合变量是 U 的函数,为了避免无穷维优化问题,优化器不直接控制不确定耦合变量,而是用确定性参数 θ_Y 来对不确定输入耦合向量 Y 建模。这些参数可能是不确定变量的一些实现、统计矩、概率密度函数参数、Y 的函数表示参数等。

利用概率论考虑 UMDO 约束,存在 2 种经典的不确定性测度。在解 UMDO 问题时,绝大部分运算是用来处理约束(Du 等,2008)。同处理不确定性存在情况下的单学科优化问题一样(见第 5 章),根据约束测度的选择,可以确定 2 种 UMDO 问题范式,即基于稳健性的 UMDO 范式和基于可靠性的 UMDO 范式(Yao 等,2011)。也有学者提出一些不同的定义方式,本章中我们考虑不确定约束测度来区分这 2 类方法。

1)基于稳健性的 UMDO 范式

在基于稳健性的范式(也称稳健准则)中,UMDO 问题(式(7.2))的约束可改写为

$$\mathbb{K}_k[g_k(z, \theta_Y, U)] = \mathbb{E}[g_k(z, \theta_Y, U)] + \eta_k \sigma[g_k(z, \theta_Y, U)]$$

式中:$\mathbb{E}[g_k(\cdot)]$ 和 $\sigma[g_k(\cdot)]$ 分别为约束函数向量 $g(\cdot)$ 的第 k 个坐标的期望值和标准差;$\eta_k \in \mathbf{R}^+$ 为对约束函数向量标准差偏离均值可行域的限制。

稳健准则建立在不等式函数向量统计矩基础上,以确保不管不确定性如何,系统仍保持可行。稳健的 UMDO 范式可以写成

$$\min \Xi[f(z,\theta_Y,U)] \quad (7.5)$$
$$\text{w. r. t. } z,\theta_Y$$
$$\text{s. t. } \mathbb{E}[g_k(z,\theta_Y,U)] + \eta_k \sigma[g_k(z,\theta_Y,U)] \leq 0 \quad k \in \{1,2,\cdots,m\} \quad (7.6)$$
$$\forall i \neq j, \forall u \in \mathbf{R}^d, y_{ij}(\theta_{Yij},u_i) = c_{ij}(z_i,y_{\cdot i}(\theta_{Y\cdot i},u_{\cdot i}),u_i) \quad (7.7)$$
$$z_{\min} \leq z \leq z_{\max} \quad (7.8)$$

例如,应用于并行工程的多学科优化和稳健设计方法(Multidisciplinary Optimization and Robust Design Approaches Applied to Concurrent Engineering, MORDACE)(Giassi 等,2004)提出通过对合理分布的子系统并行设计来求解稳健性 UMDO 问题。该方法依赖于每个学科的表面响应以并发地优化它们。然后,采用一种折中策略(基于帕累托前沿分析)来识别子系统所有不同优化结果组合中可能的潜在最优选项。

2) 基于可靠性的 UMDO 范式

在基于可靠性的范式中,约束的不确定度测度(式(7.2))表示为
$$\mathbb{K}_k[g_k(z,\theta_Y,U)] = \Lambda_k[g_k(z,\theta_Y,U) > 0] - \Lambda_{t_k}$$

式中:$\Lambda_k[g_k(\cdot)]$ 为不等式约束函数向量的不确定性测度向量,该约束的不确定性度量至多等于给定的阈值 Λ_{t_k}(Agarwal 等,2004b)。这种约束的计算涉及第 4 章和第 6 章介绍的可靠性分析。它反映了不管不确定性如何,优化系统仍需要以一定的可靠性位于给定的可行区域内。由于不确定变量是基于概率论建模的,关于不确定测度向量的第 k 个坐标为

$$\mathbb{K}_k[g_k(z,\theta_Y,U)] = \mathbb{P}[g_k(z,\theta_Y,U) > 0] - P_{tk} = \int_{\mathscr{P}_k} \phi(u) \mathrm{d}u - P_{tk} \quad (7.9)$$

式中:$g_k(\cdot)$ 为不等式约束向量的第 k 个分量;$\mathscr{P}_k = \{u \in \mathbf{R}^d | g_k(z,\theta_Y,u) > 0\}$;$P_{tk}$ 为允许的最大失效概率。

在基于可靠性的 UMDO 中,公式可以改写为
$$\min \Xi[f(z,\theta_Y,U)] \quad (7.10)$$
$$\text{w. r. t. } z,\theta_Y$$
$$\text{s. t. } \mathbb{P}[g_k(z,\theta_Y,U) > 0] - P_{tk} \leq 0 \quad k \in \{1,2,\cdots,m\} \quad (7.11)$$
$$\forall i \neq j, \forall u \in \mathbf{R}^d, y_{ij}(\theta_{Yij},u_i) = c_{ij}(z_i,y_{\cdot i}(\theta_{Y\cdot i},u_{\cdot i}),u_i) \quad (7.12)$$
$$z_{\min} \leq z \leq z_{\max} \quad (7.13)$$

同确定性 MDO 一样,UMDO 中的耦合处理有 3 种类型的方式:

(1) 使用耦合方法(用 FPI 的多学科分析)来处理跨学科耦合。

(2) 使用解耦方法处理跨学科耦合。

(3) 通过耦合和解耦混杂的策略来处理跨学科耦合。

本章中,我们从不确定性存在条件下满足跨学科耦合约束的角度出发,提出了耦合的、混杂的和解耦的 UMDO 方法。7.3 节中介绍了现有的耦合方法;7.4 节和 7.5 节对单级 UMDO 方法和分布式 UMDO 方法进行了回顾;7.6 节对混杂 UMDO 方法进行了简要概述。

7.3 耦合 UMDO 模式

7.3.1 不确定条件下的 MDF

1. 不确定条件下的经典 MDF

1) 原理

同确定性 MDO 一样,不确定性条件下的 MDF(Koch 等,2002 年)是最常用的 UMDO 方法,它是一种单级的耦合处理方式。它利用了确定性 MDF 的简单特性,并在不确定性存在的情况下推导。在该方法中,确保满足跨学科耦合的最直接的方法是使用朴素蒙特卡罗方法来模拟不确定性传播,同时对朴素蒙特卡罗方法样本集的每个实现使用 MDA 来求解跨学科方程组(Oakley 等,1998;Koch 等,2002;Jaeger 等,2013)(图 7.1)。不确定条件下的 MDF 公式可表示为

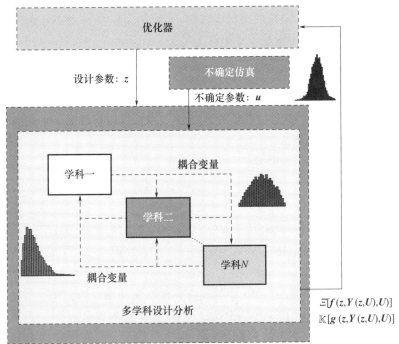

图 7.1 不确定条件下的 MDF

$$\min \Xi[f(z, Y(z, U), U)] \qquad (7.14)$$
$$\text{w. r. t. } z$$
$$\text{s. t. } \mathbb{K}_k[g_k(z, Y(z, U), U)] \leq 0 \quad k \in \{1, 2, \cdots, m\} \qquad (7.15)$$
$$z_{\min} \leq z \leq z_{\max} \qquad (7.16)$$

对于给定的设计变量向量 z,为了评价目标函数和约束函数,有必要在整个系统中传播不确定性(通过不同的学科)。在耦合模式下,Y(有些读者可能更喜欢读为 $y(z, U)$,但为了可读性,除表示实现外,使用大写 Y 表示随机变量)是满足跨学科方程组的耦合变量向量,即

$$\forall u \in \mathbf{R}^d, \forall (i, j) \in \{1, 2, \cdots, N\}^2 i \neq j, y_{ij} = c_{ij}(z_i, y_{\cdot i}, u) \qquad (7.17)$$

假设对于不确定向量 U 的给定实现,存在一组唯一的耦合变量值使耦合变量满足

$$\forall u \in \mathbf{R}^d, \forall (i, j) \in \{1, 2, \cdots, N\}^2 i \neq j, \exists ! \ (y_{ij}, y_{ji}) | y_{ij} = c_{ij}(z_i, y_{\cdot i}, u)$$
$$(7.18)$$

为了计算性能 $\mathbb{E}[f(z, Y(z, U), U)]$ 和约束条件 $\mathbb{K}_k[g_k(z, Y(z, U), U)]$ 的不确定度,需要对朴素蒙特卡罗方法抽样的一组不确定变量实现进行重复的 MDA。对于每个朴素蒙特卡罗方法样本,第 1 章中介绍的 FPI 或辅助优化等经典方法均可用于求解跨学科耦合。

不确定条件下的 MDF 可以保证对所有不确定变量实现的跨学科耦合得到满足,从而保证了对系统性能和可靠性的适当估计。事实上,对于设计变量 z 在系统级优化器中的每次迭代,对于不确定变量的每一个实现,跨学科方程系统式(7.17)均是使用 MDA 来解决的。该方法确保了优化设计系统及其在优化过程中所有设计点的 MDF。

由于学科的重复评估,这种模式在计算上是昂贵的。不确定情况下朴素蒙特卡罗方法样本 MDA 的计算成本相当于 MDA 的成本乘以朴素蒙特卡罗方法样本的数量(Haldar 和 Mahadevan,2000)。因此,不确定性传播增加了 MDF 在不确定性下的计算代价,成为复杂系统设计的难点(Du 等,2008)。由于其内在的满足跨学科耦合的特性,不确定条件下的 MDF 被认为是 UMDO 参考范式。

考虑到不确定变量的数据样本的可用信息有限,Cho 等(2016)提出了非参数化方法。这种方法提出一种基于 FPI 的手段来传播由一组有限样本描述的不确定性。而后,利用科摩哥洛夫 - 史密诺夫检验来计算经验累积分布函数两步迭代间的最大差值,以检验 FPI 的收敛性。接着,提出了一种基于赤池信息准则(Akaike Information Criterion,AIC)的非参数化不确定性分析(Akaike,1973),从几个潜在的候选分布中选择最合适的分布。该方法可以以概率分布的形式满足耦合变量的跨学科耦合,但不能保证不确定变量的所有实现都能得到满足,如同

参考 MDF 模式一样。

2）示例案例上的应用

为了说明本章中描述的不同 UMDO 方法，我们考虑以下示例案例。其基于稳健性的 MDF 公式描述为

$$\min \mathbb{E}[f(z, Y(z, U), U)] \tag{7.19}$$

$$\text{w. r. t. } z = [z_{sh}, z_1, z_2]$$

$$\text{s. t. } \mathbb{E}[g(z, Y(z, U), U)] + 3 \times \sigma[g(z, Y(z, U), U)] \leq 0 \tag{7.20}$$

$$0 \leq z \leq 5 \tag{7.21}$$

涉及的两个学科定义如下：

（1）学科1：

$$y_{12} = -z_{sh}^{0.2} + u_{sh} + 0.25 \times u_1^{0.2} + z_1 + y_{21}^{0.58} + u_1^{0.4} \times y_{21}^{0.47} \tag{7.22}$$

（2）学科2：

$$y_{21} = -z_{sh} + u_{sh}^{0.1} - z_2^{0.1} + 3 \times y_{12}^{0.47} + u_2^{0.33} + y_{12}^{0.16} \times u_2^{0.05} + y_{12}^{0.6} \times u_2^{0.13} + 100 \tag{7.23}$$

目标函数和约束函数如下。

（1）目标函数：

$$f = \left(\frac{1}{5}\right) \times [(z_{sh} - 4)^2 + (z_1 - 3)^2 + (z_2 - 2)^2 + (y_{21} + z_1 \times z_2)^{0.6} + (u_{sh} + 0.9)^2] \tag{7.24}$$

（2）约束方程：

$$g = \exp(-0.01 \times u_1^2) \times (z_{sh} - 1) \times z_1 - 0.02 \times u_2^5 \times z_2^3 + 0.01 \times y_{12}^{2.5} \times z_2 \times \exp(-0.1 \times u_{sh}) \tag{7.25}$$

式中：$U = [U_{sh}, U_1, U_2]$ 是不确定变量向量。每个变量按下列概率分布：

（1）U_{sh} 服从正态分布：$U_{sh} \sim \mathcal{N}(2, 0.3)$。

（2）U_1 服从均匀分布的：$U_1 \sim \mathcal{U}(0, 1)$。

（3）U_2 服从正态分布：$U_2 \sim \mathcal{N}(4, 0.5)$。

接下来，所有的图和讨论都是基于在[0,1]中归一化的设计变量值进行的。为了说明目标函数和约束的变化情况，图7.2和图7.3分别给出了设计变量向量在3个不同取值处，这2个函数的直方图。$f(\cdot)$和$g(\cdot)$的分布是通过2个学科之间的 FPI 和根据不确定变量的概率分布函数生成的10^4个朴素蒙特卡罗方法样本传播得到的（关于多学科系统不确定传播的更多细节见第6章）。决策变量向量 z 的取值对目标分布和约束函数分布都有重要影响。例如，对于 $z = [0.5, 0.5, 0.5]$，目标函数的均值为 $\mu_f \approx 6.0$，而对于 $z = [0.6, 0.1, 0.9]$，其值为 $\mu_f \approx 8.0$。类似地，对约束的影响和3个候选设计的可行性说明如图7.3所示。

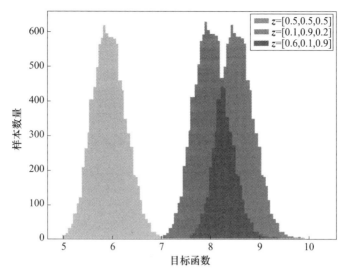

图 7.2 目标函数在设计变量向量 3 个不同取值处的直方图(见彩图)

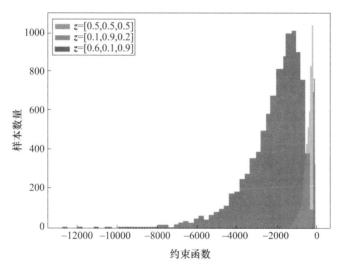

图 7.3 约束函数在设计变量向量 3 个不同取值处的直方图(见彩图)

如图 7.4 所示,当 $z = [0.5, 0.5, 0.5]$ 时,极限状态的等状态面 $g(z, Y(z, U)$ $U) = 0$ 由对应于不确定空间中到原点距离的色图表示。这个等值面将安全状态和失败状态分开。

图 7.5 给出了设计变量向量在 2 个不同值处的直方图。满足 $g(\cdot) \leqslant 0$ 约束的样本用绿色表示,不满足的样本用红色表示。可见,决策变量向量的值对左侧图失效概率的影响要大于对右侧图的影响。

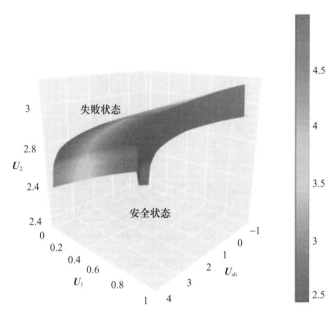

图 7.4　$z = [0.5, 0.5, 0.5]$ 时极限状态 $g(z, Y(z, U), U) = 0$ 的等值面(色条对应于到原点的距离)(见彩图)

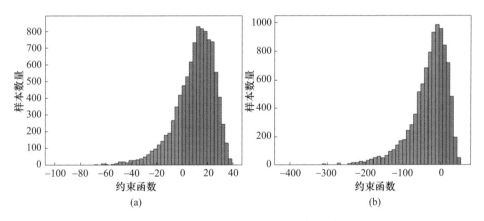

图 7.5　约束函数直方图:安全(绿色)和故障(红色)(见彩图)
(a) $z = [0.5, 0.5, 0.2]$；(b) $z = [0.5, 0.5, 0.3]$。

使用耦合 MDF 的方式,鲁棒优化问题可用 CMA-ES(Hansen 与 Ostermeier,1996)求解(更多关于 CMA-ES 算法的细节见第 5 章)。CMA-ES 由 10 个个体组成,并采用惩罚策略来处理约束,以便找到与式(7.19)~式(7.21)定义的问题对应的设计向量 z 的最优值。在 CMA-ES 的每次迭代中,通过朴素蒙特卡罗方法(使用 10^4 个样本)进行不确定性传播,估计目标函数和约束。这一优化过程在150次迭代后停止。图7.6给出了归一化设计变量(图7.6(a))和目标函数(图7.6(b))的稳健多学科可行解收敛图。

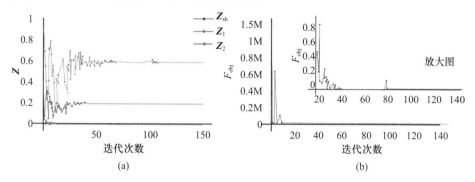

图7.6 基于稳健MDF的收敛图(见彩图)
(a)设计变量;(b)目标函数。

图7.7给出了使用CMA-ES的基于稳健MDF的优化结果并行图,并用折线表示了每次迭代的最佳单变量值。该算法成功地找到了设计变量的最优值 $z^* =$ [0.20,0.60,0.00],目标函数值 $\mu_f = 7.94$,且该结果满足约束 $\mathbb{E}[g(z^*, Y(z^*, U), U)] + 3 \times \sigma[g(z^*, Y(z^*, U), U)] \leq 0$。整个CMA-ES过程在50次迭代后稳定。

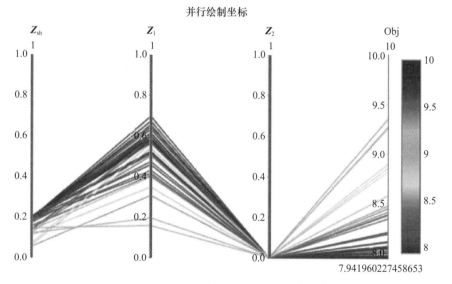

图7.7 基于CMA-ES优化算法的稳健MDF结果并行图(见彩图)

在CMA-ES的每次迭代中,对于10个个体中的每一个个体,FPI过程在4次迭代后收敛,10^4个朴素蒙特卡罗方法样本通过FPI传播总计进行了 $N_{call} = 4 \times 10 \times 10^4 = 4 \times 10^5$ 次的学科评价。在优化收敛时,对2个学科进行了 6×10^7 次评估。当学科评估简单时,这是可能的。然而,对于使用计算密集型学科的复杂系统设计来说,这种方法可能是不可取的。

考虑相同的学科、目标函数和约束方程,给出了基于可靠性的 MDF 公式为

$$\min \mathbb{E}[f(z,Y(z,U),U)] \tag{7.26}$$

$$\text{w. r. t. } z = [z_{sh}, z_1, z_2]$$

$$\text{s. t. } \mathbb{P}[g(z,Y(z,U),U) > 0] \leq 10^{-3} \tag{7.27}$$

$$0 \leq z \leq 5 \tag{7.28}$$

对于不确定性传播,采用与基于鲁棒性 MDF 相同的过程,并通过朴素蒙特卡罗方法进行失效概率的估计。图 7.8 给出了归一化设计变量(图 7.8(a))和目标函数(图 7.8(b))的可靠性 MDF 优化结果收敛图。

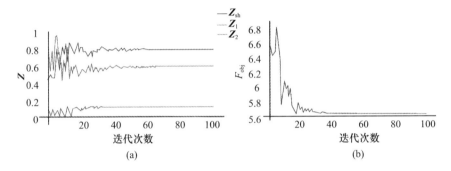

图 7.8 基于可靠 MDF 的收敛图(见彩图)
(a)设计变量;(b)目标函数。

图 7.9 给出了使用 CMA - ES 的稳健 MDF 优化结果平行坐标图,并用折线

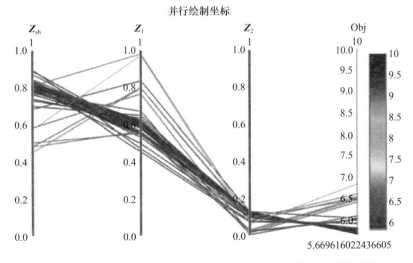

图 7.9 基于 CMA - ES 优化算法的可靠性 MDF 结果并行图(见彩图)

表示每次迭代时的最佳单个变量值。该算法成功地找到了设计变量 $z^* = [0.81,0.60,0.13]$ 的最优值,目标函数值 $\mu_f = 5.67$ 且满足约束 $\mathbb{P}[g(\cdot)>0] \leq 10^{-3}$。整个 CMA-ES 过程在 50 次迭代后稳定。找到的最优解不同于基于鲁棒性 UMDO 模式的最优解,进一步说明了不确定性条件下问题描述方式和不确定性测度的重要性,如第 5 章所述。

基于可靠性 MDF 公式求解的在最优 z^* 处的目标函数和约束函数的直方图如图 7.10 和图 7.11 所示。从约束函数的直方图可以看出,10^4 个样本中小于 10 个样本不满足约束(红色),即失效概率小于目标值。

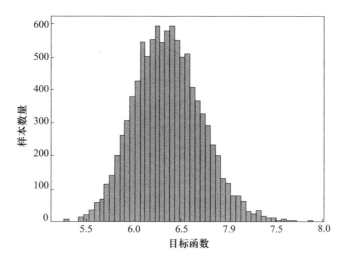

图 7.10 基于可靠性 MDF 的目标函数直方图

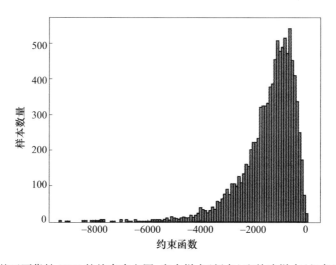

图 7.11 基于可靠性 MDF 的约束直方图:安全样本(绿色)和故障样本(红色)(见彩图)

为了减少计算量,基于代理模型的不确定性 MDF 方法在下一节介绍。

2. 不确定条件下基于代理模型的 MDF

为了减少重复调用 MDA 带来的计算成本,提出了几种替代不确定性条件下经典 MDF 的方法。第一类替代方法是使用学科甚至整个 MDA 的代理模型,其允许重复学科评估和 MDA,而不会导致计算成本的激增。处于此种目的,已有几种代理模型方案,如泰勒级数展开、Kriging 代理模型、混沌多项式展开、神经网络等。一般的方法考虑离线创建代理模型并将它们用于不确定性传播和优化。这些代理模型并没有被进一步的细化或添加适当的控制。其他更先进的方法如学科自适应代理模型等可以确保 MDA 的收敛和跨学科耦合一致性的满足(Dubreuil 等,2016)。

Leotardi 等(2016)提出了使用可变模型精度的代理模型(薄板样条元模型(Duchon,1977),这是径向基函数的特例)来推导 MDF。这些变化体现在元模型训练集的大小、实验设计定义域的大小、不确定性传播的精度(样本量)和 MDA 的学科耦合公差(引入可变精度来描述学科一致性)。在鲁棒优化(粒子群优化)中,用代理模型代替了目标函数,用准蒙特卡罗(Quasi – MC)来加速不确定性的传播。在该过程的第一步,代理模型的训练点分布在整个定义域中,同时考虑到不确定性传播的低精度(准 MC 的样本量)和学科之间的弱耦合,得到相应的目标函数值。在第一个优化步骤之后,以当前最优值为中心定义一个精化子域,并使用一个新的训练集,得到相应的目标函数值,从而提高了准 MC 的精度和 FPI 容差(Gauss – Seidl 收敛容差)。重复该过程,直到收敛。

3. 系统不确定性分析和并发子系统不确定性分析

1)原理

为了克服不确定度情况下 MDF 公式中重复进行 MDA 带来的计算负担,Du 与 Chen(2002)和 Du(2002)提出了一个由 MDF 推导来的 SUA 公式,其中朴素蒙特卡罗方法对 MDA 中不确定性传播被跨学科耦合的前两阶统计矩的近似取代(图 7.12)。提出的方法是稳健 MDO 模式,即

$$\min \Xi[\mathbb{E}[f(z,\hat{Y}(z,U),U)], \sigma[f(z,\hat{Y}(z,U),U)]] \quad (7.29)$$
$$\text{w. r. t. } z$$
$$\text{s. t. } \mathbb{E}[g_k(z,\hat{Y}(z,U),U)] + \eta\sigma[g_k(z,\hat{Y}(z,U),U)] \leq 0$$
$$k \in \{1,2,\cdots,m\} \quad (7.30)$$
$$z_{\min} \leq z \leq z_{\max} \quad (7.31)$$

式中:$\Xi[\mathbb{E}[f(z,\hat{Y}(z,U),U)], \sigma[f(z,\hat{Y}(z,U),U)]]$ 为目标函数的期望值和标准差的组合。在实际应用中,耦合关系的代理模型 $\hat{Y}(z,U)$ 是通过一阶泰勒级数展开得到,并仅用于耦合变量前两阶统计矩的估计。局部近似围绕 μ_U 和当前设计向

量值 z 给出

$$\hat{Y}_{ij}(z,Y_{\cdot i},u_{\text{sh}},u_i) = \mu_{Yij} + \frac{\partial c_{ij}}{\partial u_{\text{sh}}}\bigg|_{u=\mu_u}(u_{\text{sh}}-\mu_{u_{\text{sh}}}) + \frac{\partial c_{ij}}{\partial u_i}\bigg|_{u=\mu_u}(u_i-\mu_{u_i}) +$$
$$\frac{\partial c_{ij}}{\partial Y_{\cdot i}}\bigg|_{u=\mu_u}(Y_{\cdot i}-\mu_{Y_{\cdot i}}) \tag{7.32}$$

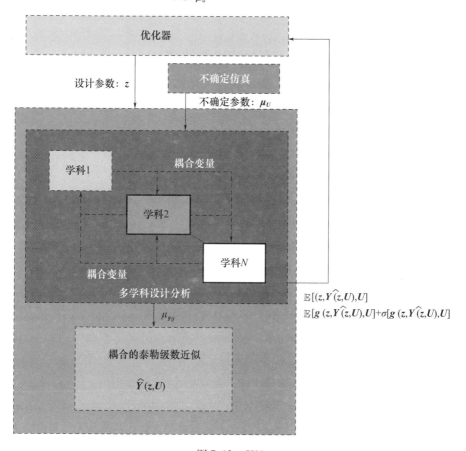

图 7.12 SUA

关于 SUA 的更多细节见第 6 章,特别是 $\mu_{Y_{\cdot i}}$ 的计算。目标函数 $f(\cdot)$ 的一阶泰勒级数展开和约束 $g_k(\cdot)$, $k \in \{1,2,\cdots,m\}$ 用来传播不确定性,并估计其前两阶统计矩。因此,可以估计 $\mathbb{E}[f(\cdot)]$ 和 $\mathbb{E}[g_k(\cdot)] + \eta_k\sigma[g_k(\cdot)]$ 的期望值。一阶泰勒级数展开提供了关于不确定变量耦合依赖的函数关系。该方法能够在保证所有不确定变量实现满足跨学科耦合的同时找到最优设计。然而,如第 6 章所述,该方法有几个缺陷:一阶泰勒近似仅适用于可以局部近似为线性函数的函数,并且该方法需要执行 MDA 在局部构建系统代理模型,且在系统级优化器提供新的设计变量值时整个过程都需要进行重复。

为了进一步改进 SUA,Du 与 Chen(2002)和 Du(2002)提出了一种称为 CS-SUA 的方法,以避免在局部构建代理模型时的 FPI。通过用优化问题替代 SUA 中要求的 FPI 来得到耦合变量 $\boldsymbol{\mu}_{Yij}$ 的期望值,公式为

$$\min \sum_{i=1}^{N} \| \boldsymbol{\mu}_{Yi\cdot} - \boldsymbol{c}_{i\cdot}(\boldsymbol{z}_i, \boldsymbol{\mu}_{Y\cdot i}, \boldsymbol{\mu}_U) \|_2^2 \qquad (7.33)$$
$$\text{w. r. t. } \boldsymbol{\mu}_Y$$

同 SUA 方法一样,对学科进行线性近似假设,即

$$\forall (i,j) \in \{1,2,\cdots,N\}^2 i \neq j, \boldsymbol{\mu}_{Yij} = \boldsymbol{y}_{ij}(\boldsymbol{z}_i, \boldsymbol{\mu}_U) \qquad (7.34)$$

这个优化问题允许并行调用学科函数,同 FPI 相比,有机会降低计算成本。一旦耦合变量的期望值被找到,与 SUA 一样进行不确定性传播。CSSUA 与 SUA 有着相同的缺点。在航空航天飞行器设计中,一些学科如空气动力学和弹道学等涉及高度非线性动力学的学科,线性假设与经典不确定性条件下的 MDF 相比会引入较大的误差。

2)在示例案例中的应用

如第 6 章所述,SUA 适用于解决学科模型能被一阶线性近似的 MDO 问题。本节中对 7.3.1 节中介绍的示例案例作了轻微修改。$\boldsymbol{U}_1$ 的分布被设置为 $\boldsymbol{U}_1 \sim \mathcal{N}(0.5, 0.1)$,否则如第 6 章所述,无法用 SUA 恰当地近似耦合变量。该 UMDO 问题得以用 SUA 解决取决于不确定性能够通过一阶泰勒级数展开并进行传播。具体可采用公式为

$$\min \mathbb{E}[f(\boldsymbol{z}, \hat{\boldsymbol{Y}}(\boldsymbol{z}, \boldsymbol{U}), \boldsymbol{U})] \qquad (7.35)$$
$$\text{w. r. t. } \boldsymbol{z} = [\boldsymbol{z}_{sh}, \boldsymbol{z}_1, \boldsymbol{z}_2]$$
$$\text{s. t. } \mathbb{E}[\boldsymbol{g}(\boldsymbol{z}, \hat{\boldsymbol{Y}}(\boldsymbol{z}, \boldsymbol{U}), \boldsymbol{U})] + 3 \times \sigma[\boldsymbol{g}(\boldsymbol{z}, \hat{\boldsymbol{Y}}(\boldsymbol{z}, \boldsymbol{U}), \boldsymbol{U})] \leq 0 \qquad (7.36)$$
$$0 \leq \boldsymbol{z} \leq 5 \qquad (7.37)$$

在 UMDO 问题的每次迭代中,考虑设计变量的值,建立耦合变量的局部模型 $\hat{Y}((\boldsymbol{z}, \boldsymbol{U}), \boldsymbol{U})$,并围绕决策变量向量 $\boldsymbol{z}$ 和 $\boldsymbol{\mu}_u$ 的当前值进行局部近似。

$$\hat{\boldsymbol{Y}}(\boldsymbol{z}, \boldsymbol{u}) = \begin{bmatrix} \hat{\boldsymbol{y}}_{12}(\boldsymbol{z}, \boldsymbol{u}) \\ \hat{\boldsymbol{y}}_{21}(\boldsymbol{z}, \boldsymbol{u}) \end{bmatrix} = \boldsymbol{A}^{-1} \times \boldsymbol{B} \times (\boldsymbol{u}_{sh} - \boldsymbol{\mu}_{\boldsymbol{u}_{sh}}) + \boldsymbol{A}^{-1} \times \boldsymbol{C} \times (\boldsymbol{u}_i - \boldsymbol{\mu}_{\boldsymbol{u}_i})$$
$$(7.38)$$

式中:

$$\boldsymbol{A} = \begin{bmatrix} 1 & -\frac{\partial \boldsymbol{c}_{12}}{\partial \boldsymbol{y}_{21}}\bigg|_{u=\mu_u} \\ -\frac{\partial \boldsymbol{c}_{21}}{\partial \boldsymbol{y}_{12}}\bigg|_{u=\mu_u} & 1 \end{bmatrix}; \boldsymbol{B} = \begin{bmatrix} -\frac{\partial \boldsymbol{c}_{12}}{\partial \boldsymbol{z}_{sh}}\bigg|_{u=\mu_u} \\ -\frac{\partial \boldsymbol{c}_{21}}{\partial \boldsymbol{z}_{sh}}\bigg|_{u=\mu_u} \end{bmatrix}; \boldsymbol{C} = \begin{bmatrix} -\frac{\partial \boldsymbol{c}_{12}}{\partial \boldsymbol{z}_1}\bigg|_{u=\mu_u} & 0 \\ 0 & -\frac{\partial \boldsymbol{c}_{21}}{\partial \boldsymbol{z}_2}\bigg|_{u=\mu_u} \end{bmatrix}$$

该模型用于传播不确定性,估计目标函数和约束。为了避免额外的简化,目标和约束函数不进行线性化,且仅使用耦合关系的近似模型来进行朴素蒙特卡罗方法传播。可用 CMA – ES 来优化这一问题。图 7.13 给出了 SUA 在归一化设计变量和目标函数下的收敛图,结果表明在迭代 40 次后达到收敛。图 7.14 给出了 CMA – ES 运行的并行图。目标函数收敛到 7.95,该值对应的设计标量为 $z^* = [0.60, 0.20, 0.00]$。与基于参考稳健性 MDF(使用 FPI 和朴素蒙特卡罗方法)相比,SUA 可收敛到完全相同的值;因此,线性近似很适合于这种示例案例。此外,它使学科评估的数量减少了 10^3 倍。事实上,在每次迭代中,只需 10 个精确的学科评估(在 FPI 中)来估计目标函数和约束条件,而经典的稳健 MDF 则需要 10^4 此评估。图 7.15 给出了 SUA 和基于稳健性 MDF 公式在各自最优设计时耦合变量、目标函数和约束的分布。两者分布非常相似,其中的差异可以用 SUA 中的线性近似来解释。但在这个问题中,两个耦合变量得到了恰当的线性函数来近似结果。

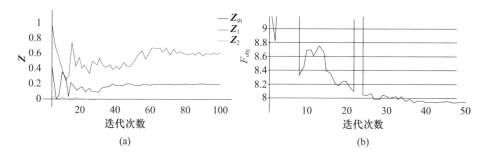

图 7.13　基于稳健性 SUA 的收敛图(见彩图)
(a)设计变量;(b)目标函数。

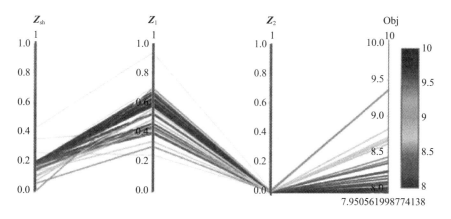

图 7.14　使用 CMA – ES 的基于稳健性 SUA 并行图,每条线代表每个算法迭代中的最佳 CMA – ES 个体(见彩图)

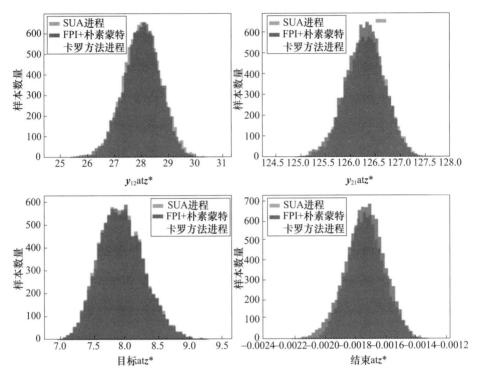

图 7.15 跨学科耦合、目标函数和约束函数的 SUA 结果与基于稳健 MDF 结果的比较

经典的双环路方法(一个环路传播不确定性,一个环路用于 MDA)由于计算成本的原因,对于中保真度到高保真度的学科模型可能会变得计算效率低下。其在不确定性下使用朴素蒙特卡罗方法 – MDF 的计算成本为 $N_{opt} \times M_{CMC} \times N_{MDA}$,其中,$N_{opt}$ 为在系统优化器层级调用 MDA 的次数,M_{CMC} 为用于传播不确定性的样本数量,而 N_{MDA} 为保证 MDA 收敛而调用学科的数量。为了进一步降低计算成本,若干工作(Rhodes 和苏伊士,1994;Koch 等,2000)提出使用并行计算工具来执行 UMDO 并减少计算时间。例如,用于 MDA 近似模型的实验设计或可以并行执行的朴素蒙特卡罗方法不确定性传播。

Baudoui 等(2012)提出了基于稳健 UMDO 的完全不确定性传播替代策略,这种策略适用于学科是不能修改的黑箱,并且向现有框架中添加新变量太困难的问题。在将不确定性传播完全集成到一个专用框架之前,该方法不允许对现有框架进行深度修改,且不能为设计者提供一个建立稳健性 UMDO 的初步步骤。其主要思想在于使用一种准则来估计受不确定性影响的学科对目标函数的重要性。如果这一准则得到了验证,它就可以使用局部不确定性处理方法(Local Uncertainty Processing,LOUP)在局部传播不确定性(通过学科,而不是整个系统)。这种方法只有在学科输出对目标函数有显著影响时才有效。在这种情况下,能进行局部不确定性计算而不用通过 MDA 进行完全的不确定性传播,这样使得不确定性处理更容易,且能降低计算密集度。

耦合 UMDO 模式的替代方案已经被提出来重组 UMDO 过程,包括 MDA、学科分析和不确定性传播。其可以被分为 2 类:单级过程和分布式过程。单级方法使不确定性传播从优化中解耦,如使用一个序列过程。这类方法的主要特点在于它能够直接使用现有的确定性 MDO 公式。分布式过程对 UMDO 问题的处理类似于去除 MDA 的确定性 MDO 解耦方法。因此,利用已有的确定性 MDO 分解方法,如 IDF、CSSO、CO、ATC 等,可以将集成的优化和不确定性分析问题分解为若干学科或子系统级的不确定性优化问题,从而形成可处理的子问题。

7.4 单级过程

7.4.1 UMDO 的单级方法

为了消除对 UMDO 强加的嵌套循环过程,Agarwal 等(2004)提出将由 FORM 进行的可靠性分析(一个优化问题)转化为相应必要的一阶卡鲁什 - 库恩 - 塔克(Karush - Kuhn - Tucker)(KKT)最优性条件,并将这些条件用于优化回路。这个转化可使在外环的每次迭代中都去掉内环,并保证可靠性要求。在这种方法中,最优设计变量 z^* 和相应的最大可能失效点 x^*(对应于 u^* 到标准正态空间的转换点)是单级过程的决策变量。

$$\min \Xi[f(z, Y(z, U), U)] \tag{7.39}$$

$$\text{w. r. t. } z, x_1, \cdots, x_m$$

$$\text{s. t. } G_k(x_k) \leq 0, k = 1, 2, \cdots, m \tag{7.40}$$

$$\|X_k\| \|\nabla_x G_k(x_k)\| + x_k^T \nabla x G_k(x_k) = 0, k = 1, 2, \cdots, m \tag{7.41}$$

$$\|X_k\| - \beta_k = 0, k = 1, 2, \cdots, m \tag{7.42}$$

$$z_{\min} \leq z \leq z_{\max} \tag{7.43}$$

式中:β 为可靠性指标;$G_k(\cdot)$ 为标准正态空间中的第 k 个极限状态(m 为可靠性约束的个数)。对于多学科耦合问题,采用 GSE 来隐式估计极限状态函数的梯度。这一方法,在 KKT 最优性条件在可靠性分析中得到满足的情况下,数学上等价于初始嵌套环的 UMDO 问题。需要注意的是,这一过程只考虑学科级的可靠性约束,而不考虑系统级的可靠性约束(因此,在提出的方法中,$G_k(\cdot)$ 不依赖于 z 和 Y,限制了其在 UMDO 问题的应用)。此外,在上层优化环路上强行施加等式约束可能会导致较差的数值收敛行为。此外,KKT 条件由 FORM 导出,对于高度非线性的不确定性问题,精度存疑。

Chen 等(1997)提出了另一种利用极限状态函数的梯度和期望的安全系数近似确定每个主动可靠性约束最大可能失效点位置的方法。因此,可以删除下层环路的 FORM 分析,而最大可能失效点的近似可以直接嵌入具有等效确定性约束的外部优化环路中。

这些方法可以消除 UMDO 的嵌套循环,降低计算成本,但仅限于没有系统级可靠性约束的问题。

7.4.2 序贯优化与可靠性评估

1)原理

另一类单级过程通过顺次进行不确定性分析和确定性 MDO 循环来使内环的不确定性传播过程和外环的优化过程解耦。确切地讲,可靠性分析在计算上是昂贵的,特别是对于多学科系统的可靠性分析。为了避免在每次系统级迭代时进行可靠性分析来计算约束条件,提出了一种序贯方法。在序贯循环的每一次迭代中,将可靠性约束转化为等价的确定性约束,并将其集成到下一个确定性多目标决策问题的求解中,引导搜索到最优解的可行域。这些方法的关键挑战是如何将可靠性约束转化为等效的确定性约束。

Sues 等提出了一种在可靠性分析的初始设计阶段搜索最大可能失效点的方法(Sues 和 Cesare,2000),然后基于一阶线性化模型计算极限状态函数在最大可能失效点处的值。在接下来的确定性 MDO 阶段,这些模型被用作等效的确定性约束。一旦找到确定性 MDO 问题的最优解,便基于该解进行可靠性分析以确定每个可靠性约束的新最大可能失效点。当设计变量值和最大可能失效点满足某一收敛准则时,序列循环停止。这种方法易于实现,但由于极限状态函数的线性近似而受到限制。

在基于可靠性的方法中,为了避免不确定性情况下计算密集的 MDA 过程,可以将设计变量的优化和用于估计失效概率的不确定性传播过程解耦,而非学科解耦。Du 等(2008)提出了针对 UMDO 问题的序贯优化和可靠性评估(Sequential Optimization and Reliability Assessment,SORA)方法,主要思想是将优化与可靠性分析分离。该问题被划分为一系列确定性 MDO 问题和可靠性分析问题。SORA 通过在最可能点(Most Probable Point,MPP)处评估的可靠性约束确定性近似来取代概率可靠性约束;可靠性分析通过 FORM(Rackwitz,2001)来找到最大可能失效点(标注 u^*)。这一过程是基于不确定变量在标准正态空间分布的假设给出的。如果不满足该假设,可以对输入分布应用不同的统计变换(如 Nataf(1962)或 Rosenblatt(1952)变换)以使其服从正态分布。

SORA(Du 等,2008)划分为 4 个步骤(图 7.16)。

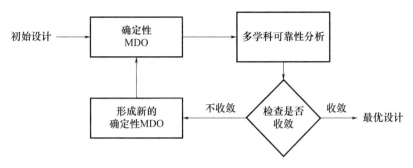

图 7.16 UMDO 的 SORA 过程(Du 等,2008 年)

(1)步骤 1:在第 k 次 SORA 迭代中,基于第 $k-1$ 次迭代找到的不确定变量的最大可能失效点值 $u^{*(k-1)}$ 和固定在其均值 $\bar{u}$ 上的目标函数,求解确定性 MDO 问题。耦合变量值与不确定变量值一致:最大可能失效点处的耦合变量用于约束方程计算,耦合变量的均值用于目标函数计算。

(2)步骤 2:基于第一步中找到的最优设计变量 z^{*k} 和给定的可靠性指标 β,利用拟 FORM 过程来针对所有的不等式约束进行可靠性分析以找到当前迭代的最大可能失效点值 u^{*k}。

(3)步骤 3:检查收敛性。如果能得到不等式约束($\mathbb{P}[g_i(z,Y(z,U),U) > 0] - \mathbb{P}_{t_i} \leq 0$)到最大可能失效点的转化问题,且目标函数稳定(Du 等,2008),则得到对应解。

(4)步骤 4:如果未达到收敛,或不满足不等式约束,则在新的设计变量 $u = u^{*k}$ 处重新描述确定性 MDO 问题,并返回步骤 1。

步骤 1 对应的确定性 MDO 问题:

步骤 1 中的确定性 MDO 问题可以采用经典的解耦的 MDO 方法(IDF、AAO、BLISS、ATC 等)进行求解。利用 IDF 方法(Du 等,2008),用 SORA 求解的确定性 MDO 问题第 k 次循环($k \geq 2$)可描述为

$$\text{给定}: u^{*(k-1)}, \bar{u} \tag{7.44}$$

$$\min f(z, \bar{y}, \bar{u}) \tag{7.45}$$

$$\text{w. r. t. } z, y^*, \bar{y}$$

$$\text{s. t. } g(z, y^*, u^{*(k-1)}) \leq 0 \tag{7.46}$$

$$\forall (i,j) \in \{1,2,\cdots,N\}^2, i \neq j, \bar{y}_{ij} = c_{ij}(z_i, \bar{y}_{\cdot i}, \bar{u}_i) \tag{7.47}$$

$$\forall (i,j) \in \{1,2,\cdots,N\}^2, i \neq j, y^*_{ij} = c_{ij}(z_i, y^*_{\cdot i}, u^{*(k-1)}_i) \tag{7.48}$$

$$z_{\min} \leq z \leq z_{\max} \tag{7.49}$$

以上跨学科耦合(式(7.47)和式(7.48))方程由最大可能失效点值 $u^{*(k-1)}$

和均值 $\bar{u}$ 所对应的不确定变量的 2 种特定实现来保证。

步骤 2 所述的可靠性分析：

基于逆 FORM 方法（Chiralaksanakul 和 Mahadevan，2007）对固定在 z^{*k} 的设计变量进行可靠性分析（Du 等，2008 年）。性能函数的百分位值可根据可靠性指标目标 β 计算为

$$\text{给定}: z^{*k} \tag{7.50}$$

$$\max \boldsymbol{g}(\boldsymbol{z}^{*k}, \boldsymbol{y}, \boldsymbol{u}) \tag{7.51}$$

$$\text{w.r.t.} \ \boldsymbol{u}, \boldsymbol{y}$$

$$\text{s.t.} \ \|\boldsymbol{u}\| = \beta \tag{7.52}$$

$$\forall (i,j) \in \{1,2,\cdots,N\}^2 i \neq j, \boldsymbol{y}_{ij} = \boldsymbol{c}_{ij}(\boldsymbol{z}^{*k}, \boldsymbol{y}_{\cdot i}, \boldsymbol{u}_i) \tag{7.53}$$

这一优化过程提供了第 k 个周期 SORA 不确定变量的最大可能失效点值 $\boldsymbol{u}^{*k}$。可靠性分析是在解耦的多学科系统上进行的，多学科间的耦合在最大可能失效点处得到满足（式（7.53））。通过将可靠性分析与确定性 MDO 解耦，SORA 有望减少不确定性条件下调用学科函数的次数（Du 等，2008）。SORA 已经在多种形式的 MDO 问题中被采用，如 MDF（Chiralaksanakul 和 Mahadevan，2007）、IDF（Chiralaksanakul 和 Mahadevan，2007）、CO（Li 等，2010；Zhang 和 Zhang，2013a）、CSSO（Li 等，2014；Zhang 和 Zhang，2013b）或 BLISS（Ahn 和 Kwon，2006），但耦合满足程度也用相同的方法处理：在最大可能失效点及其均值处满足耦合。

在 SORA 中处理跨学科耦合有以下几个优点：

（1）提供了并行地进行学科分析的可能性。

（2）在最大可能失效点值及其均值处满足跨学科耦合，其对耦合变量的最优解也成立。

（3）与不确定条件下用朴素蒙特卡罗方法传播的 MDF 相比，减少了计算成本。

然而，SORA 也有一些局限性。可靠性分析采用局部线性化不等式约束的 FORM 方法，可能导致失效概率估计的不准确。FORM 还假设最大可能失效点的唯一性，这可能也是其实际应用中的限制性假设（Dubourg 等，2013）。此外，就跨学科耦合满足程度而言，尽管最大可能失效点是最可能发生故障的点，但仅在平均值和最大可能失效点处确保耦合，也可能遗漏一些不太可能发生故障的点。更进一步，在求解确定性 MDO 问题过程中，目标函数和约束条件并不是针对不确定变量的同一实现进行评估的。目标函数是在不确定变量的均值处进行评估的，而约束条件是在最大可能失效点处进行评估的。

已提出了几种改进的可靠性分析 SORA 方法。Meng 等（2015）提出了一种基于子集模拟来准确估计 SORA 中失效概率的方法。通过子集模拟，根据 MC-MC 样本性能值最大可能失效点 = $\arg\min[\boldsymbol{g}(\boldsymbol{z}^*, \boldsymbol{y}, \boldsymbol{u}_{(1)}), \cdots, \boldsymbol{g}(\boldsymbol{z}^*, \boldsymbol{y}, \boldsymbol{u}_{(M)})]$ 的

升序排列可以找到最大可能失效点的估计值。这些值为含约束的确定性 MDO 问题构造了一个移位向量 $S^* = \mu_u - u^*$,且确定性约束为 $g(z, y, \mu_u - S^*)$。本书考虑的设计优化问题涉及低强度耦合,并在确定性 MDO 问题 SORA 过程中进行了协同优化。

2) 在示例案例上的应用

用 SORA 方法来求解 7.3.1 节中的测试用例。在 SORA 的第 k 次迭代中,使用 MDF 求解确定性 MDO 的过程表示为

$$\text{给定} \boldsymbol{u}^{*k-1}, \overline{\boldsymbol{u}}$$

$$\min f(z, Y(z, \overline{u}), \overline{u}) \tag{7.54}$$

$$\text{w. r. t. } z = [z_{\text{sh}}, z_1, z_2]$$

$$\text{s. t. } g(z, Y(z, u^{*(k-1)}), u^{*(k-1)}) \leqslant 0 \tag{7.55}$$

$$0 \leqslant z \leqslant 5 \tag{7.56}$$

采用 CMA – ES 求解确定性 MDF 方程。

可靠性分析阶段(采用逆可靠性技术和形式)使用 FPI 估算耦合 $Y(z^*, u)$ 为

$$\text{给定} z^{*k} \tag{7.57}$$

$$\max g(z^{*k}, Y(z^{*k}, u), u) \tag{7.58}$$

$$\text{w. r. t. } \boldsymbol{u} = [\boldsymbol{u}_{\text{sh}}, \boldsymbol{u}_1, \boldsymbol{u}_2] \tag{7.59}$$

$$\text{s. t. } \|\boldsymbol{u}\| = \beta \tag{7.60}$$

采用序列二次规划(Sequential Quadratic Programming,SQP)优化算法来求解逆可靠性分析,且 $\beta = 3.09$ 计算的失效概率 $\mathbb{P}[g(z, Y(z^*, U), U) > 0] = 10^{-3}$。

图 7.17(a)给出了 SORA 每次迭代时设计变量的收敛性。设计变量向量 z 收敛到 $z^*_{\text{SORA}} = [0.82, 0.560, 0.13]$,这与 7.3.1 节中使用 FPI 和朴素蒙特卡罗方法耦合 MDF 公式获得的值 $z^*_{\text{MDF}} = [0.81, 0.60, 0.13]$ 近似。

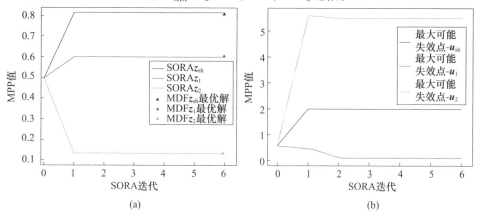

图 7.17 SORA 的收敛图:设计变量和最大可能失效点值(见彩图)

图 7.17(b)描述了在 SORA 的每次迭代中获得的最大可能失效点值,这些值收敛到最佳最大可能失效点 $\boldsymbol{u}^* = [1.99, 0.14, 5.45]$。图 7.18 显示了极限状态 $g(\boldsymbol{z}^{*k}, \boldsymbol{y}, \boldsymbol{u}^*) = 4.73$ 的等值面,这是通过可靠性分析获得的最大值。图 7.18 还给出了可靠性指数固定为 $\beta = 3.09$ 的 SORA 的最大可能失效点。颜色条对应于到原点的距离。目标函数的收敛图如图 7.19 所示。在不确定条件下,SORA 与 MDF 之间的差异是由于目标函数在不确定变量均值处的近似。

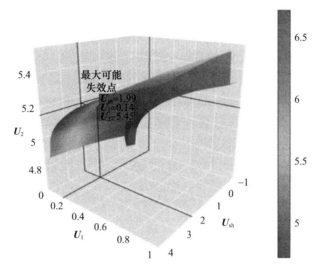

图 7.18 极限状态函数 $g(\boldsymbol{z}^{*k}, \boldsymbol{y}, \boldsymbol{u}) = 4.73$ 的等值面,可靠性指数 $\beta = 3.09$ 的 SORA 最大可能失效点(色条对应到原点的距离)(见彩图)

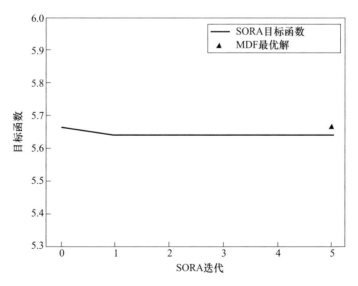

图 7.19 SORA 的收敛图,目标函数

与不确定条件下的 MDF 相比(见 7.3.1 节),SORA 需要较少的精确学科评估。CMA-ES 对 SORA 的确定性 MDF 求解以 2.8×10^3 次学科评估顺序收敛到各学科,使用 SQP 的可靠性分析阶段只需要 1.2×10^3 次学科评估。最后,SORA 需要大约 10^4 次学科调用,而 MDF 在不确定性下需要大约 10^7 次学科评估。学科评估数量的减少是显著的。对于具有重要非线性和存在多个最大可能失效点的更复杂问题,SORA 可能提供不太准确的结果。然而,它可以找到一个感兴趣的区域,以减少设计空间,从而为考虑的问题提供更适合的方法。

7.5 分布式 UMDO 方法

前几节的主要结论之一涉及组织 UMDO 过程的挑战,以及在不确定性存在情况下跨学科耦合的处理。其主要难点在于无论事件的实现如何,都要求保证系统的一致性。不确定性条件下的分布式策略与确定性条件下的策略具有相同的优点,然而,当受到不确定性影响时,它决不能损害多学科的可行性。为了保持经典耦合方法和解耦方法之间的数学等价性,不确定变量的所有实现都必须满足跨学科耦合。

为了避免在不确定性条件下使用 MDF 时对 MDA 的重复调用,解耦方法的目的是将不确定性传播与耦合约束解耦,即在相互解耦的学科上并行地传播不确定性,同时通过 UMDO 问题中的等式约束来保证耦合的满足。然而,设计过程的解耦面临 2 个主要挑战:

(1)不确定输入耦合变量向量 Y 必须由系统级优化器控制。不确定耦合变量是函数,并且无穷维问题求解复杂,必须使用专用方法。

(2)必须在输入耦合变量 Y 和学科函数 $c(\cdot)$ 计算的输出耦合变量之间施加等式约束,这 2 个都是不确定变量。2 个不确定变量之间的相等对应于 2 个函数之间的相等,而这 2 个函数之间的相等是不好建模和使用的。

为了理解这 2 个难点,对解耦的确定性 MDO 问题进行快速回顾是必要的。

让我们考虑 2 个学科 i 和 j,一个标量前馈耦合 y_{ij} 和一个标量反馈耦合 y_{ji},如图 7.20 所示。在确定性解耦 MDO 方法中,为了消除前馈耦合,只需在系统级优化中在输入耦合变量 y_{ij} 和输出耦合变量 $c_{ij}(z_i, y_{ji})$ 之间施加一个等式约束,即

$$y_{ij} = c_{ij}(z_i, y_{ji}) \tag{7.61}$$

然而,在存在不确定性的情况下,耦合满足涉及 2 个不确定变量之间的等式约束。不确定变量是一个函数(见第 2 章)。2 个不确定变量相等的充要条件是 2 个相应的函数具有相同的初始集和最终集以及相同的映射。为确保实现中耦合的满足,必须对用于计算目标函数和约束的每个实现施加一个等式约束

(式(7.62)),即

$$\forall \boldsymbol{u} \in \mathbf{R}^d, \boldsymbol{y}_{ij} = \boldsymbol{c}_{ij}(\boldsymbol{z}_i, \boldsymbol{y}_{ji}, \boldsymbol{u}_i) \tag{7.62}$$

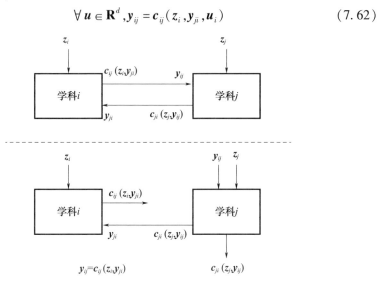

图 7.20 2 个学科之间耦合的说明

式中:$c_{ij}(\cdot)$ 为不确定变量实现 $\boldsymbol{u}$ 的函数。然而,需要注意的是,即使耦合变量是随机变量,对于一个实现 $\boldsymbol{u}_{(0)}$,通常在满足多学科可行性的条件下只有一个满足 $\boldsymbol{y}_{ij(0)} = \boldsymbol{c}_{ij}(\boldsymbol{z}_i, \boldsymbol{y}_{ji(0)}, \boldsymbol{u}_{(0)})$ 收敛的耦合变量值。事实上,这里将学科视为确定性函数,所有不确定性都出现在了学科输入中。

为了解决这个问题,第一类方法提出将跨学科耦合变量的统计描述减少为它们的统计矩,并将 UMDO 问题转换为经典的确定性 MDO。这些方法在 7.5.1 节介绍。

7.5.1 统计矩匹配模式——多学科协同稳健设计的层次化方法

1) 原理

为了取代 MDA,受 CO(Braun 等,1997)启发,提出了解耦方法(Du 和 Chen, 2001;McAllister 和 Simpson,2003;Gu 等,2006 年;Liu 等,2006;Ghosh 等,2014;Xiong 等,2014)。其思想是将 CO 框架扩展到稳健设计中。在这些方法中,不确定输入耦合向量被其统计矩取代。因此,系统级优化器只控制确定性参数。例如,Du 和 Chen(2001)提出了一种多学科协同稳健设计方法,该方法用输入耦合变量的期望值 $\boldsymbol{\mu}_Y$ 和标准差 $\boldsymbol{\sigma}_Y$ 表示输入耦合变量。该方法使用的系统级优化器控制着设计变量 $\boldsymbol{z}$、输入耦合变量期望值 $\boldsymbol{\mu}_Y$ 和标准差 $\boldsymbol{\sigma}_Y$。

同在 SUA 和 CSSUA 中一样,学科函数、目标函数和约束通过一阶泰勒级数展开来近似估计其一阶和二阶统计矩。子系统级的目的是确定局部设计变量 z_i^* 以便与其他子系统就耦合变量值达成一致。子系统级目标是衡量学科输出和系统级目标之间的相对误差。

Du 和 Chen(2001)(图 7.21)提出的方法可表示为

$$\min \mathbb{E}[f(z, \hat{Y}(z, U), U)] \tag{7.63}$$

$$\text{w.r.t.} \quad z_{sh}, \mu_Y, \sigma_Y$$

$$\text{s.t.} \quad J_i^*(z_{sh}, z_i^*, \mu_Y, \sigma_Y) = 0, \forall i \in \{1, 2, \cdots, N\} \tag{7.64}$$

$$z_{\min} \leqslant z \leqslant z_{\max} \tag{7.65}$$

式中:J_i^* 为第 i 个学科优化的目标函数,z_i^* 为子系统级优化器找到的决策变量。

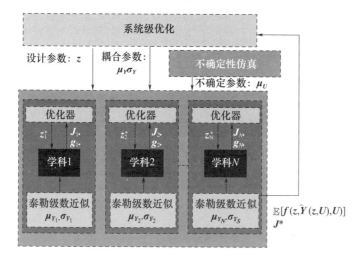

图 7.21 多学科协同稳健设计的层次化方法

第 i 个子系统级优化问题可表示为

$$\min J_i = \|z_{sh}^* - z_{sh}\|_2^2 + \|\mu_{Y_i} - c_i(z_{sh}^*, z_i^*, \mu_{Y \cdot i}, \mu_U)\|_2^2 +$$

$$\left\| \sigma_{Y_i}^2 - \sum_{l=1}^d \left(\frac{\partial c_i}{\partial u^{(l)}} \bigg|_{u=\mu_U} \right)^2 \sigma_{U^{(l)}}^2 \right\|_2^2 \tag{7.66}$$

$$\text{w.r.t.} \quad z_{sh}^*, z_i^*$$

$$\text{s.t.} \quad \mathbb{E}[g_k(z, \hat{Y}(z^*, U), U)] + \eta_k \sigma[g_k(z, \hat{Y}(z^*, U), U)] \leqslant 0, k \in \{1, 2, \cdots, m\} \tag{7.67}$$

$$z_{\min} \leqslant z^* \leqslant z_{\max} \tag{7.68}$$

式中:z_{sh} 为系统级优化器给出的目标值。

各学科之间的共享设计变量 z_{sh} 在系统级进行控制,各学科的决策变量和共享设计变量的本地副本在较低级别进行控制。该公式依赖于 CSSUA 来估计耦合变量的统计矩,不涉及任何 MDA,为并行学科优化提供了可能。系统级的跨学科耦合约束保证了输入耦合变量和输出耦合变量具有相同的期望值和标准差。不同学科之间耦合变量前两阶统计矩的匹配保证了多学科可行性。

应该注意的是,Du 等提出的方法和下文中描述的大多数矩匹配替代方法最初不适合处理涉及系统级约束 $g(\cdot)$ 的问题,其中约束取决于 z_{sh}、z_i 和 y_{ij}。事实上,这种类型的约束并不限定于一个特定学科(如局部),因此,必须在系统级对其进行评估。然而,约束取决于由低级优化问题确定的设计变量 z_i,因此该方法并未考虑可能违反全局约束的情况。为了处理此类约束,目标变量 z_i 应在系统级进行控制,并应与子系统级处理得到的设计变量副本相匹配(Xiong 等,2014)。

2)矩匹配替代方法

对于这种一般性问题,必须对矩匹配策略进行改进。Xiong 等(2014)提出了一种改进的稳健协同优化策略,以避免一阶泰勒级数近似。该方法使用朴素蒙特卡罗方法代替泰勒级数展开来传播不确定性,并对耦合变量的统计矩进行估计。但是,该方法仅与交叉耦合变量的参数化概率分布函数(通常认为是按高斯分布的)兼容,分布的统计矩由优化设计者在系统级加以控制。为了提高子系统优化问题的灵活性,可在子系统级增加耦合变量副本,并对其统计矩加以控制,同时在系统级增加匹配约束。

为了进一步改进该方法,Ghosh 等(2014)提出引入协方差矩阵来建模耦合变量之间的相关性,从而获得耦合变量的统计依赖关系。除期望值外,协方差矩阵的系数也由系统级优化器进行控制。它增加了由系统级优化器控制的决策变量的数量,也提高了矩匹配的保真度。在这种方法中,假设不确定性的取值范围很小,耦合变量服从多元高斯分布(对于非线性学科来说这种假设是不必要的)。此外,该方法已扩展到基于可靠性 UMDO 问题的求解(Huang 等,2010),以实现对约束的可靠性分析,而不是统计矩估计。

此外,矩匹配方法已被用于其他 UMDO 问题求解,如概率化的 ATC 方法(Kokkolaras 等,2004;Liu 等,2006;Xiong 等,2010),并展示了与 CO 的相似性。在这些模式中,使用先进的平均值方法生成每个子系统响应的累积分布函数,并将每个子系统的平均值和标准偏差向上传递给父系统。因此,在层级之间,耦合变量的统计矩在上层提供的目标和下层产生的不确定性传播结果之间匹配。子系统级优化问题逐级向上求解,直至层次分解的顶端。一旦高层次的问题得到解决,新的目标就开始层层递进到低层次。利用更新后的参数,由下而上重新求解子系统优化问题。当达到收敛准则时,迭代过程停止。概率化的 ATC 方法将提出的方法推广到了更高的层次上。Xiong 等(2010)扩展了这种概率化的 ATC

方法,以匹配不同层级之间耦合变量的协方差矩阵。

矩匹配模式很有趣,因为它们通过并行的系统级不确定性传播和优化保持了一定的学科自主性。然而,跨学科耦合只能通过耦合变量的统计矩(期望值、标准差或协方差矩阵)来满足,而且在大多数情况下,耦合变量都被假设为服从高斯分布。

3) 在示例案例上的应用

Xiong 等(2014)提出的方法适用于本章开头描述的示例案例。该案例采用以下稳健性 CO 模式求解。

系统级优化问题可表示为

$$\min \mathbb{E}[f(z, \hat{Y}(z, U), U)] \tag{7.69}$$

$$\text{w. r. t.} \quad z_{sh}, z_1, z_2, \mu_{y12}, \sigma_{y12}, \mu_{y21}, \sigma_{y21}$$

$$\text{s. t.} \quad J_{12}^*(z_{sh}^*, z_1^*, \mu_{y12}, \sigma_{y12}, \mu_{y21}, \sigma_{y21}) = 0 \tag{7.70}$$

$$J_{21}^*(z_{sh}^*, z_2^*, \mu_{y12}, \sigma_{y12}, \mu_{y21}, \sigma_{y21}) = 0 \tag{7.71}$$

$$0 \leq z \leq 5 \tag{7.72}$$

两个子系统级问题可表示为

$$\min J_{12} = \|z_{sh}^* - z_{sh}\|_2^2 + \|z_1^* - z_1\|_2^2 + \|\mu_{y12} - c_{12}(z_{sh}^*, z_1^*, \mu_{y21}, \sigma_{y21}, \mu_U)\|_2^2 +$$

$$\left\| \sigma_{y12}^2 - \sum_{l=1}^{d} \left(\frac{\partial c_{12}}{\partial u^{(l)}} \bigg|_{u=\mu_U} \right)^2 \sigma_{U^{(l)}}^2 \right\|_2^2 \tag{7.73}$$

$$\text{w. r. t.} \quad z_{sh}^*, z_1^*$$

$$0 \leq z_{sh}^*, z_1^* \leq 5 \tag{7.74}$$

$$\min J_{21} = \|z_{sh}^* - z_{sh}\|_2^2 + \|z_2^* - z_2\|_2^2 + \|\mu_{y21} - c_{21}(z_{sh}^*, z_2^*, \mu_{y12}, \sigma_{y12}, \mu_U)\|_2^2 +$$

$$\left\| \sigma_{y21}^2 - \sum_{l=1}^{d} \left(\frac{\partial c_{12}}{\partial u^{(l)}} \bigg|_{u=\mu_U} \right)^2 \sigma_{U^{(l)}}^2 \right\|_2^2 \tag{7.75}$$

$$\text{w. r. t.} \quad z_{sh}^*, z_2^*$$

$$\text{s. t.} \quad \mathbb{E}[g_2(z, \hat{y}_{21}, u)] + \eta \sigma[g_2(z, \hat{y}_{21}, u)] \leq 0 \tag{7.76}$$

$$0 \leq z_{sh}^*, z_2^* \leq 5 \tag{7.77}$$

$$g_2 = \exp(-0.05 * u_2^2) * z_2 - 0.2 * z_2^4 * u_2^2 + 10^{-4} * y_{21}^2$$

为了优化子系统级问题,采用 CMA - ES 方法来处理非凸目标和约束函数,以及存在多个极小值的问题。事实上,采用经典的 SQP 算法,在不同初始值情况下,算法收敛到不同的局部极小值,导致了较低层次的非鲁棒收敛(图 7.22)。图 7.22 给出了一个采用 SQP 算法针对给定的相同的系统级设计变量向量在 20 组不同初始参数下的输出结果箱线图。J_{12} 目标函数的最佳取值范围在 1.2~30 之间。在这种情况下,SQP 显然对初始值非稳健。

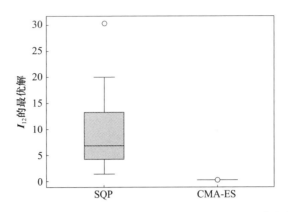

图 7.22 使用 SQP 和 CMA－ES 进行 20 次随机重复试验的 J_{12} 优化结果箱线图

相反地,通过探索设计空间,CMA－ES 成功地找到了比基于梯度方法更好的优化结果,并且相对于基于梯度的优化方法,CMA－ES 对初始值(未知且设置在子系统设计空间的中心)更具鲁棒性。将 CMA－ES 并行化,采用多线程方法对每个候选解进行评估,可提高子系统问题求解的计算效率。同时在子问题求解层次上采用惩罚方法控制优化问题的约束条件。

图 7.23 给出了基于稳健性 CO 方法和稳健性 MDF 方法的耦合变量分布结果。由于跨学科耦合变量的高斯分布假设,可以看出 2 种方法得到的概率分布函数并不完全匹配。基于稳健性 MDF 方法得到的耦合变量分布是非高斯的,特别是 y_{21} 的分布。这些差异对目标函数有直接影响,如图 7.24 所示的差异。此外,由于 J_{12} 和 J_{21} 不等于 0,系统级目标与低级响应之间存在差异,导致了基于稳健性 CO 方法的最终目标函数低于基于稳健性 MDF 方法得到的目标函数值。在矩匹配方面,可以看出,在系统级优化器提供的系统级目标和子系统级学科输出之间,跨学科耦合的 2 个分布之间存在精确的矩匹配(图 7.25)。

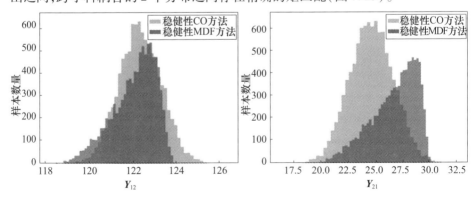

图 7.23 基于稳健性 CO 方法和稳健性 MDF 方法的交叉耦合变量比较

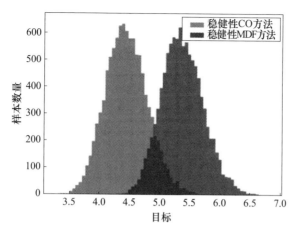

图 7.24 基于稳健性 CO 方法和基于稳健性 MDF 方法得到的目标函数值比较(见彩图)

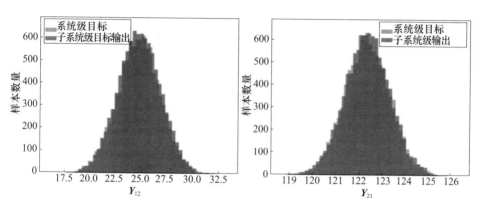

图 7.25 系统级目标和子系统级输出的耦合分布与统计矩匹配(见彩图)

与稳健性 MDF 方法相比,稳健性 CO 方法的收敛性更难实现(图 7.26)。事实上,这个两级嵌套的优化问题收敛缓慢,且需要大量的学科评估,这主要源于

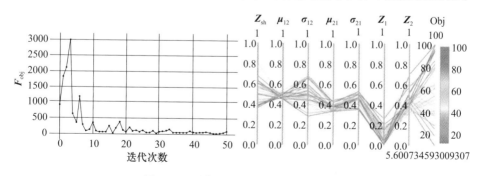

图 7.26 系统级收敛图(CO)(见彩图)

在较低级别上求解优化问题的困难(图 7.22)。在子系统级,使用朴素蒙特卡罗方法传播 10^4 个样本的不确定性,并进行 500 次 CMA-ES 算法评估。在每次系统级迭代中,需要进行 $5×10^2×10^4=5×10^6$ 次专业评估。系统级优化在 400 个子系统评估完成后停止,导致累积需要 10^9 次量级的学科模拟。这明显高于稳健性 MDF 方法要求的 $6×10^7$ 次量级的评估。因此,对于这个特殊的问题,与稳健性 MDF 相比,稳健性 CO 方法似乎并没有优势。

7.5.2 单学科可行法-混沌多项式展开与不确定条件下的多层次优化

1) 基于混沌多项式展开的多学科可行法

如前所述,为了确保不确定变量的所有实现满足跨学科耦合,有必要在系统级引入无穷多个约束。求解一个具有无穷多个约束的优化问题是一项具有挑战性的任务。为了绕过这个问题,考虑涉及 N 个学科的 UMDO 问题,Brevault 等 (2015a,b) 和 Brevault(2015) 提出了跨学科耦合约束的新积分形式,即

$$\forall (i,j) \in \{1,2,\cdots,N\}^2, i \neq j, J_{ij} = \int_{\mathbf{R}^d} [c_{ij}(z_i, \mathbf{y}_{\cdot i}, \mathbf{u}_i) - \mathbf{y}_{ij}]^2 \phi(\mathbf{u}) d\mathbf{u} = 0 \tag{7.78}$$

在式(7.78)中,为了使积分等于零,对于不确定变量的每个实现,输入耦合变量必须几乎肯定地等于输出耦合变量(除了可能过零的测度集)。跨学科耦合约束 J_{ij} 表示在整个不确定空间上积分的损失函数(输入和输出耦合变量之间的差异)。如果满足这些约束条件(式(7.78)),则耦合公式的数学等价性是保守的,因为与使用 FPI 的 MDA 类似,耦合变量满足方程组,即

$$\forall \mathbf{u} \in \mathbf{R}^d, \forall (i,j) \in \{1,2,\cdots,N\}^2, i \neq j, \mathbf{y}_{ij} = c_{ij}(z_i, \mathbf{y}_{\cdot i}, \mathbf{u}_i) \tag{7.79}$$

然而,为了学科分解,不确定输入耦合变量 $\mathbf{Y}$ 必须与设计变量一起由优化器控制。不确定变量是可测函数(不确定空间和实数集之间的映射),找到一个无穷维优化问题的解函数是一个挑战。针对这类问题,人们提出了几种方法,如最优控制(Zhou 等,1996)、变分法(Noton,2013)和形状优化(Sokolowski 和 Zolesio,1992)等。为了避免直接求解无穷维问题,通常对函数进行离散化,离散点由优化器控制(Devolder 等,2010)。这一过程中,离散化策略必须与优化问题相协调。Brevault 等提出用模拟耦合函数关系的代理模型替换标量耦合变量 y_{ij} 的方法,即

$$y_{ij} \rightarrow \hat{y}_{ij}(\mathbf{u}, \boldsymbol{\alpha}^{(ij)}) \tag{7.80}$$

元模型 $\hat{y}_{ij}(\mathbf{u}, \boldsymbol{\alpha}^{(ij)})$ 给出了不确定变量 U 和输入耦合变量之间依赖关系的函数表示, $\boldsymbol{\alpha}^{(ij)}$ 是代理模型的超参数。该方法考虑了不确定变量与耦合变量之间的函数依赖关系。在提出的求解方法中,每个耦合变量都被一个代理模型代

替。代理模型也是一个函数,由超参数表示。这些超参数可用于 UMDO 问题分解,并能用系统级优化器控制代理模型系数。这样,无穷维优化问题转化为一个 q 维优化问题,其中 q 是去除耦合变量后建模需要的系数个数。

为了对耦合函数关系进行建模,Brevault 等提出使用混沌多项式展开来建模,因为这种元模型特别适合于不确定性分析和传播(Eldred 2009)。混沌多项式展开适用于表示输入耦合变量,因为它可作为输入不确定变量的模型函数,如第 3 章所述。标量耦合 y_{ij} 的混沌多项式展开表示为

$$\hat{y}_{ij}(\boldsymbol{u}, \boldsymbol{\alpha}^{(ij)}) = \sum_{k=1}^{d_{\text{PCE}}} \alpha_{(k)}^{(ij)} \boldsymbol{\Psi}_k(\boldsymbol{u}) \tag{7.81}$$

式中:d_{PCE} 为混沌多项式展开分解度;$\boldsymbol{\Psi}_k$ 为根据不确定变量 PDF 定义的正交多项式基。

为了避免太复杂的代理模型 $\hat{y}_{ij}(\cdot)$,未考虑 $\hat{y}_{ij}(\cdot)$ 和 z 之间的依赖关系。事实上,$\hat{y}_{ij}(\cdot)$ 不是 z 的显函数,它是针对优化收敛的未知特定 z^* 学习的。不确定变量的所有实现保证的跨学科耦合满足,保证了系统的跨学科可行性。将复杂的原无限维问题转化为有限维问题,可以在实际中求解,同时保证耦合和解耦公式在耦合相容性方面的数学等价性。

这种方法依赖于混沌多项式展开和系统级 UMDO 的迭代构造。在最优情况下,耦合函数关系的代理模型能模拟这些映射,正如不确定情况下 MDA 做的那样(图 7.27)。此外,这种方法不需要任何 MDA,且允许流程的完全分解并减少对学科函数的调用。

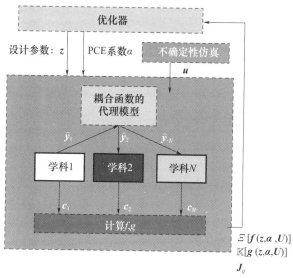

图 7.27 具有耦合函数关系代理模型的 IDF – PCE 方法

单学科可行混沌多项式展开(Individual Discipline Feasible – Polynomial Chaos Expansion,IDF – PCE)是一种基于耦合变量函数表示的单层解耦 UMDO 方法。IDF – PCE 的描述为

$$\min \Xi[f(z,\boldsymbol{\alpha},U)] \tag{7.82}$$

w. r. t. $z,\boldsymbol{\alpha}$

$$\text{s. t. } \mathbb{K}_k[g_k(z,\boldsymbol{\alpha},U)] \leq 0 \quad k \in \{1,2,\cdots,m\} \tag{7.83}$$

$$\forall (i,j) \in \{1,2,\cdots,N\}^2, i \neq j,$$

$$J_{ij} = \int_{\mathbf{R}^d} [c_{ij}(z_i,\hat{y}_{\cdot i}(u,\boldsymbol{\alpha}^{(\cdot i)}),u_i) - \hat{y}_{ij}(u,\boldsymbol{\alpha}^{(ij)})]^2 \phi(u) du = 0 \tag{7.84}$$

$$z_{\min} \leq z \leq z_{\max} \tag{7.85}$$

式中:J_{ij} 为学科 i 到学科 j 的跨学科约束向量;$\hat{y}_{\cdot i}(u,\boldsymbol{\alpha}^{(\cdot i)})$ 是学科 i 的所有输入耦合变量的混沌多项式展开。

在这个模式下,系统级优化器控制设计变量 z 和耦合变量的混沌多项式展开超参数 $\boldsymbol{\alpha}$。在系统层面上对混沌多项式展开系数进行处理,可以将学科解耦,且并行地模拟它们(图 7.27)。与耦合模式相比,设计空间的维数随着超参数 $\boldsymbol{\alpha}$ 的增加而增加。为保证最优时的多学科兼容性,加入由泛化误差导出的等式约束(式(7.84))。这些约束取混沌多项式展开建模的输入耦合变量和学科评估产生的输出耦合变量求差。约束的积分形式可以保证不确定变量的所有可能实现满足耦合。数学上,如果 $\forall (i,j) \in \{1,\cdots,N\}^2, \forall i \neq j, J_{ij} = 0$ 可以得到验证,则几乎可以肯定所有的实现 $u \in \mathbf{R}^d$ 都满足耦合约束。

关于 MDA 耦合满足程度的距离用 $J(\cdot)$ 表示。实际上,使用 MDA(FPI 和朴素蒙特卡罗方法),$J(z) = 0, \forall z \in [z_{\min},z_{\max}]$。在 IDF – PCE 中,只能确保 $J(z) = 0$ 在 UMDO 最佳设计变量 $z = z^*$ 处得到验证。与确定性 IDF 公式一样,在优化过程中并不能保证跨学科的兼容性。

在 IDF – PCE 中,可以考虑基于稳健性的 UMDO 问题和基于可靠性的 UMDO 问题。对于不等式约束((式 7.83)),可以使用不同的不确定性测度,如

$$\mathbb{K}[g_k(z,\boldsymbol{\alpha},U)] = \mathbb{E}[g_k(z,\boldsymbol{\alpha},U)] + \eta_k \sigma[g_k(z,\boldsymbol{\alpha},U)] \leq 0 \tag{7.86}$$

$$\mathbb{K}[g(z,\boldsymbol{\alpha},U)] = \mathbb{P}_{g_k(z,\boldsymbol{\alpha},U) \leq 0} - P_{tk} \leq 0 \tag{7.87}$$

式中:P_{tk} 为可容许的最大失效概率。第一个测度(式(7.86))基于不等式约束函数的统计矩,第二个测度(式(7.87))则基于失效概率。在实践中,与统计矩(期望、标准差)、耦合约束 J 或失效概率相关的多维积分需要不确定性传播。Brevault 等(2015a,b)和 Brevault(2015)考虑了 3 种估计统计矩和耦合约束的技术:朴素蒙特卡罗方法、求积规则和输出耦合变量的混沌多项式展开分解。为了估计失效概率,提出了一种子集抽样与支持向量机相结合的故障概率估计方法。根据

传播不确定性方法的不同,导出了 IDF – PCE 的 3 种变体。

IDF – PCE 策略的不同步骤如图 7.28 所示。在提出的模式中,设计变量被认为是确定性的(如技术参数),所有的不确定性被假定为由不确定参数 U 表示。然而,通过让优化器控制设计变量的期望值,可以将这些 UMDO 模式扩展到不确定设计变量的情形,如 Liu 等(2006)和 Lin 与 Gea(2013)所做的一样。此外,混沌多项式展开可用于描述 UMDO 问题中耦合变量收敛的函数关系,同时也适用于描述考虑输入不确定变量的模型函数。在系统级控制跨学科耦合的一般思路可以推广到任何参数化的代理模型。除了设计变量外,这些超参数也必须由系统级优化器控制。

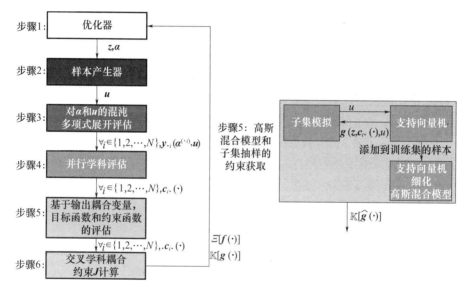

图 7.28　IDF – PCE 算法的步骤

与难以在现实中实际应用的无限维问题相比,IDF – PCE 解决了一个受管控的有限维问题。该方法的突出优点之一是,对于每个不确定变量的实现,几乎可以肯定地在 UMDO 最优解处确保耦合约束得到满足。为达到这一目的,它对不确定变量、设计变量和耦合变量之间的函数依赖关系进行了建模,这可能在优化之外有用,如用于后优化灵敏度分析。IDF – PCE 是一个分解的单级 UMDO 模式,允许对 UMDO 问题进行解耦并递归地进行学科评估。此外,它不需要任何完整的 MDA 评估。与耦合模式相比,UMDO 过程的这种分解减少了管理的任务,因为每个学科只需与系统级进行对话,并且在子系统级不确定性传播期间不需要更多的跨学科信息交互。

然而,这种模式也有一些类似于确定性 IDF 的缺点。实际上,由系统级优化器控制的变量(设计变量和混沌多项式展开系数)数量增加了,这使得系统级优化任务更加复杂。此外,混沌多项式展开分解顺序也必须根据耦合变量线性程度的信息进行先验选择。混沌多项式展开分解阶数的增加会极大地增加设计空间的大小,甚至会出现由于混沌多项式展开构造产生的维数灾难,可研究如稀疏混沌多项式展开之类的替代方法来解决此问题。最后,IDF - PCE 增加了系统级等式约束的数量,使得优化问题的求解更加复杂。

2) 不确定条件下的多层次优化

不确定条件下的多层次优化(Mutilevel Hierarchical Optimization Under Uncertainty,MHOU)(Brevault 等,2015b)的目标是通过引入子系统级优化来简化系统级优化(图 7.29)。它源自 IDF - PCE。MHOU 是一种半分解的层次化方法,它去除了所有的反馈跨学科耦合,以避免 MDA 产生的学科循环。由于在 IDF - PCE 中提出的基于代理模型的解耦技术伴随着维数灾难,MHOU 中去除了反馈耦合。它实现了在分级过程中子系统之间没有任何的循环。这种类型的分解是在运载火箭设计中提出的(Brevault 等,2015b),但它可以推广到一系列问题。实际上,该方式假设系统级目标 $\Xi[f(\cdot)]$ 可以分解为一系列子系统贡献的和 $\Xi[f(\cdot)] = \sum_{k=1}^{N} \Xi[f_k(\cdot)]$,其中 $\Xi[f_k(\cdot)]$ 是第 k 个子系统的目标函数。大多数系统可以根据子系统的贡献(子系统质量的贡献、子系统成本的贡献等)进行分解。

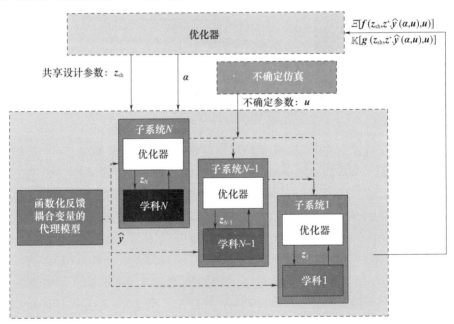

图 7.29 不确定条件下的多层次优化(MHOU)

在 MHOU 中,对系统级和子系统级优化做以下假设:
(1) 系统级:

$$\min \sum_{k=1}^{N} \Xi [\boldsymbol{f}_k(\boldsymbol{z}_{sh}, \boldsymbol{z}_k^*, \boldsymbol{\alpha}, \boldsymbol{U})] \tag{7.88}$$

$$\text{w. r. t. } \boldsymbol{z}_{sh}, \boldsymbol{\alpha}$$

$$\text{s. t. } \mathbb{K}_k [\boldsymbol{g}_k(\boldsymbol{z}_{sh}, \boldsymbol{z}_k^*, \boldsymbol{\alpha}, \boldsymbol{U})] \leqslant 0, k \in \{1, 2, \cdots, m\} \tag{7.89}$$

$$\forall (k,j) \in \{1, \cdots, N\}^2, j \neq k \; \boldsymbol{J}_{kj}(\boldsymbol{z}_{sh}, \boldsymbol{z}_k^*, \boldsymbol{\alpha}) = 0 \tag{7.90}$$

$$\forall s \in \{1, \cdots, N\}, \mathbb{K}_s [\boldsymbol{g}_s(\boldsymbol{z}_{sh}, \boldsymbol{z}_k^*, \boldsymbol{\alpha}, \boldsymbol{U})] \leqslant 0 \tag{7.91}$$

$$\boldsymbol{z}_{sh_{min}} \leqslant \boldsymbol{z}_{sh} \leqslant \boldsymbol{z}_{sh_{max}} \tag{7.92}$$

(2) 子系统级: $k = N$
当 $k > 0$,给定 $y_{Nk}, \cdots, y_{(k+1)k}$,对于第 k 个子系统

$$\min \Xi [\boldsymbol{f}_k(\boldsymbol{z}_{sh}, \boldsymbol{z}_k, \boldsymbol{\alpha}, \boldsymbol{U})] \tag{7.93}$$

$$\text{w. r. t. } \boldsymbol{z}_k$$

$$\text{s. t. } \mathbb{K}_s [\boldsymbol{g}_s(\boldsymbol{z}_{sh}, \boldsymbol{z}_k, \boldsymbol{\alpha}, \boldsymbol{U})] \leqslant 0 \quad s \in \{1, 2, \cdots, m_s\} \tag{7.94}$$

$$\forall j \in \{1, 2, \cdots, N\}, j \neq k$$

$$\boldsymbol{J}_{kj} = \int_{\mathbf{R}^d} [\boldsymbol{c}_{kj}(\boldsymbol{z}_{sh}, \boldsymbol{z}_k, \hat{\boldsymbol{y}}_{\cdot k}(\boldsymbol{u}, \boldsymbol{\alpha}^{(\cdot k)}), \boldsymbol{u}_k) - \hat{\boldsymbol{y}}_{kj}(\boldsymbol{u}, \boldsymbol{\alpha}^{(kj)})]^2 \phi(\boldsymbol{u}) \mathrm{d}\boldsymbol{u} = 0$$

$$\tag{7.95}$$

$$\boldsymbol{z}_{k_{min}} \leqslant \boldsymbol{z}_{sh} \leqslant \boldsymbol{z}_{k_{max}} \tag{7.96}$$

$$k \leftarrow k - 1$$

式中: z_k 为学科 k 的局部设计变量向量; z_{sh} 为多个学科之间的共享设计变量向量。z_k^* 对应于子系统级优化器找到的最优设计变量。这个模式使得每个子系统能够在分级的过程中独立的优化。系统级优化器控制着 z_{sh} 和反馈耦合变量的混沌多项式展开超参数 $\boldsymbol{\alpha}$。在系统级对混沌多项式展开系数的处理使得我们可以消除反馈耦合,并按次序地对子系统进行优化。函数化反馈耦合的代理模型为不同子系统提供了所需的输入耦合。第 k 个子系统级优化器控制 z_k,相应的问题旨在在确保满足子系统级约束 $\mathbb{K}_s[\boldsymbol{g}_s(\cdot)]$ 情况下最小化子系统对全局系统目标的贡献。同时,跨学科耦合约束(式(7.95))保证了不论不确定变量实现如何都能满足耦合一致性。MHOU(式(7.95))仅考虑了 $k \neq N$ 这个情况。这个公式特别适用于运载火箭设计,因为它可以自然地将设计过程分解为不同级的优化。对于运载火箭而言,从多级优化到单级优化,即从 N 到 1 的降阶优化更为方便(先优化末级,再优化中间级,最后优化第一级)。对于一般问题,可以采用任何顺序优化,但在实践中,学科被组织成具有最小数量反馈的形式,以减少在系统级需要控制的耦合变量数量,进而降低优化问题的复杂性。该方法已被

应用于运载火箭设计,实现了智能分级的火箭最优分解(Stage – wise Optimal Rocket Decomposition,SWORD)(Balesdent 等,2013)和 MHOU(Brevault 等,2015b)。在这种情况下,前馈耦合变量是不同级的质量(质量从第 i 级传递到第 $i-1$ 级),反馈耦合是分离条件(如高度、速度、航迹角)和弹道载荷。

3) 在示例案例上的应用

以示例案例为例,对不确定条件下的 MDF(使用 FPI 和朴素蒙特卡罗方法)和 IDF – PCE 进行了数值比较。如图 7.30 所示的 UMDO 问题是一个约束优化问题。

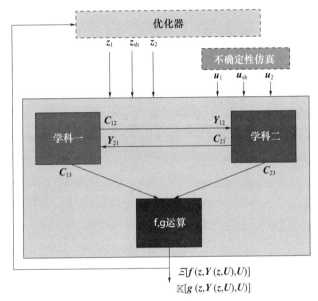

图 7.30　多学科耦合系统的解析测试案例

(1) 学科 1:
$$y_{12} = c_{12}(z,u) = -z_{sh}^{0.2} + u_{sh} + 0.25 \times u_1^{0.2} + z_1 + y_{21}^{0.58} + u_1^{0.4} \times y_{21}^{0.47}$$

(2) 学科 2:
$$y_{21} = c_{21}(z,u) = -z_{sh} + u_{sh}^{0.1} - z_2^{0.1} + 3 \times y_{12}^{0.47} + u_2^{0.33} + y_{12}^{0.16} \times u_2^{0.05} + y_{12}^{0.6} \times u_2^{0.13} + 100$$

(3) $f = \dfrac{1}{5}[(z_{sh}-5)^2 + (z_1-3)^2 + (z_2-7)^2 + (y_{21}+z_1 \times z_2)^{0.6} + (u_{sh}+9)^2]$

(4) $g = 150 + \exp(-0.01 \times u_1^2) \times z_{sh} \times z_1 - 0.02 \times z_2^3 \times u_2^5 + 0.01 \times y_{12}^{2.5} \times z_2 \times \exp(-0.1 u_{sh})$

(5) 目标函数:$\Xi[f(z,Y,U)] = \mathbb{E}[f(z,Y,U)]$

(6) 约束函数:$\mathbb{K}[g(z,Y,U)] = \mathbb{E}[f(z,Y,U)] + 3\sigma[g(z,Y,U)] \leq 0$

这一问题有 3 个设计变量:$z_1 \in [0,1]$、$z_2 \in [0,1]$ 和共享变量 $z_{sh} \in [0,1]$,3

个不确定变量:$U_1 = \mathcal{U}(-1,1)$、$U_1 = \mathcal{N}(0,1)$ 和共享不确定 $U_{sh} = \mathcal{N}(0,1)$。

为了说明处理高度非线性耦合的挑战,这个示例案例涉及了非线性学科并导致了耦合变量的非高斯分布。此外,对所有 z 值和 u 值都进行了数值验证,使得 MDA 收敛(FPI 的收缩映射),并且收敛到一个唯一的耦合值。

(1) 不确定性下的 MDF。

对于不确定变量的每个实现,不确定性在 MDA 上用朴素蒙特卡罗方法(使用 FPI)传播。样本量取为 $M = 150000$,以使统计矩的估计误差小于 10^{-3}。由于前两阶统计矩是用朴素蒙特卡罗方法估计的,所以目标函数是有噪声的,因此,基于梯度的优化器不适用于这个测试用例。随机梯度优化算法由于存在多个局部极小值也不适用。因此,选用蚁群优化(Ant Colony Optimizer, ACOmi)(Hirmajer 等,2010)。如果目标函数和约束在 50 次公差为 10^{-3} 的连续目标函数评估中没有改进,则停止优化。FPI 的 MDA 收敛准则被设置为 10^{-4},对应于目标函数和约束函数的收敛误差小于 10^{-3}。基于数值分析实验的经验,FPI 方法一般需要 5 次迭代才能在公差范围内收敛。$\epsilon_g = -0.004$ 是一个保守公差,因为朴素蒙特卡罗方法估计的约束的平均值和标准差始终小于或等于 0。

(2) IDF - PCE 模式。

IDF - PCE 模式(图 7.31)可表示为

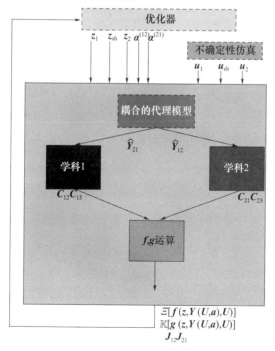

图 7.31　IDF - PCE 设计过程

$$\min \mathbb{E}[f(z,\boldsymbol{\alpha},U)] \tag{7.97}$$

$$\text{w. r. t.} \ z,\boldsymbol{\alpha}^{(12)},\boldsymbol{\alpha}^{(21)}$$

$$\text{s. t.} \ \mathbb{E}[g(z,\boldsymbol{\alpha},U)] + 3\boldsymbol{\sigma}[g(z,\boldsymbol{\alpha},U)] \leq \epsilon_g \tag{7.98}$$

$$J_{12} = \int_{\mathbf{R}^3} [c_{12}(z_{\text{sh}},z_1,u_{\text{sh}},u_1,\hat{y}_{21}(u,\boldsymbol{\alpha}^{(21)})) - \hat{y}_{12}(u,\boldsymbol{\alpha}^{(12)})]^2 \times \phi(u)\mathrm{d}u \leq \epsilon \tag{7.99}$$

$$J_{21} = \int_{\mathbf{R}^3} [c_{21}(z_{\text{sh}},z_2,u_{\text{sh}},u_2,\hat{y}_{12}(u,\boldsymbol{\alpha}^{(21)})) - \hat{y}_{21}(u,\boldsymbol{\alpha}^{(21)})]^2 \times \phi(u)\mathrm{d}u \leq \epsilon \tag{7.100}$$

$$z \in [0,1]^3 \tag{7.101}$$

系统级耦合变量根据 $\hat{y}_{ij}(U,\boldsymbol{\alpha}^{(ij)}) = \sum_{k=0}^{19} \boldsymbol{\alpha}^{(ij)} \boldsymbol{\Psi}_k(U)$ 分解。为考虑所处理问题的非线性，$\boldsymbol{\Psi}_k(\cdot)$ 取为总展开阶为 3 的勒让德和埃尔米特(Hermite)多项式乘积。这些多项式基正交于输入密度分布函数(高斯分布和均匀分布)。由于分解中有 3 个不确定变量，$\dim(\boldsymbol{\alpha}^{(12)}) = \dim(\boldsymbol{\alpha}^{(21)}) = \dfrac{(3+3)!}{3!\ 3!} = 20$，设计空间的维数对应为 43。计算多元积分的方法在下面的段落中详细说明。

(3) IDF - PCE(朴素蒙特卡罗方法)模式。

在采用朴素蒙特卡罗方法的 IDF - PCE 中，跨学科约束的计算公式为

$$J_{ij} \simeq \dfrac{1}{M} \sum_{k=1}^{M} [c_{ij}(z_{\text{sh}},z_1,u_{\text{sh}(k)},u_{1(k)},\hat{y}_{\cdot i}(u_{(k)},\boldsymbol{\alpha}^{(\cdot i)})) - \hat{y}_{ij}(u_{(k)},\boldsymbol{\alpha}^{(ij)})]^2 \tag{7.102}$$

该方法利用朴素蒙特卡罗方法计算目标函数的均值、约束 g 的均值和标准差。不确定性在样本量为 $M = 150000$ 的解耦系统上用朴素蒙特卡罗方法进行传播。耦合的跨学科约束条件设定为 $\epsilon = 10^{-3}$，以使平均耦合误差小于ϵ。另一种避免设计者设置固定 ϵ 值的方法是将 $J_{ij} = 0$ 的等式约束转换为不等式约束$J_{ij} \leq \epsilon$，其中 ϵ 是一个小的正实数，并在优化过程中使用一个附加的动态松弛变量来进行优化，使 ϵ 的值尽可能接近 0。

(4) IDF - PCE(求积)模式。

使用求积公式的 IDF - PCE 中，耦合约束的计算方式为

$$\begin{aligned}J_{ij} &= \sum_{k=1}^{M_{\text{sh}}} \sum_{l=1}^{M_1} \sum_{m=1}^{M_2} (w_{\text{sh}(k)} \otimes w_{1(l)} \otimes w_{2(m)}) \\ & \begin{bmatrix} c_{ij}(z_{\text{sh}},z_1,u_{\text{sh}(k)},u_{1(l)},\hat{y}_{\cdot i}(u_{\text{sh}(k)},u_{1(l)},u_{2(m)},\boldsymbol{\alpha}^{(\cdot i)})) - \\ \hat{y}_{ij}(u_{\text{sh}(k)},u_{1(l)},u_{2(m)},\boldsymbol{\alpha}^{(ij)}) \end{bmatrix}^2 \end{aligned} \tag{7.103}$$

$f(\cdot)$ 的期望值以及约束 $g(\cdot)$ 的平均值和标准偏差按照求积规则进行计算。用于计算多维积分的求积规则对应于一维高斯 - 埃尔米特和高斯 - 勒

让德求积的张量积。每个方向上的采样点数量为：$M_{sh}=M_2=8$ 和 $M_1=10$，从而得到了 640 次学科评估的张量积，以计算多元积分。求积点数量的选取是为了使误差小于 10^{-3}，这与朴素蒙特卡罗方法使用 10^6 个点进行积分计算的精度相当。耦合变量的分解与采用朴素蒙特卡罗方法模式的 IDF – PCE 相同。

(5) IDF – PCE(PCE) 模式。

在该方法中，输出混沌多项式展开系数 $\hat{\alpha}^{(ij)}$ 通过正交谱投影计算，其中多元积分通过求积公式估计。跨学科约束 J_{12} 和 J_{21} 被替换为

$$\|\boldsymbol{\alpha}^{(12)} - \tilde{\boldsymbol{\alpha}}^{(12)}\|^2 \leq \epsilon_\alpha \tag{7.104}$$

$$\|\boldsymbol{\alpha}^{(21)} - \tilde{\boldsymbol{\alpha}}^{(21)}\|^2 \leq \epsilon_\alpha \tag{7.105}$$

为了计算输出混沌多项式展开系数，使用与 IDF – PCE(求积) 中相同的设定：$M_{sh}=M_2=8$ 和 $M_1=10$。耦合上的约束条件为 $\epsilon_\alpha = 0.5$，其与朴素蒙特卡罗方法积分的近似值相比，产生的误差均值小于 10^{-3}。与 IDF – PCE 求积模式的主要区别在于耦合约束，以确保跨学科耦合的实现。在 IDF – PCE(混沌多项式展开) 中，二次型约束只涉及混沌多项式展开系数以利于优化器的收敛。

(6) 结果。

由于不确定性的存在和基于种群优化器的使用，每个问题都进行了 10 次重复，表 7.1 列出的结果是 10 次重复的平均值。括号中添加了标准差与结果预期值的比率，以量化结果的鲁棒性。

表 7.1 不同 IDF – PCE 方法的解析测试结果(括号中是每个结果标准偏差与平均值的比值)

结果	MDF(ref)	IDF – PCE（朴素蒙特卡罗方法）	IDF – PCE(求积)	IDF – PCE（混沌多项式展开）
目标	$\mu_f = 0.928(0.64\%)$	$\mu_f = 0.926(0.65\%)$	$\mu_f = 0.926(0.70\%)$	$\mu_f = 0.914(0.49\%)$
设计	$z_{sh} = 0.520(0.63\%)$	$z_{sh} = 0.511(0.86\%)$	$z_{sh} = 0.514(1.34\%)$	$z_{sh} = 0.523(1.03\%)$
种类	$z_1 = 0.340(1.13\%)$	$z_1 = 0.339(1.11\%)$	$z_1 = 0.340(1.27\%)$	$z_1 = 0.349(1.13\%)$
	$z_2 = 0.658(1.55\%)$	$z_2 = 0.661(1.30\%)$	$z_2 = 0.661(1.68\%)$	$z_2 = 0.649(0.95\%)$
耦合	$\|c_{12} - y_{12}\|^2 \leq 0.0001$	$J_{12} = 0.00067(1.23\%)$	$J_{12} = 0.00054(1.08\%)$	$\|\boldsymbol{\alpha}^{(21)} - \tilde{\boldsymbol{\alpha}}^{(21)}\|^2 = 0.48$ (1.56%)
约束条件	$\|c_{21} - y_{21}\|^2 \leq 0.0001$	$J_{21} = 0.00057(1.15\%)$	$J_{21} = 0.00074(1.12\%)$	$\|\boldsymbol{\alpha}^{(21)} - \tilde{\boldsymbol{\alpha}}^{(21)}\|^2 = 0.3$ (2.13%)

续表

结果	MDF(ref)	IDF-PCE （朴素蒙特卡罗方法）	IDF-PCE(求积)	IDF-PCE （混沌多项式展开）
约束K值	-0.001(1.87%)	-0.002(1.43%)	-0.001(2.04%)	-0.002(2.53%)
设计空间维数	3	43	43	43
优化迭代次数	$N_i=2016(5.34\%)$	$N_i=5608(14.5\%)$	$N_i=5501(9.56\%)$	$N_i=5262(8.10\%)$
对各学科的要求	$N_d=1512\times10^6$	$N_d=841.2\times10^6$	$N_d=3.52\times10^6$	$N_d=3.37\times10^6$
要求次数折减系数	1(Ref)	1.80	429.55	448.66

为了强调在多学科设计优化问题中引入不确定性的重要性，展示了一种将不确定性变量设置为其均值的确定性多学科可行法设计框架。找到的最优目标值为 0.466，最优设计变量集为：$z_{sh}=0.504, z_1=0.452, z_2=0.682$，约束被激活。基于找到的确定性最优设计变量 z^* 的不确定性传播导致违反约束的情况，即 $\mathbb{E}[g(z^*,Y(z^*,U),U)]+3\sigma[g(z^*,Y(z^*,U),U)]=2.73>0$，且与确定值 $\mathbb{E}[f(z^*,Y(z^*,U),U)]=0.831$ 相比，性能降低。对于这个测试案例，不确定性的存在影响了最优目标和最优设计变量集，但其导致了非鲁棒性确定解。

不确定模式下的 MDF 被视为跨学科耦合满足的参考（不确定变量的每个实现都满足耦合）。MDF 和 IDF-PCE 方法收敛到相同的设计变量值 z，与 MDF 结果的误差小于 2.04%。IDF-PCE(求积)最接近 MDF 的结果。IDF-PCE(混沌多项式展开)由于耦合变量混沌多项式展开的近似误差 $\tilde{c}(\cdot)$ 导致了较大的误差。就目标函数值而言，与 MDF 相比，IDF-PCE(朴素蒙特卡罗方法)和 IDF-PCE(求积)的相对误差为 0.21%，IDF-PCE(混沌多项式展开)的相对误差为 1.5%。在 MDF 中，有 1 个约束，然而在其他方法中，有 3 个约束。MDF 方法中设计空间维度为 3，而其他方法中设计空间维度为 43。设计变量和约束数量的增加需要更多的迭代以使优化过程收敛（但对学科的调用更少）。MDF 对各学科的调用次数为 1512×10^6。对于 IDF-PCE(朴素蒙特卡罗方法)方法而言，调用次数要除以 1.80。与 MDF 相比，IDF-PCE(求积)方法和 IDF-PCE(混沌多项式展开)方法中对每个学科的调用次数分别减少到 1/430 和 1/449。学科调用次数的减少是由于整个求解过程没有完整的 MDA，同时采用求积或混沌多项式展开来传播不确定性而非朴素蒙特卡罗方法。虽然不采用 MDA 减少了对学科函数的调用,但在跨学科耦合满足程度方面产生了更大的错误:对于所有不确定变量的实现,MDF 中的耦合精度为 10^{-4},IDF-PCE(朴素蒙特卡罗方法)中的平均精度为 6.7×10^{-4}。在 IDF-PCE 中替换朴素蒙特卡罗方法可以减少对学科的调用次数,同时耦合满足程度的平均精度可达到 7.4×10^{-4}。MDF 和所提出的方法给出的性能函数 PDF 相似(图 7.32 和图 7.33),且 MDF 和解耦方法给出的耦合变量 Y_{12} 的分布具有相同的形状。此外,所提出的方法成功地处理了耦合变量的多峰概率分布。由于表示耦合关系的混沌多项式展开引入的误差,尾部分布(图 7.32 和图 7.33)之间存在差异。所提出方法给出的所有耦合误差 J 的分布做了说明,如图 7.34 所示。

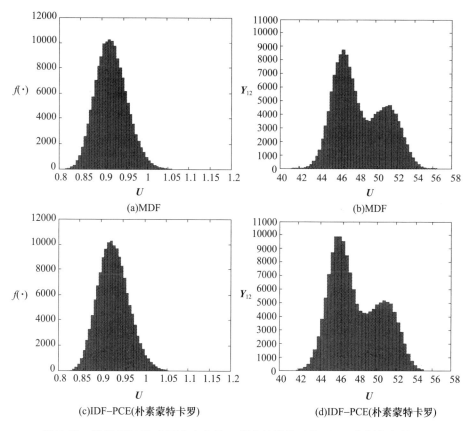

图 7.32 使用 150000 个不确定变量 U 样本的性能函数 $f(\cdot)$ 和耦合变量 Y_{12} 分布结果:分别采用 MDF 和 IDF-PCE(朴素蒙特卡罗)方法

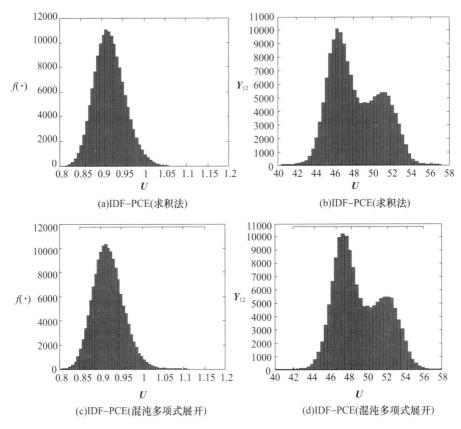

图 7.33 使用 150000 个不确定变量 U 样本的性能函数 $f(\cdot)$ 和耦合变量 Y_{12} 分布结果:分别采用 IDF-PCE(求积)和 IDF-PCE(混沌多项式展开)方法

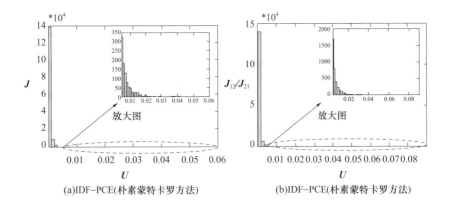

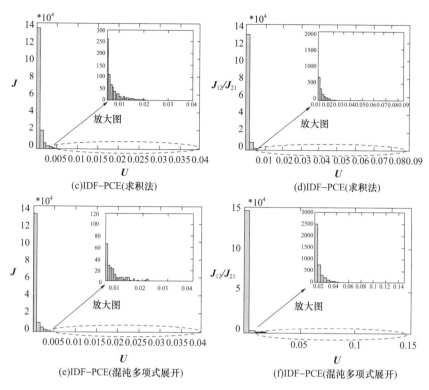

图 7.34 用 150000 个不确定变量 U 样本得到的耦合误差 J 分布和 J_{12}/J_{21} 估计

与第 6 章介绍的多学科系统的混杂不确定性传播技术类似,已经提出了几种 UMDO 范式,以结合耦合和解耦策略的优点来求解 UMDO 问题。7.6 节将简要介绍几种相应的技术。

7.6 混杂 UMDO 范式

CSSO 框架已经被用来求解 UMDO 问题。Padmanabhan 和 Batill(2002)提出了一种方法,其中 CSSO 体系结构被用于求解基于可靠性优化的 UMDO 问题。该方法给出一个序列过程:从设计变量向量 z^k 开始,进行系统级可靠性分析并生成目标函数、耦合变量、可靠性约束、其对应于设计变量的灵敏度,以及当前设计点 z^k 处的不确定参量。然后,利用这些信息和一阶泰勒级数近似建立非局部状态变量和可靠性约束的代理模型。这些元模型被用于子空间优化,从而使得能够同时进行局部子空间优化,并获得下一个设计点 z^{k+1}。当达到设计点的收敛点时,序列过程停止。

Hu 等(2016)提出了一种依靠主动子空间识别来降低不确定性维度的方法。该过程应用了一个一维回归曲面,同时建立了最小二乘代理模型,以降低与不确定性传播相关的计算成本。为了避免重复调用 MDA 及对目标函数和约束函数不确定性测度的估计,进行了部分一次二阶矩匹配(Partial First Order Second Moment)。它包括使用一阶近似和有限数量的 MDA 来估计耦合变量的前两阶统计矩。然后,假设耦合变量服从高斯分布,通过与相应的输入耦合变量分布并行的学科评估来估计目标和约束函数的统计矩。

Ahn 等提出了 BLISS 模式的扩展方法来求解基于可靠性的 MDO 问题(见第 1 章),被称为 ProBLISS 方法(Ahn 和 Kwon,2006)。ProBLISS 方法是一种基于可靠性的单级 MDO 方法,其通过近似极限状态函数来顺次的进行可靠性分析和优化。考虑到 BLISS 关于学科近似准确性的要求,通过采用信任区间序列二次优化框架——使近似模型处于信任区间之内,来保证策略的收敛。在所提出的方法中,跨学科耦合的满足通过在不确定变量的均值处执行多学科分析(如 FPI)可以部分得到保证。此外,也用 MDA 来确定最大可能失效点,同时用 MDA 找到的解来局部构建极限状态函数的近似模型。

7.7 存在偶然/认知混杂不确定性的 UMDO

UMDO 方法已经被用于处理同时存在偶然/认知混杂不确定性的情况。这些类型的公式需要对不同数学形式描述的不确定性进行传播,并在优化过程中对其进行管理。

文献中讨论了结合区间和概率形式的第一类混合不确定性 MDO 问题。Xia 等(2016 年)提出了对具有区间不确定性的序列 MDO(Sequential – MDO,S – MDO)的改进方法。这是一个分解的双层 MDO 公式。在 S – MDO 的第一步中,在不考虑其他学科的情况下,对每个学科执行并行优化。它假设每个学科(或子系统)都有目标函数。在此步骤中,跨学科耦合变量被视为局部变量,并与学科内设计变量一起优化。在这些局部优化之后,尽管为不同的子系统找到了不同的解决方案,获得的局部设计变量和跨学科耦合也被用来形成一个超区间,从中确定潜在的帕累托点。基于获得的潜在帕累托点,将全局变量和耦合变量的组合分配到子系统中。随后,各子系统在一致性约束下进行优化,以确保多学科的可行性。S – MDO 方法已扩展到考虑区间不确定性的情况。在并行优化的第一步中,给定耦合变量一个固定的范围(如通过专家意见)。然后,对每个子系统求解区间不确定性下的稳健性优化问题。采用了基于遗传算法的双环路方法传播区间不确定性(内环)并求解完全自治的稳健性优化问题。在第二步中,为了确保跨学科的可行性,如果输出耦合变量和输入耦合变量之间的最大变化在规定的公差范围(间隔)内,则称设计点始终稳健。这种方法的优点是不需要假设不确定变量的分布。然而,耦合变量的公差范围和目标的可接受变化范围应由决策者确定。这些公差范围对问题解决方案收敛到最佳值的能力有重要影响。

Hu 等(2013)提出了一种区间不确定性下的近似辅助多目标协同稳健性优化方法,该方法使用单目标优化问题来协调所有系统和子系统的多目标优化问题,并建立了一个协同框架。提出的公式将 CO 的一致性约束转化为惩罚项,并将其集成到系统和子系统目标函数中。上层问题协调共享和耦合变量,并指导下层问题,而下层系统则试图找到最佳设计解决方案。考虑使用区间形式的不确定性,并使用跨学科的不确定性传播技术来量化对目标和约束的影响。在较低级别使用最坏情况稳健性评估方法进行稳健性评估。

Xu 等(2017)开发了一种非概率的 CO,用于处理有界相关不确定变量(如使用区间形式)。作者基于椭球模型(Ball 等,1997)和区间理论提出了相关不确定性模型。提出的方法包括构建相关的不确定性模型,并通过在 CO 框架中添加约束将其影响纳入 MDO。

Yang 等(2018)开发了一种 UMDO 方法,该方法依赖于高斯过程来解释混合随机变量和区间不确定性变量。使用 MDA 构建的高斯过程(用 FPI 求解)代替计算密集型约束。针对这一问题,提出了不确定性下的 MDF 和基于鲁棒性的 CO。使用高斯过程的朴素蒙特卡罗方法用于传播不确定性。使用一种优化算法确定可靠性指标的界限,该算法使用 FORM 推导来考虑区间不确定变量。

Wang 等(2018)推导出了一种使用区间描述不确定性的序列多学科设计优化方法。为了传播不确定性,采用了逐维法(Dimension by Dimension Method,DDM)(Wang 等,2018)。DDM 利用正交多项式对系统输出和不确定变量之间的函数进行逐维拟合。SORA 用于将可靠性分析与确定性 MDO 解耦。在确定性 MDO 中,使用滑移距离来移动确定性约束以考虑不确定性。滑移距离则根据区间分析确定,并用 MDF 解决确定性 MDO 问题。

Zaman 和 Mahadevan(2017)在偶然和认知不确定性(通过区间形式表达)存在的情况下提出了 MDO 方法。提出的公式能处理由区间数据产生的随机变量的数据不确定性。这 2 种类型的不确定性都用统一的概率形式来处理。使用 4 参数柔性 Johnson 族分布来表示区间不确定性,使数据能够拟合不同的分布函数形状,并消除固定的分布类型假设。

有几种 UMDO 方法侧重于证据理论来建模认知不确定性。Agarwal 等

(2004b)提出了一种基于证据理论的多学科 RBDO 方法,该方法能处理存在认知不确定性的情况,且使用了信任度和似然度函数的连续响应面以及顺序近似优化方法。证据理论用于对由于信息不完整或缺乏知识而产生的不确定性进行建模。由于信任函数是不连续的,采用简化信赖域的顺序近似优化策略来驱动设计优化。多学科系统采用耦合方法处理。

Yao 等(2013)利用概率和证据理论的形式,提出了在偶然和认知不确定性下的 MDO 公式。该方法包括确定性多级 MDO 问题 MDF-CSSO 方法的扩展(Yao 等,2012),其中,使用顺序优化和混合不确定性分析(Sequential Optimization and Mixed Oncertainty Analysis,SOMUA)算法将传统的基于可靠性的双层优化问题分解为单独的确定性优化和混合不确定性分析子问题,迭代求解直至收敛。SOMUA 通过依赖 FORM-UUA(FORM-UUA 统一不确定性分析,有关 FORM-UUA 的更多详细信息,见第 4 章)对 SORA 进行了一般化,即 FORM 在使用证据理论处理认知不确定性的一般化。在 MDF-CSSO 中,第一步是独立构建精确学科模型的代理模型。在第二步中,基于这些代理模型和初始基线,执行 MDF 以快速识别有希望的区域并大致确定最佳区域。在第三步中,CSSO 用于组织并行学科优化和系统协调。在 CSSO 过程中,通过向实验设计中添加可行候选对象,改进学科代理模型。然后,基于 CSSO 结果,执行具有确切学科的 MDA,并为下一个 MDF 定义新的基线。重复此过程直到收敛。该方法的效率取决于 CSSO 中使用的代理模型的准确性。此外,该方法通过为每个焦元添加一个约束,将问题转化为确定性问题,从而提高该方法的计算成本。

Guoqiang 等(2018)提出了 SORA-UMDO 策略的推导,以进行同时考虑概率和证据理论形式不确定性的多学科可靠性分析。利用贝叶斯定理和最大熵原理,在基于证据理论的焦元中假设概率分布为分段均匀分布,然后定义认知不确定性变量的均值、方差、概率密度函数和累积分布函数。对于可靠性分析,修改了基于最大可能失效点的方法,以考虑基于证据理论描述的不确定性。MDF 和 BLISS 用于解决涉及确定性 MDO 问题的 SORA 步骤。

Zhang 和 Huang(2010)开发了一个 UMDO 模式,用于处理混杂偶然和认知不确定性。提出的方法扩展了 SORA,使认知不确定性描述可以使用可能性理论。在 SORA 的每次迭代中,进行概率/可能性分析和确定性 MDO。在求解确定性 MDO 后,可以确定每个模糊设计变量的最大坡度点和每个随机变量的期望值。然后,应用概率/可能性分析估计每个概率/可能性约束在当前确定性 MDO 设计点的可行性。为了提高违反概率/可能性要求的约束的可行性,确定性 MDO 中的约束随着上一个周期的概率/可能性分析中确定的最大可能失效点而改变。

在混合可能性和概率论的框架内，Li 等（2013）还提出了 SORA 的扩展，其中可靠性分析和确定性 MDO 使用 LE 单级和双级 MDO 策略。多级 MDO 方法依赖于围绕确定性问题的 BLISS 和 CO 组合公式开展的工作（Zhao 和 Cui，2011），但将其用于处理可能性理论描述的问题。基于模糊随机变量理论并使用 a-割集（见第 2 章关于模糊集），初始模糊 UMDO 问题在最优 a-割集内转化为标准的概率形式的 UMDO 问题。

7.8 总结

在过去的几十年里，考虑 MDO 问题中的不确定性的重要性已经得到学术界和工业界的关注。然而，与确定性 MDO 相比，UMDO 仍处于开发的早期阶段。除了确定性 MDO 的挑战外，UMDO 中不确定性的存在使得 UMDO 问题的解决更加复杂。在本章中，基于第 6 章中介绍的多学科系统的不确定性传播方法，描述了 UMDO 公式。MDO 的特殊性依赖于跨学科耦合的管理，这些耦合在存在不确定性时成为不确定变量。文献中提出了不同的 UMDO 问题解决策略，总之，分类如图 7.35 所示。

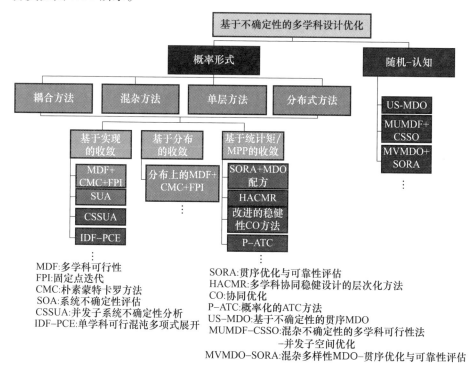

图 7.35　基于不确定性分类的多学科设计优化

一个示例案例已被用于说明 MDO 中存在不确定性的后果,并强调本章中描述的每种技术的优点和缺点。

参考文献

Agarwal, H., Renaud, J., Lee, J., and Watson, L. (2004a). A unilevel method for reliability based design optimization. In *45th AIAA/ASME/ASCE/AHS/ASC Structures, Structural Dynamics & Materials Conference, Palm Springs, CA, USA*.

Agarwal, H., Renaud, J. E., Preston, E. L., and Padmanabhan, D. (2004b). Uncertainty quantification using evidence theory in multidisciplinary design optimization. *Reliability Engineering & System Safety*, 85(1-3):281-294.

Ahn, J. and Kwon, J.-H. (2006). An efficient strategy for reliability-based multidisciplinary design optimization using bliss. *Structural and Multidisciplinary Optimization*, 31(5):363-372.

Akaike, H. (1973). Maximum likelihood identification of Gaussian autoregressive moving average models. *Biometrika*, 60(2):255-265.

Balesdent, M., Bérend, N., and Dépincé, P. (2013). New multidisciplinary design optimization approaches for launch vehicle design. *Proceedings of the Institution of Mechanical Engineers, Part G: Journal of Aerospace Engineering*, 227(10):1545-1555.

Ball, K. et al. (1997). An elementary introduction to modern convex geometry. *Flavors of geometry*, 31:1-58.

Baudoui, V. (2012). *Optimisation robuste multiobjectifs par modèles de substitution(in French)*. PhD thesis, Institut Supérieur de l'Aéronautique et de l'Espace, Toulouse.

Baudoui, V., Klotz, P., Hiriart-Urruty, J.-B., Jan, S., and Morel, F. (2012). LOcal Uncertainty Processing(LOUP) method for multidisciplinary robust design optimization. *Structural and Multidisciplinary Optimization*, 46(5):711-726.

Braun, R. D., Moore, A. A., and Kroo, I. M. (1997). Collaborative approach to launch vehicle design. *Journal of spacecraft and rockets*, 34(4):478-486.

Brevault, L. (2015). *Contributions to multidisciplinary design optimization under uncertainty, application to launch vehicle design*. PhD thesis, Ecole Nationale Supérieure des Mines de Saint-Etienne.

Brevault, L., Balesdent, M., Bérend, N., and Le Riche, R. (2015a). Decoupled multidisciplinary design optimization formulation for interdisciplinary coupling satisfaction under uncertainty. *AIAA Journal*, 54(1):186-205.

Brevault, L., Balesdent, M., Bérend, N., and Le Riche, R. (2015b). Multi-level hierarchical MDO formulation with functional coupling satisfaction under uncertainty, application to sounding rocket design. In *11th World Congress on Structural and Multidisciplinary Optimization, Sydney, Australia*.

Chen, X., Hasselman, T., Neill, D., Chen, X., Hasselman, T., and Neill, D. (1997). Reliability based structural design optimization for practical applications. In *38th AIAA Structures, structural dynamics, and materials conference, Kissimmee, FL, USA*.

Chiralaksanakul, A. and Mahadevan, S. (2007). Decoupled approach to multidisciplinary design optimization under uncertainty. *Optimization and Engineering*, 8(1):21–42.

Cho, S. - g., Jang, J., Kim, S., Park, S., Lee, T. H., Lee, M., Choi, J. - S., Kim, H. - W., and Hong, S. (2016). Nonparametric approach for uncertainty - based multidisciplinary design optimization considering limited data. *Structural and Multidisciplinary Optimization*, 54(6):1671–1688.

Dempster, A. P. (1967). Upper and lower probability inferences based on a sample from a finite univariate population. *Biometrika*, 54(3–4):515–528.

Devolder, O., Glineur, F., and Nesterov, Y. (2010). Solving infinite - dimensional optimization problems by polynomial approximation. In *Recent Advances in Optimization and its Applications in Engineering*, pages 31–40. Springer.

Du, X. (2002). *Efficient methods for engineering design under uncertainty*. PhD thesis, Graduate College, University of Illinois at Chicago.

Du, X. and Chen, W. (2001). A hierarchical approach to collaborative multidisciplinary robust design. In *4th Congress of Structural and Multidisciplinary Optimization, Dalin, China*.

Du, X. and Chen, W. (2002). Efficient uncertainty analysis methods for multidisciplinary robust design. *AIAA Journal*, 40(3):545–552.

Du, X., Guo, J., and Beeram, H. (2008). Sequential optimization and reliability assessment for multidisciplinary systems design. *Structural and Multidisciplinary Optimization*, 35(2):117–130.

Dubourg, V., Sudret, B., and Deheeger, F. (2013). Metamodel - based importance sampling for structural reliability analysis. *Probabilistic Engineering Mechanics*, 33:47–57.

Dubreuil, S., Bartoli, N., Gogu, C., and Lefebvre, T. (2016). Propagation of modeling uncertainty by polynomial chaos expansion in multidisciplinary analysis. *Journal of Mechanical Design*, 138(11):111411.

Duchon, J. (1977). Splines minimizing rotation - invariant semi - norms in Sobolev spaces. In *Constructive theory of functions of several variables*, pages 85–100. Springer.

Eldred, M. (2009). Recent advances in non - intrusive polynomial chaos and stochastic collocation methods for uncertainty analysis and design. In *50th AIAA/ASME/ASCE/AHS/ASC Structures, Structural Dynamics, and Materials Conference, Palm Springs, CA, USA*.

Ghosh, S., Lee, C., and Mavris, D. N. (2014). Covariance matching collaborative optimization for uncertainty - based multidisciplinary aircraft design. In *15th AIAA/ISSMO Multidisciplinary Analysis and Optimization Conference, Atlanta, GA, USA*.

Giassi, A., Bennis, F., and Maisonneuve, J. - J. (2004). Multidisciplinary design optimisation and robust design approaches applied to concurrent design. *Structural and Multidisciplinary Optimization*, 28(5):356–371.

Gu, X. S., Renaud, J. E., and Penninger, C. L. (2006). Implicit uncertainty propagation for robust collaborative optimization. *Journal of Mechanical Design*, 128(4):1001–1013.

Guoqiang, C., Jianping, T., and Yourui, T. (2018). A reliability – based multidisciplinary design optimization method with evidence theory and probability theory. *International Journal of Reliability, Quality and Safety Engineering*, 25(01):1850003.

Haldar, A. and Mahadevan, S. (2000). *Probability, reliability, and statistical methods in engineering design*, volume 1. Wiley New York.

Hansen, N. and Ostermeier, A. (1996). Adapting arbitrary normal mutation distributions in evolution strategies: The covariance matrix adaptation. In *1996 IEEE International Conference on Evolutionary Computation (CEC)*, Nagoya, Japan.

Hirmajer, T., Balsa – Canto, E., and Banga, J. R. (2010). Mixed – integer non – linear optimal control in systems biology and biotechnology: numerical methods and a software toolbox. *IFAC Proceedings Volumes*, 43(5):314–319.

Hu, W., Azarm, S., and Almansoori, A. (2013). New approximation assisted multi – objective collaborative robust optimization (new AA – McRO) under interval uncertainty. *Structural and Multidisciplinary Optimization*, 47(1):19–35.

Hu, X., Parks, G. T., Chen, X., and Seshadri, P. (2016). Discovering a one – dimensional active subspace to quantify multidisciplinary uncertainty in satellite system design. *Advances in Space Research*, 57(5):1268–1279.

Huang, H. – Z., Yu, H., Zhang, X., Zeng, S., and Wang, Z. (2010). Collaborative optimization with inverse reliability for multidisciplinary systems uncertainty analysis. *Engineering Optimization*, 42(8):763–773.

Jaeger, L., Gogu, C., Segonds, S., and Bes, C. (2013). Aircraft multidisciplinary design optimization under both model and design variables uncertainty. *Journal of Aircraft*, 50(2):528–538.

Koch, P., Wujek, B., and Golovidov, O. (2000). A multi – stage, parallel implementation of probabilistic design optimization in an MDO framework. In *8th AIAA Symposium on Multidisciplinary Analysis and Optimization*, Long Beach, CA, USA.

Koch, P. N., Wujek, B., Golovidov, O., and Simpson, T. W. (2002). Facilitating probabilistic multidisciplinary design optimization using Kriging approximation models. In *9th AIAA/ISSMO Symposium on Multidisciplinary Analysis and Optimization*, Atlanta, GA, USA.

Kokkolaras, M., Mourelatos, Z. P., and Papalambros, P. Y. (2004). Design optimization of hierarchically decomposed multilevel systems under uncertainty. In *ASME 2004 International Design Engineering Technical Conferences and Computers and Information in Engineering Conference*, Salt Lake City, UT, USA.

Leotardi, C., Serani, A., Iemma, U., Campana, E. F., and Diez, M. (2016). A variable – accuracy metamodel – based architecture for global MDO under uncertainty. *Structural and Multidisciplinary Optimization*, 54(3):573–593.

Li, L., Jing, S., and Liu, J. (2010). A hierarchical hybrid strategy for reliability analysis of multidisciplinary design optimization. In 14*th IEEE International Conference on Computer Supported Cooperative Work in Design*(*CSCWD*),Shanghai,China.

Li,L. ,Liu,J. H. ,and Liu,S. (2014). An efficient strategy for multidisciplinary reliability design and optimization based on CSSO and PMA in SORA framework. *Structural and Multidisciplinary Optimization*,49(2):239–252.

Li,Y. ,Jiang,P. ,Gao,L. ,and Shao,X. (2013). Sequential optimisation and reliability assessment for multidisciplinary design optimisation under hybrid uncertainty of randomness and fuzziness. *Journal of Engineering Design*,24(5):363–382.

Lin,P. T. and Gea,H. C. (2013). Reliability–based multidisciplinary design optimization using probabilistic gradient–based transformation method. *Journal of Mechanical Design*,135(2):021001.

Liu,H. ,Chen,W. ,Kokkolaras,M. ,Papalambros,P. Y. ,and Kim,H. M. (2006). Probabilistic analytical target cascading:a moment matching formulation for multilevel optimization under uncertainty. *Journal of Mechanical Design*,128(4):991–1000.

McAllister,C. D. and Simpson,T. W. (2003). Multidisciplinary robust design optimization of an internal combustion engine. *Journal of Mechanical Design*,125(1):124–130.

Meng,D. ,Li,Y. –F. ,Huang,H. –Z. ,Wang,Z. ,and Liu,Y. (2015). Reliability–basedmultidisciplinary design optimization using subset simulation analysis and its application in the hydraulic transmission mechanism design. *Journal of Mechanical Design*,137(5):051402.

Moore,R. E. ,Kearfott, R. B. ,and Cloud, M. J. (2009). *Introduction to interval analysis*, volume 110. SIAM.

Nataf,A. (1962). Détermination des distributions dont les marges sont données(in French). *Comptes Rendus de l' Académie des Sciences*,225:42–43.

Negoita,C. ,Zadeh,L. ,and Zimmermann,H. (1978). Fuzzy sets as a basis for a theory of possibility. *Fuzzy sets and systems*,1(3–28):61–72.

Noton,A. R. M. (2013). *Introduction to variational methods in control engineering*. Elsevier.

Oakley,D. R. ,Sues,R. H. ,and Rhodes,G. S. (1998). Performance optimization of multidisciplinary mechanical systems subject to uncertainties. *Probabilistic Engineering Mechanics*,13(1):15–26.

Padmanabhan,D. and Batill,S. (2002). Reliability based optimization using approximations with applications to multi–disciplinary system design. In 40*th AIAA Aerospace Sciences Meeting & Exhibit*,Reno,NV,USA.

Rackwitz,R. (2001). Reliability analysis—a review and some perspectives. *Structural safety*, 23(4):365–395.

Rhodes,G. and Sues,R. (1994). Portable parallel stochastic optimization for the design of aeropropulsion components. In 35*th Structures, Structural Dynamics, and Materials Conference*, Hilton Head,SC,USA,page 1419.

Rosenblatt,M. (1952). Remarks on a multivariate transformation. *The annals of mathematical statistics*,23(3):470–472.

Sokolowski, J. and Zolesio, J. - P. (1992). Introduction to shape optimization. In *Introduction to Shape Optimization*, pages 5 – 12. Springer.

Sues, R. and Cesare, M. (2000). An innovative framework for reliability – based MDO. In *41st Structures, Structural Dynamics, and Materials Conference and Exhibit, Atlanta, GA, USA*.

Wang, L., Xiong, C., Hu, J., Wang, X., and Qiu, Z. (2018). Sequential multidisciplinary design optimization and reliability analysis under interval uncertainty. *Aerospace Science and Technology*, 80:508 – 519.

Xia, T., Li, M., and Zhou, J. (2016). A sequential robust optimization approach for multidisciplinary design optimization with uncertainty. *Journal of Mechanical Design*, 138(11):111406.

Xiong, F., Sun, G., Xiong, Y., and Yang, S. (2014). A moment – matching robust collaborative optimization method. *Journal of Mechanical Science and Technology*, 28(4):1365 – 1372.

Xiong, F., Yin, X., Chen, W., and Yang, S. (2010). Enhanced probabilistic analytical target cascading with application to multi – scale design. *Engineering Optimization*, 42(6):581 – 592.

Xu, H., Li, W., Xing, L., and Zhu, S. - P. (2017). Multidisciplinary design optimization under correlated uncertainties. *Concurrent Engineering*, 25(3):262 – 275.

Yang, F., Yue, Z., Li, L., and Guan, D. (2018). Hybrid reliability – based multidisciplinary design optimization with random and interval variables. *Proceedings of the Institution of Mechanical Engineers, Part O: Journal of Risk and Reliability*, 232(1):52 – 64.

Yao, W., Chen, X., Luo, W., van Tooren, M., and Guo, J. (2011). Review of uncertainty – based multidisciplinary design optimization methods for aerospace vehicles. *Progress in Aerospace Sciences*, 47(6):450 – 479.

Yao, W., Chen, X., Ouyang, Q., and Van Tooren, M. (2012). A surrogate based multistagemultilevel optimization procedure for multidisciplinary design optimization. *Structural and Multidisciplinary Optimization*, 45(4):559 – 574.

Yao, W., Chen, X., Ouyang, Q., and Van Tooren, M. (2013). A reliability – based multidisciplinary design optimization procedure based on combined probability and evidence theory. *Structural and Multidisciplinary Optimization*, 48(2):339 – 354.

Zaman, K. and Mahadevan, S. (2017). Reliability – based design optimization of multidisciplinary system under aleatory and epistemic uncertainty. *Structural and Multidisciplinary Optimization*, 55(2):681 – 699.

Zhang, J. and Zhang, B. (2013a). A collaborative approach for multidisciplinary systems reliability design and optimization. In *Advanced Materials Research*, volume 694, pages 911 – 914. Trans Tech Publ.

Zhang, J. and Zhang, B. (2013b). A collaborative strategy for reliability – based multidisciplinary design optimization. In *17th IEEE International Conference on Computer Supported Cooperative Work in Design (CSCWD), Whister, Canada*.

Zhang, X. and Huang, H. - Z. (2010). Sequential optimization and reliability assessment for multidisciplinary design optimization under aleatory and epistemic uncertainties. *Structural and Multidisciplinary Optimization*, 40(1 – 6):165.

Zhao, M. and Cui, W. (2011). On the development of bi – level integrated system collaborative optimization. *Structural and Multidisciplinary Optimization*, 43(1):73 – 84.

Zhou, K., Doyle, J. C., Glover, K., et al. (1996). *Robust and optimal control*, volume 40. Prentice hall New Jersey.

第 4 部分

MDO 相关问题：多保真、多目标和连续/离散混杂优化

第8章 应用高斯过程的多保真 MDO

8.1 简介

第6章和第7章讨论了在 MDO 过程中处理不确定性的挑战。本章介绍多保真度的相关概念。事实上,高保真模型以可接受的精度表征系统行为。然而,这些模型通常是计算密集型的,并且不能按照 MDO 的要求进行重复评估。低保真度模型更适合于早期设计阶段的研究,因为它们的评估代价更低。但是,由于线性化、限制性物理假设、降维处理等简化,这些模型的精度往往较低。多保真度模型旨在组合不同保真度的模型,以较低的计算成本达到所需的精度。8.2 节通过回顾过去的工作和代码体系结构的系统表示,建立 MDO、多保真度(Multi-Fidelity)模型和协同克里金模型(Cokriging)之间的联系。

本章的其余部分分为 2 个主要部分。第一部分,8.3 节描述了基于独立(隐藏)过程线性组合的通用协同克里金模型。它展示了如何通过协方差结构来表示代码之间的所有耦合类型,无论这些耦合是串行的(马尔可夫的)、完全耦合的还是并行的等。第二部分,8.4 节介绍了使用多输出协同克里金模型的优化方法。它们可以处理任何类型的相关输出,包括多保真度输出。这一方法是 EGO 算法(Jones 等,1998)的推广,其处理的问题不仅是每次迭代中输入的变化,且系统模型的保真度水平在每次迭代中也会发生变化。控制每一步执行或停止的方法被称为 SoS。SoS 带来的好处通过一系列模仿 3 种典型多保真度模型的分析测试进行了说明:有限元类代码中网格大小的变化、蒙特卡罗抽样中样本数量的变化以及动态系统中时间步长的变化。

8.2 MDO 和多保真度方法:前期工作

8.2.1 用于 MDO 的多保真度方法概述

1)单学科设计的多保真度方法

关于多保真度设计的主题已经有了大量的研究和贡献。Fernández Godino

等(2016)和 Peherstorfer 等(2018)对多保真度方法作了2篇综述。复杂系统分析(如不确定性传播、灵敏度分析或优化)需要在设计空间的不同位置重复进行模型评估,而这种评估通常是采用高保真模型难以承受的。多保真度技术旨在利用多种不同精度的模型来加速这些分析。多保真度方法需进行模型管理,也就是说,它们在评估代价和分析结果准确性之间进行权衡以确定保真度水平。在 Peherstorfer 等的综述中,作者将多保真度技术分为3类:自适应技术、融合技术和滤波技术。自适应策略包括一些在计算过程中使用高保真模型的结果增强低保真模型的方法。其中一个例子即为模型修正方法(Kennedy 和 O'Hagan,2000),该方法使用自回归过程来反映各种输出精度之间的层次关系。融合策略旨在通过结合低保真度和高保真度模型输出来构建系统模型。融合策略的2个例子是协同克里金法(Myers,1982;Perdikaris 等,2015)和多级随机配置方法(Teckentrup 等,2015)。最后,滤波策略包括调用低保真度模型来决定何时使用高保真模型(如多级抽样)。

早期的多保真度优化技术是为了在计算成本小的简化模型(通常是元模型,也称为代理模型)和更精确、成本更高的模型之间进行交替开发:尽管我们倾向于高精度的优化模拟器,低保真度实验有助于在保证有限计算预算的情况下排除输入空间中一些不感兴趣的区域(或相反,有助于找到感兴趣的区域)。这种低保真度和高保真度模型之间的切换可以在 Jones 等(1998)中找到典型的例子。Huang 等(2006)也指出使用元模型可以在剩余的计算预算内决定应选择哪些输入参数和什么级别的模型保真度。

此后,也有一些新的思路。同在不同阶段使用低保真度模型代替高保真模型不同,新方法提出对所有不同保真度模型的所有信息进行加权综合。贝叶斯统计,特别是协同克里金方法是进行模型合并的典型方法。多保真度贝叶斯优化已在多篇文章中进行了探讨(Forrester 等,2007;基恩,2012;Sacher,2018),在8.4节中进行详细说明。

2)多保真度与 MDO

到目前为止,解决单学科优化问题的多保真度优化方法已经被提及。对于多学科问题,由于相互作用的子系统众多,多保真度方法仍然主要用于子系统级别,且上述单学科优化的多保真方法参考文献仍然适用。

此外,还有一些专门研究多保真度优化在 MDO 中应用的工作。为了进一步将多保真度优化方法与 MDO 相结合(见第1章关于确定性 MDO 的更多细节),有必要考虑学科的组织形式和代理模型的交互问题。已有几项工作将计算密集型学科的代理模型与 MDO 进行了结合。

Sellar 等(1996)提出了一种基于响应面的 CSSO 以降低计算成本,Simpson

等(2001)探索了克里金方法和 MDF 体系结构的结合。Sobieski 和 Kroo(2000)描述了一种利用响应面法(Response Surface Methed,RSM)进行 CO 的模式。Paiva 等则针对 MDF 过程,分析比较了多项式响应面、高斯过程和神经网络等代理模型(Paiva 等,2010)。尽管这些 MDO 研究用代理模型取代了高保真模型,它们也都未对模型的保真度进行管理。只有少数研究(下文引用)关注了多保真度对多学科问题的适应性。

Allaire 等(2010)提出了多保真度 MDO 的贝叶斯方法。该方法侧重于模型缺陷的概率量化,这与模型的保真度有关。模型保真度是用可信度进行管理的,即假设真实模型在所考虑的模型集中,则该模型为真。该方法考虑解决不同学科固定建模级别的确定性 MDO 问题。然后,基于估计的最优设计值,对性能函数和约束方差进行评估。如果方差太大,则解决第二个问题,即确定哪个学科建模不确定性的影响最大(使用 Sobol 测度进行衡量)。这些学科的保真度水平提高以后,重复上述过程。Allaire 等指出,这种方法不能确保全局最优,但它降低了在单个 MDO 问题中管理多个学科和不同建模等级的难度。Christensen(2012)对该方法进行了扩展,处理求解多保真度 MDO 问题的贝叶斯方法中的跨学科耦合。所提出的方法将耦合回路分解为一系列可顺次计算的学科前馈评估。该方法首次尝试考虑耦合子系统和多保真度问题,且有助于目标函数和约束的估计。但是,当反馈前馈问题被分解时,它只能提供耦合变量不确定性的近似值,且不能保证多学科之间的一致性。

Zadeh 和 Toropov(2002)描述了一种利用高/低保真度模型求解 MDO 问题的 CO 方法。该方法在学科级优化中,采用了修正的低保真度仿真模型。其将高/低保真仿真与模型构建相结合(基于设计实验和数学近似)。利用最小二乘法确定拟合多项式的超参数,并用多项式仿真来进行数学聚合。然而,CO 中使用的多保真模型是离线构建的,没有任何的模型更新。

March 和 Willcox(2012)提出了 2 种并行化 MDO 的方法。第一种策略将 MDO 过程分解为多个平行子系统,并平行地求解子系统优化问题。第二种技术定义了一组需要计算昂贵的仿真来进行评估的设计变量集,通过并行地执行这些评估,然后求解基于代理模型的 MDO 问题。这 2 种方法都是 MDO 中多保真优化的示例。

Wang 等(2018)开发了一个多保真度 MDO 框架,该框架包含了不同保真度级别之间的切换机制。首先,MDO 问题初始化,并选择一个保真度级别开始搜索过程。在 MDO 迭代过程中,如果满足切换标准,优化过程停止;同时提高模型保真度,并更新 MDO 体系结构(如有必要,更改 MDO 公式)。Mehmani 等采用了自适应模型切换(Adaptive Model Switching,AMS)(Mehmani 等,2015),切换标准估计了当前保真度级别的模型输出不确定性是否主导了最近一次归一化目标函数值提高。

8.2.2 从代码交互到协同克里金模型

仿真代码一旦达到最低等级的复杂度,就由相互交互的独立子程序组成,这是 MDO 背后的工作假设之一。如图 8.1 所示,此类嵌套代码由相互连接的模块组成,其中 z 是代码的输入,y_i 是代码 i 的相关标量输出。图 8.1(a)完全耦合的模型是多学科优化的核心主题(见第 1 章学科循环)。当一些反馈回路被移除时,系统就可以变成串行结构或并行结构。任何相互嵌套的代码都是以完全耦合、串行和并行等方式连接的成对的程序组合。

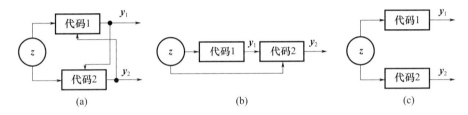

图 8.1　两个代码的嵌套形式(从左到右:完全耦合形式、串联形式和并联形式)

多保真度模拟是一种特殊类型的嵌套代码,其中每个输出对应于相同数量的近似值,但精度和计算成本不同。例如,在空气动力学中,y_1 和 y_2 都可以描述机翼的阻力,但 y_1 来自忽略流体黏度的欧拉方程,而 y_2 来自完整的纳维尔-斯托克斯(Navier-Stokes)方程。一般地,多保真度代码可以具有完全耦合、串联形式或并联形式等任意结构。在前面的空气动力学例子中,串行代码结构将 y_1 作为 y_2 的输入以加速非线性迭代,反之亦然。在并行实现中,y_2 可以是单独的回路,Navier-Stokes 方程可以根据另外的初始猜想求解。

描述不确定性是中子物理学、可靠性分析等领域许多代码的重要组成部分,通常通过朴素蒙特卡罗仿真实现。朴素蒙特卡罗仿真占多保真度模型的一大类,其随机代码输出在求取平均值之前要独立地运行几次。保真度随着朴素蒙特卡罗模拟样本数的增加而提高。通过添加更多样本,代码的结果总可以变得更精确,但这会增加成本。

多保真度最通用的方法是在高保真度代码结构的基础上增加统计模型(元模型)。统计模型是通过一组模拟输入输出构建的,它们提供了对代码(或部分代码)输出的高效近似,减轻了计算负担。克里金法(或高斯过程回归)已被证明是一种有效的计算机代码近似方法(Santner 等,2003)。在本章中,我们关注克里金法及其与代码体系结构的关系,并重点介绍多重输出的克里金法。

多输出模型背后的思想是,可以利用不同输出之间的(松散)依赖性来获得更精确的模型:由于 y_1 携带了一些关于 y_2 的信息,因此在 (y_1,y_2) 上构建联合模型,即使我们只对 y_2 预测感兴趣。在本章中,我们使用协同克里金这个名称指代多变量输出的高斯过程模型。这一术语是在地质统计学文献(Cressie,1992)中创造出来,但在其他学科中也将同一模型称为多输出高斯过程模型或依赖性高斯过程模型(Boyle 和 Frean,2005;Fricker 等,2013)。

协同克里金模型利用不同输出之间的线性依赖性(相关性)改进统计模型的预测和不确定性度量。对这一方法的早期贡献可以在20世纪70年代末到80年代初的地质统计学文献中找到(Journel 和 Huijbregts,1978;迈尔斯,1982)。在对多输出代码进行建模时,主要的挑战在于在所有输出的联合分布上定义有效的协方差结构。尽管文献中提出了大量的协方差方法(见8.3.3节和 Alvarez 等(2012)),但构建这些多元协方差的一种非常常见的方法仍是协同区域化线性模型(Linear Model of Coregionalization,LMC)(见 Goovaerts 等(1997)和8.3.1节)。

8.3 用于多保真度分析的协同克里金法

8.3.1 协同区域化线性模型的协同克里金法

1)模型的一般介绍

标准克里金模型(见第3章)可以扩展到可以共同学习的多个输出的情形。我们想通过来自点 $Z_1,\cdots,Z_m$ 处进行的观测来习得函数 $y_1(\cdot),\cdots,y_m(\cdot)$。一般化克里金法,若其依赖的统计模型是一组相关的高斯过程 $(Y_1(\cdot),\cdots,Y_m(\cdot))$,就是所谓的协同克里金法。协同克里金模型可以看作是具有特殊观测顺序的规则克里金模型。为了与多保真度内容兼容,我们假设输出具有确定的执行时间,且按升序排列 $t_1 \leq \cdots \leq t_m$。举例而言,在2级多保真度情况下,可以将观测向量划分为1级保真度的观测向量和2级保真度的观测向量,$y(Z) = [y_1(Z_1), y_2(Z_2)]$,$N = \text{Card}(Z_1) + \text{Card}(Z_2)$,并采用第3章中介绍的克里金模型用于均值预测和求解协方差方程。$y_1(\cdot)$ 和 $y_2(\cdot)$ 之间的关系不受约束,它们可以表示不同的物理量。同样地,协同克里金法也是一种处理定性变量的方法,其中 $y_2(\cdot)$ 表示定性变量。因此,协同克里金法可以表示所有 $y_i(\cdot)$ 描述相同量的多保真度问题,且更一般化。

与协同克里金法相伴随的困难在于将协方差函数推广到多个输出的情况 $k_{(ij)}(z,z') = \text{Cov}(Y_i(z),Y_j(z'))$。在一些特殊情况下,多输出协方差函数是通过常规(单输出)克里金模型核的代数运算直接定义的。例如,带导数的克里金法涉及推导克里金核,见 Laurent 等(2019)。但一般来说,有许多可以创建多输出核的方法。它们只需要保证核是半正定的,也就是说,对于任何设计实验$\mathscr{Z}$,它们必须产生半正定协方差矩阵。此外,核设计必须在可调性(适用于现有数据)和内部参数数量的稀疏性(以便易于学习和避免过度拟合)之间达成折中。对于 m 个输出的系统,稀疏性是一个挑战,因为要为所有输出对($Y_i(\cdot)$, $Y_j(\cdot)$)定义 $m(m+1)/2$ 个核。

本章侧重于简单但通用的 LMC(Fricker 等,2013),该模型提供了构建协同克里金模型的系统方法。LMC 协同克里金模型可由一组高斯过程 $T_i(\cdot)$ 简单线性组合生成,即

$$Y(z) = \begin{pmatrix} Y_1(z) \\ Y_2(z) \\ \vdots \\ Y_m(z) \end{pmatrix} = Q \begin{pmatrix} T_1(z) \\ T_2(z) \\ \vdots \\ T_m(z) \end{pmatrix} = QT(z) \tag{8.1}$$

这里,$T_i(\cdot)$ 是假设关于每个输出 i 的独立的、未观测到的隐式高斯过程。$T_i(\cdot)$ 具有单位方差和空间协方差(相关性),即

$$r_i(z,z') := \mathrm{Cov}(T_i(z), T_i(z'))$$
$$\mathrm{Cov}(T_i(z), T_j(z')) = 0, \forall i \neq j \tag{8.2}$$

因而,必须至少有 m 个潜在的高斯过程且 Q 必须满秩,才能使最终的克里金协方差矩阵 K 可逆。在 LMC 中,隐式过程 $T_i(\cdot)$ 描述了 Z 空间中的协方差,而 Q 矩阵确定了输出 $y_i(\cdot)(i=1,\cdots,m)$ 之间的协方差。局部高斯过程方差 σ^2 到多变量输出高斯过程的推广是 $m \times m$ 个组间协方差,即

$$\Sigma_2 = \mathrm{Cov}(Y(z), Y(z)) = Q\mathrm{Cov}(T(z), T(z))Q^\mathrm{T} = QQ^\mathrm{T} \tag{8.3}$$

对于静态高斯过程,组间协方差矩阵不考虑空间因素,且不应与更大的($\Sigma_i^m N_i \times \Sigma_i^m N_i$)克里金方程的协方差矩阵混淆,即

$$K = \mathrm{Cov}\left(\begin{pmatrix} Y_1(Z_1) \\ Y_2(Z_2) \\ \cdots \\ Y_m(Z_m) \end{pmatrix}, \begin{pmatrix} Y_1(Z_1) \\ Y_2(Z_2) \\ \cdots \\ Y_m(Z_m) \end{pmatrix}\right) = \begin{bmatrix} \mathrm{Cov}(Y_1(Z_1), Y_1(Z_1)) & \cdots & \mathrm{Cov}(Y_1(Z_1), Y_m(Z_m)) \\ \vdots & \ddots & \vdots \\ \mathrm{Cov}(Y_m(Z_m), Y_1(Z_1)) & \cdots & \mathrm{Cov}(Y_m(Z_m), Y_m(Z_m)) \end{bmatrix}$$
$$\tag{8.4}$$

式中:每项 $\mathrm{Cov}(Y_i(Z_i), Y_j(Z_j))$ 为一般形式协方差 $\mathrm{Cov}(Y_i(z^k), Y_j(z^l))$, $z^k \in Z_i, z^l \in Z_j$ 的 $N_i \times N_j$ 阶子矩阵。

在 LMC 中,将核推广到多个输出的情形,得到 $m \times m$ 矩阵为

$$k(z,z') := \mathrm{Cov}(Y(z), Y(z')) = Q\mathrm{diag}(r_i(z,z'))Q^\mathrm{T} = \sum_{i=1}^m r_i(z,z') Q^i Q^{i\mathrm{T}} :=$$

$$\sum_{i=1}^{m} r_i(z,z') \boldsymbol{V}^i \tag{8.5}$$

式中：$\boldsymbol{V}^i$ 为协同区域化矩阵，同 LMC 的名称相印证。

给定一个组间协方差矩阵 $\boldsymbol{\Sigma}_2$，有许多方法来定义 $\boldsymbol{Q}$，因为式(8.3)的分解不是唯一的(如 Cholesky 分解和特征值分解)。每个分解生成不同的核 $k(\cdot,\cdot)$，对应式(8.5)中不同的 $\boldsymbol{K}$ 和其他协方差项。正如进一步解释的，改变 $\boldsymbol{Q}$ 从根本上改变统计模型，即使 $\boldsymbol{\Sigma}_2$ 是一定的。

因此，需要一种系统的方法来选择矩阵 $\boldsymbol{Q}$。建议从代码体系结构或关于代码体系结构的假设中导出 $\boldsymbol{Q}$。

如图 8.2 所示，基本模型中代码 i 取为输入 z，代码 $j \in E$ 取为输出，高斯过程满足的形式可表示为

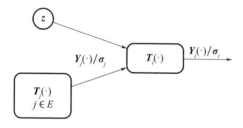

图 8.2 协同克里金统计模型的构造框图(式(8.6))

$$\frac{Y_i(\cdot)}{\sigma_i} = \sum_{j \in E} b_{i,j} \frac{Y_j(\cdot)}{\sigma_j} + T_i(\cdot) \tag{8.6}$$

式中：σ_i 为正比例因子；$b_{i,j}$ 为标量(表示 $Y_i(\cdot)$ 和 $Y_j(\cdot)$ 之间的相关性，如果 E 只包含 j)。这样的结构应该被理解为：代码 i 的输出是与其前辈 $j \in E$ 的输出加上一个独立的隐式过程 $T_i(\cdot)$ 的输出线性相关的。注意到 $\frac{Y_i(\cdot)}{\sigma_i}$ 并不一定要有单位方差，因为 σ_i 是一个比例因子，而不是方差(式(8.9)将量化 $Y_i(\cdot)$ 的方差)。$b_{i,i}=0$ 时的 $b_{i,i}$ 矩阵记为 $\boldsymbol{B}$，$\boldsymbol{Q}$ 和 $\boldsymbol{B}$ 的关联公式为

$$\boldsymbol{Q} = \boldsymbol{D}(\boldsymbol{I} - \boldsymbol{B})^{-1} \tag{8.7}$$

这可以通过将式(8.6)写成等式来证明，即

$$\boldsymbol{D}^{-1}\boldsymbol{Y}(\cdot) = \boldsymbol{B}\boldsymbol{D}^{-1}\boldsymbol{Y}(\cdot) + \boldsymbol{I}\boldsymbol{T}(\cdot)$$

并求得 $\boldsymbol{Y}(\cdot)$。

稍微更改符号，并将 $\boldsymbol{Q}$ 写为过程调节项和交互作用的乘积形式，即

$$\boldsymbol{Q} = \boldsymbol{DP} := \mathrm{diag}(\sigma_i)\boldsymbol{P} \tag{8.8}$$

隐藏过程之间的相互作用矩阵 $\boldsymbol{P}$ 由 $\rho_{i,j}$ 项组成。$\boldsymbol{P}$ 和 $\boldsymbol{B}$ 的关联可表示为

$$\boldsymbol{P} = (\boldsymbol{I} - \boldsymbol{B})^{-1}$$

式(8.5)的协同克里金核一般项可以用调节比例项和相互作用项重写为

$$k^{(ij)}(z,z') = \mathrm{Cov}(Y_i(z), Y_j(z')) =$$
$$\mathrm{Cov}(Q_{i.}T(z), Q_{j.}T(z')) =$$
$$Q_{i.}\mathrm{Cov}(T(z), T(z'))Q_{j.}^\mathrm{T} = \quad (8.9)$$
$$Q_{i.}\mathrm{diag}(r_k(z,z'))Q_{j.}^\mathrm{T} = \sum_{k=1}^{m} \sigma_i \sigma_j \rho_{i,k} \rho_{j,k} r_k(z,z')$$

构建协同克里金 LMC 模型归结为 σ_i、$\rho_{i,j}$ 的选择和不同水平上特定观测顺序的选择(通常为 $y(Z) = [y_1(Z_1), \cdots, y_m(Z_m)]$,并调用常规的克里金方程用于预测和协方差计算,或与其对应的趋势)。由于 $\rho_{i,j}$ 的数量可能很大(m^2),因此需在模型上进一步施加特定结构并使其稀疏化。下文中,我们看到如何组合式(8.6)的模型块以满足不同形式的 Q。将解释 2 个基本的 LMC 方法,分别是对称的 LMC 方法和马尔可夫协同克里金方法。最后,讨论了基于代码结构信息的 LMC 构造。

2) 对称的协同克里金法

首先介绍 2 个相互依赖的代码的简单示例,如图 8.1 所示的完全耦合的关系。在这种情况下,很自然地假设协同克里金模型由 2 个相连的模块组成,如图 8.3 所示。模块之间的依赖关系为

$$\frac{Y_1(\cdot)}{\sigma_1} = b_{1,2}\frac{Y_2(\cdot)}{\sigma_2} + T_1(\cdot)$$

$$\frac{Y_2(\cdot)}{\sigma_2} = b_{2,1}\frac{Y_1(\cdot)}{\sigma_1} + T_2(\cdot)$$

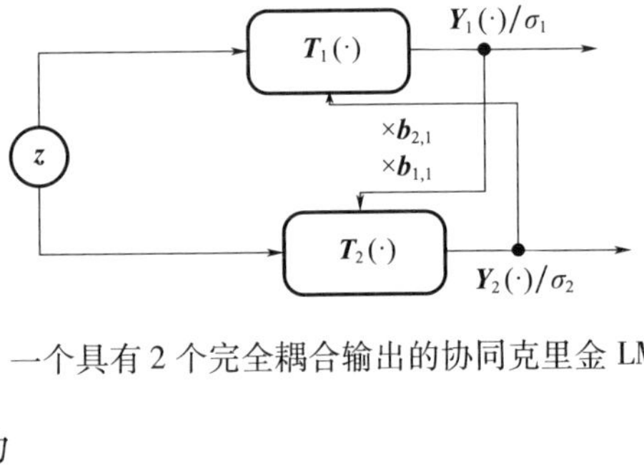

图 8.3 一个具有 2 个完全耦合输出的协同克里金 LMC 模型

进一步可改写为

$$\begin{pmatrix} Y_1(\cdot)/\sigma_1 \\ Y_2(\cdot)/\sigma_2 \end{pmatrix} = \frac{1}{1-b_{1,2}b_{2,1}} \begin{bmatrix} 1 & b_{1,2} \\ b_{2,1} & 1 \end{bmatrix} \begin{pmatrix} T_1(\cdot) \\ T_2(\cdot) \end{pmatrix}$$

这是当 $m=2$ 时,之前的通用 LMC 方法所述 $D^{-1}Y(\cdot) = (I-B)^{-1}T(\cdot) = PT(\cdot)$ 的实例化表达。协同克里金方法的对称 LMC 模型通过假设对称性,进一步简化了 P。这样,D 和 P 中的参数数量从 $m+m^2$ 下降到 $m+m(m-1)/2 =$

$m(m+1)/2$。同样地,假设 $\rho_{i,j} = \rho_{j,i}$,核的一般描述 $k(z^i, z'^j) = \text{Cov}(Y_i(z), Y_j(z'))$ 就同式(8.9)相通。

值得注意的是,如果对称 LMC 模型适用于完全耦合的代码,它可以应用于任何如图 8.1 所示的平行代码。

3) 马尔可夫协同克里金法

现在我们考虑由串联模块构成的统计模型。它们被称为马尔可夫的,因为每个部分只依赖于前一部分的输出和输入变量 z。在文献中,它们也被称为自回归克里金法(Kennedy 和 O'Hagan,2000)或具有科列斯基(Cholesky)分解的 LMC 模型(Fricker 等,2013)。

这种关系可以匹配多保真度代码,其中一类代码的输出可以用作高保真度代码的输入。在这种情况下,可以认为较高保真度的代码具有更多的隐藏变量,即,模型有层次结构。一个常见的例子是分组朴素蒙特卡罗模拟,或欧拉(Euler)CFD 模拟(为纳维尔-斯托克斯代码提供初始值)。图 8.4 给出的 3 个串联模块间的关系可以表示为

$$\frac{Y_1(\cdot)}{\sigma_1} = T_1(\cdot)$$

$$\frac{Y_2(\cdot)}{\sigma_2} = b_{2,1}\frac{Y_1(\cdot)}{\sigma_1} + T_2(\cdot)$$

$$\frac{Y_3(\cdot)}{\sigma_3} = b_{3,2}\frac{Y_2(\cdot)}{\sigma_2} + T_3(\cdot)$$

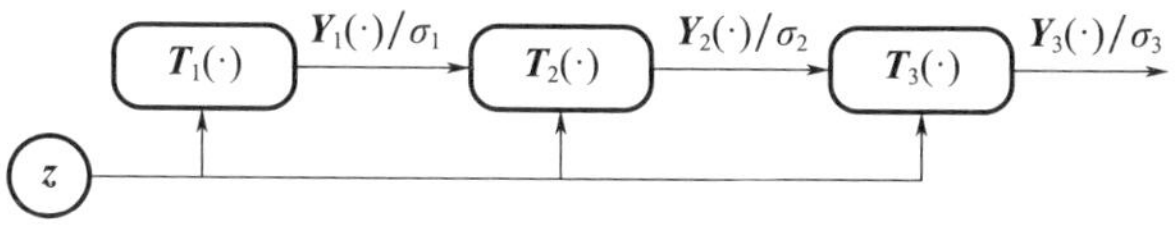

图 8.4 具有 3 个串联输出的马尔可夫 LMC 协同克里金模型

或者,通过分离 Y 和 T,并写成矩阵的形式为

$$D^{-1}Y(\cdot) = \begin{bmatrix} 1 & 0 & 0 \\ b_{2,1} & 1 & 0 \\ b_{3,2}b_{2,1} & b_{3,2} & 1 \end{bmatrix} T(\cdot) = PT(\cdot)$$

注意到,在上面的等式中,P 矩阵是下三角形的。这是马尔可夫协同克里金模型的一般特征,其中

$$\frac{Y_1(\cdot)}{\sigma_1} = b_{i,i-1}\frac{Y_{i-1}(\cdot)}{\sigma_{i-1}} + T_i(\cdot) =$$

$$b_{i,i-1}b_{i-1,i-2}\frac{Y_{i-2}(\cdot)}{\sigma_{i-2}} + b_{i,i-1}T_{i-1}(\cdot) + T_i(\cdot) = \cdots = \sum_{j=1}^{i=1}(\prod_{k=j}^{i=1}b_{k+1,k})T_j(\cdot) + T_i(\cdot) \quad (8.10)$$

式(8.10)表示 P 矩阵的系数可表示为

$$\begin{aligned}\rho_{i,j} &= \prod_{k=j}^{i-1}b_{k+1,k}, j < i \\ &= 1, j = i \\ &= 0, j > i\end{aligned} \quad (8.11)$$

然后,通过将 $\rho_{i,j}$ 的值代入式(8.9)中的表达式 $k(z^i, z^{i'})$,可直接获得马尔可夫协同克里金模型的核(核可限定为第一个 $\min(i,j) < m$ 的项)。

马尔可夫协同克里金模型减少了协方差参数的数量:除了 m 个 σ_i' 之外,仅有 $m-1$ 个 $b_{i+1,i}$ 需依数据设置(如通过极大似然估计等)。$m+(m-1) = 2m-1$ 个参数使马尔可夫协同克里金模型比对称协同克里金模型稀疏,对称协同克里金模型的协方差参数为 $m(m+1)/2(m \geq 3)$。

4) 一般嵌套代码结构的 LMC

尽管没有必要,对协同克里金协方差和代码交互结构进行匹配,也可以简化其统计模型,并保持模型的可解释性。例如,当输出中存在层次结构时,马尔可夫统计模型是最简单得多输出高斯过程,其中的隐藏变量可以解释为每个模块执行的特定计算。用任意统计模型拟合任意多输出代码总是可能的。将马尔可夫结构放在与此假设不匹配的代码上意味着创立了一个不存在隐藏变量的层次结构。对串行代码使用对称模型则会引入本来可以避免的计算复杂性。当然,我们也可以将每个输出建模为独立的高斯过程,但这抵消掉了在高斯过程之间共享信息的努力。

因此,较好的办法是基于代码模块的依赖性确定协同克里金协方差的结构,这种协方差的参数化方法可以从串联或并联的模块结构中导出。作为示例,考虑如图 8.5 所示的代码模块。根据模型结构的相互交互作用,我们的统计模型可以直接构建为

$$\frac{Y_1(\cdot)}{\sigma_1} = T_1(\cdot)$$

$$\frac{Y_2(\cdot)}{\sigma_2} = b_{2,1}\frac{Y_1(\cdot)}{\sigma_1} + b_{2,3}\frac{Y_3(\cdot)}{\sigma_3} + T_2(\cdot)$$

$$\frac{Y_3(\cdot)}{\sigma_3} = b_{3,1}\frac{Y_1(\cdot)}{\sigma_1} + b_{3,2}\frac{Y_2(\cdot)}{\sigma_2} + T_3(\cdot)$$

$$\frac{Y_4(\cdot)}{\sigma_4} = b_{4,2}\frac{Y_2(\cdot)}{\sigma_2} + b_{4,3}\frac{Y_3(\cdot)}{\sigma_3} + T_4(\cdot).$$

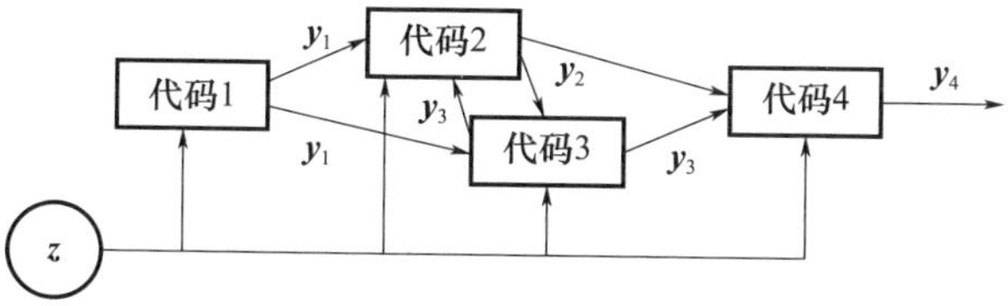

图 8.5 4 个代码模块并行/串行混合的示例

根据 T 求解 Y 得到 P,即式(8.8)中隐藏在过程之间的相互作用矩阵。另外,如果我们加上对称性假设 $b_{2,3} = b_{3,2}$,$b_{2,1} = b_{3,1}$,以及 $b_{4,2} = b_{4,3}$,P 变为

$$P = \begin{bmatrix} 1 & 0 & 0 & 0 \\ \dfrac{b_{2,1}}{1-b_{2,3}} & \dfrac{1}{1-b_{2,3}^2} & \dfrac{b_{2,3}}{1-b_{2,3}^2} & 0 \\ \dfrac{b_{2,1}}{1-b_{2,3}} & \dfrac{b_{2,3}}{1-b_{2,3}^2} & \dfrac{1}{1-b_{2,3}^2} & 0 \\ \dfrac{2b_{2,1}b_{4,2}}{1-b_{2,3}} & \dfrac{b_{4,2}}{1-b_{2,3}} & \dfrac{b_{4,2}}{1-b_{2,3}} & 1 \end{bmatrix}.$$

我们可观察到这个交互矩阵中的并行和串行特征:模型的主要马尔可夫结构使 P 呈下三角形,并与对应于并行模块 2/3 的 2×2 阶中心子矩阵分开。考虑归一化常数下,$P_{4,1}$ 等于乘积 $b_{2,1} \times (b_{4,2} + b_{4,3})$,得到典型的马尔可夫模型。

8.3.2 图例说明

1)测试用例说明

为了验证前述协同克里金模型的有效性,考虑一个标准目标函数,并对其进行修改,以研究多保真度问题。

对 Branin 函数的轻微修正是我们测试的基础,即
$$\bar{z}_1 = 15z_1 - 5, \bar{z}_2 = 15z_2$$

$$y(z) = \left(\bar{z}_2 - \frac{5\bar{z}_1^2}{4\pi^2} + \frac{5\bar{z}_1}{\pi} - 6\right)^2 + 10\left(1 - \frac{1}{8\pi}\right)\cos(\bar{z}_1) + 11 - \exp\left(-\frac{(\bar{z}_1 - 0.5)^2}{15}\right)$$
(8.12)

函数图像如图 8.6 所示。修正的目的在于函数仅有一个全局最优值 (0.543,0.150)和 2 个局部最优值。

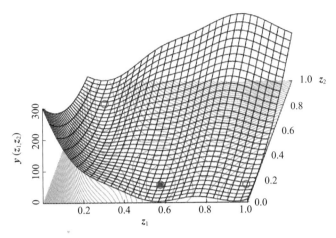

图 8.6 式(8.12)描述修正 Branin 函数,用作最高保真度的模拟
(实心点是全局最优点,空心点是局部最优点)

修正后的 Branin 函数很快在不同的扰动下进行进一步变换,以进行基于网格、蒙特卡罗的和时间步长的模拟,并对应 3 种不同的收敛行为。

基于网格的模拟(如有限元求解器)是随着网格规模的增加而平滑收敛。这类仿真的目标函数随着细节水平的提高,趋向于渐近收敛。当然,这种基于网格的模拟特点是忽略了离散化过程中可能出现的数值不稳定性。光滑收敛是渐近目标函数在连续扰动(二次多项式)下的结果。其中的权重是节点数目的对数(图 8.7)。

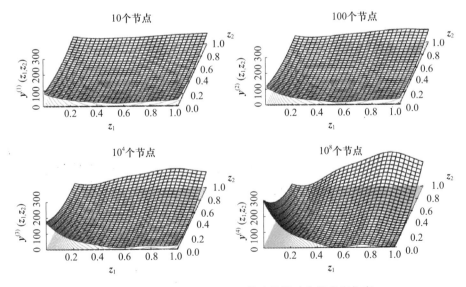

图 8.7 基于网格的 Branin 函数连续扰动多保真度仿真

基于蒙特卡罗的模拟与附加白噪声一起收敛,白噪声随着所用随机样本增加而减小。代表模拟误差的噪声遵循中心极限定理,其方差为样本数量分之一,随着样本数增加而减小。此外,白噪声与设计参数(z_1,z_2)在设计空间中不相关。这种保真度水平的影响如图8.8所示。

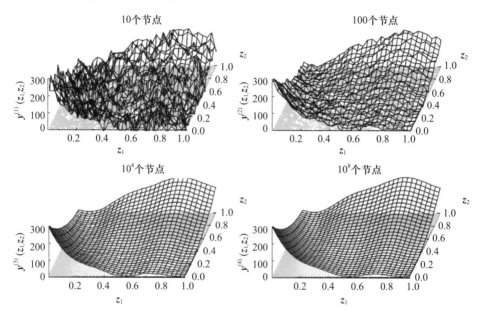

图8.8 Branin 函数在白噪声扰动下基于蒙特卡罗的多保真度仿真

在前面的2个示例中,模拟仿真描述了仿真方法的收敛程度。协同克里金法也适用于离散迭代模拟,其中上一步的结果给出下一步的边界条件。时间或空间上迭代求解是典型的例子。这种时间依赖的模拟(如离散时间 MDO 迭代求解器)不会收敛到一个渐近解,因为结束的"时间"(也可能是另一个维度)不能由之前的时间近似,且"误差"不会随着步数累积而减小。然而,这种模拟内在的马尔可夫行为非常适于采用协同克里金模型。第3个分析测试用例是4步自回归过程(Autoregressive Process,AR1),其最后一次迭代是"高保真"的 Branin 目标函数(图8.9)。

2)测试用例结果

图8.7 给出了基于克里金模型和协同克里金模型的网格化模拟仿真结果。利用14个设计点(10个 LHS 点和4个角点)对克里金模型进行调整,这些点处的值用 10^8 个节点的网格函数(视为真实函数)来评估。出于比较目的,2个协同克里金模型——对称模型和马尔可夫模型(见8.3.1节),根据相同的设计点外加64个较低保真级别的 LHS 点(具有 10^4 个节点的真实模型,节点数目少,评估

成本更低,如图 8.10 所示)进行调整。

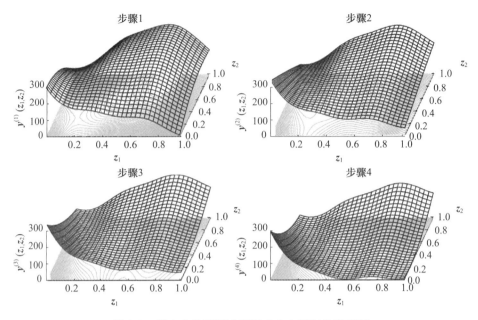

图 8.9 第 3 个分析测试用例:4 步自回归仿真案例

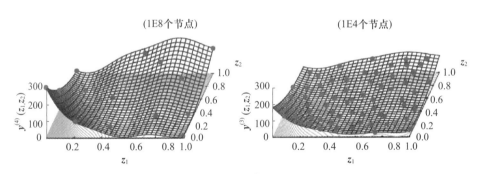

图 8.10 用于调整克里金模型和协同克里金模型的设计试验和网格函数

使用克里金模型给出的预测平均值,我们计算出均方误差(Mean Square Error,MSE)为 313.07。马尔可夫模型大大提升了这一预测精度,其均方误差下降到 0.98。从我们构建 2 个不同精度等级的方式来看,有理由认为马尔可夫模型不是最合适的。事实上,对称模型计算得到的均方误差仅为 0.04。

比较均方误差可能还不够。由于我们有随机模型,我们可以怀疑实际误差是否与预测误差相符。为了回答这个问题,考虑到测试点之间的相关性,可以计算标准化残差。如果协同克里金模型平均值和协方差与观测数据理想地对应,则标准化残差应服从正态分布。

如图 8.11 所示,可以看出预测误差被高估了(在图 8.11 中,标准化残差的分布要比标准高斯分布窄)。在本例中,真实函数比模型估计的函数平滑。换句话说,预测比预期值更准确,或者协同克里金模型偏保守。对预测误差的高估要比低估好,因为它可以防止对预测值的过度自信(过度相信预测数据在算法运行期间会产生不利影响)。由于模型估计的自身误差大于实际误差,因此我们可以说估计是保守的。在本例中,克里金模型和协同克里金模型显示了在预测不确定性时的类似表现。

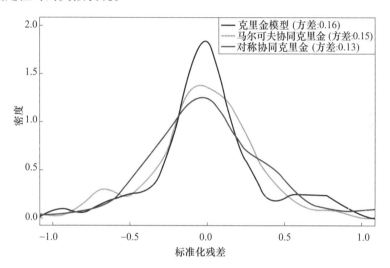

图 8.11 标准化残差密度分布(见彩图)

8.3.3 其他多输出高斯模型

上文介绍的 LMC 是一种通用结构,包括前文中提到的几种结构。例如,具有可分离协方差 $\text{Cov}(\boldsymbol{Y}_i(z),\boldsymbol{Y}_j(z')) = k(z,z')\boldsymbol{\Sigma}_{i,j}$ 的协同克里金模型(Conti 和 O'Hagan,2010)可以被视为 $\boldsymbol{Q}$ 取 $\boldsymbol{\Sigma}$ 的科列斯基因子 LMC 模型(Fricker 等,2013)。类似地,Seeger 等(2005)和 Michelli 与 Pontil(2005)中介绍的模型,从贝叶斯或泛函分析的角度来看,也是机器学习社区中开发的 LMC 的特例。

然而,有几种其他的协同克里金构造不能用 LMC 解释。最典型的可能是基于不同平滑核 G_i 的卷积随机过程(如白噪声)(Alvarez 和 Lawrence,2011;Fricker 等,2013),即

$$\boldsymbol{Y}_i(z) = \int G_i(z-s)\boldsymbol{T}(s)\text{d}s \tag{8.13}$$

这种方法的一个优点是,它允许获得有相互关系的输出,即使它们的尺度范围或生成规则不同。与 LMC 相反,其控制空间关联性的参数更直观(人们

通常选择一个平滑核,并基于该平滑核获得Y_i的协方差函数),但控制输出间协方差的参数不那么直观。同时,该方法的缺点是卷积对所有平滑核不是解析的。关于上述方法的详细介绍,参考 Alvarez 等(2012)。最后,提出了对协同克里金法的若干扩展,以放宽输出分布为高斯分布的限制性假设。这种结构的例子可以在 Marque Pucheu 等(2017)中找到,他们研究了嵌套仿真 $Y_2(Y_1(z),z)$ 的案例,或者也可以在 Le Gratiet(2013)中找到,他们也详细研究了类似的结构。

8.4 多级协同克里金优化

8.4.1 贝叶斯黑箱优化

贝叶斯黑箱优化指定了一系列基于给定有限点集$(z^{(1)},\cdots,z^{(N)})$处极小化目标函数误差的方法。这些方法进行以下迭代操作:基于给定点处的函数值从函数的统计模型中扣除新的期望点,计算该点处的真实函数值,更新统计模型。第5章介绍了标准的 EGO 算法。

图 8.12 和图 8.13 给出了 EGO 算法对 Branin 函数的作用。在初始随机抽样(LHS 抽样和 LHS 拐角抽样)获得 10 个点,并经 9 个 EGO 迭代后,设计空间如图 8.12 所示。注意 EGO 点(黑色是新点)是如何聚集在 Branin 函数的局部最优点周围的。

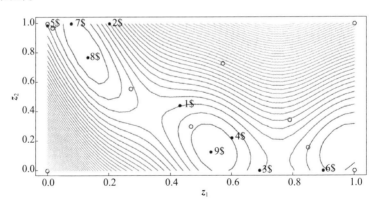

图 8.12 EGO 算法说明:Branin 函数等值线图、初始实验设计样本点(空心点)和 EGO 生成的 9 个点(编号的实心点)

在对目标函数进行 10 + 9 评估后,期望改进函数如图 8.13 所示。期望改进最大化算法生成了下一个迭代点,在本例中为:(0.12,0.83)。

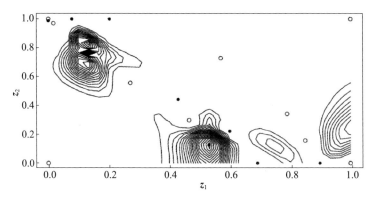

图 8.13 优化后的期望改进等值线图(注意 EI 峰值在 Branin 函数吸引域中的分布)

8.4.2 基于协同克里金模型的贝叶斯优化

由于使用更高精度的统计模型,同时兼有使用低保真度模型的可能,协同克里金法带来了优化过程中节省评估时间的新机会。本章遵循最一般的观点,即只有最高级别的目标函数 m 是要极小化的量,即我们想要解决的问题为

$$\min_{z \in D} y^{(m)}(z)$$

这一假设超越了多保真度的范畴,并为其他级别含有任何相关的量留下了空间。换句话说,$y^{(i)}(\cdot), i \neq m$ 可以具有不同于 $y^{(m)}(\cdot)$ 的性质。例如,在负相关的情况下,最小化 $y^{(m)}(\cdot)$ 可以与最大化 $y^{(i)}(\cdot), i \neq m$ 相关联。每个输出 $y^{(i)}(\cdot)$ 的执行时间 t_i 是使用协同克里金优化时需考虑的另一个因素。

在严格独立多保真的特定情况下,$y^{(i)}(\cdot), i = 1, 2, \cdots, m$ 表示在不同保真度水平下计算的相同量,并且输出水平的评估彼此独立;每次优化迭代时不仅必须定义下一个评估点 $z^{(N+1)}$,而且还必须定义该点处评估的保真度级别。在 Sacher(2018)中,这个问题的答案是在 z 和保真度水平 l 上最大化每单位时间内的期望改进,即

$$(z^{(N+1)}, l^{(N+1)}) = \arg\max_{(z, l) \in D \times \{1, 2, \cdots, m\}} \frac{\text{EI}^{(l)}(z)}{t^l}$$

式中:

$$\text{EI}^{(l)}(z) = \mathbb{E}_{Y^{(l)}}(\max(0, Y^{(l)}(z) - y_{\min}^{(l)}))$$
$$y_{\min}^l = \min(y^{(l)}(z^{(1)}), \cdots, y^{(l)}(z^{(N)})) \tag{8.14}$$

这里提出的算法与这一工作不同,因为假设输出 $1 \sim i-1$ 必须在输出 i 之前计算。但是相关的假设是一致的,如类似蒙特卡罗方法的链式模拟器。此外,在计算成本最高的输出之前,计算 z 点处的所有低成本输出通常也是合理的。

1) 使用协同克里金模型的简单 EGO

如"测试用例结果"一节所述,协同克里金法在纯粹为了准确率方面有优势。同时,协同克里金模型可以简单地取代贝叶斯优化算法中的单级克里金模型。在每次迭代中,都要在新的点上评估所有输出,与单个输出情况相比,能从所有输出的信息中获得后续搜索的益处。当低阶模型的计算成本小于感兴趣量的计算成本时,即 $\sum_{i=1}^{m-1} t_i < t_m$,这种策略是合理的。

采用协克里金模型的简单 EGO 算法与 8.4.1 节描述的 EGO 算法类似,但有 2 点改变:①EI(z) 被 EI$^{(i)}$(z) 代替(式(8.14))。通过将克里金方程中的均值预测和协方差向量 $k(z, \mathscr{L})$(见第 3 章)替换为向量 $k^{(m \cdot)}(z, \mathscr{L}) = \mathrm{Cov}(Y^{(m)}(z), [Y(Z_1), \cdots, Y(Z_m)])$(其一般表达式见式(8.9)),可获得 EI$^{(m)}$(·) 中涉及的 m 级高斯过程输出 $Y^{(m)}$(·);②在每次迭代中,要在所有级别上对所有输出进行评估以确保 $Z_1 = \cdots = Z_m$。简言之,采用协同克里金模型的 EGO 类似于标准 EGO,但 $z^{(N+1)} = \arg\max_{z \in D} \mathrm{EI}^{(m)}(z)$,且在实验设计中对每次迭代施加了 $y^{(1)}(z^{(N+1)}), \cdots, y^{(m-1)}(z^{(N+1)})$ 和 $y^{(m)}(z^{(N+1)})$ 的约束。图 8.14 给出了采用协同克里金模型和 EGO 算法生成点的示例。不可能通过一次运行就对采用克里金模型和协同克里金模型的 EGO 性能进行比较。性能比较是 8.4.3 节的目标。尽管如此,我们仍可以观察到,使用协同克里金模型的 EGO,就像使用克里金模型的 EGO 一样,生成了偏向于修正后 Branin 函数全局和局部极小值的迭代(图 8.14)。

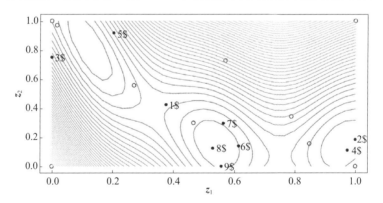

图 8.14　协同克里金模型和 EGO 算法图解:Branin 函数的等值线、实验设计初始值(空心点)和协同克里金模型全局优化生成的 9 个点(编号实心点)

2) 步进或停止算法

如上所述,对于 EGO 算法和协同克里金模型,步进或停止(Stepor Stop,SoS)算法包含了多保真度信息,但更一般化,因为不同输出不必表示相同的量。更进一步,SoS 算法总是以递增的顺序对输出进行评估,首先是 $y^{(i-1)}(z)$,然后,如果

第 4 部分　MDO 相关问题：多保真、多目标和连续/离散混杂优化

有必要，是 $y^{(i)}(z)$。再一次强调，这通常是一个合理的假设，因为我们对模型进行了排序以使 $t_{i-1} \leq t_i$。在每次迭代中，SoS 都会问这样一个问题：我们是否应该在没有计算 $y^{(i)}(z)$ 的情况下向新的 z 迈进？在 z^i 点处计算到 $l-1$ 级后应当停止还是继续进行下一个输出级别 $y^{(i)}(z^{(i)})$ 的计算？获得的用于回答此问题的函数是最高级别 m（描述目标函数的唯一级别）的期望改进除以完成所有级别输出所需的剩余时间，因此具有的目标函数值为

$$\mathrm{EI}^{\mathrm{SoS}}(z) = \frac{\mathrm{EI}^{(m)}(z)}{\sum_{k=1}^{m} t_k}, \quad z \notin \mathbf{Z}_1$$

$$= \frac{\mathrm{EI}^{(m)}(z)}{\sum_{k=l(z)}^{m} t_k}, \quad z \in \mathbf{Z}_1 \quad (8.15)$$

式中：$l(z)$ 为 z 点处下一次应进行的评估级别。例如，从未计算过的点 z 的评估级别为 $l(z)=1$，而已经经过评估 $y^{(1)}(z),\cdots,y^{(i)}(z)$ 的点 z 的级别为 $l(z)=i+1$。$\mathrm{EI}^{\mathrm{SoS}}$ 指 $\mathbf{Z}_1$，即至少已经完成第一级评估 $y^{(1)}(z)$ 的点集。SoS 过程在算法 1 中进行了描述。实验设计的初始值由相同的点组成，即 $\mathbf{Z}_1$ 集，并在所有级别上进行评估。在我们的实现中，高斯过程是一个 LMC 协同克里金模型，对称形式的或马尔可夫形式的（见 8.3.1 节）。鉴于 $\mathrm{EI}^{\mathrm{SoS}}$ 的定义，第 2 行的极大化包含在已评估点（$\mathbf{Z}_1$ 中的点）处的离散最大化和 D 中的连续极大化。离散极大化是一个简单的枚举，连续优化则是用多起点的 BFGS 算法进行的。

算法 1：多输出 SoS 贝叶斯优化算法

初始化：一个高斯过程和它的 P 结构（马可洛夫或对称），一个实验设计
$[\mathbf{Z}_1,y^{(1)}(z_1),\cdots,\mathbf{Z}_1,y^{(m)}(z_1)], t^{\max}, N^{\max}, t \leftarrow 0, N \leftarrow \mathrm{size}(实验设计)$
当 $t<t^{\max}$ 且 $N<N^{\max}$ 时
$z' = \arg\max_{z \in D} \mathrm{EI}^{\mathrm{SoS}}(z)$
计算 $y^{(l(z'))}(z')$ 并将其加入实验设计中
更新高斯过程：根据新的实验设计重新估计参数
$t \leftarrow t + t_{l(x')}, N \leftarrow N+1$
结束
$z_{\min} = \arg\min_{z \in Z_m}(y^{(m)}(z)), y_{\min} = y^{(m)}(z_{\min})$
返回 $z_{\min}, y_{\min}$，以及最后一个高斯过程

图 8.15 给出了 SoS 针对基于网格的测试案例在 3 个级别（节点数 = 100、10^3、10^8）上的运行结果，绘制了 3 个不同级别的函数等值线图。注意到，1 级和 2 级的最小值与感兴趣级别（第 3 级）的最小值不一致。每个级别的成本分别为

0.01、0.1 和 0.89。实验设计的初始值由在所有 3 个级别上评估的 10 个 LHS 采样点组成。当 10 个点都被添加到第 3 级后,即 $t^{max}=10$ 时,运行停止。

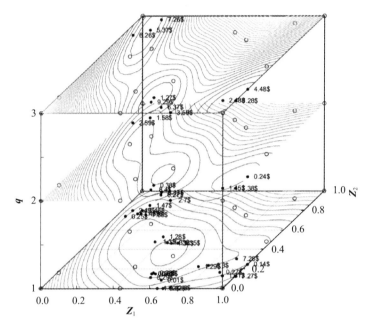

图 8.15　SoS 在 3 级网格测试用例上工作图例(空心点和实心点分别是实验设计初值和被添加的点,等高线图是函数在不同层级的函数值)(见彩图)

如图 8.15 所示,当成本达到 1.27 后,感兴趣区域最大值在 0.5312、0.1586 达到最高水平。需要注意的是,第 1 和第 2 级的迭代并不一定接近这些级别的最小值,因为这些级别的最小值与第 3 级的最小值相差很远。

8.4.3　测试用例优化结果

现在,我们通过 50 次重复的独立优化,将 SoS 优化算法与经典的 EGO 算法进行比较,研究其效率。考虑的问题是 8.3.2 节中描述的基准案例:基于网格的测试案例是基于细化空间网格的偏微分方程解算器,蒙特卡罗测试案例是在朴素蒙特卡罗方法估计中增加样本数量的案例,时间步长测试案例是模拟 4 个时间步长的模拟器。在所有案例中,只取 2 个输出,1 个具有最高保真度(第 4 级)的输出和第 2 级输出。它们都具有修正后 Branin 函数的最高保真度(图 8.6)。按照惯例,1 次迭代"花费 1 美元"($\sum_{i=1}^{m} t_i = 1$)。标准的 EGO 实现用作优化算法比较的基线。当应用于修改后的 Branin 函数(相当于不同测试用例的最高保真度水平)时,其收敛情况如图 8.16(a)所示。

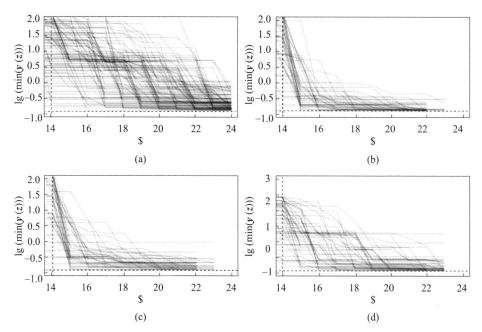

图8.16 不同优化算法的收敛情况(基于50次独立运行结果的最小函数值对数关于迭代次数的变化图)比较:EGO(a)和SoS(b、c、d)(见彩图)
(a)基于改进Branin函数的EGO算法;(b)基于2级保真度网格的SoS算法;
(c)2级保真度蒙特卡罗问题的SoS算法;(d)2级保真度时间步长问题的SoS算法。

现在,我们进行EGO优化算法收敛结果与SoS算法收敛结果的比较。在该比较中,SoS算法使用了中间级别输出来加速优化过程。默认情况下,我们的SoS算法依赖于马尔可夫LMC协同克里金模型,因为其模型参数最少。我们轮流对3个基准案例进行测试,图8.16(b)~(d)给出了基于网格的、基于蒙特卡罗的和基于时间步长的案例测试结果。值得注意的是,在图8.16(d)的时间步长问题中,采用了对称形式的协同克里金模型,因为在这个特殊案例中,对称形式的协同克里金模型性能优于马尔可夫模型。

通过将图8.16(b)、图8.16(c)和图8.16(d)的收敛曲线与图8.16(a)中EGO收敛曲线进行比较,可以清楚地看出,在所有测试用例中,SoS比EGO更快、更一致地降低目标函数值($y^{(4)}(\cdot)$)。这是由于协同克里金法能够利用第2级输出,而这一级输出的成本仅是真正目标函数成本的1/100。

8.5 总结

本章介绍了协同区域化协同克里金线性模型,用于建立多输出学科函数的统计模型。多保真度问题是此类模型的一个重要应用,尽管不是唯一的应用。所用的 LMC 模型被解释为代码(包括学科)输出和每个代码或学科特定的隐式高斯过程的线性组合。该模型能处理学科之间的耦合影响。对隐式过程(P)的解释和隐式过程之间相互作用矩阵的分解是本书的第一个主要贡献。应进一步研究 LMC 协同克里金模型,以更好地了解每个代码隐藏过程的含义和用途。同时,还需要更好地描述统计模型结构和代码交互之间的联系。

与昂贵的目标函数相关的多个信号的可用性是大多数优化问题一个不可忽视的因素。在第二部分中,本章展示了协同克里金法如何利用这些辅助信息。提出了 SoS 方法。它是 EGO 算法在多输出问题上的推广。它可以将任何低保真度或学科信息作为补充输出,直接应用于多保真度或 MDO 问题。将来,解除 SoS 方法对输出评估顺序的约束是必要的,这允许该方法能真正决定下一步应该调用哪个代码或学科。另一个观点是考虑无穷级保真度水平的优化,如网格的规模或朴素蒙特卡罗样本的数量。

参考文献

Allaire, D., Willcox, K., and Toupet, O. (2010). A Bayesian-based approach to multifidelity multidisciplinary design optimization. In 13*th AIAA/ISSMOMultidisciplinary Analysis Optimization Conference*, page 9183.

Alvarez, M. A. and Lawrence, N. D. (2011). Computationally efficient convolved multiple output gaussian processes. *Journal of Machine Learning Research*, 12(May):1459–1500.

Alvarez, M. A., Rosasco, L., Lawrence, N. D., et al. (2012). Kernels for vector-valued functions: A review. *Foundations and Trends© in Machine Learning*, 4(3):195–266.

Boyle, P. and Frean, M. (2005). Dependent gaussian processes. In *Advances in neural information processing systems*, pages 217–224.

Christensen, D. E. (2012). *Multifidelity methods for multidisciplinary design under uncertainty*. PhD thesis, Massachusetts Institute of Technology.

Conti, S. and O'Hagan, A. (2010). Bayesian emulation of complex multi-output and dynamic computer models. *Journal of statistical planning and inference*, 140(3):640–651.

Cressie, N. (1992). Statistics for spatial data. *Terra Nova*, 4(5):613–617.

Fernández-Godino, M. G., Park, C., Kim, N.-H., and Haftka, R. T. (2016). Review of multi-fidelity models. *arXiv preprint arXiv*:1609.07196.

Forrester, A. I., Sóbester, A., and Keane, A. J. (2007). Multi-fidelity optimization via surrogate modelling. *Proceedings of the royal society a: mathematical, physical and engineering sciences*, 463 (2088):3251–3269.

Fricker, T. E., Oakley, J. E., and Urban, N. M. (2013). Multivariate gaussian process emulators with nonseparable covariance structures. *Technometrics*, 55(1):47-56.

Goovaerts, P. et al. (1997). *Geostatistics for natural resources evaluation*. Oxford University Press on Demand.

Huang, D., Allen, T. T., Notz, W. I., and Miller, R. A. (2006). Sequential kriging optimization using multiple-fidelity evaluations. *Structural and Multidisciplinary Optimization*, 32(5):369-382.

Jones, D. R., Schonlau, M., and Welch, W. J. (1998). Efficient global optimization of expensive black-box functions. *Journal of Global Optimization*, 13(4):455-492.

Journel, A. G. and Huijbregts, C. J. (1978). *Mining geostatistics*, volume 600. Academic press London.

Keane, A. J. (2012). Cokriging for robust design optimization. *AIAA journal*, 50(11):2351-2364.

Kennedy, M. C. and O'Hagan, A. (2000). Predicting the output from a complex computer code when fast approximations are available. *Biometrika*, 87(1):1-13.

Laurent, L., Le Riche, R., Soulier, B., and Boucard, P.-A. (2019). An overview of gradientenhanced metamodels with applications. *Archives of Computational Methods in Engineering*, 26(1):61-106.

Le Gratiet, L. (2013). *Multi-fidelity Gaussian process regression for computer experiments*. PhD thesis, Université Paris-Diderot-Paris VII.

March, A. and Willcox, K. (2012). Multifidelity approaches for parallel multidisciplinary optimization. In *12th AIAA Aviation Technology, Integration, and Operations (ATIO) Conference and 14th AIAA/ISSMO Multidisciplinary Analysis and Optimization Conference*, page 5688.

Marque-Pucheu, S., Perrin, G., and Garnier, J. (2017). Efficient sequential experimental design for surrogate modeling of nested codes. *arXiv preprint arXiv*:1712.01620.

Mehmani, A., Chowdhury, S., Tong, W., and Messac, A. (2015). Adaptive switching of variablefidelity models in population-based optimization. In *Engineering and Applied Sciences Optimization*, pages 175-205. Springer.

Micchelli, C. A. and Pontil, M. (2005). Kernels for multi-task learning. In *Advances in neural information processing systems*, pages 921-928.

Myers, D. E. (1982). Matrix formulation of co-kriging. *Journal of the International Association for Mathematical Geology*, 14(3):249-257.

Paiva, R. M., D. Carvalho, A. R., Crawford, C., and Suleman, A. (2010). Comparison of surrogate models in a multidisciplinary optimization framework for wing design. *AIAA Journal*, 48(5):995-1006.

Peherstorfer, B., Willcox, K., and Gunzburger, M. (2018). Survey of multifidelity methods in uncertainty propagation, inference, and optimization. *SIAM Review*, 60(3):550-591.

Perdikaris, P., Venturi, D., Royset, J., and Karniadakis, G. (2015). Multi-fidelity modelling via recursive co-kriging and Gaussian-Markov random fields. *Proc. R. Soc. A*, 471(2179):20150018.

Sacher, M. (2018). *Méthodes avancées d'optimisation par méta-modèles-Application à la performance des voiliers de compétition*. PhD thesis, Paris, ENSAM.

Santner, T. J., Williams, B. J., Notz, W., and Williams, B. J. (2003). *The design and analysis of computer experiments*, volume 1. Springer.

Seeger, M., Teh, Y. - W., and Jordan, M. (2005). Semiparametric latent factor models. Technical report.

Sellar, R., Batill, S., and Renaud, J. (1996). Response surface based, concurrent subspace optimization for multidisciplinary system design. In *34th Aerospace Sciences Meeting and Exhibit, Reno, NV, USA*.

Simpson, T. W., Mauery, T. M., Korte, J. J., and Mistree, F. (2001). Kriging models for global approximation in simulation - basedmultidisciplinary design optimization. *AIAA Journal*, 39(12): 2233 – 2241.

Sobieski, I. P. and Kroo, I. M. (2000). Collaborative optimization using response surface estimation. *AIAA Journal*, 38(10):1931 – 1938.

Teckentrup, A. L., Jantsch, P., Webster, C. G., and Gunzburger, M. (2015). A multilevel stochastic collocation method for partial differential equations with random input data. *SIAM/ASA Journal on Uncertainty Quantification*, 3(1):1046 – 1074.

Wang, X., Liu, Y., Sun, W., Song, X., and Zhang, J. (2018). Multidisciplinary and multifidelity design optimization of electric vehicle battery thermal management system. *Journal of Mechanical Design*, 140(9):094501.

Zadeh, P. M. and Toropov, V. (2002). Multi - fidelity multidisciplinary design optimization based on collaborative optimization framework. In *9th AIAA/ISSMO Symposium on Multidisciplinary Analysis and Optimization, Atlanta, GA, USA*.

第9章 MDO 相关问题：多目标和连续/离散混杂优化

9.1 简介与概念

除了第8章讨论的 MDO 多保真度问题外，本章讨论复杂 MDO 问题中另外2个有趣的主题：多目标 MDO 问题和连续/离散混杂变量设计优化问题。

首先，9.2 节介绍 MDO 中的多目标优化问题。复杂航空航天系统的设计通常涉及对立目标，设计时需要在这些目标之间找到折中方案，以确定一组合适的候选设计。许多航空航天设计问题都有相互矛盾的目标。例如，空气动力学中机翼升力和阻力的优化，或者机翼结构强度和重量的优化就是相互矛盾的。因此，提出了将 MDO 和多目标优化技术相结合的方法。其中的方法包括将多目标优化算法应用于 MDO 求解（见第1章）；或者，也有一些策略尝试将优化过程分解为若干学科和若干目标，并重新描述 MDO 问题来求解。9.2 节重点介绍多目标贝叶斯优化（Bayesian Optimization，BO），以解决涉及计算昂贵函数的优化问题。文中还讨论了 BO 在求解包含非平稳现象问题上的推广。

接着，9.3 节介绍考虑连续、离散和分类设计变量的 MDO 问题求解面临的挑战。在复杂系统设计框架内，通常需要解决混合变量优化问题，这类问题中的目标函数和约束函数可以同时依赖于连续变量（如结构尺寸参数、燃烧室压力）、离散变量（如发动机数量、火箭级数）和分类变量（如材料类型、技术选择）。由于这类问题的复杂性和计算成本，常见的处理离散变量的优化算法，如混合变量遗传算法（Stelmack 等，1998）和网格自适应离散搜索（Mesh Adaptire Discrete Search, MADS）（Audet 和 Dennis Jr, 2006）是不够的，因为它们需要大量的学科评估才能收敛。必须使用依赖 BO 的替代方法来解决此类问题，这在 9.3 节介绍。

为了应对这2个挑战，最近的研究工作都集中在高斯过程的使用上（Emmerich 和 Klingenberg, 2008; Pelamatti 等, 2018; Brevault 等, 2019; Hebbal 等, 2019）。如第3章所述，高斯过程在预测和估计相关预测误差方面具有有趣的特性，可用于这些 MDO 相关问题的求解。在本章中，在介绍了多目标 MDO 问题、连续/离散混杂优化，以及对现有工作进行简要文献回顾之后，给出了一个在多目标优化和连续/离散混杂优化领域使用高斯过程的示例。必须注意,本章中考虑的设计优化问题都是确定性问题。同时,本章也仅考虑单学科设计问题。

9.2 多目标 MDO

航天飞行器设计问题可以被理想地建模为多目标 MDO 问题。必须考虑不同的对立目标和冲突目标,以便找到适当的折中方案并确定合适的候选设计。与单目标 MDO 相比,考虑多个目标会使 MDO 问题的求解更加复杂。例如,对于运载火箭设计,可考虑针对单个运载火箭优化的一组设计目标,如总起飞重量(Gross Lift – Off Weight,GLOW)和入轨有效载荷质量。或者,也可以考虑一系列运载火箭的多个感兴趣量。此外,还可以针对不同的任务设计运载工具,如可重复使用的任务(通过后抛、滑行或者飞行等返回策略实现第1级的部分可重复使用)或者具有相同第1级和附加固体助推器的一次性任务。这种多任务设计(可定义为多目标问题)增加了灵活适应不同任务目标的可能。

Arias Montano 等(2012)介绍了大量航空航天工程中应用多目标优化的案例。对于多目标 MDO 问题,现存文献大多是将多目标优化算法与第1章中介绍的 MDO 公式相结合。其中,多级建模策略特别适合于多目标问题,因为它们能够根据学科和目标对问题进行分解。Kurapati 和 Azarm(2000)提出了一种用于求解 MDO 问题的免疫网络系统多目标遗传算法(Muti – Objective Genetic Algorithm,MOGA)。对于分层分解多学科系统的每个子系统,关注特定设计变量集的 MOGA 方法适用于种群形式表征的子系统优化。Gunawan 等(2003)提出了 MDO 方法。该方法适用于可分层分解为多目标子问题的多目标优化问题,且要求优化问题的目标函数为可分离的或加性可分离的,而后利用 MOGA 算法对子问题进行优化。在 CO 框架下,Tappeta 和 Renaud(1997)提出了一种多目标 MDO 方式,其采用加权和技术来处理多目标问题。同样是基于 CO 模式,McAllister 等(2005)提出使用线性物理规划帮助设计师使用物理意义明确的参数表达他们对冲突目标的偏好。此外,多目标 MDO 集成方法也被用于 CSSO 分解。Zhang 等(2008)在 CSSO 框架内提出了一种新的自适应加权和集成方法,以提供相对均匀、分布较广的帕累托前沿。Huang(2003)和 Huang 等(2007)开发了多目标帕累托 CSSO 方法,其中每个学科在确保耦合空间中约束得到满足的前提下,对自身的目标函数进行优化。Parashar 和 Bloebaum(2006)通过为多目标 CSSO 方法开发基于遗传算法的启发式求解策略,扩展了先前的工作。该方法在每个迭代周期内给出若干非支配性候选解(帕累托解),而后进行更新和细化。Kang 等(2014)提出使用准可分离分解(Quasi – Separable Decompositon,QSD)和

第4部分 MDO 相关问题：多保真、多目标和连续/离散混杂优化

ATC MDO 公式相结合的多目标优化问题解决方案。QSD 的目标函数可以看作是具有相等权重的多竞争目标加权和。作者提出将多目标优化问题描述为近似可分离的 MDO 问题，并用 ATC 来求解。总的目标函数根据每个学科被分解为相应的子问题，并使用 ATC 公式求解分解后子问题的候选解。Xiao 等（2015）提出了一种求解非合作环境下多目标 MDO 问题的新方法，该方法结合了基因表达式编程（Gene Expression Programming, GEP）方法和博弈论中的纳什均衡策略（Ferreira, 2001）。在该方法中，GEP 方法被用作替代理型来建立纳什博弈模型中参与者的近似理性反应集。

在运载火箭设计框架内，文献中提出了多种多目标 MDO 方法（Castellini 和 Lavagna, 2012; Fazeley 等, 2016; Fujikawa 等, 2015）。Castellini 和 Lavagna（2012）进行了 7 种基于种群的求解多目标问题方法的比较（如 NSGA‑Ⅱ（Deb 等, 2000）、MOPSO（Coello‑Coello 和 Lechuga, 2002）、PAES（Knowles 和 Corne, 2000）），并将其在消耗性运载火箭设计问题中的应用进行了比较。主要考虑了 2 类问题：固定发射器的上升段轨迹优化和发射器设计优化（结构优化方面：助推器数量、推进剂类型、发动机循环类型等）。在这项工作中，作者使用了概念设计模型，并采用 MDF 求解多学科耦合问题。Fazeley 等（2016）提出比较 MDF 和 CO 在求解一次性火箭双组元推进系统设计多目标优化问题上的优劣，并采用了非支配排序遗传算法Ⅱ来进行多目标优化。对于这一具体问题，作者指出 MDF 相比 CO 需要的学科调用更少。Fujikawa 等（2015）使用多目标 MDO 和 AAO 方法对配备有乙醇燃料火箭组合发动机的两级入轨航天飞机进行了概念设计研究。在这项研究中，主要考虑了 3 个目标：有效载荷质量、GLOW 和起飞速度。在每次迭代中，通过最小‑最大目标规划将多目标问题转化为相应的单目标问题，然后使用基于梯度的优化方法（SQP）进行求解（Fujikawa 等, 2013）。Kosugi 等（2011）使用多目标遗传算法设计了一种混合式火箭。考虑的 2 个目标是 GLOW 和探空火箭能达到的最大高度。作者在求这一问题时采用了 MDF 方法。Brevault 等（2019）提出了一种多级 MDO 方法，用于解决航空航天设计中的多任务问题。

这些多目标设计问题可以建模为在 n 维设计空间中，m 个约束条件下，优化 q 个目标的优化问题，即

$$\min \boldsymbol{y} = f(\boldsymbol{z}) = [\boldsymbol{f}_1(\boldsymbol{z}), \cdots, \boldsymbol{f}_q(\boldsymbol{z})] \tag{9.1}$$

$$\text{w.r.t. } \boldsymbol{z} \in \mathbf{R}^n$$

$$\text{s.t. } \boldsymbol{g}_i(\boldsymbol{z}) \leq 0, i = 1, 2, \cdots, m \tag{9.2}$$

$$\boldsymbol{z}_{\min} \leq \boldsymbol{z} \leq \boldsymbol{z}_{\max} \tag{9.3}$$

式中：$\boldsymbol{z} = (z_1, \cdots, z_n) \in \mathbf{Z} \in \mathbf{R}^n$，$\boldsymbol{y} = (y_1, \cdots, y_q) \in \mathbf{Y} \in \mathbf{R}^q$（这里 $\boldsymbol{y}$ 代表目标函数响应，而不是其他章节中的耦合变量）。$\boldsymbol{z}$ 称为决策向量，$\mathbf{Z}$ 为决策空间，$\boldsymbol{y}$ 为目标

向量，**R** 为目标空间。为了解决这类问题，通常使用多目标进化算法（Muti - Objective Evolutionary Algorithms，MOEA）（Deb，2001）。在最常用的 MOEA 中，又以非支配排序遗传算法Ⅱ（Non - Dominated Sorting Genetic AlgorithmⅡ，NSGA - Ⅱ）（Deb 等，2000）和速度约束多目标粒子群算法（Speed - Constrained Muti - Objectire PSO，SMPSO）（Nebro 等，2009）为代表。这些算法具有使用基于种群搜索算法的优点，同时多样性机制又使得它们不容易陷入局部极小值。此外，使用简单的交叉和变异算子又可以处理高度非线性或不可微的函数。然而，MOEA 方法需要一定数量的学科评估以收敛到确切的帕累托前沿（帕累托前沿代表了在帕累托优势意义下相对于不同目标的等效最优解集）。MOEA 不适用于计算成本高昂的 MDO 问题，这类问题关注点是最小化学科评估的次数。

为了解决这一问题，通过使用基于帕累托优势概念（同超体积期望改进一样）的新填充抽样标准（Wagner 等，2010），提出了利用 EGO 方法（Jones 等，1998）进行多目标问题求解的贝叶斯优化方法（Beume 等，2007）。下面，我们简要介绍使用高斯过程建模的多目标 EGO。

9.2.1 多目标问题的 EGO

人们提出了多种贝叶斯算法来解决多目标优化问题。这些算法可分为基于聚合的方法（使用目标函数加权和的 EGO 方法）（Knowles，2006；Zhang 等，2010）和基于支配的方法（使用基于帕累托支配概念的新填充抽样准则）（Emmerich 等，2006；Sevenson 和 Santner，2010）。基于支配的方法得到了更多关注。多目标 EGO 具有同标准 EGO 相同的结构，不同之处在于多目标 EGO 方法为每个目标和约束函数建立了代理模型，并使用基于帕累托优势概念的填充抽样准则，如超体积期望改进（Expected Hyper Volume Improvement，EHVI）（Wagner 等，2010）。

EVHI 是由 Jones 等（1998）提出的期望改进在多目标例子上的拓展。首先，考虑一个无约束的多目标优化问题，初始设计实验规模为 N，$\mathscr{Z}_N = \{z^{(1)}, \cdots, z^{(N)}\}$ 为输入数据集，对应的目标响应函数为 $\mathscr{Y}_N = \{y^{(1)} = f(z^{(1)}), \cdots, y^{(N)} = f(z^{(N)})\}$。令 $\mathbb{V} = \{y \in \mathbf{R}^q | y^l \leq y \leq y^U\}$ 是包含所有可行解的目标空间内的有限超体积，其中 $y^l = [\min f_1(z), \cdots, \min f_q(z)]$ 是理想的候选目标，y^U 是一个选定的高点（最低点）。实验设计响应 $\mathscr{Y}_N$ 的支配超体积 $H_{\mathscr{Y}_N}$ 定义为

$$H_{\mathscr{Y}_N} = \{y \in \mathbb{V} | \exists i \in \{1, 2, \cdots, N\}, f(z^{(i)}) < y\} \tag{9.4}$$

式中：$H_{\mathscr{Y}_N}$ 为 $\mathbb{V}$ 的子集，其点由实验设计响应 $\mathscr{Y}_N$ 控制（<指帕累托优势）。考虑一个新的候选解 $z^{(N+1)}$，由于 $H_{\mathscr{Y}_N} \subseteq H_{\mathscr{Y}_{N+1}}$，添加此候选者而得到的超体积改善由 $I_N(z^{(N+1)}) = |H_{\mathscr{Y}_{N+1}}| - |H_{\mathscr{Y}_N}|$ 给出。如上所述所有记号针对双目标的情形进行说明（图 9.1）。

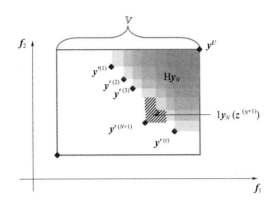

图 9.1 双目标样例的超体积改善(阴影区)

考虑对精确函数 $f_1,\cdots,f_q$ 进行建模的高斯过程集 $\hat{Y}=\{\hat{Y}_1\sim\mathcal{N}(\hat{y}_1,\hat{\sigma}_1),\cdots,\hat{Y}_q\sim\mathcal{N}(\hat{y}_q,\hat{\sigma}_q)\}$。候选解决方案 z 的超体积期望改善可表示为

$$\mathrm{EHVI}_{\mathcal{Y}_N}(z)=\mathbb{E}[|H_{\mathcal{Y}_{N+1}}|-|H_{\mathcal{Y}_N}|]=\int_{V\setminus H_{\mathcal{Y}_N}}\mathbb{P}[\hat{Y}(z)<p]\mathrm{d}p \quad (9.5)$$

对于约束优化问题,可以考虑以下约束填充准则,该准则可将 EHVI 与 Schonlau 等(1998)引入的概率可行性或 Audet 等(2000)提出的约束违反预期相结合。考虑约束的多目标 EGO 问题中填充准则的改善同单目标 EGO 方法相似(见第 5 章)。通过将可行性概率 $P_f(\cdot)$ 与 EHVI 相乘,在约束可行性可能性较低的设计空间区域,结果量的大小趋于零;而在约束可行性较高的区域,结果量的大小趋于 EHVI 值。

在多目标 EGO(Muti-Objective EGO,MO-EGO)的每次迭代中,将填充准则 $C(z)=\mathrm{EHVI}(z)\times P_f(z)$ 最大化,以确定最有希望的候选对象。随后,该解在精确的目标和约束函数上进行评估,并添加到实验设计中。如果不满足收敛条件,则更新所有代理模型并开始新的迭代。图 9.2 给出了 MO-EGO 的主要步骤。

多目标 EHVI 的计算是一个非常重要的问题,已提出几种方法(Emmerich 和 Klingenberg,2008;Bader 和 Zitzler,2011)计算 EHVI,然而,计算复杂性随着目标数量的增加呈指数增长。

在许多设计优化问题中,目标函数或约束是非平稳的。由于系统物理行为取决于设计变量在设计空间的位置,模拟响应也会随输入空间中的不同平滑度而变化。高斯过程不适于预测这些非平稳函数,因为它依赖于静态协方差函数,预示着预测的一致平滑性。为了能够近似非平稳响应,已提出了不同的方法。第一类方法包括使现有的协方差函数适应非平稳行为。例如,平方指数协方差函数(Higdon 等,1999)和马特恩(Matren)协方差函数(Paciorek 和 Schervish,

2006)被用来对非平稳过程建模。然而,这些方法仅限于处理低维问题,其对高维问题的处理非常困难。作为替代,提出了结合多个局部静态协方差函数的方法。Haas(1990)提出了一种滑动窗口技术,其中训练和预测区域沿输入空间移动。Rasmussen 和 Ghahramani(2002)在输入空间的不同子空间内引入了不同的静态高斯过程模型以解释非平稳行为。这些方法的一个重要问题是,在处理计算代价高昂的问题时,高斯过程训练数据集的规模受到了限制。使用具有稀疏数据的局部代理模型可能会导致近似效果变差。最后,提出了非线性映射方法。Xiong 等(2007)引入了带有参数化节点的分段密度函数来映射带有变形的输入空间,从而通过静态模型对非平稳响应进行建模。由于需要准确描述函数行为的非线性映射自身的复杂性,这些技术可能不适用于处理高维问题。

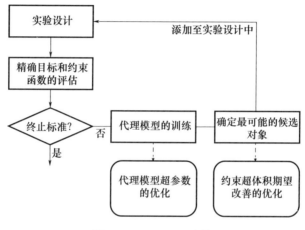

图 9.2　MO-EGO 步骤

近期,为了处理非平稳问题,提出了一类包含函数化高斯过程组合的新的代理模型,称为深度高斯过程(Deep Gaussian Process, DGP)(Damianou 和 Lawrence,2013)。当 DGP 与 EGO 结合时,可用于多目标问题的非平稳函数建模(Hebbal 等,2019)。在许多设计优化问题中,目标函数或约束可能呈现非平稳行为。事实上,由于某些物理特性的突然变化,响应可能会随着输入空间的不同平滑度而变化。例如,在结构学科中,材料的应力-应变曲线可能是非平稳的,即在弹性区域、应变硬化区域和颈缩断裂区域具有不同的趋势。在空气动力学中,计算流体动力学(Computational Fluid Dynamics, CFD)问题由于分离区、循环流、涡破裂、从亚声速到跨声速、超声速和高超声速的变化等,通常具有不同的特定流型。高斯过程回归可能不适用于预测这些非平稳函数,因为它是基于平稳的协方差函数来进行推导的,平稳的协方差函数预示了预测的一致平滑性。在9.2.2 节中,重点介绍 DGP,并讨论其与贝叶斯优化的关系。

9.2.2 多目标问题的 DGP

DGP(Damianou 和 Lawrence,2013)是由深度学习社区开发的深度架构,其中每一层都是一个高斯过程。DGP 利用深度神经网络(LeCun 等,2015)和高斯过程的优势来提供高斯过程的多层泛化模型。高斯过程本质上支持复杂(非平稳)函数行为的建模,且能同时描述建模不确定性。在 DGP 中,使用每个层的输出作为下一层的输入,从而将这些层链接在一起。输入和响应之间的统计关系表示为多个高斯过程的函数化组合。DGP 的每一层由多个输入节点和输出节点组成,它们之间由高斯过程进行映射。Damianou 和 Lawrence(2013)推导的 DGP 表达式为(图9.3)

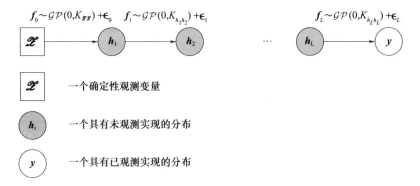

图 9.3 DGP 结构示意

$$y = f_L(f_{L-1}(\cdots f_l(\cdots(f_1(f_0(z)+\epsilon_0)+\epsilon_1)\cdots)+\epsilon_l)\cdots+\epsilon_{L-1})+\epsilon_L \quad (9.6)$$

式中:L 为层数;$f_L(\cdot)$ 为中间高斯过程;$\epsilon_L \sim \mathcal{N}(0,\sigma^2 I)$ 是每层中引入的高斯噪声。每层 l 包含 1 个输入节点 h_l、1 个输出节点 h_{l+1} 和 1 个连接 2 个节点的高斯过程 $f_L(\cdot)$,从而得到递归方程:$h_{l+1} = f_L(h_l) + \epsilon_L$。$h_l$、$h_{l+1}$ 和 $f_L(\cdot)$ 可能是多维的,因此对于 h_{l+1} 的每个分量 $h_{l+1,i}$,一个高斯过程 $f_{Li}(\cdot)$ 构建提供了 h_l 与 $h_{l+1,i}$ 之间的映射(图 9.4)。

为了训练 DGP 模型,类似于高斯过程回归(见第 3 章),使用优化算法使边际似然值 $p(y|\mathcal{Z})$ 最大化(式(9.9)),即

$$p(y \mid \mathcal{Z}) = \int_{h_1} \cdots \int_{h_l} \cdots \int_{h_L} p(y, h_1, \cdots, h_l, \cdots, h_L \mid \mathcal{Z}) dh_1 \cdots dh_L \quad (9.7)$$

$$= \int_{\{h_l\}_1^L} p(y, \{h_l\}_1^L \mid \mathcal{Z}) d\{h_l\}_1^L \quad (9.8)$$

$$= \int_{\{h_l\}_1^L} p(y \mid h_L) p(h_L \mid h_{L-1}) \cdots p(h_1 \mid \mathcal{Z}) d\{h_l\}_1^L$$

用 $\{h_l\}_1^L$ 表示隐藏层集 $\{h_1,\cdots,h_L\}$。

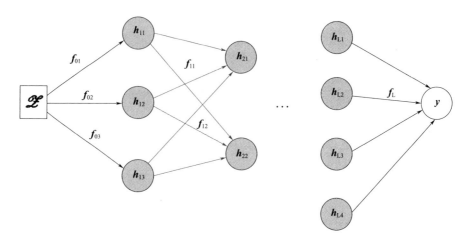

图 9.4 DGP 结构的分解视图

然而,与标准高斯过程不同的是,DGP 中的中间节点是隐藏变量,这意味着它们是不可观测的,这导致难以进行边缘似然值的解析计算。这是协方差矩阵 $\boldsymbol{K}_{h_l h_l} + \sigma_l^2 \boldsymbol{I}$ 的逆中包含隐藏变量 $\boldsymbol{h}_L$ 的条件概率 $p(\boldsymbol{h}_{l+1} | \boldsymbol{h}_l)$ 非线性积分的结果。

为了绕开这一问题,边缘相似性由一个经过优化的变分可处理下界来近似(Damianou 和 Lawrence,2013)。要获得这个下限,需要 2 个概念。①在每一层引入诱导变量。在稀疏高斯过程的背景下引入了诱导变量(Titsias,2009)。它通过额外的输入–输出对 $\boldsymbol{X} = \{\boldsymbol{x}_1, \cdots, \boldsymbol{x}_M\}$ 和 $\boldsymbol{u} = \boldsymbol{f}(\boldsymbol{X})$ 来扩充隐藏空间,其中 $M \ll N$。通过引入这些变量,它避免了计算整个数据集 $\boldsymbol{K}_{Z,Z} \in \boldsymbol{M}_{N,N}$ 协方差矩阵的逆,而用估计诱导输入 $\boldsymbol{K}_{z,z} \in \boldsymbol{M}_{N,N}$ 协方差矩阵的逆来代替。对标准高斯过程的这种修改允许减少稀疏高斯过程在训练和预测过程中的计算复杂性。在 DGP 中,在每一层都引入了诱导变量 $\boldsymbol{X} = \{\boldsymbol{x}_{l1}, \cdots, \boldsymbol{x}_{lM_l}\}$ 和 $\boldsymbol{u}_l = \boldsymbol{f}_l(\boldsymbol{X}_l)$(图 9.5)。然后,通过边缘化变量 $\{\boldsymbol{u}_l\}_1^L$,可以导出边缘相似性,即

$$p(\boldsymbol{y} | \boldsymbol{Z}) = \int_{\{\boldsymbol{h}_l, \boldsymbol{u}_l\}_1^L} p(\boldsymbol{y}, \{\boldsymbol{h}_l\}_1^L, \{\boldsymbol{u}_l\}_1^L | \boldsymbol{Z}, \{\boldsymbol{X}_l\}_1^L) \mathrm{d}\{\boldsymbol{h}_l\}_1^L \mathrm{d}\{\boldsymbol{u}_l\}_1^L \quad (9.9)$$

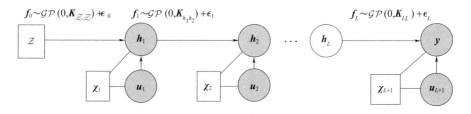

图 9.5 DGP 中引入诱导变量示意

②Titsias 和 Lawrence(2010)对稀疏高斯过程采用的变分方法也可用于 DGP。它包括在假设层间独立的情况下,通过多元高斯变分分布 $q(\boldsymbol{u}_l,\boldsymbol{h}_l)$ 近似隐藏变量 $\boldsymbol{u}_l$ 和 $\boldsymbol{h}_l$ 的真实后验分布的联合分布(Damianou 和 Lawrence,2013),即

$$q(\{\boldsymbol{h}_l,\boldsymbol{u}_l\}_1^L) = \prod_{l=1}^{L} q(\boldsymbol{h}_l)q(\boldsymbol{u}_l)$$

边际似然对数 $p(\boldsymbol{y}|\boldsymbol{Z})$ 中后验概率的这种近似和 Jensen 不等式的使用允许推导边缘相似性的变分下界,有

$$\begin{aligned}\log p(\boldsymbol{y}\mid\boldsymbol{Z}) &= \log\int_{\{\boldsymbol{h}_l,\boldsymbol{u}_l\}}\frac{q(\{\boldsymbol{h}_l\}_1^L,\{\boldsymbol{u}_l\}_1^L)}{q(\{\boldsymbol{h}_l\}_1^L,\{\boldsymbol{u}_l\}_1^L)}\\ &\quad p(\boldsymbol{y},\{\boldsymbol{h}_l\}_1^L,\{\boldsymbol{u}_l\}_1^L\mid\boldsymbol{Z},\{\boldsymbol{X}_l\}_1^L)\mathrm{d}\{\boldsymbol{h}_l\}_1^L\mathrm{d}\{\boldsymbol{u}_l\}_1^L\geqslant\\ &\quad \mathbb{E}_{q(\{\boldsymbol{h}_l\}_1^L,\{\boldsymbol{u}_l\}_1^L)}\left[\log\frac{p(\boldsymbol{y},\{\boldsymbol{h}_l\}_1^L,\{\boldsymbol{u}_l\}_1^L\mid\boldsymbol{Z},\{\boldsymbol{X}_l\}_1^L)}{q(\{\boldsymbol{h}_l\}_1^L,\{\boldsymbol{u}_l\}_1^L)}\right] = \mathscr{L}\end{aligned} \quad (9.10)$$

利用变分稀疏高斯过程(Titsias,2009)的一些发展,获得了高斯密度卷积核的解析可处理界,如自动相关确定(Automatic Relevance Determination,ARD)指数核。通过变分下界 $\mathscr{L}$ 对 $q(\boldsymbol{u}_l)$ 的求导,可获得 $q(\boldsymbol{u}_l)$ 关于 $q(\boldsymbol{h}_l)$ 函数的解析最优形式。通过注入其最佳形式(从下界的梯度导出),在下界近似中压缩 $q(\boldsymbol{u}_l)$,可以得到与如下参数相关的更紧的下界:

(1)核心参数 $\{\Theta_l\}_{l=1}^{l=L}$。
(2)诱导输入 $\{\boldsymbol{X}_l\}_{l=1}^{l=L}$。
(3)变分分布参数 $\{q(\boldsymbol{h}_l)\sim\mathcal{N}(\boldsymbol{m}_l,\boldsymbol{S}_l)\}_{l=1}^{l=L}$。

因此,训练 DGP 模型回到了关于这些参数的下限最大化优化问题,即

$$\max \mathscr{L}$$
$$\text{w. r. t.} \{\Theta_l\}_{l=1}^{l=L},\{\boldsymbol{X}_l\}_{l=1}^{l=L},\{\boldsymbol{m}_l\}_{l=1}^{l=L},\{\boldsymbol{S}_l\}_{l=1}^{l=L}$$

DGP 训练中需要优化的超参数数量问题比常规的高斯过程更关键,因为 DGP 中只考虑了核的超参数。已经有不同的 DGP 训练方法被提出。Dai 等(2015)没有将变分后验概率 $q(\boldsymbol{h}_l)$ 的超参数视为独立参数,而是将其视为观测数据 $\mathscr{Y}$ 通过多层感知器的一个变换。Bui 等(2016)提出了基于近似期望传播能量函数的 DGP 确定性近似,以及用于学习的概率化反向传播算法。Salimbeni 和 Deisenroth(2017)开发了双重随机技术,以消除层间独立性假设和对内核特定形式的限制。事实上,后验近似保持了以 $\boldsymbol{u}_l$ 为条件的精确模型信息,即

$$q(\{\boldsymbol{h}_l,\boldsymbol{u}_l\}_1^L) = \prod_{l=1}^{L} p(\boldsymbol{h}_l\mid \boldsymbol{h}_{l-1})q(\boldsymbol{u}_l)$$

然而，这种方法导致下限 $\mathscr{L}$ 没有解析解。变分下界也被改写为（为了简单起见，省略了对 $\mathscr{Z}$ 和 $\mathscr{X}$ 的依赖性）

$$\begin{aligned}\mathscr{L} &= \mathbb{E}_{q(\{h_l,u_l\}_1^L)}\left[\log\frac{p(\boldsymbol{y},\{\boldsymbol{h}_l\}_1^L,\{\boldsymbol{u}_l\}_1^L)}{q(\{\boldsymbol{h}_l\}_1^L,\{\boldsymbol{u}_l\}_1^L)}\right] = \\ &\mathbb{E}_{q(\{h_l,u_l\}_1^L)}\left[\log\frac{p(\boldsymbol{y}|\{\boldsymbol{h}_l\}_1^L,\{\boldsymbol{u}_l\}_1^L)\prod_{l-1}^L p(\boldsymbol{h}_l\mid\boldsymbol{h}_{l-1},\boldsymbol{u}_l)p(\boldsymbol{u}_l)}{\prod_{l-1}^L p(\boldsymbol{h}_l\mid\boldsymbol{h}_{l-1},\boldsymbol{u}_l)q(\boldsymbol{u}_l)}\right] = \\ &\mathbb{E}_{q(\{h_l,u_l\}_1^L)}\left[\log\frac{\prod_{i-1}^N p(\boldsymbol{y}^{(i)}\mid\boldsymbol{f}_L^{(i)})\prod_{l-1}^L p(\boldsymbol{u}_l)}{\prod_{l-1}^L q(\boldsymbol{u}_l)}\right] \\ \mathscr{L} &= \sum_{i=1}^N \mathbb{E}_{q(\boldsymbol{h}_L^{(i)})}\left[\log p(\boldsymbol{y}^{(i)}\mid\boldsymbol{h}_L^{(i)})\right] - \sum_{l=1}^L \mathrm{KL}[q(\boldsymbol{u}_l\parallel p(\boldsymbol{u}_l))]\end{aligned} \quad (9.11)$$

式中：KL[ ] 为 Kullback–leibler 散度。这种变分下界的表达允许对训练数据 $\mathscr{X}$、$\mathscr{Y}$ 进行因式分解，从而提供了并行训练的可能性。通过蒙特卡罗采样进行每个数据样本 $z^{(i)}$ 在所有高斯过程中的传播，可得到该界的期望值，即

$$q(\boldsymbol{h}_L^{(i)}) = \int\prod_{l=1}^{L-1}q(\boldsymbol{h}_L^{(i)}\mid\boldsymbol{\mu}_l,\boldsymbol{\Sigma}_l,\boldsymbol{h}_L^{(i)},\boldsymbol{Z}_{l-1})\mathrm{d}\boldsymbol{h}_l^{(i)}$$

式中：$\boldsymbol{h}_0^{(i)} = \boldsymbol{z}^{(i)}$。

该边界公式的优化针对如下参数进行：
(1) 核参数：$\{\boldsymbol{\Theta}_l\}_{l=1}^{l=L}$。
(2) 诱导输入 $\{\boldsymbol{X}_l\}_{l=1}^{l=L}$。
(3) 诱导变量的变分分布：$\{q(\boldsymbol{u}_l)\sim\mathscr{N}(\boldsymbol{\mu}_l,\boldsymbol{\Sigma}_l)\}_{l=1}^{l=L}$。

多目标和 EGO 在 DGP 中的耦合包括目标函数和/或约束的 DGP 代理模型可能是非平稳的，而不同于一般的高斯过程代理模型。这种耦合同单一目标 EGO 方法一样导致了一些需要解决的挑战。

9.2.3 DGP 和贝叶斯优化

与标准的高斯过程相比，DGP 的深层架构提高了其描述非平稳现象的能力（图 9.6 和图 9.7）。因此，使用 DGP 进行非平稳函数优化是一个很有前景的技术框架。事实上，对于单目标优化问题，Hebbal 等，(2018) 的实验表明，结合 DGP 的贝叶斯优化优于基于标准高斯过程的贝叶斯优化和具有非线性映射的贝叶斯优化。更多关于单目标优化问题中结合 DGP 的贝叶斯优化，参阅 Hebbal 等(2019)的文献。

本节主要讨论多目标问题，其中 3 个概念对于使用 DGP 的贝叶斯优化至关重要。

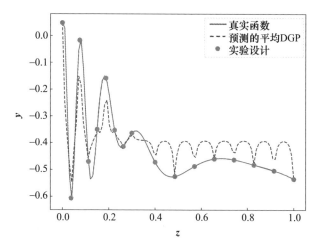

图9.6 用正则高斯过程对修正的分段连续函数(Xiong,2007)的近似
(该模型无法描述区域[0.4,1]的稳定性,并持续振荡)

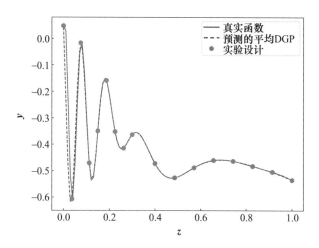

图9.7 用DGP逼近修正的分段连续函数(Xiong,2007)
(DGP模型恰当地描述了具有不同平滑度的2个区域的函数特征)

(1)训练方法:如前所述,已提出不同的方法来训练DGP。在贝叶斯优化中训练DGP的首次尝试中,使用了自动编码变分技术。然而,为了保持层间的依赖性并增加训练的鲁棒性,Hebbal等(2018)使用了双随机变分方法。实验结果表明,使用这种方式训练的DGP(贝叶斯优化框架)对初始训练集具有更好的鲁棒性,这种优势随着DGP层次结构加深而明显。

(2)填充准则:在使用标准高斯过程的单目标贝叶斯优化中,使用闭合解析方法计算填充标准,如期望改进、概率改善或预期违规。这些公式是根据高斯过程预测的高斯分布得到的。然而,在 DGP 中,整个过程预测不再是高斯的。因此,为了得到填充标准的有效近似值,有必要通过高斯分布近似预测分布,如果不是高斯分布,则使用采样技术进行预测(Hebbal 等,2018)。在多目标情况下,式(9.5)中封闭解析形式的 EHVI 也是在目标函数遵循高斯分布的假设下推导的。因此,近似期望改进预测值的方法也被用来近似 EHVI(图 9.8)。

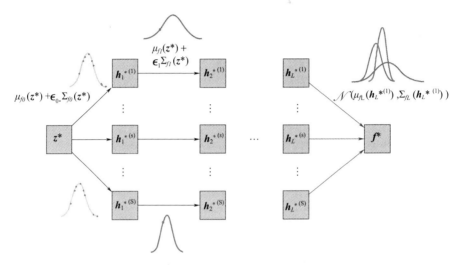

图 9.8 用混合高斯分布近似 DGP 模型预测:从第一层提取 S 个样本,经过每个隐藏层实现,直到到达最后一层,通过整个网络进行传播,得到最终高斯过程的均值和方差。因此,相当于用 S 个样本的混合高斯过程近似预测值

(3)体系结构的配置:DGP 的体系结构涉及层的数量、每层隐藏单元的数量以及每层诱导变量的数量。Hebbal 等(2018)的实验观察表明,DGP 在变深时往往表现更好(在预测精度和可变性方面)。体系结构的配置直接影响下限 $\mathscr{L}$ 的计算复杂性,由公式 $O(N(M_1^2 D_1 + \cdots + M_l^2 D_l + \cdots + M_L^2 D_L))$ 给出。其中,N 是数据集的大小,L 是层数,M_l 是层 l 上诱导输入的数量,D_l 是层 l 上隐藏单元的数量。在多目标情况下,当必须近似多个目标时,计算更加昂贵。因此,必须找到预测性能和训练计算成本之间的折中。此外,在贝叶斯优化框架中使用 DGP 的特殊性在于每次迭代时数据点的数量会发生变化。因此,架构的配置必须适应当前的迭代。事实上,在数据量较小的早期迭代中,简单的体系结构(标准高斯过程、1 层 DGP)就足够了。然后,随着数据集大小的演变,可以使用更复杂的体系结构。如果某些目标函数或约束的平稳行为是先验已知的,则可以对这些函数使用高斯过程,而对未知的或非平稳的函数使用 DGP。

9.2.4 在示例案例上的应用

在 EGO 中使用 DGP 面临的挑战是 DGP 架构的选择,包括层数、节点数和诱导变量数。这一领域还有待进一步探索,以适用于复杂的航天器设计。

在本节中,对可解析的测试问题进行实验,以比较标准 EGO、NSGA-Ⅱ 和使用 DGP 的 EGO 方法。分析测试用例是一个具有非平稳约束的双目标问题。问题(P_1)受到 TNK 测试问题(Deb 等,2001)的启发,对约束进行了修改,使其变得非平稳。事实上,有 2 个区域,1 个区域内函数值高频变化,另 1 个区域内函数值缓慢变化(图 9.9)。

$$P_1 \begin{vmatrix} \min f_1(z) = -z^{(1)} \\ \min f_2(z) = -z^{(2)} \\ \text{s.t. } g_1(z) = 0.5z^{(1)2} + 0.5z^{(1)2} - 0.2 \times \cos\left(20 \times \arctan\left(0.3 \frac{z^{(1)}}{z^{(2)}}\right)\right) \leqslant 0 \\ z = [z^{(1)}, z^{(2)}] \\ 0 < z^{(1)} < 1 \\ 0 < z^{(2)} < 1 \end{vmatrix}$$

(9.12)

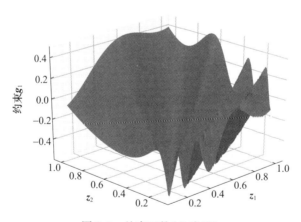

图 9.9 约束函数(见彩图)

该问题求解给出的帕累托前沿有 3 个独立区域(图 9.10 和图 9.11)。在矩形区域[[-1,-1],[0,0]]内占主导地位的超体积值为 0.752。

3 种方法中,NSGA-Ⅱ则使用包含 5 个个体的种群,并在运行达到 45 次后停止。对于标准 EGO(使用标准高斯过程)和带有 DGP 的 EGO,使用 LHS 生成 25 个初始点,并由使用差分进化算法的 EHVI 优化可行性概率添加 25 个点(Qin

等,2009)。为了评估每个算法的鲁棒性,进行了 10 组不同初始值的重复实验。

对于 NSGA-Ⅱ,模拟二进制交叉分布指数为 15,概率为 0.9;多项式变异分布指数为 20,概率为 1/6;并使用约束优势处理约束。

在标准 EGO 中,使用了 ARD 指数核(Jones 等,1998)$k(z,z') = \exp\{-\sum_{i=1}^{n}\theta_i(z^{(i)} - z'^{(i)})^2\}$。

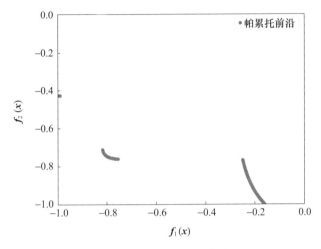

图 9.10　精确帕累托前沿

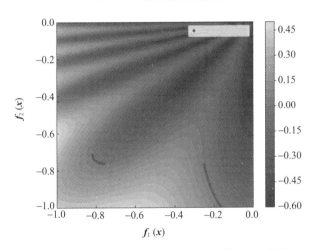

图 9.11　带约束等高线图的精确帕累托前沿(见彩图)

在使用 DGP 的 EGO 中,由于目标函数是平稳的,DGP 仅用于约束近似。使用时,在每一层都使用了 ARD 高斯核。DGP 的训练则采用双重随机训练方法(Salimbeni 和 Deisenroth,2017)。实验中,使用了 1 层、2 层和 3 层的配置及与数据集大小(其随着 EGO+DGP 的迭代变化)相等的多个诱导输入进行了测试。

隐藏层中的单元数固定为6。DGP的预测值用500个样本近似(图9.12)。

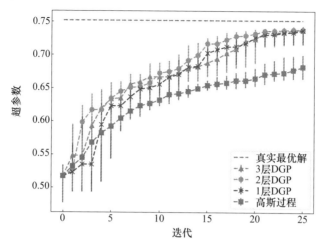

图9.12 使用具有不同DGP结构和正则高斯过程的贝叶斯优化收敛图。标记表示获得的超体积中值,而误差条表示第1个和第3个4分位数(见彩图)

表9.1列出了每种算法的最佳超体积值、最差超体积值、平均超体积值及其标准差("MO-DEGO l HL qD"对应于MO-EGO,意义为具有1个隐藏的q层DGP,诱导输入的数量等于每次迭代时数据集大小)。图9.13给出了所有10次重复试验中每个算法的帕累托前沿。

表9.1 多种算法的性能表现

算法	超参数中值	第1个4分位超参数	第3个4分位超参数
NSGA-Ⅱ	0.485	0.186	0.664
MO-BOGP	0.682	0.664	0.700
MO-BODGP 1HL	0.737	0.716	0.743
MO-BODGP 2HL	0.738	0.715	0.744
MO-BODGP 3HL	0.739	0.726	0.741

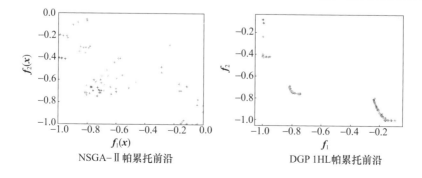

NSGA-Ⅱ帕累托前沿　　　　　DGP 1HL帕累托前沿

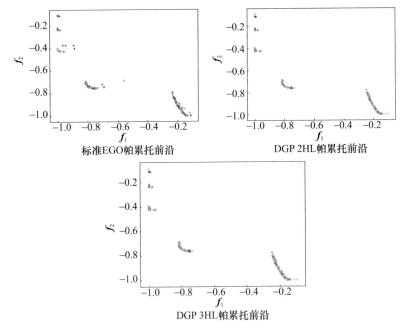

图9.13 每个算法不同重复实验时的帕累托前沿(每次重复对应一种颜色)(见彩图)

正如所料,NSGA-Ⅱ是效率较低的算法。它需要更多次的评估才能收敛到最优帕累托前沿;而进行45次评估的NSGA-Ⅱ方法远远达不到收敛。这解释了帕累托前沿在重复实验中的高度分散性。基于标准高斯过程的贝叶斯优化在某些实验中给出了有价值的结果,但在重复试验中展现了较大的可变性。这种行为的解释是,初始设计试验时,若最差的试验集中在高频区域,高斯过程则无法获取低频区域信息,反之亦然。相比之下,无论DGP体系结构中考虑了多少层,使用DGP的贝叶斯优化都比标准高斯过程性能更好。如图9.13所示,使用DGP的贝叶斯优化对初始设计实验的鲁棒性也更强,每次重复都能达到精确的帕累托前沿。不同贝叶斯优化的收敛图显示了使用高斯过程的贝叶斯优化和使用DGP的贝叶斯优化之间的分离,这从早期迭代中就可以看出。在使用DGP时,训练中的计算复杂性与表示能力之间的权衡是需要考虑的重要问题。事实上,在这个问题上,DGP的3种配置之间没有明显的区别。因此,仅具有一层的DGP就足以捕获该问题的非平稳性,无须更深层的体系结构。

在使用DGP进行贝叶斯优化的背景下,尚未解决的问题包含为当前问题DGP配置开发自适应框架。此外,DGP在处理复杂模型时的训练时长可能过长,可行的研究方向是探索加速训练过程的方法。最后,在多目标情况下,目标被认为是独立的,通过使用多输出高斯过程和协同区域化的概念在目标之间建立依赖关系,从而获得目标之间的信息。

9.3 连续/离散混杂 MDO

在复杂的工程系统中,设计的早期阶段涉及许多定义系统最终架构的决策,这些选择包括所有子系统和部件的技术选择、工作模式等。例如,在运载火箭的设计中,有推进剂类型选择(液体双组元推进剂、固体推进剂、混合推进等)、结构选择(级数、是否有助推器、发动机数量等)或热控操作模式(主动、被动)等。这些选择形成了离散变量在设计空间中架构。此外,每种架构和技术选择具有不同的配置,对应于涉及连续决策(推进剂质量、结构尺寸参数、弹道指令控制等)的变化量。离散变量和连续变量的同时存在提升决策空间的复杂性。该设计问题可通过同时依赖于连续和离散决策变量的目标函数和约束的优化问题来描述。其中的离散变量可以用整数值(1、2、3)或分类变量来描述(如材料、推进剂类型)。

对于复杂系统设计的早期设计阶段,需要一种既能探索大型组合设计空间,又能支持定量权衡分析以促进设计选择的系统方法。挑战在于与这类方法相关的计算成本。在文献中,可以找到概念设计阶段的 3 种不同类型的方法:基线设计过程(Mavris 和 Kirby,1999;Soban 和 Mavris,2013)、架构优化方法(Villeneuve 和 Mavris,2005;Armstrong 等,2008)和架构比较方法(Donahue,2001;Walton 和 Hastings,2004;Kothari 和 Webber,2010;Prasadh 等,2014)。在第一类方法中,只有少数围绕单个架构基线的配置可以采用新技术来满足新要求。然而,整个过程的模拟和分析是准确和详细的(例如,使用累积分布函数和 FEA 模拟)。这类设计过程方法在民用运输机设计中是经典的方法。例如,使用现有飞机作为基线,改进气动结构设计。架构比较方法在许多架构之间进行权衡,但分析和模拟水平非常有限,通常基于定性知识或专家意见。此外,对于考虑的每个体系结构,只研究其中的一个配置,没有连续设计变量的优化。与基线设计过程相比,体系结构比较方法考虑较少的体系结构基线,首先对每个体系结构的配置进行单独的优化,而后针对每个体系结构的最优配置进行权衡。因此,尽管对架构的考虑较少,由于需要在折中前找到每个架构的最佳配置,采用该方法的仿真和建模也更为准确。架构优化方法是以上 2 种方法之间的折中。该方法不可能比基线设计过程更准确,但能探索更多的架构空间;其比架构比较过程更准确,但考虑的架构类型较少。

只有有限的工作同时针对体系结构和描述该体系结构的连续变量进行直接优化。Frank 等(2016)和 Frank(2016)提出了一种进化多架构优化算法,使设计师能够生成可进一步优化和比较的面向变量的架构。提出的方法考虑了 3 个一般步骤:①生成替代概念和相关架构;②顺次对每个架构进行优化和跨架构比较;③选择最佳架构和相关的最佳配置。提出的方法属于架构优化方法,但仅限于低保真度建模和简化分析。

Chepko 等(2008)和 Chepko(2009)提出了一种在一般架构下实现架构选择和配置优化的方法。首先,对考虑的系统进行功能分解,同时列出不同组件的不同技术选项,并使用逻辑布尔函数("and"/"OR")建立可能的体系架构集。然后,根据架构集的大小选取不同的优化方法。如果架构集足够小,则通过对每个架构的连续变量运行优化程序来求解,然后对结果进行比较。在架构空间太大而不能考虑所有组合的情况下,设置嵌套优化问题,其中离散设计变量在外环中进行控制,在内环中针对连续变量进行优化。另外,Chepko 等也提出在结合离散和连续搜索空间的决策空间内进行单级搜索来进行优化,而不采用嵌套优化的形式。

一些在离散变量和连续变量并存的情况下使用的经典优化算法,如混合变量遗传算法(Stelmack 等,1998)和 MADS 已被用于求解这类混合优化问题。Stelmack 等(1998)使用 CSSO 模式将混合遗传算法应用于 MDO 问题求解。Haftka 等扩展了 QSD(Haftka 和 Watson,2006) MDO 范式,以考虑连续变量之外的离散变量。准可分离优化问题孕育了严格的分解理论。Barjhoux 等(2018)提出了一种双层方法来解决同时包含连续变量和分类变量的结构化优化问题。该方法依赖于将连续变量从分类变量中分离出来,并求解 2 个不同的优化问题:内环上求解给定分类变量选择情况下的连续变量优化问题,外环上求解整数型分类变量优化问题。Aliakbargolkar 等(2013)将遗传算法和序列二次规划相结合,并使用简化模型求解运载火箭结构优化问题。对于前面提到的研究,采用的优化算法能够解决连续和离散混杂优化问题,但需要大量的函数评估才能收敛。

为了缓解这一问题,可以采用基于代理模型的设计优化(Surrogate Model Based Design Optimization,SMBDO)(Queipo 等,2005)。文献中存在一些依赖于连续变量和离散变量的函数代理模型建模技术(Qian 等,2008;Swiler 等,2014;Zhang 和 Notz,2015)。然而,只有少数工作将这些混合变量代理模型用于 SMBDO 和求解连续/离散混杂优化问题。例如,针对受约束的连续/整数混杂问题,提出了几种基于径向基函数(Radial Basis Function,RBF)的 SMDBO 技术(Beauthier 等,2014;Holmström 等,2008;müller 等,2013;Rashid 等,2008;Regis,2014)。Bajer 和 Holena(2013)讨论了代理模型辅助遗传算法,其中同时考虑了广义线性模型(Generalized Linear Model,GLM)和 RBF。Roy 等(2017)提出解决飞机设计优化和航线分配问题,以描述飞机设计和航线分配之间存在的耦合。作者提出了一种结合分枝定界、EGO、克里金部分最小二乘和梯度优化的算法。该框架的主要思想是利用基于梯度的优化器的效率,同时借助 EGO 来对整数设计空间进行全局搜索。

上述现有的混合变量 SMDBO 技术存在 2 个缺点。大多数技术只处理整数型变量,不能控制通用的离散设计变量,如分类变量(如材料类型)。此外,如前所述的大多数优化方法中,约束的处理依赖于对目标函数值的直接惩罚是不可行的。尽管这种方法很流行,但当面临昂贵的计算时,这种方法是不够精确的,且通常需要进行大量的学科评估。

混杂变量优化问题涉及连续变量和离散变量。连续变量(如几何尺寸参数、轨迹指令规律)通常指在给定范围内定义的实数。在混杂变量的一般形式中,离散变量是在有限的选择集合中定义的不可松弛变量。在复杂系统设计的背景下,离散变量可能代表技术选择,如结构配置(助推器数量、运载火箭级数)、材料选择,其可以是有序的,也可以是无序的(Agresti,1996)。有序类别包括具有现有顺序概念的变量(如整数变量、"小/中/大"类型的决策变量),而无序类别包括无序决策变量,其上无法定义度量的概念(如推进循环、材料)。虽然离散变量通常缺乏概念上的数值表示,但通常的做法是为每个考虑的备选方案分配一个整数值,以便能够在数值优化中包含相关的选择。为了寻求通用性,本节其余部分未对无序和有序离散变量进行区分。

9.3.1 连续和离散混杂变量优化问题

在本节中,一般的混杂变量优化问题描述为(本节仅考虑单一目标)

$$\min f(z,x) \quad f: \mathscr{F}_z \times \mathscr{F}_x \to \mathscr{F}_y \subseteq \mathbf{R} \tag{9.13}$$

$$\text{w. r. t.} \quad z \in \mathscr{F}_z \subseteq \mathbf{R}^n$$

$$x \in \mathscr{F}_x$$

$$\text{s. t.} \quad g_i(z,x) \leqslant 0, g_i: \mathscr{F}_z \times \mathscr{F}_x \to \mathscr{F}_{gi} \subseteq \mathbf{R}, i=1,2,\cdots,m, \tag{9.14}$$

式中:$f(\cdot)$ 为在共域 $\mathscr{F}_y$ 上定义的目标函数;$g_i(\cdot)$ 为共域中 m 个约束之一;$z=(z^{(1)},\cdots,z^{(n)})$ 为包含连续决策变量的向量;$x=(x^{(1)},\cdots,x^{(n)})$ 为包含离散决策变量的向量;n 和 r 为函数 $f(\cdot)$ 和 $g(\cdot)$ 的连续和离散变量维数。为了简单起见,包含连续变量和离散变量的输入向量用以下符号表示:$w=\{z,x\}$。每个离散变量 $x^{(j)}$ 以可能值 b_j 刻画,也称为离散等级,因而形成了一个分类组合或类别总数 $d=\prod_{k=1}^{k=r}b_k$。

为了解决连续/离散混杂变量优化问题,最近的一项工作提出将使用合适的混杂变量核的高斯过程与 EGO 相结合(Pelamatti 等,2018)。9.3.2 节简要概述此方法,并举例说明。

9.3.2 连续/离散混杂变量的高斯过程

如第 3 章所述,高斯过程的主要特征由包含核的协方差函数刻画。有效的协方差核函数必须是对称和半正定的,有效的核是必要的(Santner 等,2003)。有效核函数之间的乘积也会产生有效核函数(Shawe Taylor 和 Cristianini,2004)。根据舒尔(Schur)乘积定理(Davis,1962),2 个半正定矩阵之间的哈达玛(Hadamard)乘积产生一个半正定矩阵,验证了上述推论。因此,在实践中,通过将 n 维连续空间中定义的核和 r 维离散空间中定义的核相乘,可以获得有效的混杂变量核函数(Roustant 等,2018)为

$$k(\boldsymbol{w}_i, \boldsymbol{w}_j) = k_c(\boldsymbol{z}_i, \boldsymbol{z}_j) * k_d(\boldsymbol{x}_i, \boldsymbol{x}_j) \tag{9.15}$$

式中:k_c 和 k_d 分别为连续核和离散核;$*$ 为允许核组合的通用运算符。此类标准运算符可以是 2 个核之间的乘积、总和或方差分析(Roustant 等,2018)。为了获得多元高斯过程的协方差矩阵,可以在不损失通用性或适用性的情况下,将连续变量和离散变量上的核进行组合。考虑到最一般的情况,得到的核是异方差的,即问题中的每个离散类别都具有不同的高斯过程协方差。

在一般性方法中,离散核 k_d 可以用一个 $d \times d$ 维的半正定矩阵 $\boldsymbol{T}$ 表示。矩阵中每个元素 $T_{k,s}$ 表示建模函数的 2 个一般离散类别 k 和 s 之间的协方差。为了保证核函数的有效性,需要对 $\boldsymbol{T}$ 进行适当的参数化表示。在高斯过程推演中经常考虑协方差矩阵的科列斯基分解(Pinheiro 和 Bates,1996)(见第 3 章),即

$$\boldsymbol{T} = \boldsymbol{L}\boldsymbol{L}^{\mathrm{T}} \tag{9.16}$$

式中:$\boldsymbol{L}$ 为下三角矩阵。Zhou 等(2011)提出使用超球面分解(Rebonato 和 Jaeckel,2011)来构建矩阵 $\boldsymbol{L}$,以定义用于建模的混合高斯过程(高斯过程回归)。矩阵第 k 行的元素表示 k 维超球面表面上点的坐标。三角形矩阵元素 $l_{k,s}$ 的定义为

$$\begin{cases} l_{1,1} = \alpha_{1,0} \\ l_{2,1} = \alpha_{2,0}\cos(\alpha_{2,1}) \\ l_{2,2} = \alpha_{2,0}\sin(\alpha_{2,1}) \\ l_{k,1} = \alpha_{k,0}\cos(\alpha_{k,1}), k > 2 \\ l_{k,s} = \alpha_{k,0}\sin(\alpha_{k,1})\cdots\sin(\alpha_{k,s-1})\cos(\alpha_{k,s}), k > 2 \text{ 且 } s = 2,\cdots,k-1 \\ l_{k,k} = \alpha_{k,0}\sin(\alpha_{k,1})\cdots\sin(\alpha_{k,k-2})\sin(\alpha_{k,k-1}), k > 2 \end{cases} \tag{9.17}$$

式中:$\alpha_{k,1} > 0$ 和 $\alpha_{k,s} \in (0,\pi)$($s \neq 0$)为表征建模函数各种离散类别之间协方差的超参数。由于协方差的对称性,需要 $(d+1)d/2$ 个参数 $\alpha_{k,s}$ 来定义 $\boldsymbol{L}$。

对于具有大量离散类别的问题,超参数的数量变得相当大,使得高斯过程训练变得困难(Zhou 等,2011)。此外,对于高斯过程训练,数据集必须包含属于每个离散类别组合的样本。这可能会出现一些离散设计变量的组合在物理上是不可行的或无法建模的。在这种情况下,这组参数是不能被采用的。这一问题的一个例子可以在火箭发动机推进性能的建模中找到(Pelamatti 等,2019),其中并非所有推进剂类型的组合都适用于描述燃烧过程。

为了避免这些问题,以下段落讨论不要求数据集中存在所有离散类别的情况和用较少的超参数表征的替代参数化方法。为了减少描述协方差矩阵所需的超参数数量,可以做出的第一个选择是将离散核表示为一维离散核的组合。每个一维核可以用半正定矩阵的形式重写。如果考虑核乘积,则产生的离散核可定义为(Roustant 等,2018)

$$k_d(\pmb{x}_i, \pmb{x}_j) = \prod_{s=1}^{r} \left[\pmb{T}_s \right]_{x_i^{(s)}, x_j^{(s)}} \tag{9.18}$$

式中:每个矩阵 $\pmb{T}_s$ 包含通用离散变量 s 的不同级别之间的协方差值。

1)基于维度的异方差超球分解

Zhou 等(2011)首次使用超球分解给出了 $\pmb{T}_s$ 的参数化表示。提出的协方差是按维度定义的,而不是按类别定义的。刻画 r 维矩阵 $\pmb{T}_s$ 所需的超参数等于 $\sum_{k=1}^{k=r} b_k(b_k + 1)/2$。与完整的超球分解相比,基于维度的分解提供了更好的离散维度缩放方式,但作为代价,从理论上分析,其提供的不同离散类别之间的关联性模型不够精确(Pelamatti 等,2019)。此外,该方法不需要在训练数据集中表示所有问题类别,因为其内核仅需按维度定义。

2)基于维度的同方差超球分解

同方差假设可以进一步减少超参数的数量,这意味着所有的问题类别都具有相同的方差值。在这种情况下,每个矩阵 $\pmb{T}_s$ 都有常值对角线元素。因此,离散核可以被重写为公共高斯过程方差和用相同超球分解参数化表示的 r 维相关矩阵乘积的形式。由于相关矩阵是以单位对角阵表示的,它们的超球面分解只需要 $\sum_{k=1}^{k=r} b_k(b_k - 1)/2$ 个超参数(所有超参数 $\alpha_{i,0}$ 均等于 1)。然而,在描述不同的系统行为时,同方差假设可能会引入较大的建模误差,因此可能并不总是有效的。

3)复合对称参数化

如果需要额外减少表征离散核的超参数数量,可以考虑复合对称性(Compound Symmetry,CS)(Pinheiro 和 Bates,2009)。在这种情况下,每个矩阵 $\pmb{T}_s$ 由单值协方差 c_s 和单值方差 v_s 表示为

$$[T_s]_{x_i^{(s)}, x_j^{(s)}} = \begin{cases} v_s, & x_i^{(s)} = x_j^{(s)} \\ c_s, & x_i^{(s)} \neq x_j^{(s)} \end{cases} \quad (9.19)$$

式中:$-(b_s+1)^{-1}v_s < c_s < v_s$,以确保 T_s 是半正定的。正如 Halstrup(2016)提出的那样,通过将混合连续离散搜索空间中的协方差视为高尔(Gower)距离的函数,可以获得 CS 参数化的特例。在高尔距离(Gower,1971)中,2 个样本的坐标按维度进行比较。对于连续维度,该距离与曼哈顿(Manhattan)距离成正比;而对于离散维度,距离是一个依赖于变量值之间相似性的加权二进制值。在实际应用中,2 个候选点之间的高尔距离的计算公式为

$$d_{\text{gow}}(w_i, w_j) = \frac{\sum_{k=1}^{k=n} \frac{|z_i^{(k)} - z_j^{(k)}|}{\Delta z^{(k)}}}{r+q} + \frac{\sum_{k=1}^{k=r} S(x_i^{(k)}, x_j^{(k)})}{r+n} \quad (9.20)$$

式中,$\Delta z^{(k)}$ 为第 k 维连续变量的取值范围;S 是打分函数,定义为

$$S(x_i^{(k)}, x_j^{(k)}) = \begin{cases} 0, & x_i^{(k)} = x_j^{(k)} \\ 1, & x_i^{(k)} \neq x_j^{(k)} \end{cases} \quad (9.21)$$

通过在连续和离散联合空间中重新定义距离,可以使用 p 指数协方差函数来创建高斯过程混杂变量核,即

$$k(w_i, w_j) = \sigma^2 \exp\left[-\sum_{k=1}^{k=n} \theta_k \left(\frac{|z_i^{(k)} - z_j^{(k)}|}{\Delta z^{(k)}} \right)^{p_k} - \sum_{k=1}^{k=r} \theta_{k+n} \left(\frac{S(x_i^{(k)}, x_j^{(k)})}{r+q} \right)^{p_{k+n}} \right]$$

$$(9.22)$$

此外,不失一般性,$S(x_i^{(k)}, x_j^{(k)})$ 可取 0 或 1(式(9.21)),实际上,p_{k+n} 固定为 1。这相当于将混杂变量核定义为

$$k(w_i, w_j) = k_c(z_i, z_j) * \prod_{s=1}^{r} [T_s]_{x_i^{(s)}, x_j^{(s)}} \quad (9.23)$$

式中:每个矩阵 T_s 为如式(9.19)定义的 CS 协方差矩阵,c_s/v_s 比率为

$$c_s/v_s = \exp\left[-\theta_s \left(\frac{s(x_i^{(s)}, x_j^{(s)})}{r+n} \right)^{p_s} \right] \quad (9.24)$$

与前面描述的核参数化方法相比,基于上述 CS 的高斯过程由 $2(n+r)$ 个超参数描述,并且在描述问题的离散维时尺度更好。此外,将标准的连续高斯过程改写为 CS–GP 也相对简单。然而,由于每个离散变量仅由两个超参数 θ 和 p 表示,当离散变量存在大量的离散等级时,代理模型的建模精度可能很差。出于同样的原因,与前面描述的参数化方法相比,由同一离散变量描述的同时存在正相关性和负相关性趋势的建模更难(Pelamatti 等,2019)。

9.3.3 离散和连续混杂变量的 EGO

标准 EGO 可扩展到采用连续/离散混杂变量的高斯过程。Pelamatti 等 (2018)提出了填充标准针对混杂变量的修正方法,定义为期望改进和可行性概率(Probability of Feasibility,P_f)的乘积。混杂变量高斯过程核按照该核给出的协方差矩阵可以刻画高斯分布的方式定义。通过扩展,EI 和 P_f 关于搜索空间中混杂变量的推导仍然有效。EI 定义了关于数据集的期望改进的期望值,即

$$\mathbb{E}[I(\boldsymbol{w}^*)] = \mathbb{E}[\max(\boldsymbol{y}_{\min} - Y(\boldsymbol{w}^*), 0)] \tag{9.25}$$

$$(\boldsymbol{y}_{\min} - \hat{\boldsymbol{y}}(\boldsymbol{w}^*))\Phi\left(\frac{\boldsymbol{y}_{\min} - \hat{\boldsymbol{y}}(\boldsymbol{w}^*)}{\hat{s}(\boldsymbol{w}^*)}\right) + \hat{s}(\boldsymbol{w}^*)\phi\left(\frac{\boldsymbol{y}_{\min} - \hat{\boldsymbol{y}}(\boldsymbol{w}^*)}{\hat{s}(\boldsymbol{w}^*)}\right) \tag{9.26}$$

式中:$\boldsymbol{y}_{\min}$ 为数据集中的当前最小值;$\Phi(\cdot)$ 和 $\phi(\cdot)$ 分别为标准分布和正态分布密度函数。P_f 定义了问题所受的所有约束在搜索空间中未映射位置 $\boldsymbol{w}^*$ 处得到满足的概率。给定一个约束函数 $\boldsymbol{g}_i(\cdot)$,它在 $\boldsymbol{w}^*$ 处得到满足的概率可通过以下方式进行估算,即

$$\mathbb{P}(\boldsymbol{g}_i(\boldsymbol{w}^*) \leqslant 0) = \Phi\left(\frac{0 - \hat{\boldsymbol{g}}_i(\boldsymbol{w}^*)}{\hat{s}_{gi}(\boldsymbol{w}^*)}\right) \tag{9.27}$$

式中:$\hat{s}_{gi}$ 为约束函数预测值 $\hat{\boldsymbol{g}}_i$ 中的估计误差。

通过扩展,受 m 维约束问题的 P_f 可计算为

$$P_f(\boldsymbol{w}^*) = \prod_{i=1}^{m} \mathbb{P}(\boldsymbol{g}_i(\boldsymbol{w}^*) \leqslant 0) \tag{9.28}$$

约束优化填充准则 IC 可表示为

$$\text{IC}(\boldsymbol{w}^*) = \mathbb{E}[I(\boldsymbol{w}^*)]P_f(\boldsymbol{w}^*) \tag{9.29}$$

要添加到高斯过程训练数据集中的数据样本是通过评估精确目标和约束函数值获得的使 IC 最大化的点,即

$$\boldsymbol{w}^* = \text{argmax}(\text{IC}(\boldsymbol{w})) \tag{9.30}$$

因此,有必要对辅助优化问题进行求解。由于评估 IC 所需的计算时间相对于精确的目标和约束函数评估而言可以忽略不计,因此可以采用经典的优化算法。一旦使 IC 最大化的 $\boldsymbol{w}^*$ 值确定后,在所述位置计算精确的目标函数和约束函数值,并将获得的数据样本添加到高斯过程数据集中。随后,考虑新添加的数据样本提供的附加信息,对(目标和约束的)代理模型进行重新训练。重复此过程,直到达到用户定义的停止标准。

在连续/离散混杂变量问题中,用于最大化 IC 的辅助优化过程既可以针对问题的每个类别独立运行并选择产生最大值的类别,也可以直接在混合连续/离散搜索空间中进行优化。在 Pelamatti 等(2018)的文献中,IC 是在混合变量搜索

空间中定义的(与优化问题相同)。由于存在多个局部极小值,大多数常用算法(如基于梯度的算法)可能无法使用,因此,使用了进化算法。该文献使用类似于 Stelmack 等(1998)提出的连续/离散混合遗传算法,并借助于 python 的 DEAP 工具箱(Fortin 等,2012)进行了 IC 优化。一旦达到最大的进化代数,或者目标函数的最佳值在预定义的代数内没有改善,遗传算法优化进程终止。

9.3.4 示例案例上的应用

为了说明具有不同参数化核的连续/离散混杂变量 EGO 算法,考虑如下示例问题,即

$$\min f(z,x) \quad (9.31)$$
$$\text{w. r. t. } z, x$$
$$\text{s. t. } g(z,x) \leq 0 \quad (9.32)$$

$z \in [-5,5]^2, x \in \{0,1\}^2$,其中 $z = [z^{(1)}, z^{(2)}]$ $x = [x^{(1)}, x^{(2)}]$,且

$$f(z,x) = \begin{cases} 200 + z^{(1)4} - 16*z^{(1)2} + 5*z^{(1)} + z^{(2)4} - 16*z^{(2)2} + 5*z^{(2)} & x^{(1)}=0, x^{(2)}=0 \\ z^{(1)4} + 12*z^{(1)2} + 8*z^{(1)} + z^{(2)4} - 16*z^{(2)2} + 5*z^{(2)} & x^{(1)}=0, x^{(2)}=1 \\ z^{(1)4} + 16*z^{(1)2} + 2*z^{(1)} + z^{(2)4} + 12*z^{(2)2} - 2*z^{(2)} & x^{(1)}=0, x^{(2)}=0 \\ z^{(1)4} + 3*z^{(1)3} + 5*z^{(1)} + z^{(2)4} + 2*z^{(2)3} + 8*z^{(1)} & x^{(1)}=0, x^{(2)}=1 \end{cases} \quad (9.33)$$

$$g(z,x) = \begin{cases} -(z^{(1)}-2)^2 + (z^{(2)}-1)^2 + 2 & x^{(1)}=0, x^{(1)}=0 \\ -(z^{(1)}-1.5)^2 + (z^{(2)}-0.7)^2 + 4 & x^{(1)}=0, x^{(2)}=1 \\ -(z^{(1)}-2.5)^2 + (z^{(2)}+2)^2 + 3 & x^{(1)}=1, x^{(2)}=0 \\ -(z^{(1)}+1)^2 + (z^{(2)}-1.5)^2 + 3 & x^{(1)}=1, x^{(2)}=1 \end{cases} \quad (9.34)$$

目标函数源自 Styblinsk - Tank 函数(Silagadze,2007),并且适用于不同类别的情形。4 个目标函数(取决于离散变量向量 x 定义的类别)和相关约束如图 9.14 所示。根据离散变量向量 x 的值,目标函数和约束有很大不同,但也存在一些相似之处,可被针对混合变量改进的 EGO 方法利用。在这 4 个类别中,$x = [0,1]$ 的类别包含了最优解。

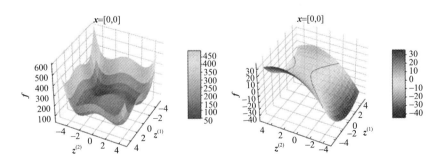

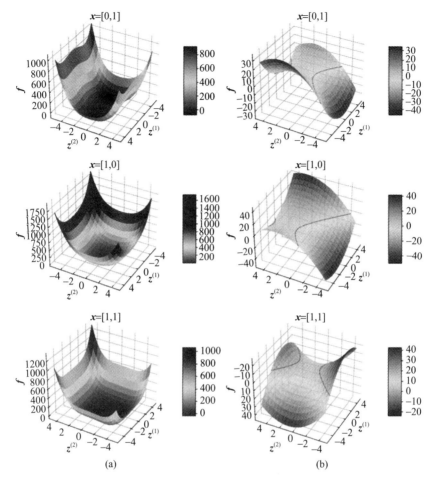

图9.14 离散变量向量 x 不同取值情况下的目标函数值(a)
和约束函数值(b)(见彩图)

为了评估混合高斯过程方法的效率,使用了一种名为基于类别的(Category - Wise,CW)参考方法。该方法包括为问题的每个类别(此处为高度)构建单独的高斯过程(用于代理目标和约束函数),并且不同高斯过程间不交换任何信息。使用这些高斯过程模型,运行 EGO,并将最有希望的点(基于每个类别中期望改进的优化,并比较每个类别的结果)添加到相应类别中,然后重新训练高斯过程(针对特定类别)。对于 SMBDO 技术,使用了包含 24 个样本的初始训练数据集(按分类表示的情况下,每个独立的 EGO 使用 6 个样本),并在随后的优化过程中填充了 30 个数据点。图 9.15 和图 9.16 给出了该测试用例在 10 次重复实验中获得的结果。

采用混杂变量的 EGO 比按分类的标准 EGO 具有更好的收敛性和对初始设

计实验的鲁棒性。图 9.15 给出了基于 EGO 的技术和 3 种混杂变量 EGO 的收敛曲线(中值、第 1 个和最后 1 个 4 分位数),其表现优于基于分类的 EGO,需要更多次的迭代才能收敛。图 9.16 给出了对初始设计实验的鲁棒性,表示了 10 次重复实验的最小值,并且 3 个采用混合变量的 EGO 方法比基于分类的 EGO 方法更有鲁棒性。

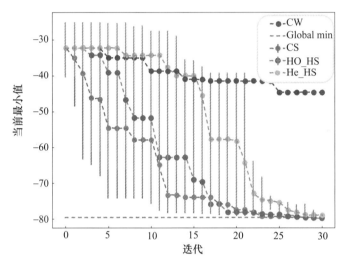

图 9.15 混杂 EGO 方法和参照方法在 10 次重复实验中的收敛情况(见彩图)
(图中展示了中值以及第 1 个和最后 1 个 4 分位数收敛结果*使用的优化技术分别依赖于基于维度的异方差分解(He_HS)、基于维度的同方差分解(Ho_HS)、复合对称分解(CS)、基于分类的独立代理建模(CW))

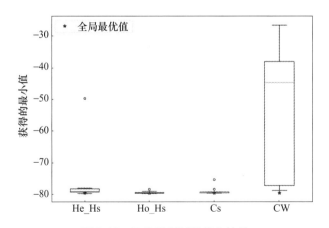

图 9.16 10 次重复试验优化结果
从左到右,使用的优化技术分别是基于维度的异方差分维(He_HS)、基于维度的同方差分解(Ho_HS)、复合对称分解(CS)、基于分类的独立代理建模(CW)

由于该分析测试用例较简单,在提出的采用混合变量的 EGO 方法没有表现出明显的性能差异。有关更复杂的测试用例,见 Pelamatti 等(2018)。图 9.17 给出了在一次重复中,采用所述方法填充的数据样本。可以看出,对于接近约束和全局最小值的样本 $z = [1.8, -1.2]$ 被添加到类别 $x = [0,1]$ 中。

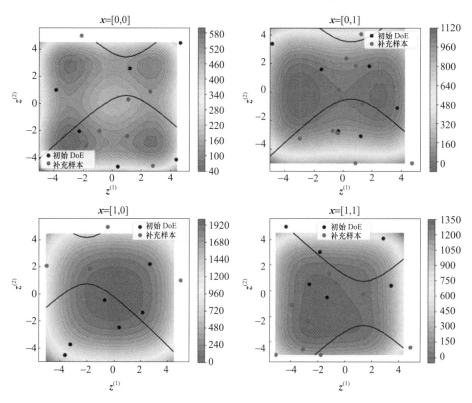

图 9.17 采用 CS 参数的 10 次重复实验中某次实验的目标函数和填充样本等高线图 ($g(z,x) = 0$ 的等高线图用黑线表示(可行区域在黑线外部))(见彩图)

这个示例案例涉及异方差性质。从理论上讲,He_HS 离散核参数是最合适的选择,因为它提供了异方差函数最精确的模型。Roustant 等(2018)讨论了这一方面内容,并提供了几个相关案例。然而,给定类别的方差取决于整个搜索空间内的趋势,而对于 SMBDO 技术,相关度量是搜索空间中感兴趣区域内问题函数的变化量,该区域也是要求建模精度最高的地方,因为要确定填充数据样本的最佳位置。事实上,在 SMBDO 中,目的并不是在整个搜索空间上准确地对目标函数和约束建模,而是在管理代理模型不确定性的同时确定问题的最优解。一般来说,除非提供特定问题的先验知识,否则无法先验地知道最佳邻域方差。此外,如前所述,He_HS 依赖于大量超参数。当提供的数据量有限时,很难确定超参数的最佳值。由于这两个原因,给定优化问题的异方差或同方差先验知识不足以确定 SMBDO 算法最合适的离散核参数。

与经典优化算法相比,这个示例案例说明了使用混合变量的 EGO 算法能在有限的函数评估次数内有效地收敛到关于连续和离散变量的全局最小值。

9.4 总结

本章介绍了与 MDO 相关的主题,以解决复杂的航天器设计问题。讨论的 2 个研究领域是多目标优化和连续/离散混杂优化问题。为了应对这些挑战,最近的工作集中在高斯过程的使用上(Emmerich 和 Klingenberg,2008;Pelamatti 等,2018;Brevault 等,2019;Hebbal 等,2019),本章对此进行了介绍。提出的每一种方法都针对示例案例进行了说明,突出了高斯过程在求解此类复杂问题时的适用性。高斯过程在预测和估计相关预测误差方面具有令人感兴趣的特性,其能够在有限数量的计算模拟中为多目标优化或连续/离散混合变量问题提供有效的自适应策略。本书中提出的一些技术仍处于发展的初期(如用于优化的DGP),需要进一步的研究才能成为求解 MDO 和不确定性 MDO 的有力工具。

参考文献

Agresti, A. (1996). *An introduction to categorical data analysis*. Wiley.

Aliakbargolkar, A., Crawley, E. F., Wicht, A. C., Battat, J. A., and Calandrelli, E. D. (2013). Systems architectingmethodology for space transportation infrastructure. *Journal of Spacecraft and Rockets*, 50(3):579–590.

Arias–Montano, A., Coello, C. A. C., and Mezura–Montes, E. (2012). Multiobjective evolutionary algorithms in aeronautical and aerospace engineering. *IEEE Transactions on Evolutionary Computation*, 16(5):662–694.

Armstrong, M., De Tenorio, C., Mavris, D., and Garcia, E. (2008). Function based architecture design space definition and exploration. In 26*th International Congress of the Aeronautical Sciences*, Anchorage, AK, USA.

Audet, C., Booker, A. J., Dennis Jr, J. E., Frank, P. D., and Moore, D. W. (2000). A surrogate–model–based method for constrained optimization. In 8*th AIAA/NASA/USAF/ISSMO Symposium on Multidisciplinary Analysis and Optimization*, Long Beach, CA, USA.

Audet, C. and Dennis Jr, J. E. (2006). Mesh adaptive direct search algorithms for constrained optimization. *SIAM Journal on optimization*, 17(1):188–217.

Bader, J. and Zitzler, E. (2011). Hype: An algorithm for fast hypervolume–based many–objective optimization. *Evolutionary computation*,19(1):45 – 76.

Bajer, L. and Holena, M. (2013). Surrogate model for mixed – variables evolutionary optimization based on GLM and RBF networks. In *Lecture Notes in Computer Science (including subseries Lecture Notes in Artificial Intelligence and Lecture Notes in Bioinformatics)*, volume 7741 LNCS, pages 481 – 490. Springer, Berlin, Heidelberg.

Barjhoux, P. – J., Diouane, Y., Grihon, S., Bettebghor, D., and Morlier, J. (2018). A bilevel methodology for solving a structural optimization problem with both continuous and categorical variables. In 2018 *Multidisciplinary Analysis and Optimization Conference*, Atlanta, GA, USA.

Beauthier, C., Mahajan, A., Sainvitu, C., Hendrick, P., Sharifzadeh, S., and Verstraete, D. (2014). Hypersonic cryogenic tank design using mixed – variable surrogate – based optimization. In 4*th International Conference on Engineering Optimization*, Lisbon, Portugal.

Beume, N., Naujoks, B., and Emmerich, M. (2007). SMS – EMOA: Multiobjective selection based on dominated hypervolume. *European Journal of Operational Research*, 181(3):1653 – 1669.

Brevault, L., Balesdent, M., Hebbal, A., and Patureau De Mirand, A. (2019). Surrogate modelbased multi – objective MDO approach for partially Reusable Launch Vehicle design. In *AIAA Scitech Forum 2019*, San Diego, CA, USA.

Bui, T., Hernández – Lobato, D., Hernandez – Lobato, J., Li, Y., and Turner, R. (2016). Deep Gaussian Processes for regression using approximate expectation propagation. In *International Conference on Machine Learning*, New – York, NY, USA.

Castellini, F. and Lavagna, M. (2012). Comparative analysis of global techniques for performance and design optimization of launchers. *Journal of Spacecraft and Rockets*, 49(2):274 – 285.

Chepko, A., De Weck, O., Linne, D., Santiago – Maldonado, E., and Crossley, W. (2008). Architecture modeling of in – situ oxygen production and its impacts on lunar campaigns. In *AIAA SPACE 2008 conference & exposition*, San Diego, CA, USA.

Chepko, A. (2009). Technology selection and architecture optimization of in – situ resource utilization systems. Master's thesis, Massachusetts Institute of Technology.

Coello Coello, C. and Lechuga, M. (2002). MOPSO: a proposal for multiple objective particle swarm optimization. In 2002 *IEEE Congress on Evolutionary Computation (CEC)*, Honolulu, HI, USA.

Dai, Z., Damianou, A., González, J., and Lawrence, N. (2015). Variational auto – encoded deep Gaussian processes. *arXiv preprint arXiv*:1511.06455.

Damianou, A. and Lawrence, N. (2013). Deep Gaussian Processes. In 16*th International Conference on Artificial Intelligence and Statistics*, Scottsdale, AZ, USA.

Davis, C. (1962). The norm of the Schur product operation. *Numerische Mathematik*, 4(1):343 – 344.

Deb, K. (2001). *Multi – objective optimization using evolutionary algorithms*, volume 16. John Wiley & Sons.

Deb, K., Agrawal, S., Pratap, A., and Meyarivan, T. (2000). A fast elitist non – dominated sorting genetic algorithm for multi – objective optimization: NSGA – II. In *International Conference on*

Parallel Problem Solving From Nature, Paris, France.

Deb, K., Pratap, A., and Meyarivan, T. (2001). Constrained test problems for multi – objective evolutionary optimization. In *International conference on evolutionary multi – criterion optimization*, Zurich, Switzerland.

Donahue, B. (2001). Architecture selection – the key decision for human mars mission planning. In *37th Joint Propulsion Conference and Exhibit*, Sault Lake City, UT, USA.

Emmerich, M. and Klinkenberg, J. – W. (2008). The computation of the expected improvement in dominated hypervolume of Pareto front approximations. *Technical report*, Leiden University, 34.

Emmerich, M. T., Giannakoglou, K. C., and Naujoks, B. (2006). Single – and multiobjective evolutionary optimization assisted by Gaussian random field metamodels. *IEEE Transactions on Evolutionary Computation*, 10(4):421 – 439.

Fazeley, H., Taei, H., Naseh, H., and Mirshams, M. (2016). A multi – objective, multidisciplinary design optimization methodology for the conceptual design of a spacecraft bi – propellant propulsion system. *Structural and Multidisciplinary Optimization*, 53(1):145 – 160.

Ferreira, C. (2001). Gene expression programming: A new adaptive algorithm for solving problems. *Complex System*, 13(2):87 – 129.

Fortin, F. – A., De Rainville, F. – M., Gardner, M. – A., Parizeau, M., and Gagné, C. (2012). {DEAP}: Evolutionary Algorithms Made Easy. *Journal of Machine Learning Research*, 13:2171 – 2175.

Frank, C., Marlier, R., Pinon – Fischer, O. J., and Mavris, D. N. (2016). An evolutionary multiarchitecture multi – objective optimization algorithm for design space exploration. In *57thAIAA/ASCE/AHS/ASC Structures, Structural Dynamics, and Materials Conference*, San Diego, CA, USA.

Frank, C. P. (2016). *A design space exploration methodology to support decisions under evolving uncertainty in requirements and its application to advanced vehicles*. PhD thesis, Georgia Institute of Technology.

Fujikawa, T., Tsuchiya, T., and Tomioka, S. (2013). Multi – Objective, High – Accuracy Trajectory Optimization Using SQP and Sampling on the Manifold. In *2013 Asia – Pacific International Symposium on Aerospace Technology*, Takamatsu, Japan.

Fujikawa, T., Tsuchiya, T., and Tomioka, S. (2015). Multi – objective, multidisciplinary design optimization of TSTO space planes with RBCC engines. In *56th AIAA/ASCE/AHS/ASC Structures, Structural Dynamics, and Materials Conference*, Kissimmee, FL, USA.

Gower, J. C. (1971). A General Coefficient of Similarity and Some of Its Properties. *Biometrics*, 27(4):857.

Gunawan, S., Azarm, S., Wu, J., and Boyars, A. (2003). Quality – assisted multi – objective multidisciplinary genetic algorithms. *AIAA Journal*, 41(9):1752 – 1762.

Haas, T. C. (1990). Kriging and automated variogram modeling within a moving window. *Atmospheric Environment. Part A. General Topics*, 24(7):1759 – 1769.

Haftka, R. T. and Watson, L. T. (2006). Decomposition theory for multidisciplinary design optimization problems with mixed integer quasiseparable subsystems. *Optimization and Engineering*, 7(2):135–149.

Halstrup, M. (2016). *Black-box optimization of mixed discrete-continuous optimization problems*. PhD thesis, TU Dortmund.

Hebbal, A., Brevault, L., Balesdent, M., Taibi, E.-G., and Melab, N. (2018). Efficient Global Optimization using Deep Gaussian Processes. In *2018 IEEE Congress on Evolutionary Computation(CEC)*, Rio de Janeiro, Brazil.

Hebbal, A., Brevault, L., Balesdent, M., Talbi, E.-G., and Melab, N. (2019). Multi-objective optimization using Deep Gaussian Processes: Application to aerospace vehicle design. In *AIAA Scitech Forum 2019*, San Diego, CA, USA.

Higdon, D., Swall, J., and Kern, J. (1999). Non-stationary spatial modeling. *Bayesian statistics*, 6(1):761–768.

Holmström, K., Quttineh, N. H., and Edvall, M. M. (2008). An adaptive radial basis algorithm (ARBF) for expensive black-box mixed-integer constrained global optimization. *Optimization and Engineering*, 9:311–339.

Huang, C.-H. (2003). *Development of multi-objective concurrent subspace optimization and visualization methods for multidisciplinary design*. PhD thesis, State University of New York at Buffalo.

Huang, C.-H., Galuski, J., and Bloebaum, C. L. (2007). Multi-objective pareto concurrent subspace optimization for multidisciplinary design. *AIAA Journal*, 45(8):1894–1906.

Jones, D. R., Schonlau, M., and Welch, W. J. (1998). Efficient global optimization of expensive black-box functions. *Journal of Global Optimization*, 13(4):455–492.

Kang, N., Kokkolaras, M., and Papalambros, P. Y. (2014). Solving multiobjective optimization problems using quasi-separable MDO formulations and analytical target cascading. *Structural and Multidisciplinary Optimization*, 50(5):849–859.

Knowles, J. (2006). ParEGO: A hybrid algorithm with on-line landscape approximation for expensive multiobjective optimization problems. *IEEE Transactions on Evolutionary Computation*, 10(1):50–66.

Knowles, J. D. and Corne, D. W. (2000). Approximating the nondominated front using the pareto archived evolution strategy. *Evolutionary computation*, 8(2):149–172.

Kosugi, Y., Oyama, A., Fujii, K., and Kanazaki, M. (2011). Multidisciplinary and multi-objective design exploration methodology for conceptual design of a hybrid rocket. In *Infotech@ Aerospace 2011*, St Louis, MO, USA.

Kothari, A. and Webber, D. (2010). Potential demand for orbital space tourism opportunities made available via reusable rocket and hypersonic architectures. In *AIAA SPACE 2010 Conference & Exposition*, Anaheim, CA, USA.

Kurapati, A. and Azarm, S. (2000). Immune network simulation with multiobjective genetic algorithms for multidisciplinary design optimization. *Engineering Optimization*, 33(2):245–260.

LeCun, Y. , Bengio, Y. , and Hinton, G. (2015). Deep learning. *Nature*, 521(7553):436.

Mavris, D. N. and Kirby, M. R. (1999). Technology identification, evaluation, and selection for commercial transport aircraft. In *58th Annual Conference Of Society of Allied Weight Engineers, San Jose, CA, USA*.

McAllister, C. D. , Simpson, T. W. , Hacker, K. , Lewis, K. , and Messac, A. (2005). Integrating linear physical programming within collaborative optimization for multiobjective multidisciplinary design optimization. *Structural and Multidisciplinary Optimization*, 29(3):178–189.

Müller, J. , Shoemaker, C. A. , and Piché, R. (2013). SO–MI: A surrogate model algorithm for computationally expensive nonlinear mixed–integer black–box global optimization problems. *Computers and Operations Research*, 40(5):1383–1400.

Nebro, A. J. , Durillo, J. J. , Garcia–Nieto, J. , Coello, C. C. , Luna, F. , and Alba, E. (2009). SMPSO: A new PSO–based metaheuristic for multi–objective optimization. In *IEEE Symposium on Computational intelligence in multi–criteria decision–making, Nashville, TN, USA*.

Paciorek, C. J. and Schervish, M. J. (2006). Spatial modelling using a new class of nonstationary covariance functions. *Environmetrics*, 17(5):483–506.

Parashar, S. and Bloebaum, C. (2006). Multi–objective genetic algorithm concurrent subspace optimization (MOGACSSO) for multidisciplinary design. In *47th AIAA/ASME/ASCE/AHS/ASC Structures, Structural Dynamics, and Materials Conference, Newport, RI, USA*.

Pelamatti, J. , Brevault, L. , Balesdent, M. , Talbi, E. –G. , and Guerin, Y. (2019). Overview and comparison of Gaussian process–based surrogate models for mixed continuous and discrete variables, application on aerospace design problems. *High–performance simulation based optimization, Springer series on Computational Intelligence, Springer*.

Pelamatti, J. , Brevault, L. , Balesdent, M. , Talbi, E. –G. , and Guerrin, Y. (2018). Efficient global optimization of constrained mixed variable problems. *Journal of Global Optimization*, 73(3):583–613.

Pinheiro, J. and Bates, D. (2009). Mixed–Effects Models in S and S–PLUS. *Statistics and Computing, Springer–Verlag*.

Pinheiro, J. and Bates, D. M. (1996). Unconstrained parametrizations for variance–covariance matrices. *Statistics and Computing*, 6(3):289–296.

Prasadh, N. , Moss, R. , Collett, K. , Nelessen, A. , Edwards, S. , and Mavris, D. (2014). A systematic method for SME–driven space system architecture down–selection. In *AIAA SPACE 2014 conference and exposition, San Diego, CA, USA*.

Qian, P. Z. G. , Wu, H. , and Wu, C. F. J. (2008). Gaussian Process Models for Computer Experiments With Qualitative and Quantitative Factors. *Technometrics*, 50(3):383–396.

Qin, A. K. , Huang, V. L. , and Suganthan, P. N. (2009). Differential evolution algorithm with strategy adaptation for global numerical optimization. *IEEE transactions on Evolutionary Computation*, 13(2):398–417.

第4部分 MDO相关问题:多保真、多目标和连续/离散混杂优化

Queipo, N. V., Haftka, R. T., Shyy, W., Goel, T., Vaidyanathan, R., and Kevin Tucker, P. (2005). Surrogate – based analysis and optimization. *Progress in Aerospace Sciences*, 41(1):1 – 28.

Rashid, K., Ambani, S., and Cetinkaya, E. (2008). An adaptive multiquadric radial basis function method for expensive black – box mixed – integer nonlinear constrained optimization. *Engineering Optimization*, 45(2):185 – 206.

Rasmussen, C. E. and Ghahramani, Z. (2002). Infinite mixtures of Gaussian process experts. In *Advances in neural information processing systems*, pages 881 – 888.

Rebonato, R. and Jaeckel, P. (2011). The Most General Methodology to Create a Valid Correlation Matrix for Risk Management and Option Pricing Purposes. *SSRN Electronic Journal*.

Regis, R. G. (2014). Evolutionary Programming for High – Dimensional Constrained Expensive Black – Box Optimization Using Radial Basis Functions. *IEEE Transactions on Evolutionary Computation*, 18(3):326 – 347.

Roustant, O., Padonou, E., Deville, Y., Clément, A., Perrin, G., Giorla, J., and Wynn, H. (2018). Group kernels for Gaussian process metamodels with categorical inputs. *arXiv*:1802.02368.

Roy, S., Moore, K., Hwang, J. T., Gray, J. S., Crossley, W. A., and Martins, J. (2017). A mixed integer efficient global optimization algorithm for the simultaneous aircraft allocation – missiondesign problem. In *58th AIAA/ASCE/AHS/ASC Structures, Structural Dynamics, and Materials Conference, Grapevine TX, USA*.

Salimbeni, H. and Deisenroth, M. (2017). Doubly stochastic variational inference for deep Gaussian processes. In *31st Conference on Neural Information Processing Systems (NIPS 2017), Long Beach, CA, USA*.

Santner, T. J., Williams, B. J., and Notz, W. I. (2003). *The Design and Analysis of Computer Experiments*. Springer New York.

Schonlau, M., Welch, W. J., and Jones, D. R. (1998). Global versus local search in constrained optimization of computer models. *Lecture Notes – Monograph Series*, pages 11 – 25.

Shawe – Taylor, J. and Cristianini, N. (2004). *Kernel Methods for Pattern Analysis*. Cambridge University Press.

Silagadze, Z. (2007). Finding two – dimensional peaks. *Physics of Particles and Nuclei Letters*, 4(1):73 – 80.

Soban, D. S. and Mavris, D. N. (2013). Assessing the impact of technology on aircraft systems using technology impact forecasting. *Journal of Aircraft*, 50(5):1380 – 1393.

Stelmack, M., Nakashima, N., and Batill, S. (1998). Genetic algorithms for mixed discrete/ continuous optimization in multidisciplinary design. In *7th AIAA/USAF/NASA/ISSMO Symposium on Multidisciplinary Analysis and Optimization, St. Louis, MO, USA*.

Svenson, J. D. and Santner, T. J. (2010). Multiobjective optimization of expensive black – box functions via expected maximin improvement. *The Ohio State University, Columbus, Ohio*, 32.

Swiler, L. P., Hough, P. D., Qian, P., Xu, X., Storlie, C., and Lee, H. (2014). *Surrogate Models for Mixed Discrete – Continuous Variables*. Springer International Publishing, Cham.

Tappeta, R. and Renaud, J. (1997). Multiobjective collaborative optimization. *Journal of Mechanical Design*, 119(3):403–411.

Titsias, M. (2009). Variational learning of inducing variables in sparse Gaussian processes. In 12*th International Conference on Artificial Intelligence and Statistics, Clearwater Beach, FL, USA*.

Titsias, M. and Lawrence, N. D. (2010). Bayesian Gaussian process latent variable model. In 13*th International Conference on Artificial Intelligence and Statistics, Sardinia, Italy*.

Villeneuve, F. and Mavris, D. (2005). A new method of architecture selection for launch vehicles. In *AIAA/CIRA 13th International Space Planes and Hypersonics Systems and Technologies Conference, Capua, Italy*.

Wagner, T., Emmerich, M., Deutz, A., and Ponweiser, W. (2010). On expected–improvement criteria for model–based multi–objective optimization. In *International Conference on Parallel Problem Solving from Nature, Krakow, Poland*.

Walton, M. A. and Hastings, D. (2004). Applications of uncertainty analysis applied to architecture selection of satellite systems. *Journal of Spacecraft and Rockets*, 41(1):75–84.

Xiao, M., Shao, X., Gao, L., and Luo, Z. (2015). A new methodology for multi–objective multidisciplinary design optimization problems based on game theory. *Expert Systems with Applications*, 42(3):1602–1612.

Xiong, Y., Chen, W., Apley, D., and Ding, X. (2007). A non–stationary covariance–based kriging method for metamodelling in engineering design. *International Journal for Numerical Methods in Engineering*, 71(6):733–756.

Zhang, K.-S., Han, Z.-H., Li, W.-J., and Song, W.-P. (2008). Bilevel adaptive weighted sum method for multidisciplinary multi–objective optimization. *AIAA Journal*, 46(10):2611–2622.

Zhang, Q., Liu, W., Tsang, E., and Virginas, B. (2010). Expensive multiobjective optimization by MOEA/d with Gaussian process model. *IEEE Transactions on Evolutionary Computation*, 14(3):456–474.

Zhang, Y. and Notz, W. I. (2015). Computer experiments with qualitative and quantitative variables: A review and reexamination. *Quality Engineering*, 27(1):2–13.

Zhou, Q., Qian, P. Z. G., and Zhou, S. (2011). A Simple Approach to Emulation for Computer Models With Qualitative and Quantitative Factors. *Technometrics*, 53(3):266–273.

第 5 部分

案例分析

第10章 民用飞机设计

10.1 引言

近年来,由于燃油价格上涨和航班数量的增加,航空业正面临严重的挑战。如不采取行动,这种影响在未来几年内会越来越显著(Collier 和 Wahls,2016)。为了控制成本,并减少对环境的污染,工程师们正在设计研发使用燃油消耗更低发动机的高效航空器。经典飞机的筒体-机翼构型已经延续了半个多世纪,但改进和收益很小。因而,急需在飞机设计上的突破来解决当下面临的问题。潜在的创新可能来自飞机构型层面(考虑不同的构型替代传统的筒体-机翼构型,如翼身融合设计(Liebeck,2004;Sgueglia 等,2018b),见第11章的翼身融合设计问题)或推进层面(动力系统实现部分或全面电气化(Friedrich 和 Robertson,2015))。无论哪种情形,非传统飞机的设计问题由于多学科耦合的问题比传统飞机设计更复杂,正如其他作者所述(如 Brelje 和 Martins(2018))。例如,在电气架构中,电气组件的能量耗散引起的热变化或者分布式推进风扇使机翼上通量的改变都会改变飞机的气动性能(航空推进效应)。

本章介绍一种考虑2035年投入使用(Entry Into Service,EIS)的非常规分布式混合动力大型客机。该概念由 Sgueglia 等提出(2018a)。飞机的设计采用了 FAST 工具箱(固定翼飞机尺寸调整工具,(Schmollgruber 等,2017)),使用了考虑所有关键学科和学科交互的多学科代码。由于该飞机计划到2035年服役,我们做了一些技术层面的假设。在文献中,有多个假设,本书将进行不确定性分析以涵盖2035年时可能出现的所有情况。为了理解技术如何影响设计,我们进行了多学科分析比较。同时为了确保所有设计约束得到满足,我们也对几何尺寸固定和可变的情况进行了比较。

本章的结构如下:10.2节介绍了混合动力飞机的概念;10.3节描述了推进链架构;10.4节介绍了研究中使用的设计工具;10.5节和10.6节描述了利用混沌多项式展开计算的基于 Sobol 指数的灵敏度分析结果。

10.2 混合动力飞机概念

对于本章提出的混合动力飞机,应满足未来航空业发展目标,需具备以下特征(Sgueglia 等,2018a):

(1)混合动力(Hybrid Electric,HE)架构。
(2)能够零排放飞行至 3000ft[①](约 1km)[②]。
(3)2035 年能投入使用。
(4)燃油消耗性能不比传统飞机差(2035 年为基准)。

混合动力链集成在分布式推进架构中,在缩短起飞距离、减小机翼面积和发动机减重等方面具有优势(Kirner,2015)。飞机的最终概念如图 10.1 所示。

图 10.1 采用分布式电动风管风机的混合动力飞机概念图(Sgueglia 等,2018)

推进链由不同的部件组成:

(1)涡轮发电机,由一个燃料燃烧发动机和一个能量转换装置(将机械能转化为电能)组成。
(2)舱体内用于提供电力的电池(未在图 10.1 展示)。
(3)分布在机翼上表面和后缘的电机及涵道螺旋桨(导管风扇)。
(4)DC/DC 和 DC/AC 转换器(分别称为转换器和逆变器,实现相同电压下

---

① 1ft = 0.3048m。
② 3000ft 或者 1km 对应于大气边界层高度,这一高度与对流现象有关。这是最最关键的区域,有害的分子混合会对人类产生负面影响。

交流和直流转换及利用)。

(5)输电电缆和安全加固电缆。

(6)冷却系统,以消耗功率损耗产生的热量。

在动力源位置配置上,涡轮式发电机位于尾部,以减少发电机进气、喷气对机翼上气流的扰动。因此,尾翼的唯一可能选择是 T 型尾翼。电池则装在货舱内。这种选择主要是为了满足安装电池所需的体积空间,同时也是考虑到它们自身不可忽视的重量。将其安装在机翼周围靠近重心的位置,可以减少它们对飞机稳定性的影响。这种配置的主要缺点是电池会占用货舱的空间,从而减少最大装载量。

10.3 推进链架构

通用推进模式的能源和电气元件连接如图 10.2 所示。电池和发电机通过电气节点与母线连接,同时安装了转换器和逆变器,将机械能转换为电能,并使电路以合适的传输电压传输电流。能量管理是通过 2 种不同的功率来实现,以具备处理故障情况的灵活性(Sgueglia 等,2018a)。每种能源的功率分别为电池功率 δ_b 和涡轮发电机功率 δ_g。

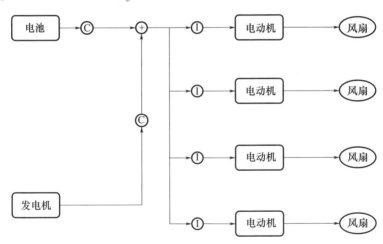

图 10.2　分布式电推进体系结构(Sgueglia 等,2018a)

$$\begin{cases} \delta_b = \dfrac{P_b}{P_{b,\max}} \\ \delta_g = \dfrac{P_g}{P_{g,\max}} \end{cases} \tag{10.1}$$

式中:P_b 和 P_g 分别为电池和发电机所需功率,下标 max 为最大输出功率。因而,电气节点的总功率为

$$P_{\text{tot}} = \eta_b \delta_b P_{b,\max} + \eta_g \delta_g P_{g,\max} \qquad (10.2)$$

式中:η 为效率。

到电气节点之前,体系架构都是串行的。然后,电力被分散到所有的风扇,即

$$P_{\text{fan}} = \frac{1}{N} P_{\text{tot}} \eta_{\text{em}} \eta_i \qquad (10.3)$$

式中:P_{fan} 为输送给风扇的功率;N 为发动机的数量;η_{em} 和 η_i 分别为电机和逆变器的效率。

在该方案中,可以由电池与发动机发电的电能总和作为输入得到总推力(从左到右),也可以由风扇的总推力作为输入得到产生该推力所需的电能(从右到左)。二次系统(控制系统、防冰装置、照明等)所需的能量均由电池提供。关于能量估计的案例见 Seresinhe 和 Lawson(2014)针对电动 A320 型飞机的估算。

在初步设计阶段,为了在较短的时间内获得结果,低复杂度的计算是必需的。因此,推进装置和电气元件均采用低保真度方法建模,在 10.3.1 节中介绍。

10.3.1 电池模型

由于电池是该系统一个主要的能量来源,同时也由于电池自身的重量,其是该系统一个至关重要的组件(Lowry 和 Larminie,2012;Tremblay 和 Dessaint,2009)。目前的研究重点是开发更新、更高效的电池(如锂空气电池、锂硫电池,甚至集成电池等概念),但研究仍处于初级阶段,性能难以预测。因此,在这里的研究中,选用了经典的锂离子电池。此外,对于每种电池的类型,可以根据所需性能进行多种选择:通常,电池功率越大,存储的能量就越少。对于大型客机而言,功率和总能量都是重要的,因此必须在两者之间找到折中的方案。总之,电池的选择从来都不是一件容易的事,取决于整体设计。

根据 Tremblay 和 Desaint(2009)的报告,电池有 5 个参数:

(1)比能量密度 e_b,即单位质量储存的能量。
(2)能量密度 $\rho_{E,b}$,这是单位体积中储存的能量。
(3)比功率密度 p_b,即单位质量输出的功率。
(4)功率密度 $\rho_{P,b}$,这是单位体积输出的功率。
(5)密度 ρ_b,是单位体积的质量。

这些变量不是相互独立的,只有其中 3 个是必要的。这里采用的模型以比

能量和功率作为输入,体积密度计算为

$$\begin{cases} \rho_{E,b} = \rho_b e_b \\ \rho_{P,b} = \rho_b p_b \end{cases} \quad (10.4)$$

最终推导出电池参数为

$$\begin{cases} m_b = \rho_b \tau_b \\ E_b = e_b m_b = \rho_{E,b} \tau_b \\ P_b = p_b m_b = \rho_{P,b} \tau_b \end{cases} \quad (10.5)$$

式中:τ_b 和 m_b 分别为电池体积和质量。

质量也可以通过能量进行评估,但式(10.5)更直观;同时考虑密度的物理意义,因此采用式(10.5)。为了不损坏电池,蓄电池不能完全放电。为监控蓄电池的状态,定义了荷电状态(State of Charge,SoC),即某一时刻时可用能量 $E(t)$ 与可储存的总能量 E_b 之比,可表示为

$$\mathrm{SoC}(t) = \frac{E(t)}{E_b} = 1 - \frac{E_c(t)}{E_b} \quad (10.6)$$

式中:$E_c(t)$ 为 t 时刻消耗的能量。SoC 下限一般取决于电池类型:锂离子电池的 SoC 下限是 20%(Tremblay 和 Desaint,2009)。SoC 是混合动力飞机的一个重要方面,下文将对此进行解释。

10.3.2 燃气涡轮发电机模型

另一种能源是燃气涡轮发电机,由燃油发动机和转换装置(将机械能转换为电能)组成。涡轴是在飞机设计过程之外建模的,它不包括在定径回路中。用于涡轮发电机建模的软件是由荷兰航空航天研究中心(Netherland Aerospace Research Center,NLR)(Visse 和 Broomhead,2000)开发的燃气轮机仿真程序(Gas Turbine Simulation Program,GSP)。模型如图 10.3 所示。设计结果显示采用了单压气机,燃烧室后安装 2 个涡轮,高速涡轮与压气机相连,低速涡轮处安装功率转换器。模型的输出是功率和功率比油耗(Power Specific Fuel Consumption,PSFC),取决于飞行高度和马赫数。一旦获得了这些曲线,就可将它们提供

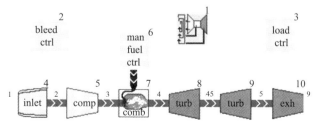

图 10.3 在 GSP(NLR 开发的软件)中建模的涡轮轴发动机方案

给代码并进行插值以获得期望性能所需要的值。一旦定义了组件的比能量密度,权重计算为

$$m_{\text{gen}} = \frac{P_{\text{ts,des}}}{p_{\text{ts}}} + \frac{\eta_{\text{g}} P_{\text{ts,des}}}{p_{\text{g}}} \quad (10.7)$$

式中:$P_{\text{ts,des}}$ 为设计点的输出功率;p 为功率密度;η 为效率;下标 ts 和 g 分别为涡轮轴机和发电机。

10.3.3 其他电气元件

其他电气元件(电机、逆变器和转换器)只是引入了一个权值惩罚项 m,已知最大负载功率 $P_{\max}$,则有

$$m = \frac{P_{\max}}{p} \quad (10.8)$$

式中:p 为比功率密度(或功率质量比)。

在混合供电体系中,电缆必须将电流从一个设备传输到另一个设备,其尺寸主要取决于最大容许电流阈值和传输电压。最后,如 Sgueglia 等(2018a)所述,管道式风扇设计时,在空气动力学中引入了一个惩罚项,从而帮助增加进风面积,提高阻力系数。通过对内部热力学转化的评估可确定管道式风扇的尺寸,并在设计回路中保证电机和风扇之间的耦合条件(两者的扭矩相同)。

10.4 固定翼飞机定型工具

Schmollgruber 等(2017)在工作中描述了一种固定翼飞机定型工具(Fixed-wing Aircraft Sizing Tool,FAST)。它是一个完全基于 Python 开发的飞机定型代码。在给定一组飞机顶层需求(Top Level Aircraft Requirement,TLAR)后,该工具基于点质量方法来估算燃料消耗。它已经在多种配置的飞机设计中得到了验证:大型客运涡轮喷气机(Schmollgruber 等,2017、2018)、支线飞机(Bohari 等,2018)、混合电动飞机(Sgueglia 等,2018a),甚至翼身融合飞机(Sgueglia 等,2018b)。

该定型工具在多学科设计分析和优化框架下考虑了多个关键学科,如空气动力学、结构/重量和推进。根据用户的需求,可以只运行一个简单的 MDA 进程,也可以运行所有的优化程序。通用的 FAST 方案采用扩展的设计结构矩阵(eXtended Design Structure Matrix,xDSM)标准(Lambe 和 Martins,2012),如图 10.4 所示。图 10.4 中,主工作流由黑线标识。在顶层有回路控制器(圆形块);然后是一个内部循环,它表示定型的过程。在这个过程中迭代调用学科函数,直到收敛。其次,要注意分析由灰线标识的信息交换和数据共享。

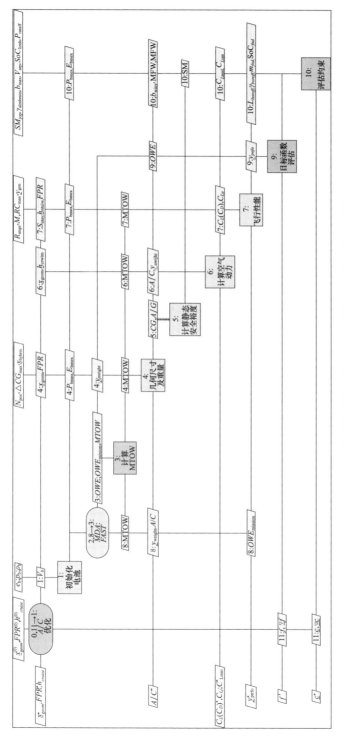

图 10.4 FASTxDSM 黑线表示主要的工作流程；粗灰线表示数据流，绿色块表示分析，灰色和白色块表示输入/输出数据（见彩图）

飞机的定型取决于一系列设计变量：几何外形、推进或其他变量，这些设计变量受一系列设计约束（资质认证、机场约束等）的影响。其设计收敛主要由以下2个条件驱动：

（1）结构收敛。在每次迭代中，估计一个新的最大起飞重量（Maximum Take-off Weight，MTOW）值，当2个连续值之间的相对差值在要求的公差内时，结构收敛。

（2）电池收敛。该条件仅适用于混合动力飞机，且要求飞行仿真结束时蓄电量等于0.20。此条件保证了飞机电量支持最大航程的飞行。如果高于0.20，则仍有可以使用的电能，也就是说可以降低燃料消耗。

要检查的最后一个条件，即电池的最终体积为

$$\tau_b = \frac{E_c}{(1 - \mathrm{SoC}_f)\rho_{E,b}} \qquad (10.9)$$

式（10.9）由式（10.6）和式（10.5）结合推导而来。

另一项检查是确保电池的体积与货舱的体积适配。其他的设计限制也应考虑，但是对它们的完整描述超出了本工作的范围。

技术参数主要影响质量分解分析（其中包含了所有的权重）。因为学科之间的联系紧密，质量的影响并不像只考虑权值惩罚项那么简单。例如，电池，比能量密度影响可用能量；这个参数的减少体现在2方面：

（1）为了保持任务所需电能，需要增加电池体积，但会造成重量增加。

（2）在保持电池体积不变的情况下，不同耗电量的任务，又需要使用燃料发动机。

在这2种情况下，能源消耗都较高，但不能凭经验判断哪种情况保守。相反，考虑比能量密度增加的例子也相同。

系统中的其他电子元件也扮演了关键角色：它们的效率改变了可用功率（式（10.2）和式（10.3）），这影响了能量消耗（因为功率和可用推力都发生了变化）和质量（因为最大功率也发生了变化）。总之，技术参数的影响并不像任何人想象的那样直观，要理解它们的影响，就需要设置一个能够处理这类问题的MDAO。

技术的另一个问题与不确定性有关：在参考文献中，对2035年的前景有不同的假设（Brelje 和 Martins（2018）、Sguéglia 等（2018a）、Friedrich 和 Robertson（2015）、Hepperle（2012）、Bradley 和 Droney（2015）、Fraunhofer（2011）、Belleville（2015）、Cinar 等（2017）、Pornet 等（2014）、Anton（2017）、Delhaye（2015））。为了评估不确定性的影响，进行了灵敏度分析。假设每个组件具有相同的平均值（即没有制造误差，每个电池、电机等完全相等），且探测点的间隔均匀。在这些

假设下,分析了技术对一些关键参数的影响,并确定了最相关的参数。在分析中,采用了2种不同的方法:①几何形状完全固定;②考虑电池的尺寸环。设计分析过程强调了综合过程中评估技术的重要性,因为偏离设计的分析可能会产生误导。在给出结果之前,10.5 节简要介绍使用的方法。

10.5 全局灵敏度分析

10.5.1 全局灵敏度分析的目的和方法

如前所述,在2035年的基线上设计一架混合动力飞机的挑战之一是评估技术组件的未来特性。事实上,一份文献综述显示,对这些特征的预测呈现出很大的差别。例如,根据Hepperle(2012),比密度能量 e_b 应设置为 350W·h·kg^{-1},而 Bradley 和 Droney(2015)则建议使用 750W·h·kg^{-1}。混合动力电动飞机的所有相关参数也有相同的变化,如密度 ρ_b、电池效率 η_b、涡轮轴发动机功率密度 p_{ts}、发电机功率密度 p_g、发电机效率 η_g、电动机功率密度 p_{em}、电机效率 η_{em}、逆变器变换功率密度 p_{ic}、逆变器变换效率 η_{ic}、冷却系统功率密度 p_{cs}。为了简化记号,这 11 个参数被连接成一个向量,表示为 $U = \{e_b, \rho_b, \eta_b, p_{ts}, p_g, \eta_g, p_{em}, \eta_{em}, p_{ic}, \eta_{ic}, p_{cs}\}$。需要注意的是,表 10.1 缺少了电池的功率密度,对于 10.3.1 节来说,它仅仅依赖于电池的能量密度。为了考虑储能和供能的均衡,这里假设 $p_b = 4e_b$。

表 10.1 混合动力飞机定型的随机技术参数均匀概率分布特征

		Min	Max	μ	σ^*
e_b	(W·h·kg^{-1})	350	750	550	0.21
ρ_b	(kg·L^{-1})	1.5	2	1.5	0.08
η_b		0.9	0.98	0.94	0.02
p_{ts}	(kW·kg^{-1})	5.5	8.5	7.0	0.12
p_g	(kW·kg^{-1})	12	15	13.5	0.06
η_g		0.85	0.98	0.915	0.04
p_{em}	(kW·kg^{-1})	8	12	10	0.11
η_{em}		0.95	0.99	0.97	0.01
p_{ic}	(kW·kg^{-1})	15	20	17.5	0.08
η_{ic}		0.9	0.99	0.945	0.03
p_{cs}	(kW·kg^{-1})	1.5	2.5	2	0.14

为了评估不确定性对飞机设计的影响,10.6 节进行空机重量(Operating Weight Empty,OWE)和能量消耗(E_c)关于设计变量 U 的全局灵敏度分析。灵敏度分析的第一步是用合适的概率模型 U 对向量进行建模。根据文献综述中找到的信息,假设随机参数均匀分布在文献中提供的最大值和最小值之间。此外,尚未对这些参数之间的相关性进行研究,因此,下文将假设各参量之间相互独立。表 10.1 列出了矢量 U 各分量均匀分布的边界,以及平均值 μ 和变异系数 $\sigma^* = \dfrac{\sigma}{\mu}$(其中 σ 代表标准差)。10.5.2 节详细介绍使用混沌多项式展开的 Sobol 灵敏度指标计算。

备注:值得注意的是,提出的概率模型是为了模拟由于缺乏 2035 年的技术知识而产生的较大不确定性,该模型不适于模拟由于制造过程或材料固有属性产生的微小变化。实际上,人们可以注意到相同的随机变量被用于多个相似的组件(如假设所有电机的电机效率相同)。如果用这个模型来处理小的制造不确定性(即所有制造的电动机效率略有不同),这个假设显然是错误的。但在我们的研究框架下,它可以被证明是合理的,因为考虑的不确定性要大得多,其代表了对未来技术的假设。

10.5.2　混沌多项式展开计算 Sobol 指数

本节回顾了混沌多项式展开方法计算 Sobol 灵敏度指数的一些基本特性(见第 3 章混沌多项式展开和灵敏度分析)。Sobol 灵敏度指数是基于方差的灵敏度度量,它量化了输入的方差如何影响输出的方差。Sobol 灵敏度指数可以通过蒙特卡罗抽样(Sobol,1993)来估算,然而 Sudret(2008)提出了一个有趣的混沌多项式展开近似,在本研究的背景下(输入变量数量少且输入和输出之间平滑映射),其在数值计算成本方面非常有效。该方法在 Blatman 和 Sudret(2010b)中使用稀疏混沌多项式展开进行了进一步改进,并在下文中使用。

为了便于解释,我们引入一个包含 d 个独立分量的随机向量 $U = \{U^{(i)}\}$,$i = 1,2,\cdots,d$(其中 d 是输入变量的个数)。$\mathscr{M}(\cdot)$ 是一个数值求解器(在本例中是 FAST),$Y = \mathscr{M}(U)$ 是一个标量输出。在 Y 为二阶随机变量的假设下,有(Cameron 和 Martin,1947)

$$Y = \sum_{i=0}^{\infty} C_i \phi_i(U) \tag{10.10}$$

式中:$\{\phi_i\}_{i \in \mathbb{N}}$ 为一组多项式基,与 U(服从均匀分布的勒让德多项式)的概率密度函数正交;C_i 为未知系数。

Blatman 和 Sudret(2010a)提出的基于最小角度回归(Least Angle Regression,

LAR)的稀疏混沌多项式展开由稀疏多项式基$\{\phi_i\}_{i\in\mathscr{A}}$构成,其中$\boldsymbol{\alpha}=[\alpha_1,\cdots,\alpha_d]$是一个多重指标用于描述作用于多项式变量$U^{(i)}$的幂指数$\alpha$,$\mathscr{A}$是一个指数$\alpha$的集合。在实践中,$\mathscr{A}$是集合$\mathscr{B}$的一个子集,集合$\mathscr{B}$包含所有指数$\alpha$直至$q$阶的集合,即$\mathrm{card}(\mathscr{B})=\dfrac{(q+d)}{q!\ d!}$。稀疏方法的目标是找到一个精确的多项式基$\{\phi_i\}_{i\in\mathscr{A}}$,使得$\mathrm{card}(\mathscr{A})\ll\mathrm{card}(\mathscr{B})$。这一目标是通过LAR实现的,即通过迭代求解均方问题并在每次迭代中选择与残差最相关的多项式(Blatman和Sudret, 2010a)来计算未知系数C_i。最后,推导得出近似为

$$Y \approx \hat{Y} = \sum_{\alpha\in\mathscr{A}} C_\alpha \phi_\alpha(\boldsymbol{U}) \tag{10.11}$$

需要注意的是,在实践中,用LAR识别未知系数需要对从输入空间取样的给定的实验设计模型$\mathscr{M}(\cdot)$进行评估。由于多项式基$\{\phi_i\}_{\alpha\in\mathscr{A}}$的正交性,可以表示为

$$\begin{cases}\mathbb{E}[\hat{Y}]=C_0\\ \mathrm{Var}[\hat{Y}]=\sum_{\alpha\in\mathscr{A}}C_\alpha^2\,\mathbb{E}[\phi_\alpha^2(\boldsymbol{U})]\end{cases} \tag{10.12}$$

式中:$\mathbb{E}[\hat{Y}]$为平均值;$\mathrm{Var}[\hat{Y}]$为输出变量$\hat{Y}$的方差。

Sudret(2008)表明混沌多项式展开被用于方差分析(Analysis of Variance, ANOVA)分解,由此可以得到变量$U^{(i)}$的一阶敏感性指数为

$$\hat{S}_i = \frac{\sum_{\alpha\in L_i}C_\alpha^2\,\mathbb{E}[\phi_\alpha^2(\boldsymbol{U})]}{\mathrm{Var}[\hat{Y}]} \tag{10.13}$$

式中:$L_i=\{\alpha\in\mathscr{A}/\forall j\neq i,\alpha_j=0\}$,即只考虑完全作用于变量$U_{(i)}$的多项式。总灵敏度指数也可计算为

$$\hat{S}_{Ti} = \frac{\sum_{\alpha\in L_i^+}C_\alpha^2\,\mathbb{E}[\phi_\alpha^2(\boldsymbol{U})]}{\mathrm{Var}[\hat{Y}]} \tag{10.14}$$

式中:$L_i^+=\{\alpha\in\mathscr{A}/\alpha_i\neq 0\}$;考虑了作用于变量$\boldsymbol{U}_{(i)}$的所有多项式(即包含了其与任何其他输入变量以任何顺序交互所引起的方差)。指数和(一阶或全阶)表征了变量之间的相互作用:如果指数和等于1,则表示不存在相互作用,即式(10.11)中给出的多个变量分解的多项式是无意义的;相反,如果总指标和大于1(即一阶指数和小于1),则输入变量之间交互作用的权重在响应总方差中不可忽略,需要更精确地研究这些交互作用。

可以注意到,由混沌多项式展开估计的灵敏度指数的准确性依赖于候选基$\mathscr{B}$中多项式的最大阶数q和用于计算方程式(10.11)中未知系数C_α的设计实验。受Dubreuil等(2014)的启发,为了量化10.6节中给出结果的鲁棒性,我们建立了以下方法。①将q的值设为3,那么$\mathrm{card}(\mathscr{B})=364$(我们记不确定参数的数量是$d=$

11)。②实验设计大小设置为400。在这400个点中,有350个点用于计算未知系数(以下记为训练集),剩下的50个点用于测试集(计算相对均方误差)。为了评估指标对训练集的鲁棒性,采用bootstrap方法(Efron,1979),即随机选择训练集和验证集,计算混沌多项式展开的未知系数,并估计相应的灵敏度指标。这些计算重复B次,从而估计每个灵敏度指标的平均值和变异系数。本次研究将B设为100。

10.6 结果

本节中,混沌多项式展开用于分析技术不确定性对混合动力飞机设计的影响。表10.2列出了飞机的顶层需求(Top Level Aircraft Requirement,TLAR):选择这个范围,是因为这是混合动力飞机相对于传统飞机仍然具有优势的极限范围。飞机载客量相当于一架空客A320飞机,使用40个发动机和4节电池。需要注意的是,由于模型是线性的,考虑1个、4个或更多的电池没有区别,但选择该组数据是考虑了电池尺寸的限制,以便将其放入货舱。

表10.2 用于衡量混合动力飞机的顶层需求

航程	1200
马赫数	0.7
载客数	150
发动机数	40
电池数	4

Sobol指标的计算考虑了关键参数:OWE,对结构重量和能耗(E_c)的影响,以及对性能的影响。由于飞机是双重能源,所以能耗是比油耗更重要的参数。如果只考虑到油耗,实际上忽略了电池的贡献。实验设计由使用LHS生成的400个点组成,并根据表10.1列出的概率模型均匀分布。

在接下来的部分中,进行2种不同的灵敏度分析:在第1个分析中,电池的几何形状是固定的,定型工具根据不同的技术调整结构质量得到了可用的飞机设计。这种分析的缺点是,电池的最终蓄电状态SoC不是0.20,因此各点不能比较,正如10.4节所述。在第2个分析中,通过改变电池几何形状以使SoC_f = 0.20(式(10.9)):在这种情况下,所有的装置充分利用了所有可用的电能,且各点均处于相同的良好供能水平。因而,各点的电气化情形相同。这些分析能够给出不同技术在非设计条件下以及将其直接集成到定型工具中的差异:对于设计师来说,后一种尤为重要,因为飞机设计问题是由不同的学科组成的,且相互之间存在耦合。

10.6.1 电池尺寸固定时的灵敏度分析

第一个分析是在保持电池尺寸固定的情况下,MDA 使所有质量分配收敛于一个可行的飞机设计方案。虽然这种方法的缺点是设计点并不处于相同的最终能量水平,但它至少可以评估哪些参数影响 SoC。表 10.3 列出了与 OWE、E_c 和 SoC_f 相关的一阶 Sobol 指数的平均值以及它们的变异系数(如 10.5.2 节所述,用 100 个重采样样本进行估计)。在平均值为零的情况下,按照惯例,σ^* 用标准差 σ 替代,星号上标表明了哪种情况下惯例是适用的(当前情况下 $\sigma=0$)。根据表 10.3 结果,OWE 主要受电池密度 ρ_b 影响,因为它影响电池重量(式(10.5)),并且占据了最大份额的结构重量。其他因素也有一定影响,但与电池密度相比,影响要小得多。电池密度也是 E_c 的主要参数,同时效率也对 E_c 起着重要作用:通过调用式(10.2)和式(10.3),可见其定义了通过能量链传递的功率,且能量与功率按时间步长直接相关。值得注意的是,效率比功率密度更重要:质量惩罚项的影响小于功率影响。最后,SoC 主要受电池比能量和密度的影响,如我们所料,结合式(10.6)和式(10.4),可以得出 SoC 是这 2 个参数(e_b 和 ρ_b)的函数。另一个显著的结果是,当相互之间的关联性小时,变异系数非常大:当 Sobol 指数很低时,实验设计强烈影响实验结果。然而,由于影响是可以忽略的,这种限制在最终的分析中并不会产生问题。最后,指标和接近于 1 表明变量之间不存在交互作用。

表 10.3 与关键参数相关的平均一阶指标以及它们的变异系数

	OWE		E_c		SoC_f	
	μ	σ^*	μ	σ^*	μ	σ^*
e_b	0.0774	0.0496	0.0681	0.2371	**0.7336**	0.0579
ρ_b	**0.5425**	0.0087	**0.2686**	0.0859	**0.2385**	0.1763
η_b	0.0344	0.0026	0.0149	0.8060	0.0014	8.739
p_{ts}	0.0902	0.0428	0.0391	0.3603	0.0016	8.033
p_g	0.0062	0.2931	0.0027	2.713	0	0*
η_g	0.0992	0.0036	0.0429	0.3468	0.0039	4.214
p_{em}	0.0594	0.0493	0.0258	0.5353	0.0013	9.179
η_{em}	0.0132	0.1603	**0.1088**	0.173	0.0015	9.920
p_{ic}	0.0236	0.1064	0.0100	1.054	0.0004	22.84
η_{ic}	0.0001	5.327	**0.3935**	0.0597	0.0004	26.50
p_{cs}	0.0482	0.0620	0.0215	0.6198	0.0011	12.70
Sum	0.9944		0.9961		0.9836	

注:固定尺寸电池的情况,最大值用粗体表示。

为了保证结果的有效性,计算了训练集上的均方误差。同计算 Sobol 指数一样,计算了 100 次重复实验的平均值和变异系数,计算结果如表 10.4 所列。由结果可知,平均值 μ 很小,而 σ^* 则要比均值大几个数量级(回想其定义便可知)。然而,均方误差的变化极限 $\mu(1 \pm \sigma^*)$ 仍在 1% 的误差范围内,所以保证了结果的有效性。

表 10.4　电池尺寸固定情况系下关键参数在训练集上均方误差均值和变异系数

	μ	σ^*
OWE	3.4×10^{-9}	8244
E_c	5.0×10^{-6}	172.3
SoC_f	3.4×10^{-4}	24.32

主要影响效果也可以直观呈现,如图 10.5~10.8 所示,显示了技术参数对 2 个关键输出 OWE 和 E_c 的影响。当存在显著效应时,这些点倾向于沿直线分布。例如,图 10.5 中出现的 OWE-ρ_b 线,当参数越重要时,设计点排列越整齐。值得注意的是,电池的能量密度 e_b 对结构重量和能量消耗没有重要影响。乍一看,这与 10.3.1 节的解释相反,但究其原因在于,电池的几何形状是固定的:电池的体积没有变化,e_b 的变化只会影响存储的能量,从而影响最终的 SoC。在 10.6.2 节中,将进行 SoC 分析。

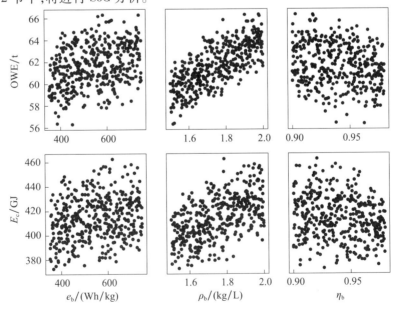

图 10.5　电池尺寸固定时电池的技术参数(能量密度 e_b,密度 ρ_b 和效率 η_b)
对 OWE 和能耗 E_c 的影响

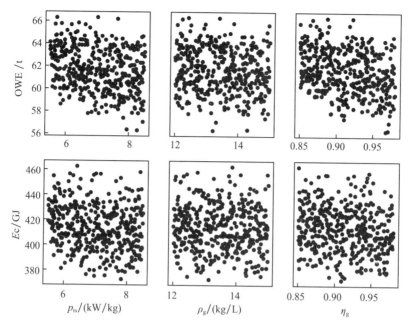

图 10.6 电池尺寸固定时涡轮轴发电机技术参数(涡轮轴发动机功率密度 p_{st}，发电机功率密度 p_g 和发电机效率 η_g)对 OWE 和能耗 E_c 的影响

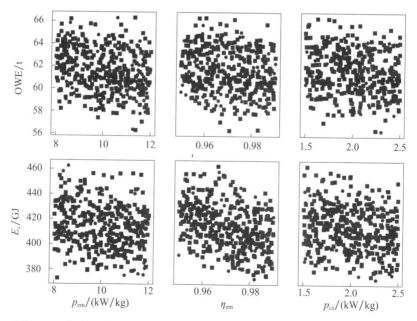

图 10.7 电池尺寸固定时电机和冷却系统技术参数(电机功率密度 p_{em}，电机效率 η_{em} 和冷却系统功率密度 p_{cs})对 OWE 和能耗 E_c 的影响

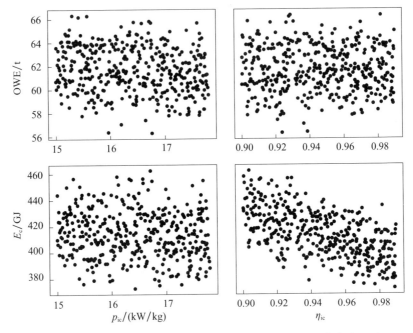

图 10.8 电池尺寸固定时转换器和变换器的技术参数(功率密度 p_{ic} 和效率 η_{ic})对 OWE 和能耗 E_c 的影响

10.6.2 电池尺寸可调时的灵敏度分析

本节介绍第二项分析,其中电池尺寸可调以匹配最终的 SoC 约束。使用与前面相同的设计实验,分析了 OWE、E_c 和电池体积 τ_b,表 10.5 列出了分析结果。很明显,在这种情况下,由于能量需求,电池的比能量密度 e_b 成为最相关的参数。在能源消耗方面,η_{ic} 也有贡献,但与比能量密度相比,相关性较小。令人惊讶的是,电池的密度在非设计分析中是主要因素(表 10.3),但当前情况下对 OWE 和 E_c 的影响为 0。将式(10.4)与式(10.9)、式(10.5)结合可以解释结果

$$m_b = \frac{1}{e_b} \frac{E_c}{1 - \mathrm{SoC_f}} \tag{10.15}$$

表 10.5 与关键参数相关的平均一阶指数以及他们的变异系数

	OWE		E_c		$\mathrm{SoC_f}$	
	μ	σ^*	μ	σ^*	μ	σ^*
e_b	**0.9240**	0.0441	**0.7160**	0.0498	**0.8012**	0.0645

续表

	OWE		E_c		SoC_f	
	μ	σ^*	μ	σ^*	μ	σ^*
ρ_b	0	0^*	0	0^*	**0.1906**	0.2441
η_b	0.0119	0.0256	0.0090	2.932	0.0008	19.14
p_{ts}	0.0141	1.949	0.0107	1.996	0.0002	36.45
p_g	0.0005	20.35	0.0004	29.54	0	0^*
η_g	0.0183	1.467	0.0145	1.688	0	0^*
p_{em}	0.0089	2.822	0.0064	3.359	0.0003	33.74
η_{em}	0.0014	10.48	0.0440	0.8123	0	0^*
p_{ic}	0.0048	4.558	0.0041	4.644	0	0^*
η_{ic}	0	0^*	**0.1819**	0.2395	0	0^*
p_{cs}	0.0125	2.099	0.0095	2.388	0	0^*
Sum	0.9964		0.9964		0.9937	

注:电池体积优化满足 $SoC_f = 0.20$ 的约束,灵敏度指数最大值用粗体表示。

因此,电池质量不依赖于其密度。不过,它对电池体积有一个次要贡献。在前面的例子中对变异系数所做的分析结论也适用于本例。此外,没有检测到变量之间的相互作用(一阶指标和几乎等于1)。

表10.6列出了训练集上与均方误差相关的数据:如前面分析的情形,均值与变异系数相比是非常小的。只要总变异系数误差在1%以下,则这个分析结果可以被认为是有效的。

表10.6 电池尺寸可调节时关键参数在训练集上的均方误差均值和变异系数

	μ	σ^*
OWE	5.7×10^{-5}	98.09
E_c	6.1×10^{-5}	91.53
τ_b	4.9×10^{-4}	31.62

这一分析表明,混合动力飞机设计是一个非常复杂的问题,不可能在非设计条件下进行技术评估,如由于新材料使用引起的减重,应该在设计过程中进行评估,否则得到误导性结论。为了完整起见,图10.9~10.12给出了每个参数对输出的影响结果图。

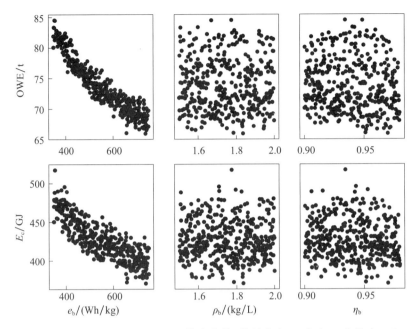

图 10.9 电池尺寸可调时电池的技术参数(能量密度 e_b,密度 ρ_b 和效率 η_b)对 OWE 和能耗 E_c 的影响

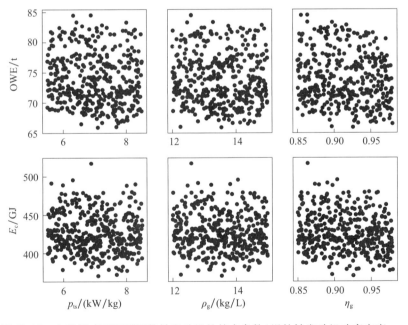

图 10.10 电池尺寸可调时涡轮轴发动机的技术参数(涡轮轴发动机功率密度 p_{st},发电机功率密度 p_g 和发电机效率 η_g)对 OWE 和能耗 E_c 的影响

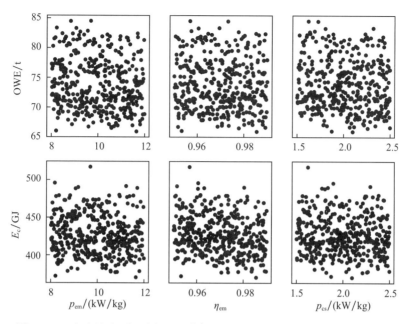

图10.11 电池尺寸可调时电机和冷却系统的技术参数(电机功率密度 p_{em}，电机效率 η_{em} 和冷却系统功率密度 p_{cs})对 OWE 和能耗 E_c 的影响

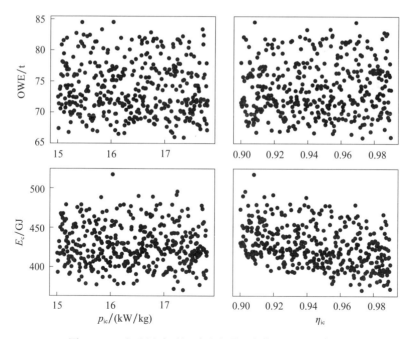

图10.12 电池尺寸可调时逆变器和变换器的技术参数
（功率密度 p_{ic} 和效率 η_{ic}）对 OWE 和能耗 E_c 的影响

总之，e_b为设计过程中最重要的参数，其对其他参数所做的每一改进都不敏感。另外，值得注意的是，e_b为一个不确定性较大的参数，如表10.1所列。在未来，为了获得更精确的设计，减少这个值的讨论范围是一个主要研究内容。

10.7 总结

航空业对混合动力飞机有很大兴趣，希望在未来几十年内减少飞机对环境的影响。目前的研究主要集中在这类非常规飞机的设计问题上。由于学科之间的强耦合，这类飞机比传统飞机更复杂。此外，与技术相关的另一个问题是：未来几十年电气元件技术参数的前景显示出许多不确定性，必须加以考虑。在本书的研究中，首次提出了采用分布式电动管道风扇的大型客机EIS2035，以及可能采用的推进链结构和电气部件模型。这些概念已用于灵敏度分析，以评估未来技术对设计过程的影响。采用的定型工具是FAST，这是一个用于多学科初步设计的飞机定型工具，考虑了所有的关键学科，并在10.4节中进行了描述。用于灵敏度分析的方法是混沌多项式展开，见10.5节。为了评估不确定性，假设每个组件具有相同的平均值和方差（即没有制造误差）。设计空间选取考虑了先前所选技术的未来不确定性。本书研究了两个不同的问题：①技术只影响质量，但电池几何形状保持不变；②迭代地改变电池的体积，以消耗允许的最大能量，并使所有点处于相同的能量水平。比较这两个问题的结果可以发现，不可能在定型环之外（在非设计条件下）考虑技术，因为结果可能具有误导性：从第1个问题的分析来看，实际上电池密度是最需要关注的重要参数，但当电池尺寸可调整时，电池密度的影响为零，而比能量密度是重要的影响参数。这也是一种简化分析，即只改变其中一个设计变量，并使用一个约束：在这种情况下存在解析解。但是，飞机设计受到多个约束（认证、飞行限制等），并且一般所有几何尺寸参数都是设计变量。无论如何，本章的分析表明处理非常规飞机设计问题并给出合理的设计结果有多复杂。另外，设计主要受电池的比能量密度的影响：这个参数实际上存在较大的不确定性。未来几年的重点应该是减少这个变量的不确定性，否则在其他电子元件上的任何创新都是无用的——因为定型总是会受到电池技术参数90%以上的影响。

参考文献

Anton, F. (2017). High – output motor technology for hybrid – electric aircraft. Cologne, Germany. eAircraft Electric & Hybrid Aerospace Technology Symposium.

Belleville, M. (2015). Simple hybrid propulsion model for hybrid aircraft design space exploration. pages 1 – 4, Toulouse, France. MEA – More Electric Aircraft conference.

Blatman, G. and Sudret, B. (2010a). Adaptive sparse polynomial chaos expansion based on least angle regression. *Journal of Computational Physics*, 230(6):2345 – 2367.

Blatman, G. and Sudret, B. (2010b). Efficient computational of global sensitivity indices using sparse polynomial chaos expansions. *Reliability Engineering & System Safety*, 95(11):1216 – 1229.

Bohari, B., Borlon, A., Mendoza Santos, P. B., Sgueglia, A., Benard, E., Bronz, M., and Defoort, S. (2018). Conceptual design of distributed propellers aircraft: Non – linear aerodynamic model verification of propeller – wing interaction in high – lift configuration. In *AIAA SciTech Forum, Kissimmee, FL, USA*.

Bradley, M. K. and Droney, C. K. (2015). Subsonic ultra green aircraft research: Phase II – volume II – hybrid electric design exploration. In *NASA report NASA/CR – 2015 – 218704/Volume II*.

Brelje, B. J. and Martins, J. R. R. A. (2018). Electric, hybrid, and turboelectric fixed – wing aircraft: A review of concepts, models, and design approaches. *Progress in Aerospace Sciences*.

Cameron, R. H. and Martin, W. T. (1947). The orthogonal development of non – linear functionals in series of Fourier – Hermite functionals. *Annals of Mathematics*, 48(2):385 – 392.

Cinar, G., Mavris, D. N., Emeneth, M., Schneegans, A., Riediger, C., Fefermann, Y., and Isikveren, A. (2017). Development of a parametric power generation and distribution subsystem models at conceptual aircraft design stage. In *55th AIAA Aerospace Sciences Meeting, Grapevine, TX, USA*.

Collier, F. and Wahls, R. (2016). ARMD Strategic Thrust 3: Ultra – efficient Commercial Vehicles Subsonic Transport. In *Aeronautics R&T Roundtable, Washington, DC, USA*.

Delhaye, J. (2015). Electrical technologies for aviation of the future. In *Hybrid Electric Propulsion – Europe – Japan Symposium, Tokyo Japan*.

Dubreuil, S., Bervellier, M., Petitjean, F., and Salaün, M. (2014). Construction of bootstrap confidence intervals on sensitivity indices computed by polynomial chaos expansion. *Reliability Engineering & System Safety*, 121(Supplement C):263 – 275.

Efron, B. (1979). Bootstrap methods: Another look at the jackknife. *The Annals of Statistics*, 7(1):1 – 26.

Fraunhofer(2011). Technology roadmap energy storage for electric mobility 2030.

Friedrich, C. and Robertson, P. (2015). Hybrid – electric propulsion for aircraft. *Journal of Aircraft*, 52(11):176 – 189.

Hepperle, M. (2012). Electric flight – potential and limitations. Braunschweig. Technical report, NATO.

Kirner, R. (2015). *An Investigation into the Benefits of Distributed Propulsion on Advanced Aircraft Configurations*. PhD thesis, Cranfield University.

Lambe, A. B. and Martins, J. R. R. A. (2012). Extensions to the design structure matrix for the description of multidisciplinary design analysis and optimization processes. *Structural and Multidis-*

ciplinary Design Optimization, 46(2):273 – 284.

Liebeck, R. H. (2004). Design of the blended wing – body subsonic transport. *Journal of Aircraft*, 41(1):10 – 25.

Lowry, J. and Larminie, J. (2012). *Electric Vehicle Technology Explained*. John Wiley & Sons, 2 edition.

Pornet, C., Seitz, A., Isikveren, A. T., and Hornung, M. (2014). Methodology for sizing and performance assessment of hybrid energy aircraft. *Journal of Aircraft*, 52(1):341 – 352.

Schmollgruber, P., Bartoli, N., Bedouet, J., Benard, E., and Gourinat, Y. (2018). Improvement of the aircraft design process for air traffic management evaluations. In *AIAA SciTech Forum*, Kissimmee, FL, USA.

Schmollgruber, P., Bedouet, J., Sgueglia, A., Defoort, S., Lafage, R., Bartoli, N., Gourinat, Y., and Benard, E. (2017). Use of a certification constraints module for aircraft design activities. In *AIAA Aviation Forum*, Denver, CO, USA.

Seresinhe, R. and Lawson, C. (2014). Electrical load – sizing methodology to aid conceptual and preliminary design of large commercial aircraft. *Journal of Aerospace Engineering*, 229(3):445 – 466.

Sgueglia, A., Schmollgruber, P., Bartoli, N., Atinault, O., Benard, N., and Morlier, J. (2018a). Exploration and sizing of a large passenger aircraft with distributed electric ducted fans. In *AIAA SciTech Forum*, Kissimmee, FL, USA.

Sgueglia, A., Schmollgruber, P., Benard, E., Bartoli, N., and Morlier, J. (2018b). Preliminary sizing of a medium range blended wing – body using a multidisciplinary design analysis approach. volume 233. MATEC Web of Conferences.

Sobol, I. M. (1993). Sensitivity estimated for nonlinear mathematical models. *Mathematical modelling and computational experiments*, 1(4):407 – 414.

Sudret, B. (2008). Global sensitivity analysis using polynomial chaos expansions. *Reliability Engineering & System Safety*, 93(7):964 – 979.

Tremblay, O. and Dessaint, L. – A. (2009). Experimental validation of a battery dynamic model for EV applications. *World Electric Vehicle Journal*, 3:289 – 298.

Visse, W. P. J. and Broomhead, M. J. (2000). GSP: A generic object – oriented gas turbine simulation environment. NLR, NLR – TP – 2000 – 267.

第11章 翼身融合体设计

11.1 简介

长远来看,商业航空运输业必须承担起降低燃油消耗成本的巨大挑战,并同时减少全球航空运输带来的环境污染。如果实现这2个目标,需要减少燃料消耗、污染物排放(特别是二氧化碳和氮氧化合物排放),以及噪声。

欧洲航空研究高级小组于2011年撰写了《2050欧洲航空愿景》(欧洲委员会),提出到2050年之前减少二氧化碳、氮氧化物和可感知的飞机噪声排放。

以上几个宏伟目标可以通过单独部署或是整合几种解决途径来实现。①随着新技术采用,可以提升飞机性能。例如,新型推进系统架构,更轻盈的结构或新的空气动力装置都可以集成在一起。②改进飞机的外形也可以提升其自身性能:可以用替代方案代替当前的筒体-机翼构形(T&W)。③商业航空运输飞行程序的改进也可以提高飞机效率。

在这些解决方案中,替换架构配置展现了巨大的潜在优势,而翼身融合体(Blendend Wing Body,BWB)似乎是最有前景的方案之一(Liebeck,2004;Nickol,2012)。相比当前的T&W配置,BWB配置有更好的空气动力性能,且在执行相同任务时,飞机整体起飞重量更小;执行相同的任务所需燃料更少(Liebeck,2004;Nickol,2012;Greitzer等,2010)。

此外,BWB配置可以将推进系统集成到机翼中央机身上表面,并在后翼侧提供广阔的遮掩区域(Liebeck,2004;Nickol,2012;Greitzer等,2010;Yang等,2018)。这有助于减少推进系统的噪声。

由于这种用于商业航空运输的航空器还未成熟,不论是学科模型还是未来任务假设都有很多不确定性。本章在BWB多学科设计过程中运用不确定性量化(Uncertainty Quantification,UQ)方法。进行两种类型的不确定性分析:多学科耦合过程中的蒙特卡罗不确定性传播以及使用Sobol指标的灵敏度分析。

本章安排如下:11.2节提供了BWB概念的一般描述;11.3节介绍了相互耦合的多学科过程和所有的学科模块;11.4节着重讨论了不确定性分析;11.5节介绍了未来的工作。

11.2 BWB 作为商业航空运输飞机的替代方案

BWB 是对商业航空运输中飞翼概念的升级。对于 BWB 和飞翼,主要原理是飞机整体机身为单翼,也是提供飞机升力的唯一部分。机翼成为整体的主要部分,飞机上所需的所有其他子系统,如发动机、客舱、货舱、操纵面等都集成在机翼内。在商业航空运输应用中,机翼厚度受限于客舱必须能容许乘客站立的约束,这就导致厚翼型中部包含了加压部分。这种几何形状与单纯飞翼略有不同,称为翼身融合体。图 11.1 给出了典型的 BWB 整体机身及内部布局(客舱、货舱、油箱、起落架等)。

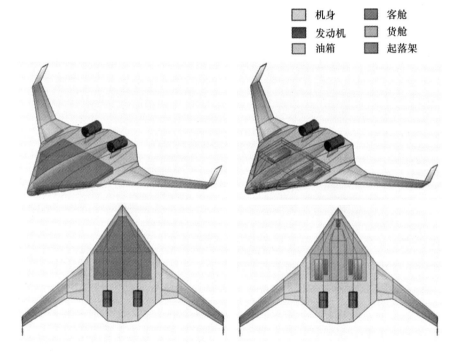

图 11.1　典型的 BWB 整体机身及内部布局

机翼集成了所有子系统及其子系统之间的强耦合作用。这些相互作用在传统的 T&W 配置中是不存在的,其中每个子系统都受到一个专用几何部件的影响:机翼、承受压力的机身,控制面机翼等。例如,BWB 机翼中央部分的气动力只受压部分主要结构影响。这意味着,机翼中央部分的设计必须考虑到气动翼型和受压部分主要结构尺寸的耦合。另一个需要说明的是与机翼结合的 BWB 控制面,机翼几何形状的每次修改都会直接影响控制面形状和位置,以及整体控制和操控性能。

BWB飞机设计和优化本质上需要同时考虑多个学科。MDAO方法和工具是应对这种挑战的最佳手段。多学科方法允许考虑到学科间耦合,并评估每个子系统对彼此的影响。

11.3 BWB配置的MDA

为了解决BWB配置的设计和优化问题,已经开发了一个具有5个学科模块的专用MDA流程(Gauvrit – Ledogar等,2018):

(1)几何。

(2)推进。

(3)结构。

(4)空气动力。

(5)航空任务。

图11.2给出了用XDSM图表示的专用于BWB配置的MDA过程(Lambe和Martins,2011)。11.3.1节开始对MDA过程中的每个学科模块进行描述。

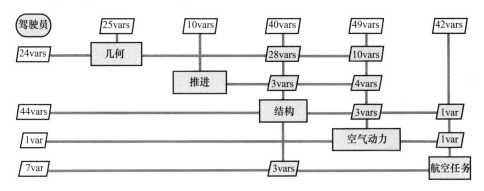

图11.2 专用于BWB配置的MDA过程XDSM图

11.3.1 几何模块

几何模块提供了描述BWB配置所需的所有几何数据,这些几何数据是基于BWB整体机身和内部布局的参数化表达。参数化开发的目的是能够支持BWB拓扑变化下多种设计方案的建模,它涉及机身、客舱、货舱、发动机、油箱、起落架和控制面。图11.3给出了机翼机身的一些几何参数平面图(俯视图),共包含108个参数,分解如图11.4所示。

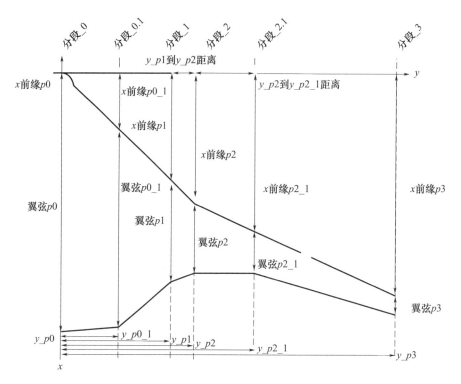

图 11.3 翼身机身平面几何参数提取(俯视图)

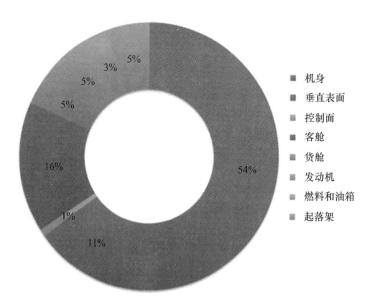

图 11.4 BWB 结构几何参数化分解(变量总数:108)(见彩图)

几何模块整体基于3个内部子模块。第1个子模块执行由客舱和货舱构成的受压部分的尺寸确定。客舱整体设计以满足乘客数量和内部客舱舱室数量方面任务有效载荷要求。客舱内部规定采用传统商业航空运输机驾驶舱、座椅、过道、卫生间的客舱尺寸、厨房等计算。此外,客舱内部布局制定采用由欧洲航空安全局(European Aviation Safety Agency,EASA)提供的适用于大型飞机的现有认证规范 CS-25(EASA,2014)。考虑到乘客紧急疏散需求,这些规范为门的尺寸和位置设置提供了指导。图11.5 给出了 BWB 几何模块提供的客舱内部布局结果。

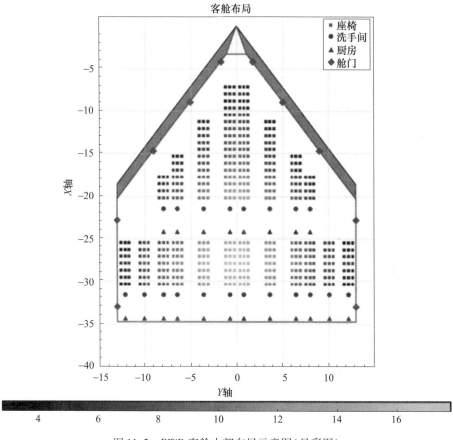

图 11.5　BWB 客舱内部布局示意图(见彩图)

与传统的 T&W 客舱相比,BWB 客舱整体几何形状和内部布局极大程度取决于机翼中部前缘后掠角。图11.6 给出了相同数量乘客的2个客舱之间前缘后掠角的差异,分别为40°和60°。

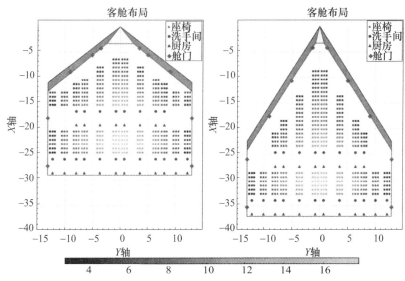

图 11.6 BWB 机翼中央机身前缘不同后掠角时客舱内部布局对比：
40°（左）和 60°（右）（见彩图）

货舱整体规格以满足标准集装箱和台面数量、总体积以及总存货量的有效任务载荷需求计算。对于客舱，货舱容量根据传统的商业航空运输飞机货舱布局和尺寸来计算。图 11.7 给出了由几何模块提供的 BWB 货舱内部布局。

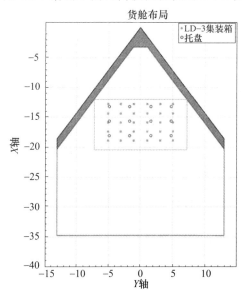

图 11.7 BWB 货舱内部标准 96inch 托盘和 LD-3 集装箱布局图[①]（见彩图）

① 1inch = 0.0254m。

执行加压部件定型的子模块是一组 Python 代码，其包含了含有客舱和货舱内部布局和尺寸定义的解析公式。

第 2 个子模块用于执行提供给其他学科模块所需的所有输入的几何变换（主要是结构和空气动力模块）。这个子模块是一组 Python 代码，包含了执行将几何数据转化为其他学科适当形式输入的解析公式。

第 3 个子模块收集所有几何数据并自动创建待设计飞机的 OpenVSP3D 视图(Fredericks 等,2010)。这个 OpenVSP 3D 视图由收集到的所有几何数据的描述文件输入 OpenVSP 软件生成，其提供了一个生成的可视化的 BWB 整体机身和内部布局，如图 11.1 所示。

几何模块的输入和输出总结如图 11.8 所示。

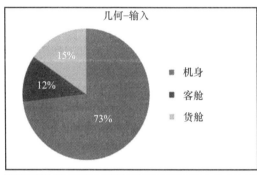

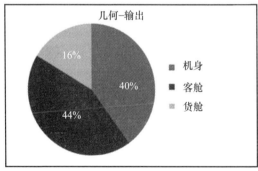

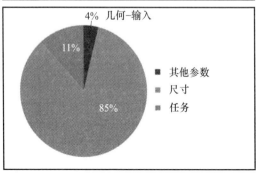

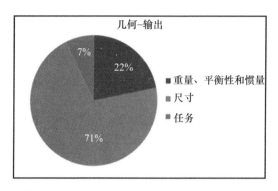

图 11.8　几何模块输入输出分类:25 个输入变量和 55 个输出变量(见彩图)

11.3.2　推进模块

推进模块在飞机的预期飞行域内计算发动机整体性能,以马赫数、海拔高度和发动机燃烧室温度 T5 来表示。T5 也可以被同化为节气门。为了评估一个发动机的运行状况,推进模块通过内部组件(压缩机、燃烧室、涡轮机等)计算涡轮的热力循环。图 11.9 给出了典型涡扇发动机推进模块热力循环分解结果。

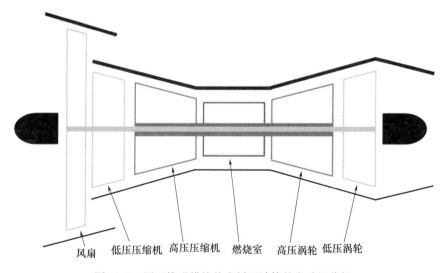

图 11.9　用于推进模块热力循环计算的发动机分解

推进模块提供的结果基于现有的同类发动机来验证。针对本书的应用,采用 GE-90 85B(EASA,2017)作为参考发动机。该发动机是一款用于现役飞机的常见发动机,其众多特性和性能数据都已知。

推进模块提供了一个在预期马赫数、飞行高度和 T5 范围内飞行时用推力和燃料消耗表征的性能表。图 11.10 给出了典型的性能数据。

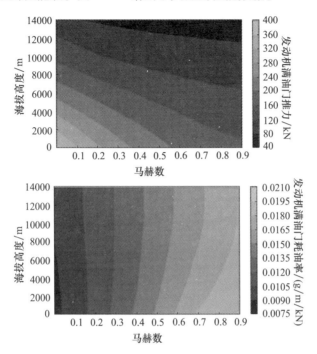

图 11.10　推进模块提供的典型推力和消耗面示意图(见彩图)

除了性能结果之外,推进模块还提供了对发动机的重量和尺寸的估算。

推进模块采用 Python 代码,包含了发动机热力循环计算、重量和尺寸评估的解析公式。它的输入和输出如图 11.11 所示。

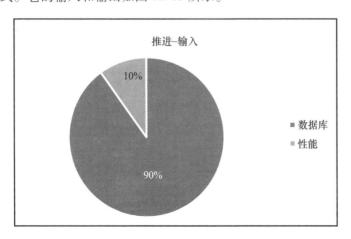

361

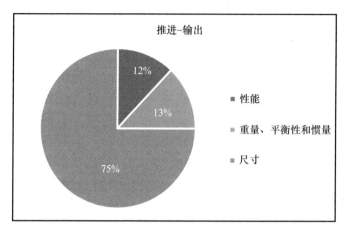

图 11.11　推进模块输入输出分类:10 个输入变量和 7 个输出变量(见彩图)

11.3.3　结构模块

结构模块评估飞机质量分解、平衡能力和惯量。为了获得这些结果,它遵循 2 个计算步骤。首先,它采用专家统计法开展结构分析,并进行飞机结构尺寸初步设计。然后,结合专家规则和统计模型评估所有子系统的重量。考虑的重量描述如下:

(1)营运空重(Operational Empty Weight,OEW)。OEW 是构成飞机的每个结构和子系统项目重量的累加,包括执行任务所需的附加项目(乘客住宿等)。

(2)有效载荷重量(Payload Weight,PW)。在商业航空运输飞机的背景下,PW 代表乘客的重量,包括他们携带的行李重量。

(3)燃料重量(Fuel Weight,FW)。FW 是完全执行飞机任务需要的燃油重量。FW 由执行标称任务所需的重量和在绕飞或滞空情况下添加的燃油储备(考虑到潜在的着陆许可前的等待时间)。

(4)零燃料重量(Zero Fuel Weight,ZFW)。ZFW 表示没有燃料的飞机重量。它是 OEW 和 PW 的结合,即

$$ZFW = OEW + PW$$

(5)起飞重量(Take-Off Weight,TOW)。TOW 指的是飞机起飞时的重量。这是 OEW、PW、FW 组合的结果,即

$$TOW = OEW + PW + FW = ZFW + FW$$

根据任务和有效载荷要求确定飞机结构尺寸,以确定其起飞时最大可能重量,称为 MTOW。对于营运飞机,MTOW 代表必须证明的符合适航标准认证的最大重量。

(6)着陆重量(Landing Weight,LW)。LW 是飞机在完成其标称飞行任务后着陆时的重量。这是 OEW、PW 和备用燃料重量(RFW)组合的结果,即

$$LW = OEW + PW + RFW = ZFW + RFW$$

前面提到的飞机结构尺寸也决定了着陆时的最大可能重量,称为最大着陆重量(Maximal Landing Weight,MLW)。MLW 用于确定起落架的尺寸。

首先,结构模块对对飞机机械强度起作用的主要结构进行初步设计。对于机翼的外部,主要结构由翼盒构成,以前缘和机后缘横梁为界,结构性元素有肋、纵梁等。对于翼身的中央部分,主要结构由客舱和货舱构成的受压部分组成。图 11.12 给出了 BWB 的几何结构,其中突出显示了主要结构。

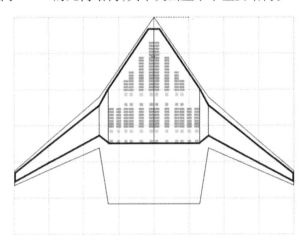

图 11.12　由结构模块定义的 BWB 主结构

主要结构使用参数化的有限元模型(Finite Element Model,FEM)定义。它使用由几何模块提供的几何输入(翼身外部尺寸、客舱和货舱尺寸)对每个子模块(下、上表面蒙皮、翼梁、肋和纵梁)建模。

主要结构根据特定载荷情况确定尺寸。这些载荷工况根据飞机预期的飞行域和飞行过程中的关注点来定义。一方面,典型的飞机载荷情况(机动、阵风等)也适用于大型飞机 CS-25(EASA,2014)的认证规范;另一方面,还与为客舱和货舱增压所做努力相关。为了识别设计工况(即考虑到的最恶劣的负载工况),评估了几种不同载荷和重量配置的工况。这些配置与控制面偏转相关,而重量涉及几种不同工况下的燃料填充,对应于整个任务中的几个关键点:ZFW、MLW 和 MTOW。

一旦确定了主要结构尺寸,就能估计其重量、平衡性和惯量。其约束了机翼中心部位气动翼型设计,必须环绕主要结构布置。然后,结构模块评估了飞机上

所有其他子系统(起落架、发动机塔架、动力装置、系统、陈设、操作员物品重量等)的重量、平衡性和惯量,但不参与结构设计。为了评估这些子系统,结构模块使用了现有飞机的参考数据或统计公式。

结构模块提供了整个飞机重量、平衡性和惯量估计,及其典型项目分解(结构、动力单元、系统、陈设、有效载荷等)。为飞机总体提供的重量、平衡和惯性估计涉及整个任务中几个关键点的燃料填充(ZFW、MLW、MTOW 等)。

结构模块是一个 Fortran 代码。其输入和输出汇总如图 11.13 所示。图 11.14 给出了利用结构模块得到的长程 BWB 质量分解典型结果。

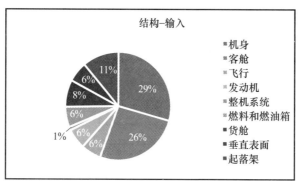

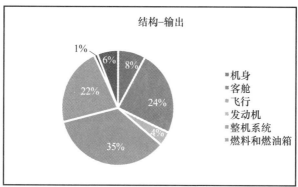

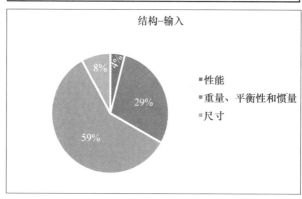

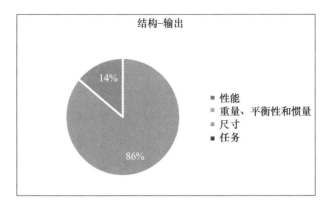

图 11.13 结构模块输入输出分类：71 个输入变量和 48 个输出变量（见彩图）

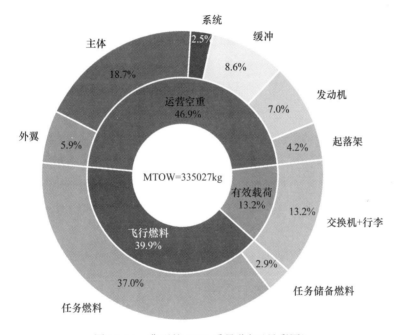

图 11.14 典型的 BWB 质量分解（见彩图）

11.3.4 空气动力模块

空气动力模块计算飞行器在期望飞行域内的气动特性，以马赫数和高度表示。

在飞机几何描述和翼型性能定义的基础上，空气动力模块计算飞机的气动性能。性能由升力系数 C_L 和其函数表达式中的阻力系数 C_D 描述。考虑的升力分布遵循整个翼展具有椭圆形载荷分布的典型假设。同时，空气动力模块还能够考虑机翼、机身、襟翼、尾翼和舱室等几何子系统的阻力效应。阻力被分解成几个阻力因素，即诱导阻力、压差阻力、摩擦阻力、激波阻力和干扰阻力。本书采用这样的简化模块，在不考虑任何控制面偏转的情况下进行气动性能评估。

空气动力模块生成了总 C_D 和详细的马赫数、高度和 C_L 列表。图 11.15 给出了 3 种不同海拔高度的总 C_D 值随马赫数和 C_L 的变化情况。

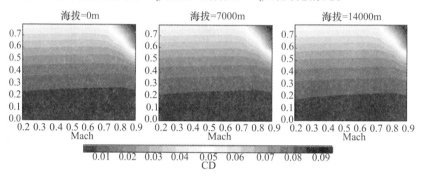

图 11.15　空气动力学模块提供关于马赫数的总 C_D 和 C_L 的评估结果（见彩图）

空气动力模块是用 Fortran 语言开发的，包含了升力和阻力系数的分析和统计公式（Lowry 和 Polhamus，1957；Raymer，2012；Nita 和 Scholz，2012；Gur 等，2010；Nita，2012；Torenbeek，2013；Haftmann 等，1988）。图 11.16 给出了气动模块的输入和输出。

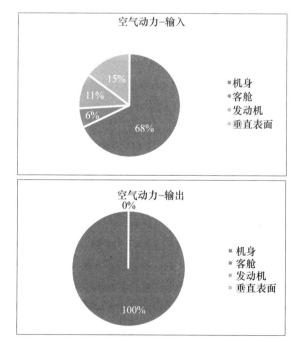

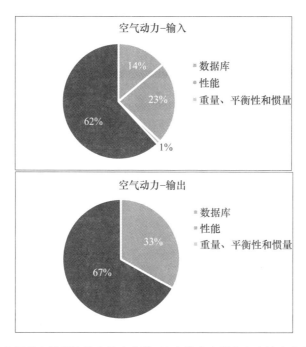

图 11.16 空气动力学模块输入输出分类:66 个输入变量和 3 个输出变量(见彩图)

11.3.5 任务模块

任务模块通过任务计算飞机的性能并评估所需的燃油重量。

任务模块将任务分解为几个阶段:起飞、爬升、巡航、下降和着陆。任务模块还考虑了评估燃油储备的额外分段:转移、滞空等。图 11.17 给出了任务模块建模的典型飞机任务分解。

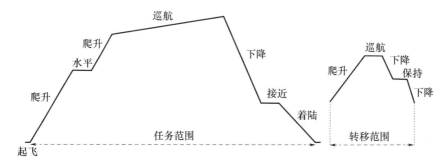

图 11.17 任务模块建模的典型飞机任务分解

对于每一个飞行阶段,任务模块利用推进和空气动力学模块分别提供的推进和空气动力学数据库,通过求解飞行力学微分方程组来计算飞行器轨迹。任务模块根据 MTOW 代表的飞机初始最大重量计算飞机轨迹,并根据结构模块提供的质量分解进行评估。

计算分段任务时考虑了适用于大型飞机的认证规范 CS-25(EASA,2014)对飞机性能的约束。这些约束涉及起飞和爬升段时的最低性能要求,包括一个(或多个)发动机失效和极限机动的情况。

任务模块提供了实现目标所需的总 FW 和描述整个任务中所有飞机状态的向量(时间、飞行距离、高度、速度、所需推力、油耗等)。如上所述,总 FW 由执行标称任务所需的燃料重量及转移和滞空段所需的备用燃料重量组成。

任务模块采用 Fortran 语言开发。其输入和输出汇总如图 11.18 所示。

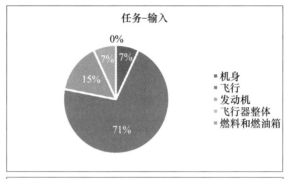

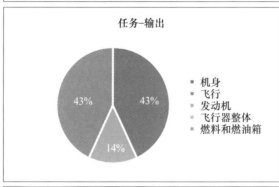

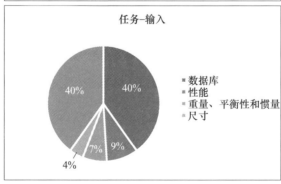

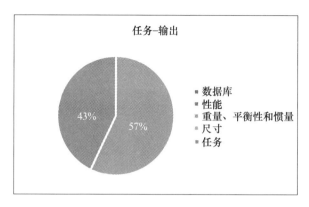

图 11.18　任务模块输入输出分类:44 个输入变量和 10 个输出变量(见彩图)

11.3.6　多学科分析过程

1)变量

MDA 过程,如图 11.2 所示,在 OpenMDAO 框架内执行(Gray 等,2010)。这个过程共处理 133 个系统变量,可分为以下几个类型:

(1)飞机 TLAR 变量。

(2)模型参数。

(3)设计变量。

TLAR 变量表示飞机任务需求,通常针对给定的优化问题固化处理。图 11.19 给出了所考虑的 TLAR 变量。模型参数是调整学科模块所需的输入。图 11.20 给出了作为模型参数考虑的变量。设计变量是描述飞机的变量。图 11.21 给出了被视为设计变量的变量。

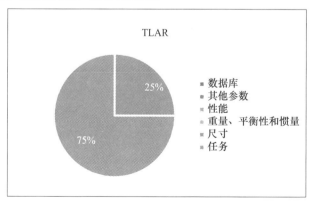

图 11.19　TLAR 类变量(变量数量:8)(见彩图)

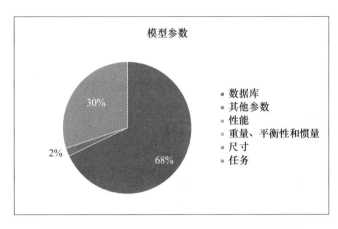

图 11.20　模型参数类变量(变量数量:53)(见彩图)

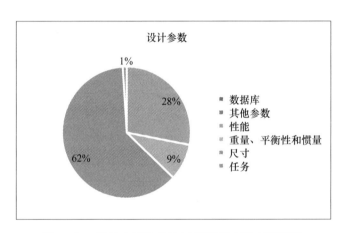

图 11.21　设计变量类变量(变量数量:72)(见彩图)

2)学科耦合

BWB MDA 包含了典型飞机设计过程中重量估计和任务分析之间的学科耦合。通过结构模块和任务模块之间的循环建模,其流程内部表现如图 11.22 所示。这个循环涉及 3 个变量,它们是 MTOW、任务燃料重量和备用燃料重量。

结构模块和任务模块分别考虑的飞机重量的一致性是通过在流程顶层引入 FPI 以使 MTOW 和 FW(即任务燃料重量和储备燃料重量)收敛性来保证的(见第 1 章 FPI)。FPI 有助于找到 MTOW 和 FW 的平衡重量设计点。图 11.23 展示了这个循环。

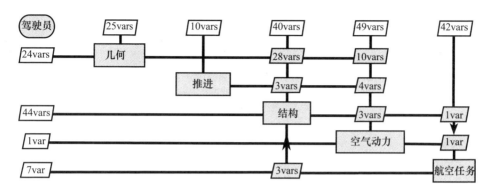

图 11.22 结构模块和任务模块之间的循环

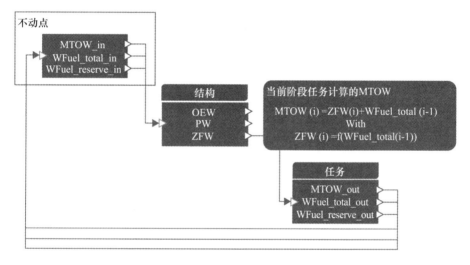

图 11.23 求解飞机重量收敛问题的 FPI 环路

如结构模块中解释的一样,为了识别设计案例,结构模块计算了几种飞机重量(ZFW、MLW、MTOW)的主要结构载荷工况以区分设计过程。在 FPI 的第 i 次迭代中,这些重量的计算使用了结构模块 MDA 中前一次,即第 $i-1$ 次 FPI 迭代评估的 ZFW 和任务模块 MDA 中的第 $i-1$ 次 FPI 迭代提供的 FW。因此,结构模块提供了对应于 ZFW 的第 i 次 FPI 迭代更新估计,然后将其用作任务模块的输入。任务模块将在上一次,第 $i-1$ 次 FPI 迭代中评估的 FW 与新获得的 ZFW 相加得到由 MTOW 表示的飞机最大初始重量。

结构和任务模块之间的交互是飞机设计过程中的典型交互,其中结构尺寸和相关重量的估算必须与飞行任务和所需的燃料重量一致。

对于机翼的中央部分,加压部分周围,主要结构直接影响飞机的整体空气动力性能。机翼中央部分的翼型形状必须考虑增压部分周围的主要结构几何形状,这会直接影响飞机的空气动力表现。结构尺寸和空气动力学性能之间的这种相互作用性能是 BWB 配置的典型特性。这在传统 T&W 构型飞机设计中并不存在,其机翼的动力学特性不依赖于加压部分(降级为机身)的主要结构尺寸。这种交互通过结构和空气动力学模块之间的耦合在 BWB MDA 过程中进行了描述,如图 11.24 所示。

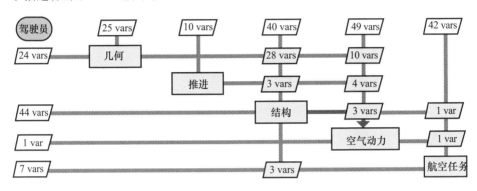

图 11.24 结构与空气动力学模块交互

11.3.7 应用与长途飞行的翼身融合体飞机

上述过程用于设计长途商业运输 BWB 飞机。对于这种构型,表 11.1 中详细列出了 TLAR。这些顶层需求基于 2018 年 2 月投入使用的 A350 – 1000(Airbus,2014a、b)提出。

表 11.1 长途商业运输 BWB 飞机的 TLAR

有效载荷	座位数	440
	货仓体积/m^3	11.3
	客舱体积/m^3	208
	LD3 集装箱数量	44
	托盘数量	14
飞行任务	距离/km	14800

11.4 BWB 突破性配置的不确定性

只有在经济和环境方面的预期收益足够且可信的情况下,才有可能放弃现有的 T&W 配置而采用 BWB 配置。在当前状况下,航空工业以 T&W 构型展开工作,并正受益于几十年来对其设计和运营的反馈。航空工业围绕这一概念,并围绕其开发和利用链条进行组织:飞机设计制造、机场地面设施、空中交通管理、旅客住宿等进行产业细分。像 BWB 这样的不同几何构型飞机的加入可以极大地改变系统生态。因此,从 T&W 到 BWB 配置的改变必须有值得改变的收益。

目前,尚未有用于商业航空运输任务的 BWB 的制造和运营。过去或现在,只有用作远程轰炸机的飞翼飞机,如诺斯罗普·格鲁曼公司的 B-2(Holder, 1998)和达索航空的 UCAV 示威者。因此,实际反馈有限的情况下,商业航空运输 BWB 的预期优势只能来自数值仿真和模拟结果。

11.4.1 不确定性描述

1) 模型不确定性

关于本章所述的商业航空运输任务,最引人关注的量是 MTOW 的评估和 FW 的评估。

在集成众多学科的复杂设计过程中,模型不确定性对这 2 个性能结果的影响至关重要。针对 BWB 的多学科设计过程使得不确定性从一个模型(由近似或简化产生)到对整体过程结果的影响难以评估。为了确定模型不确定性对最终 BWB 性能结果的影响,使用不确定性传播方法显然是首要任务。许多变量会影响 MTOW 和 FW。其中,根据专家经验选取了以下变量:

(1) 估计的飞机重量,表示为营运空重(OEW)。

(2) 估计的油耗。

(3) 机翼和中央体的厚度比。

营运空重散布规律。作为结构模块的输出,OEW 精度与主结构和相关子系统重量评估的模型性能相关。一方面,主要结构重量评估与 FEM 的准确性和集成到 FEM 的精细程度密切相关。另一方面,子系统重量的评估也与所用参考数据的代表性或结构模块中使用的统计公式有关。这些公式是以现有 T&W 构型的飞机为基础的,对于未来的 BWB 飞机,可能略有不同。

由于重量对飞机性能的影响很大,OEW 错误估计对最终 MTOW 和 FW 结果的影响非常重要。新飞机的研发,即使是现有的 T&W 配置,通常也会低估其有效重量。因此,可能的 OEW 高于计算值。基于专家经验,用结构模块提供的 OEW 标称输出上方 0 ~ +10% 之间的均匀分布来建模 OEW 不确定性散布特征,如图 11.25 所示。在任务模块输入,OEW 是影响远程任务飞机性能评估的首要因素。

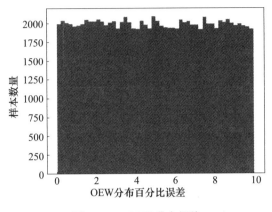

图 11.25 OEW 分布规律

燃料消耗散布规律。燃料消耗由推进模块通过参考发动机的热力学循环建模估算。这种热力循环模型存在一些不确定性，可能导致对发动机性能的错误估计。如推进模块中所做的说明，热力循环是基于 GE-90 85B 参考发动机的。在 MDA 过程中，由专家经验确定的系数 1.45 应用于推进模块提供的整个油耗数据库，以使建模的发动机适应本章考虑的飞机类别。

燃料消耗的不确定性可能导致实现任务所需的燃料总重量估计错误。因此，评估油耗误估对最终 MTOW 和 FW 的影响是有用的。根据专家经验，在名义油耗系数模型参数周围，采用 $-5\% \sim +5\%$ 之间的均匀分布规律对油耗系数偏差进行建模，如图 11.26 所示。作为任务模块输入，燃油消耗系数直接影响推进模块为飞机性能评估提供的燃油消耗值。

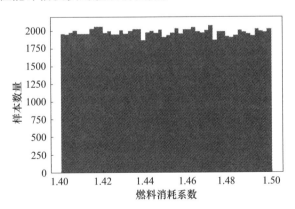

图 11.26 燃油消耗系数分布规律

机翼中心体厚度比散布规律。对于给定的机翼展向剖面，厚度比表示翼型对其弦杆的最大垂直厚度。机翼中心体整体几何形状主要由纵截面的厚度比驱动。

该部分由前面描述的 BWB 几何参数化中的第 0 段截面表示,如图 11.27 所示。

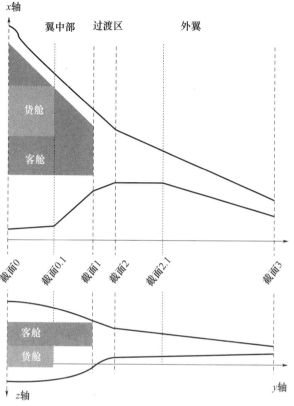

图 11.27 BWB 截面定义

第 0 段截面翼型在加压部分和相关的主要结构周围定义。在垂向平面图中,翼型的厚度同时受到客舱和货舱高度的约束,如图 11.27 所示。因此,第 0 段截面翼型的厚度是整个机翼中心体的最高厚度。同样,在平面图中,翼型的长度受客舱最大长度的约束,同时在增压部分的后部增加发动机和控制面的长度。由于第 0 段截面翼型的长度是整个机翼中央体中最长的。因此,所有机翼中心体都受到第 0 段截面翼型定义特别是其厚度比的影响。

在目前的 MDA 过程中,厚度比被认为是一个设计变量,可以在不做任何修改的情况下直接在设计过程中展开。特别地,给定设计值直接反馈到空气动力模块进行飞机整体气动性能评估,尤其是升阻比的评估。本章描述 MDA 过程的一个预期是对整个机翼中心体展向的翼型进行局部优化。在此背景下,第 0 段截面的厚度比更多地作为相关截面翼型优化的要求。受第 0 段截面影响的众多子系统(增压部件的几何定义、主要结构尺寸、操纵品质约束等)导致了关联约束下翼型的复杂优化问题。因此,经过局部优化的最终厚度比可能与要求的数值存在微小的差异。

由于截面厚度对飞机气动性能的影响,评估第 0 段截面厚度比散布特征对最终 MTOW 和 FW 影响是富有成效的。根据专家经验,散布特征采用一个由第 0 段截面的平均名义厚度比(0.15)和标准差(0.01)定义的正态分布建模,如图 11.28 所示。第 0 段截面的厚度比会影响并作为外形模块、空气动力模块和结构模块等学科的输入。

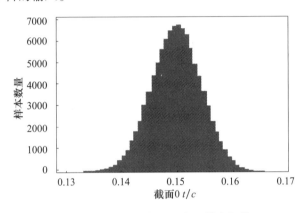

图 11.28 第 0 段截面厚度比散布规律

2) 任务假设变化

在本章提出的 MDA 过程中,基于当前 T&W 配置飞机执行的典型任务假设,对 BWB 飞机总体性能进行了评估,如表 11.1 所列。因此,任务 TLAR 和参数均是基于当前典型的长途任务。但是,在突破性 BWB 配置的背景下,典型的长航程任务可能会有所不同,并有自己的最优飞行条件。因此,评估主要任务 TLAR 和参数对飞机总体特性和性能的影响也变得重要。在任务 TLAR 和参数中,选择了以下变量,因为它们影响了代表主要任务部分的巡航段和整个任务的主要燃料消耗源,如图 11.29 所示:

(1) 巡航马赫数。

(2) 最大爬升高度。

(3) 设计巡航高度。

巡航马赫数变化。巡航马赫数表示飞机执行任务巡航段的速度。它直接影响飞机巡航段的空气动力学行为和发动机工作点,从而影响相关的燃油消耗。如图 11.10 所示,马赫数越高,发动机比油耗越高。由于巡航段代表了长航任务中的主要燃料消耗源,因此评估巡航马赫数变化对最终 MTOW 和 FW 结果的影响成为首要问题。

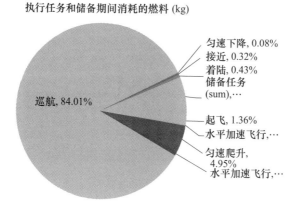

图 11.29　燃油重量分解（见彩图）

如图 11.30 所示,在名义巡航马赫数 TLAR 附近,巡航马赫数变化遵循 -5% ~ +5% 的均匀分布规律。巡航马赫数作为任务模块的输入,用于飞机在整个长途飞行任务中的性能评估,也作为结构模块的输入,用于计算巡航段的载荷情况。

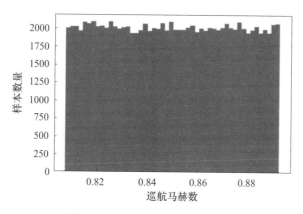

图 11.30　巡航马赫数散布规律

最大爬升高度变化。最大爬升高度代表飞机结束爬升段任务,开始上升巡航段的高度。考虑巡航马赫数直接影响到巡航段,巡航段代表了任务中主要的燃油消耗源,因此评估最大爬升高度变化对最终 MTOW 和 FW 结果的影响成为首要关注的问题。如图 11.31 所示,在爬高 TLAR 标称顶附近,最大爬升高度的变化服从 -10% ~ +10% 的均匀分布规律。同巡航马赫数一样,最大爬升高度用作任务模块和结构模块的输入。

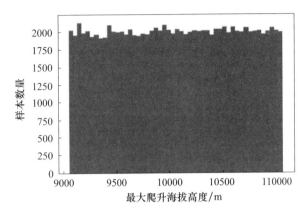

图 11.31　最大爬升高度散布规律

设计巡航高度变化。设计巡航高度代表飞机执行巡航段任务的平均高度。任务模块没有使用设计巡航高度,其仅根据最大爬升高度计算巡航段。设计巡航高度仅用于在结构模块中计算与巡航段相关的载荷情况。因此,它可能会影响主要结构的尺寸和 OEW 结果。设计巡航高度的变化是在标称设计巡航高度模型参数周围的 -10% ~ +10% 之间的均匀分布建模的,如图 11.32 所示。

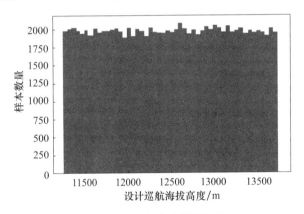

图 11.32　巡航高度散布规律

11.4.2　BWB 不确定性分析

表 11.2 列出了关于 6 个被考虑的参数的分布假设。

表 11.2　考虑不确定因素的集合

变量	数据类型	范围
OEW	相对值	[0%,10%]

续表

变量	数据类型	范围
耗油率	相对值	[0%,5%]
翼根厚弦比	绝对值	$\mathcal{N}(0.15,0.01)$
巡航马赫数	相对值	[0%,5%]
最大爬升高度	相对值	[0%,10%]
设计巡航高度	相对值	[0%,10%]

这些散布特性分布在本章呈现的整个 BWB MDA 过程中。图 11.33 展示了这些分散特性对 MDA 过程的影响。

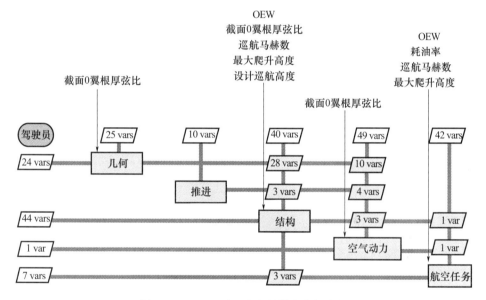

图 11.33 MDA 过程内部的散布特性介绍

如上所述,对影响 MTOW 和 FW 的 6 种参数散布进行了分析,并进行了 2 类不确定性分析:①在耦合多学科过程中进行朴素蒙特卡罗不确定性传播,以评估输入不确定性对感兴趣量的影响;②利用 Sobol 指标对输入不确定性变量对输出变量的变异性进行灵敏度分析。

考虑的多学科过程采用 FPI(使用高斯—赛德尔算法,见第 1 章)来求解跨学科方程组,以寻找学科间的相容耦合。为了可视化输入不确定变量传播的影响,进行了 1000 个样本的朴素蒙特卡罗模拟,分析了不确定量的分布情况。然后进行灵敏度分析。因为 MDA 相关的计算成本,使用精确学科模型的直接灵敏度分析是非常棘手的。为了降低计算量,针对不同的感兴趣量(MTOW、FW

等),构建了稀疏高斯过程(关于高斯过程见第3章)。使用 LHS 在输入不确定空间中生成设计实验的 500 个样本,并使用该设计实验构建相应的稀疏高斯过程。为了评估代理模型的准确性,额外使用 500 个 LHS 样本对稀疏高斯过程的预测值与精确 MDA 结果进行比较。关于 FW 的稀疏高斯过程预测值与精确 MDA 结果之间误差的直方图如图 11.34 所示。百分比误差在 1.45% 以下,均值为 0.08%,因此,这种稀疏过程恰当地表示了精确的 MDA,可用于灵敏度分析。与第 10 章类似,我们进行了灵敏度分析,但使用稀疏高斯过程代替混沌多项式展开来估计 Sobol 灵敏度指数(关于 Sobol 灵敏度指数见第 3 章)。使用 10^6 个样本的稀疏高斯过程估计了一阶和全阶 Sobol 灵敏度指数。在接下来的章节中,对不确定度的量化结果进行分析。

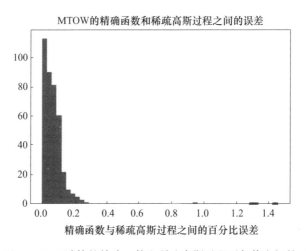

图 11.34 用于 MTOW 计算的精确函数和稀疏高斯过程近似值之间的百分比误差

11.4.3 结果

1) 燃油重量散布分析

图 11.35 显示了 FW 的分散度,平均值为 141t,标准差为 6.7%(9t)。图 11.36 给出了 FW 关联图。图 11.37 给出了前面提到的 6 种不确定因素对 FW 的影响。

首先,如图 11.36 所示,巡航马赫数似乎是 FW 散布的主要因素。它被任务模块用于任务定义,特别是定义整个巡航的马赫数。它的变化影响了任务模块对巡航段性能的计算,也影响了相关的燃料消耗。由于巡航段代表了整个任务的主要燃油消耗源,进而影响到整个 FW。图 11.37 表明,FW 随巡航马赫数的增加而增大。这一结果在当发动机的燃油消耗随着速度增加迅速增加的飞机中是比较典型的。这种趋势在图 11.10 中提供的发动机性能中也可以观察到。

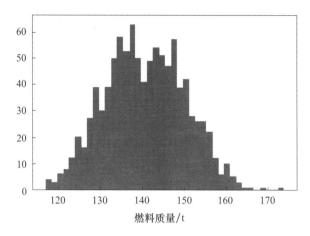

图 11.35 燃油重量散布特性

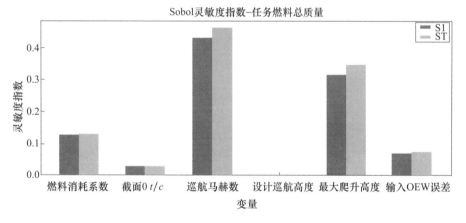

图 11.36 Sobol 分析和 FW 灵敏度评估

如图 11.36 所示,最大爬升高度是 FW 散布的第 2 个因素。同巡航马赫数一样,最大爬升高度被任务模块用于任务定义,特别是定义逐渐上升的巡航段的初始高度。它的变化影响了任务模块对巡航段的性能计算,进而影响到相应的燃油消耗。如图 11.37 所示,爬升高度顶部增加时,FW 迅速减小。随着海拔的升高,空气密度降低,因此所需的推力也降低。因此,巡航段油耗降低。这是飞机性能的典型特征,并激发了巡航航段的典型上升特征。

油耗系数代表了图 11.36 中 FW 散布的第 3 个因素。结果表明为了更精确的估算 FW,对发动机油耗进行精确可靠建模至关重要。图 11.37 给出了燃料消耗系数对 FW 的影响,这是不可忽略的。这一结果可以将推进模块得到的结果与现有同类发动机进行精确对比和验证,以减少燃油消耗系数的不确定性。

OEW 在较小程度上代表了图 11.36 中 FW 散布的第 4 个因素。OEW 直接影响为完成任务而考虑的飞机重量,从而影响所需的燃料重量。图 11.37 给出了 OEW 对 FW 的影响。这再次确认了飞机重量计算需要精确可靠的模型,以减少 OEW 的不确定性。

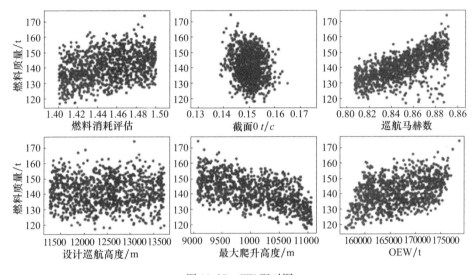

图 11.37　FW 配对图

最后,0 段截面的厚度比(t/c)是图 11.36 中 FW 散布的第 5 个因素,也是最后一个因素。它通过影响飞机整体气动性能影响 FW 评估。0 段截面厚度比非常窄的不确定散布对 FW 散布的影响非常低,结果如图 11.37 所示。

设计巡航高度不在任务模块中用于任务计算,所以正如预期的那样,对 FW 散布没有任何影响。

作为分析总结,确认了模型不确定性对燃料消耗评估和 FW 结果评估的关键影响(图 11.36 和图 11.37)。除了这些结果之外,从结论中也得到了一个有趣的反馈,即飞行条件变化对飞机油耗也有重要影响。这些结果得出的结论是,针对长距离飞行任务的 BWB 结构优化不仅需要考虑翼体几何设计参数,还需要将巡航段定义作为设计变量。对翼体几何形状和巡航段联合优化可以达到最小化 FW 的最优解决方案。

2) MTOW 散布分析

图 11.38 给出了 MTOW 的分散特性,平均值为 351t,标准差为 3.6%(13t)。图 11.39 给出了前面提到的 6 个不确定因素对 MTOW 的影响,图 11.40 给出了相关的对图。

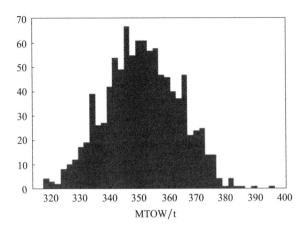

图 11.38 MTOW 散布特性

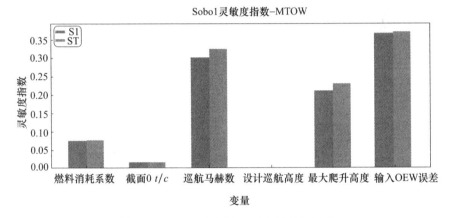

图 11.39 Sobol 分析和 MTOW 灵敏度评估

正如预期的那样,MTOW 散布的主要因素是 OEW 的不确定性。OEW 通过 2 种途径作用于 MTOW。首先,它直接作用于 MTOW,因为它代表了 MTOW 的主要组成要素。如图 11.14 所示,OEW 占 MTOW 的 46.9%,因此其变化直接影响 MTOW 结果。它还通过对代表 MTOW 第 2 要素的 FW 的作用间接作用于 MTOW,如图 11.14 所示。这种雪球效应增强了重量计算对飞机整体性能评估的关键性。这些结果表明在新飞机构型定义背景下关键课题之一的飞机重量计算对精确可靠模型的需求。除上面已经讨论的 OEW 影响外,MTOW 上观察到的灵敏度与 FW 上观察到的灵敏度类似,这意味着它们主要影响 FW 进而影响 MTOW 结果。由于 FW 对 MTOW 的贡献,所有对 FW 散布所做的结论都可迁移到 MTOW 散布上。

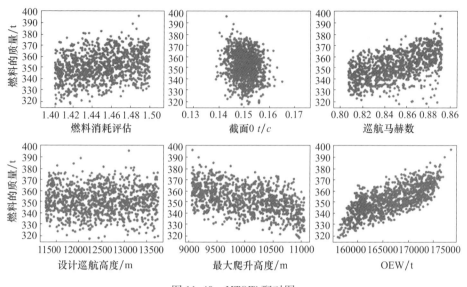

图 11.40　MTOW 配对图

上述所有的灵敏度分析都提供了关于 FW 和 MTOW 散布的主要影响因素。它成为优化 BWB 结构关键议题的指导。

11.5　远景观点

11.5.1　长距离 BWB 的优化

在所述 MDA 的基础上,建立 MDAO 进程,优化 BWB 配置,以实现长途商业运输任务所需燃料重量最小的性能指标。优化在最低性能、满足结构尺寸规则和机场基础设施相关的约束下进行。

所述的灵敏度分析结论有助于从工程师的角度极大地指导和加快优化过程。如图 11.21 所示的设计变量中,可选择一个子集开始优化 BWB 配置。那些第一设计变量关注翼身平面几何形状:

（1）整体翼展。

（2）外翼的翼弦（即 2,2.1 和 3 段截面）。

（3）机翼中央体的前缘后掠角（即从第 0 段截面到第 2 段截面）。

（4）外翼的前缘后掠角（即从第 2 段截面到第 3 段截面）。

根据前面的灵敏度分析结果,巡航马赫数和最大爬升高度会对飞行器性能产生显著影响,特别是对所需燃油重量的影响。因此,将巡航马赫数和最大爬升高度作为设计变量,而不再作为冻结的 TLAR,值得重新思考。因此,为长途商业运输任务优化的 BWB 配置可能导致不同的巡航段最佳飞行条件,特别是巡航马赫数。然而,巡航段飞行条件演化需要考虑到运行约束,即乘客可接受的任务持续时间。为此目的,根据现有长途旅行时间评估最大任务持续时间约束。最终的巡航段飞行条件从降低燃油消耗的低马赫数与降低任务持续时间的高马赫数之间进行折中。

11.5.2 后续研究

本章提出的 MDAO 流程仍在研发中,并计划在未来进行改进。

(1)飞机操纵质量评估可以作为专用的学科模块添加到 MDAO 过程中。这有助于验证飞行器对临界飞行条件的控制能力,如有需要,可将其作用于飞行器几何特性上,以提高飞机操控性(控制面、重心位移、起落架位移等)。

(2)可用推进模块来改造发动机性能以使其严格的满足任务的设计条件。因此,发动机根据所执行任务的设计工况(其中所需的最大推力)来定型,这增加任务模块和推进模块之间的耦合。

(3)可以对新推进结构进行建模,特别是半埋式推进,这似乎在 BWB 构型等几何构型上具有很大优势(Ko,2003),这在推进和空气动力学模块之间增加一个强耦合。

参考文献

Airbus(2014a). Airbus family figures, ed. July 2014.

Airbus (2014b). Airport operations. A350 – 1000 airport compatibility brochure, issue 1, ref. v00pr1413357.

EASA(2014). Certification Specifications and Acceptable Means of Compliance for Large Aeroplanes CS – 25.

EASA(2017). Type – certificate data sheet for ge90 series engines.

European Commission(2011). Flightpath 2050 – Europe's vision for aviation maintaining global leadership and serving society's needs – report of the high – level group on aviation research.

Fredericks, W., Antcliff, K., Costa, G., Deshpande, N., Moore, M., San Miguel, E., and Snyder, A. (2010). Aircraft conceptual design using vehicle sketch pad. In 48*th AIAA Aerospace Sciences Meeting Including the New Horizons Forum and Aerospace Exposition*, Orlando, FL, USA.

Gauvrit – Ledogar, J., Defoort, S., Tremolet, A., and Morel, F. (2018). Multidisciplinary overall aircraft design process dedicated to blended wing body configurations. In 2018 *Aviation Technology, Integration, and Operations Conference*, Atlanta, Georgia.

Gray, J. S., Moore, K. T., and Naylor, B. A. (2010). OpenMDAO: An open – source framework for multidisciplinary analysis and optimization. In *13th AIAA/ISSMO Multidisciplinary Analysis and Optimization Conference*, Fort Worth, TX, USA.

Greitzer, E., Bonnefoy, P., De la Rosa Blanco, E., Dorbian, C., Drela, M., Hall, D., Hansman, R., Hileman, J., Liebeck, R., Lovegren, J., et al. (2010). N + 3 aircraft concept designs and trade studies. volume 2; appendices – design methodologies for aerodynamics, structures, weight, and thermodynamic cycles. *NASA/CR* – 2010 – 216794/VOL2, E – 17419 – 2.

Gur, O., Mason, W. H., and Schetz, J. A. (2010). Full – configuration drag estimation. *Journal of Aircraft*, 47(4):1356 – 1367.

Haftmann, B., Debbeler, F. – J., and Gielen, H. (1988). Takeoff drag prediction for airbus a300 – 600 and a310 compared with flight test results. *Journal of Aircraft*, 25(12):1088 – 1096.

Holder, W. G. (1998). *Northrop Grumman B – 2 Spirit: An Illustrated History*. Schiffer Pub.

Ko, Y. – Y. A. (2003). *The multidisciplinary design optimization of a distributed propulsion blended-wing – body aircraft*. PhD thesis, Virginia Tech.

Lambe, A. and Martins, J. (2011). A unified description of MDO architectures. In *9th World Congress on Structural and Multidisciplinary Optimization*, Shizuoka, Japan.

Liebeck, R. H. (2004). Design of the blended wing body subsonic transport. *Journal of aircraft*, 41(1):10 – 25.

Lowry, J. G. and Polhamus, E. C. (1957). A method for predicting lift increments due to flap deflection at low angles of attack in incompressible flow. *NACA Technical Note* 3911.

Nickol, C. (2012). Hybrid wing body configuration scaling study. In *50th AIAA Aerospace Sciences Meeting including the New Horizons Forum and Aerospace Exposition*, Nashville, TN, USA.

Niṭă, M. and Scholz, D. (2012). *Estimating the Oswald factor from basic aircraft geometrical parameters*. German Aerospace Congress, Berlin, Germany.

Niṭă, M. F. (2012). *Contributions to Aircraft Preliminary Design and Optimization*. Ph. D. Thesis, Politehnica University of Bucharest, Bucharest, Romania.

Raymer, D. (2012). *Aircraft Design: A Conceptual Approach 5e and RDSWin STUDENT*. American Institute of Aeronautics and Astronautics, Inc.

Torenbeek, E. (2013). *Advanced aircraft design: conceptual design, analysis and optimization of subsonic civil airplanes*. John Wiley & Sons.

Yang, S., Page, M., and Smetak, E. (2018). Achievement of NASA new aviation horizons n + 2 goals with a blended – wing – body x – plane designed for the regional jet and single – aisle jet markets. In *2018 AIAA Aerospace Sciences Meeting*, AIAA SciTech Forum, Kissimmee, FL, USA.

第 12 章 一次性和重复使用运载火箭设计

12.1 简介

对于美国、俄罗斯、日本等航天大国来说,运载火箭是自由进入太空的基础。航天机构的太阳系探测、地球观测与监测、载人航天等项目都是根据运载火箭的能力来制定的。运载火箭的设计是一个长期的系统工程(大约 10 年),需要大量的经费和庞大高效的组织。NASA 与 ESA(Blair 等,2001)提出,必须要降低发射成本,并提高空间任务和卫星发射的效率。改进火箭的设计过程对降低成本、提高可靠性、提升发射效率具有重要作用(Blair 等,2001)。运载火箭的设计是一个复杂的多学科优化过程:设计的目标是找到在满足设计约束,并保证高可靠性和安全性的前提下,能够提供最佳性能的飞行器方案。

运载火箭的设计涉及了多个学科,通常可以分解为动力系统、空气动力学、弹道、质量和结构等相互交叉的子系统(图 12.1)。每一学科都要依赖于复杂计算仿真,如结构学科的有限元分析或空气动力学中的流体动力学分析。通过飞行性能、安全性、可靠性与成本评估可以得出运载火箭的性能估计,而此过程需要用到耦合学科分析。多学科间耦合,尤其是相互对立学科间的折中,对火箭性能有重要影响。经典的工程设计方法包含不同学科之间的循环迭代优化。在每次循环迭代中,每个学科都根据之前学科优化的更新数据,重新进行设计优化。由于可能存在互相冲突的学科目标,需要在学科之间进行权衡。例如,空气动力学倾向于减少各级直径,以减少在大气中飞行的阻力;而结构学科出于最大结构力学载荷约束,倾向于增加此直径。这种设计非常复杂,由于学科之间的耦合分析产生了大量的非线性计算,需要控制许多异构的设计变量,且需要在学科之间进行适当的权衡。

在航空航天工业中,新产品研制遵循几个特定阶段:概念设计、初步设计、详细设计、制造(Blair 等,2001)(图 12.2)。对于运载火箭,概念设计阶段对整个设计过程能否成功起到了决定性的作用。据估计,在概念设计阶段,通过方案选择,至少能够确定全生命周期 80% 的成本(Blair 等,2001)(图 12.3)。由于系统的固化参数少,概念阶段的设计空间大,而传统的设计方法会固化一些系统参数,只专注于专家给出的一些备选方案(Zang 等,2002)。

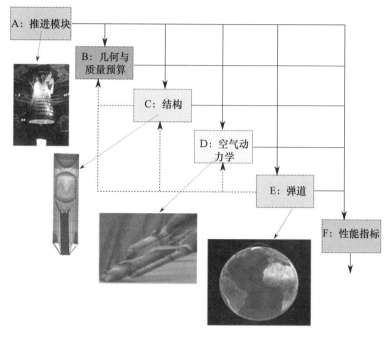

图 12.1 运载火箭设计过程实例

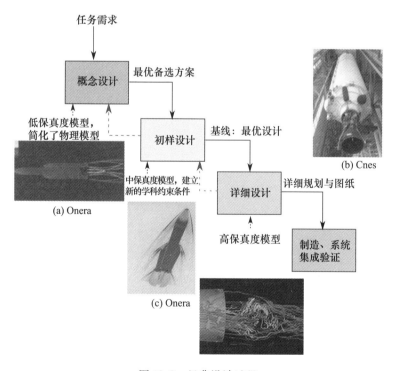

图 12.2 经典设计过程

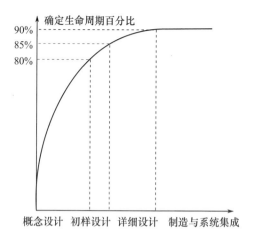

图 12.3　生命周期内成本确定度变化曲线（Blair 等,2001）

在此背景下,MDO 方法非常适用于运载火箭的设计,因为它能够同时改变模型的所有设计变量,以实现全局最优。与经典串行方法相比,MDO 技术减少了概念研究所需的时间,增加了分析设计备选方案的数量,可以优化确定新的、更具成本效益的方案。Martins 与 Lambe(2013)解释,设计师可以通过在早期设计阶段使用 MDO 方法,提高系统性能,缩短设计周期并降低成本。

早期设计阶段的特点是使用缺少后续详细设计数据的低保真度模型。在设计的早期阶段,由于没有专用模型,且需要大量评估系统构架,以探索整个设计空间,只能使用低保真度模型分析。全局探索优化会导致大量重复的学科评估过程,使用高保真度模型在时间和成本上是难以承受的。另一方面,随着计算机和算法变得越来越快,在设计过程早期使用更高保真度的模型也变得越来越可行。此外,为了提高运载火箭的性能并降低成本,航天机构和工业部门引进了新技术(新推进剂,如液氧和甲烷,可重复使用的火箭发动机)以及新的架构(可重复使用一子级),它们在早期设计阶段呈现出了极大的不确定性。因此,在飞行器的 MDO 设计方法中加入不确定性是十分有必要的,正如 Zang 等(2002)所述：

(1)减少设计周期的时间、成本和风险。

(2)在缺乏知识的初期设计阶段,提高运载火箭设计的稳健性。

(3)在满足可靠性要求的同时提高系统性能。

(4)运载火箭飞行期间,对突发飞行事件的鲁棒性。

如果在设计的早期阶段没有考虑不确定性,可能会在详细设计阶段发现之前找到的最优设计违反了一些要求和约束。在此情况下,设计者要么退回到之前的设计阶段,寻找一组替代设计方案；要么在详细设计阶段对设计进行修改,而这会导致性能的损失。二者都会带来时间与金钱的损失,因为两种方案都需要重新进行复杂的仿真。此外,在运载火箭的设计过程中,不确定性通常会被当成安全裕度进行处理,而这会导致设计非常保守。因此,充分处理不确定性是至关重要的(Jaeger 等,2013)。

在本章中,前面部分提出的几种方法应用于运载火箭设计实例。首先,简要介绍不同的学科和相关的模型。其次,12.3 节针对部分可重复使用的运载火箭,进行不确定性传播演示,并强调了在早期设计阶段考虑不确定性的重要性。然后,12.4 节将第 7 章中介绍的 UMDO 方法应用于存在不确定性的一次性运载火箭设计,并比较了不同方法在处理不确定性上的差异。最后,12.5 节针对运载火箭设计的多任务问题,使用多目标高效 EGO 进行了求解。

12.2 学科模型

在设计的早期阶段,为了评估运载火箭的性能,MDA 方法被用于处理不同学科模型的耦合问题(图 12.4)。在概念设计阶段,只考虑主要的学科:气动、动力、几何形状、结构尺寸、弹道等。为了评估不同学科之间的耦合情况,可以使用 FPI 法(见第 1 章)。在随后的设计过程中,更多的学科可能会被纳入多学科迭代,如声学、热分析、地面段等。

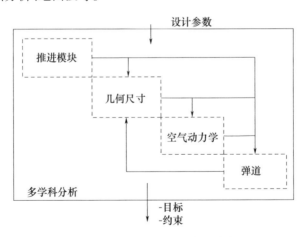

图 12.4 运载火箭设计的多学科分析

采用的模型与概念设计阶段相匹配:它们由低精度模型组成,与高精度模型相比,代表了具有不确定性的物理现象。这种不确定性必须在设计过程中加以考虑,正如本章的其余部分所示。

12.2.1 一次性和部分重复使用运载火箭比较

如果能够实现足够的可靠性和较低的翻新成本,运载火箭第一级的重复使用可为降低有效载荷入轨成本提供新的前景。根据机构和商业市场上的各种假设,可以用不同的可重复使用策略来设计运载火箭的一子级。为了提高运载火箭的灵活性和对不同目标任务的适应性(图 12.5 和图 12.6),研究了重复使用和一次性运载火箭一子集的设计方案(Vila 和 Patureau de Mirand,2017)。

图 12.5　带翼可重复使用的运载火箭构型示意图

图 12.6　一次性运载火箭构型说明

在本章中,对于可重复使用火箭,所有添加到飞行器第一级的附加子系统,都是确保一子级返回重复利用套件的一部分。对于一次性任务,该套件可以被移除,并添加到用于将来可重复使用任务的另一个一子级。此外,如果需要,对于一次性任务,可添加 2 个固体助推器。对于重复使用概念,使用了"滑翔"策略。第一级配备了几个子系统,如升力面(如机翼和控制表面),它们被添加到第一级上,以确保它能够滑翔回到发射地点(图 12.7 和图 12.8)。

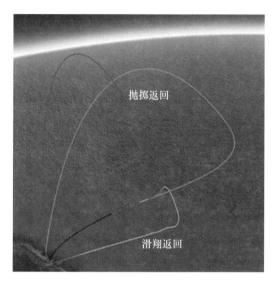

图 12.7　2 个抛掷返回轨迹(红色、绿色)和 2 个滑翔返回轨迹(黄色、粉红色)的比较(见彩图)

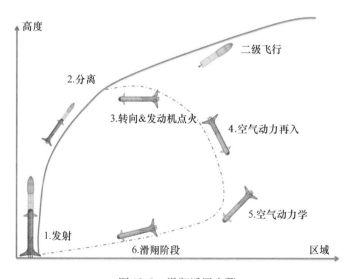

图 12.8　滑翔返回步骤

图12.8给出了采用滑翔策略返回发射场的过程。在起飞(步骤1)之后,第一级与第二级分离(步骤2),第一级将反向,且主发动机(一个或几个,取决于配置)重新启动(步骤3),以抵消水平速度。该操作通常在阻力有限的高空进行(以最大限度地降低动压)。随后,再入大气层(步骤4),配备翼的一子级利用空气动力(步骤5)产生升力,使第一子级滑翔到达发射点附近,并水平着陆(步骤6)。

第一级的滑翔返回装置包括:升力面(主翼和盖板)、整流罩、整流罩与上部贮箱之间的裙板、垂直尾翼、反作用控制系统,以及额外的动力和电气设备。此外,与经典的一次性使用火箭相比,贮箱进行了加强设计,以适应返回段火箭发动机工作抵消水平速度期间产生的附加载荷和再入过程中的空气动力载荷,特别是横向载荷。

12.2.2 推进模块

推进学科主要用于估算运载火箭发动机性能,并提供弹道仿真需要的数据。通常考虑的不同推进剂类型包括:固体的、液体的或固液混合的。

液体火箭发动机的计算是基于NASA的CEA软件(应用化学平衡(McBride与Gordon,1996))进行的,其是一款热化学仿真软件,能够计算复杂混合物的化学平衡组分与性质。CEA软件有专门的火箭模块,能够对燃烧室中气体的燃烧与喷管中的气体膨胀进行仿真。该软件包含了一个超过2000种物质的化学性质与热力学性质数据库。化学反应平衡采用吉布斯(Gibbs)或亥姆霍兹(Helmholtz)能量最小化或熵最大化来表示。在不同的测试实例中,温度和压力用来表征热力学状态,因此,吉布斯能量将被最小化,而温度和压力是其自然反映。化学平衡的条件是自由能的最小化,因为每一种物质都可以单独处理,而无须事先设定一组反应。为了获得系统方程平衡时的化学组分,采用了非线性迭代方法(如Newton-Raphson方法)。

CEA包含了适用于概念性设计和初步设计阶段火箭发动机理论性能估算方法,并做了以下具体假设:

(1)理想气体和均匀混合物不发生相互反应。
(2)喷管内气体等熵膨胀。
(3)绝热并完全燃烧。
(4)燃烧室入口的速度为零。
(5)燃烧室内横截面的面积恒定。
(6)燃烧过程是非等熵的,不可逆的。
(7)燃烧室面积有限或无限。

推进学科的目的是基于推进剂混合比与热化学数据计算真空中的比冲 $Isp_v(s)$（Sutton 与 Biblarz，2010）。为此，CEA 随着动态平衡过程计算特征速度（c^*）与推力系数（c_τ），直到到达喷嘴喉部后膨胀冻结。比冲 Isp_v 和推力 T 是弹道和质量估算学科中的耦合变量。

对于固体火箭发动机，发动机壳体中的推进剂对发动机的主要性能参数都有影响（比冲、推力、室压等）。因此，必须开发专门的模型来确定固体推进剂截面的几何形状。基于 Ricciardi（1989）与 Hartfield 等（2003）的工作，人们开发了与 CEA 耦合的晶粒几何模型，以根据几个参数计算固体火箭发动机的特性。有大量的固体推进剂几何形状可用（图 12.9）。有关固体火箭发动机的更多细节，可以参考 Hartfield 等（2003）。

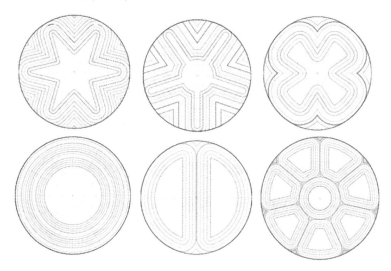

图 12.9 不同固体推进剂配置的等燃烧截面曲线

12.2.3 几何形状和结构尺寸模块

几何形状与结构尺寸模块用于估算运载火箭不同部分的质量，以计算 GLOW。本章使用的所有质量模型都来自 Castellini（2012）开发的运载火箭概念设计工程模型。

需要来自其他学科的几个输出，作为几何形状与结构尺寸模块的输入，以计算 GLOW：

（1）推进输出：推力、比冲、固体推进剂截面几何形状、发动机室压等。

（2）几何形状输出：运载火箭所有不同部件的几何形状（贮箱体积、级长度、火箭的表面、发动机尺寸等）。

(3)弹道输出:运载火箭在飞行过程中承受的最大轴向和横向过载,最大动压。

图 12.10 给出了计算运载火箭 GLOW 涉及的所有组件的质量树。各级的干质量是结构(贮箱、裙板、内置贮箱、推力框架、级间段)、涡轮泵、燃烧室、喷嘴、增压系统和电气设备质量之和。对于部分可重复使用的火箭(一子级可重复使用),可以使用专门的工程模型(Rohrschneider 与 Olds,2001)来估计返回子系统的质量(如升力面与控制面)。需要质量预算、外形设计与弹道之间的跨学科耦合,对干质量与飞行过程中承受载荷之间的依赖关系进行建模。对于各级定型,考虑了 3 种类型的荷载:轴向载荷(NX_d),横向载荷(NZ_d),和动态压力 $Pdyn_d$。这些载荷数据由弹道学科提供给几何形状与尺寸学科。这 3 个变量构成了 MDA 中的反馈耦合。将这些载荷在运载火箭子级各级定型中加以考虑是至关重要的。事实上,相比于一次性火箭,采用滑翔返回策略的可重复使用运载火箭承受更大的横向载荷。在设计过程中必须考虑这些负载,以确保火箭能够完成任务。而承受荷载的增加会导致各级干质量与结构系数(干质量与推进剂质量之比)的增加。如图 12.11 所示,举例说明了结构系数随飞行过程中遇到的最大横向载荷变化的关系图。

图 12.10 包含所有相关组件的全局计算(Castellini,2012)

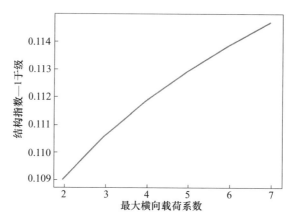

图12.11 给定推进剂质量下1子级结构系数与最大横向荷载的关系

12.2.4 气动模块

气动模块用于计算空气动力学系数,如火箭在大气中飞行过程中气动载荷计算需要的升力系数与阻力系数。这些系数的计算采用ONERA计算程序MISSILE(Denis,1998),这个软件采用简化的空气动力学理论模型和实验数据来确定空气动力与复杂几何形状火箭的气动系数。根据马赫数和攻角给出阻力和升力系数表,并将其直接用于弹道计算,消除了弹道和气动力之间的迭代反馈。该模型对于早期的设计研究来说精度足够。为了降低气动计算的计算成本,可以使用基于多层感知神经网络的代理模型(Pedregosa等,2011),从原始数据库中生成空气动力学系数。图12.12给出了重复使用情况下,神经网络预测的升阻比与精确空气动力学系数之间的比较。

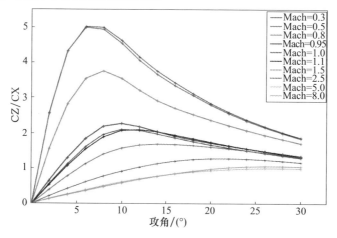

图12.12 神经网络预测值(线)和精确空气动力学计算值(叉)比较(见彩图)

12.2.5 弹道模块

本章使用的弹道模型由三维旋转地球模型推导得出。弹道模型使用以下三维动力学方程,在地心旋转地球参考系下表示,如表12.1所列,可表示为

$$\dot{r} = V\sin(\gamma) \tag{12.1}$$

$$\dot{V} = \frac{T\cos(\theta-\gamma) - D}{m} - g(r)\sin(\gamma) + \omega_E^2 r\cos(\phi)(\sin(\gamma)\cos(\phi) - \cos(\gamma)\sin(\phi)\cos(\psi)) \tag{12.2}$$

$$\dot{\gamma} = \frac{[L + T\sin(\theta-\gamma)]\cos(\mu)}{mV} + \left(\frac{V}{r} - \frac{g(r)}{V}\right)\cos(\gamma) + 2\omega_E \sin(\psi)\cos(\phi) + \frac{\omega_E^2 r\cos(\phi)(\cos(\gamma)\cos(\phi) + \sin(\gamma)\sin(\phi)\cos(\psi))}{V} \tag{12.3}$$

$$\dot{\lambda} = \frac{V\cos(\gamma)\sin(\psi)}{r\cos(\phi)} \tag{12.4}$$

$$\dot{\phi} = \frac{V\cos(\gamma)\cos(\psi)}{r} \tag{12.5}$$

$$\dot{\psi} = \frac{[L + T\sin(\theta-\gamma)]\sin(\mu)}{mV\cos(\gamma)} + \frac{V\cos(\gamma)\sin(\psi)\tan(\phi)}{r} + 2\omega_E(\sin(\phi) - \cos(\psi)\cos(\phi)\tan(\gamma)) + \frac{\omega_E^2 r\sin(\phi)\cos(\phi)\sin(\psi)}{V\cos(\gamma)} \tag{12.6}$$

$$\dot{m} = -q \tag{12.7}$$

表 12.1 轨迹变量与参数

符号	变量与参数
r	半径/m
V	速度向量的模长/(m·s^{-1})
γ	飞行弹道倾角/rad
ϕ	纬度/rad
λ	经度/rad
ψ	飞行弹道航向/rad
μ	滚转角/rad
θ	俯仰角/rad

续表

符号	变量与参数
ω_E	地球角速度/(rad/s)
T	推力/N
D	阻力/N
L	升力/N
$g(r)$	r 处重力加速度/(m/s^2)
m	运载火箭质量/kg
q	(推进剂)秒耗量/(kg/s)

一般来说,弹道学需求解优化问题。上升段弹道的优化目标是在满足约束的情况下,使得入轨点与给定目标之间的距离最小。上升段弹道优化包括不同的飞行阶段:垂直起飞、程序转弯、重力转向、双线性正切,轨道滑行,圆形低地球轨道圆化机动或进入目标轨道等。垂直起飞能够确保火箭在进行俯仰机动之前垂直离开发射台。俯仰机动包括俯仰阶段,持续时间 Δt_{po},此时间段内俯仰角 $\gamma - \theta$(飞行路径角 – 俯仰角)线性增加,直到达到最大值 $\Delta \theta_{po}$。随后,进入重力转向阶段,$\gamma - \theta$ 角指数衰减(Castellini,2012)。对于发射方位角,采用目标轨道倾角导引律 $A(t) = \sin\left(\dfrac{\cos(iT)}{\cos(\delta(t))}\right)^{-1}$,该导引律取决于目标轨道倾角和当前纬度(赤纬)。在重力转向阶段,约束偏航角使其遵循目标轨道倾角导引律,且攻角为 0。一旦到达大气层外,就可以使用对优化目标值 $\theta_{gt}(t)$ 的分段线性插值对俯仰角进行控制。在二子级的飞行中,采用双线性正切导引律来控制俯仰角(Castellini,2012),且将导引律参数作为设计变量进行设计。最后,在上面级发动机可以重复启动的情况下考虑了上面级机动和圆化机动。当前轨道的远地点和目标远地点相同时,发动机关机。随后,根据速度和倾角,确定轨道圆化所需的推进剂质量。在弹道上升段,需要考虑到一些约束条件,如大气内飞行期间的最大轴向载荷、最大动压、最大流量、大气内飞行的最大攻角,以及在近地点和远地点载荷入轨的分离条件。前面描述的 2 个任务的所有弹道参数都是决策变量,记为 θ_{exp} 与 θ_{reuse},与火箭外形尺寸变量一起优化。

对于滑翔返回阶段的下降弹道设计,优化问题的目标是在一些最大负载约束(如轴向和横向载荷、动压、热流)下,极小化实际着陆点与理想着陆点之间的距离以及最后阶段的飞行路径角。返回阶段的决策变量为 β_{Mpropl}(发动机所需的推进剂质量),返回阶段可采用优化节点值 $\alpha(t)$ 的分段线性插值进行导引。

12.3 重复使用运载火箭设计中的不确定性传播

本节研究了滑翔返回可重复使用火箭架构中不确定性的传播。这一过程是朴素蒙特卡罗方法和不动点分析的结合,以确保不确定性传播时跨学科耦合的一致性。

本节考虑了采用滑翔返回的一个基准方案。该方案由一个确定性 MDO 过程在有效载荷入轨条件与返回发射场约束下最小化起飞重量得到。该案例是一个轨道高度 800km,有效载荷 5t 的 SSO 任务。研究的系统采用了拥有附加子系统(尾翼、方向舵等)的两级液氧甲烷火箭,目标是使得一子级能够回收。从给定的基线出发,在设计变量固定的情况下进行了多学科不确定性传播。对于不确定性传播,考虑了 4 个不确定性变量:一子级发动机的比冲(第一级有 7 个发动机)、二子级发动机的推力、一子级和二子级干质量模型的不确定性(图 12.13)。这些变量以基线值为中心,服从正态分布。为了练习不确定性传播,这些不确定变量的变化被认为是任意大的(图 12.13 与表 12.2)。

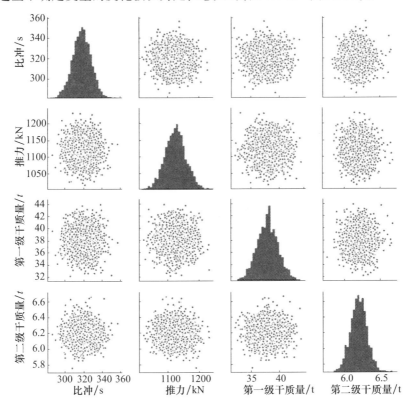

图 12.13 输入不确定变量的分布

表 12.2　输入不确定变量的分布

变量	平均值	标准差
比冲/s	320	0.03
推力/kN	1125	0.03
第一级干质量/kg	37850	0.05
第二级干质量/kg	6200	0.02

基于这些分布,使用 200 个样本进行了朴素蒙特卡罗仿真来说明不确定性对火箭弹道的影响。该弹道由一个上升段和一个返回到发射点的返回段组成。在不确定性传播过程中,弹道程序优化了有效载荷入轨和返回发射场的约束条件,使得上升阶段目标轨道与实际飞行的轨道之间的距离最小,且在返回阶段使得返回点到发射地点的距离偏差最小。

图 12.14 给出了在上升段采用朴素蒙特卡罗方法的高度随时间变化关系。可以观察到,在第二级火箭的发动机快要关机时,弹道滑行阶段(大约 400s)之前,弹道高度散布很大。此外,在进入 800km 轨道时的散布甚至更大。其中的一些弹道没有足够的推进剂裕度以到达目标轨道,这表明作为基准的飞行器在存在不确定性的情况下鲁棒性不够强。这很正常,因为此基准飞行器是通过求解确定性 MDO 获得的,在设计阶段并没有考虑不确定性。

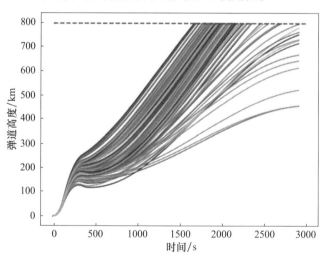

图 12.14　上升段高度随时间的变化(见彩图)

图 12.15 给出了返回弹道高度随时间的变化。在减小水平与竖直速度的助推后,再入大气,随后经气动减速、滑翔,返回库鲁。根据考虑的不确定性,第一子级分离时的能量有多有少,这就导致弹道的差别非常大(如最大高度,

在 80~140km）。

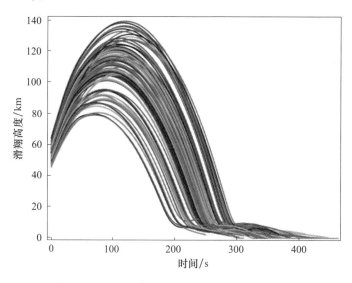

图 12.15　返回段高度随时间的变化关系（见彩图）

图 12.16 给出了考虑任务的上升速度和目标速度。由于在设计时没有留出足够的推进剂裕度，导致一些弹道没有达到所需速度。

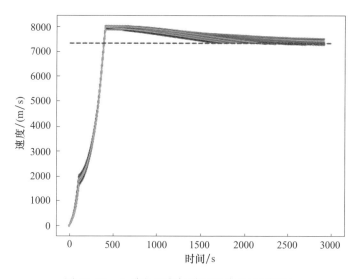

图 12.16　上升段速度与时间的关系（见彩图）

总之，基准飞行器对于建模不确定性不够稳健（这是由于在早期设计阶段使用了低保真度模型）。在 12.4 节中，在一次性火箭上进行 UMDO 设计，以说明在火箭设计的早期阶段，考虑不确定性的重要性。

12.4 重复使用运载火箭设计中的 UMDO 方法

12.4.1 单级 UMDO 方法

运载火箭的测试实例包括设计一个由两级液氢液氧组成的一次性火箭,从库鲁(Kourou)(法属圭亚那(French Guyana))发射 4t 有效载荷进入地球转移轨道(Geostationary Transfer Orbit,GTO)。目标轨道是 250×35786km。在早期设计阶段,为了满足有效载荷需求,必要考虑到由于学科模型和设计周期开始时仍不被熟知的物理现象引起的不确定性。在设计实例中,我们感兴趣的是比较 MDF 与 IDF-PCE 方法。设计实例涉及 4 个学科:推进、几何形状与尺寸、空气动力学与弹道(图 12.17)。

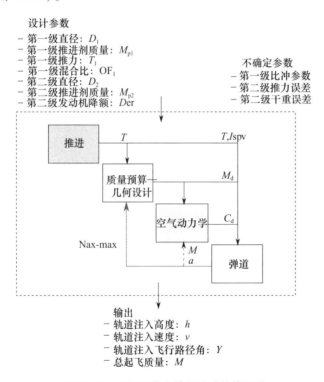

图 12.17 两级运载火箭的设计结构矩阵

1)设计变量与不确定变量

UMDO 问题的设计目标是运载火箭 GLOW 的期望值最小。该问题中的设计变量有 7 个,如表 12.3 所列。该优化问题从现有的基准(表 12.3)展开优化。该问题还包括根据早期设计阶段典型不确定性水平建模的 3 个偶然不确定性变

量(McBride 与 Gordon,1996;Castellini,2012):

(1)第一级比冲误差:$\mathrm{Isp}_{v1} \sim \mathrm{Isp}_{v10} + \mathcal{N}(0,0.6)$(图 12.18)。
(2)第二级干质量误差:$Me \sim Me_0 + \mathcal{N}(0,100)$(图 12.19)。
(3)第二级推力误差:$T_2 \sim T_{20} + \mathcal{N}(0,600)$(图 12.20)。

表 12.3 两级运载火箭的设计变量

变量	符号	定义域	基准
第一级直径	D_1	[2.5,5.5]m	4.3m
第一级推进剂质量	Mp_1	[100000,150000]kg	125000kg
第一级推力	T_1	[2500,3400]kN	3000kN
第一级混合比	OF_1	[2.7,6.5]	4.2
第二级直径	D_2	[2.5,5.5]m	3.5m
第二级推进剂质量	Mp_2	[20000,35000]kg	30000kg
第二级发动机推力降额	Der	[92,100]%	97%

这些误差是比冲标称值 Isp_{v10}、干质量标称值 Me_0 与推力标称值 T_{20} 的附加项。我们记做 $z = [D_1, M_{p1}, T_1, \mathrm{OF}_1, D_2, M_{p2}, \mathrm{Der}]$,$U = [\mathrm{Isp}_{v1}, T_2, Me]^{\mathrm{T}}$。

UMDO 问题包括一个不等式约束,即任务失败概率(包括入轨点的高度 h、速度 v 和飞行路径角 γ)必须低于 5×10^{-2}。

对于入轨,当有效载荷被推入目标点(GTO 的近地点)周围的一个封闭球外时,任务就失败了。在旋转坐标系下,入轨点设为 $h_t = 250\mathrm{km}, v_t = 9.713\mathrm{km/s}$,$\gamma_t = 0°$。封闭球的半径对应于入轨时的容差设置为:目标高度的 1%,目标速度的 0.5% 与目标飞行路径角 0.4°。为保证可行性,运载火箭到达入轨点(在误差允许范围内)的概率不得低于 95%。

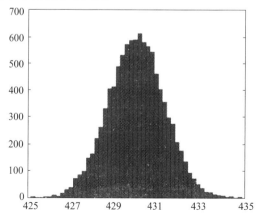

图 12.18 比冲不确定性的分布

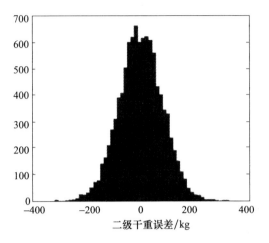

图 12.19　第二级干质量误差不确定性分布

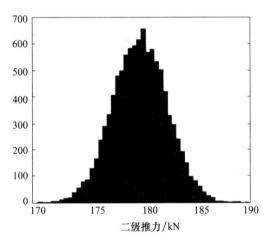

图 12.20　二级推力不确定性分布

2) MDF 在不确定性条件下的应用

对于每个不确定变量的实现,需要进行跨学科系统方程求解,而 MDF 是求解这类方程的参考方法。跨学科系统通过 FPI 求解。FPI 的收敛准则是输入耦合变量 $y_{Nax_{\max}}$ 与输出耦合变量 $c_{Nax_{\max}}$ 之间的误差满足: $|c_{Nax_{\max}} - y_{Nax_{\max}}|^2 \leq 10^{-4}$ $\mathrm{m}^2\mathrm{s}^{-4}$。数值实验一般需要 3 次迭代才能达到 FPI 方法收敛的公差标准。使用朴素蒙特卡罗方法来传播不确定性,并用 $M_s = 100$ 个样本来估计目标函数,以使 GLOW 期望值的最大误差为 250kg。失效概率采用第 7 章中描述的方法进行计算。初始试验设计是基于 LHS 的 100 个样本进行的。采用 GMm 细化策略(见第 7 章)添加了 96 个新样本,以准确表示高概率密度区域中的极限状态函数。

模式搜索优化算法(Audet 与 Dennis Jr,2002)用于求解 MDF 和 IDF - PCE 朴素蒙特卡罗方法问题,以便单一地比较除优化算法之外 MDO 方法的优势。

MDF 法可表示为

$$\min \mathbb{E}[\text{GLOW}(z, U)] \tag{12.8}$$

$$\text{w. r. t. } z = [D_1, M_{p1}, T_1, \text{OF}_1, D_2, M_{p2}, \text{Der}]^T$$

$$\text{s. t. } \mathbb{P}_f(z, U) \leq 5 \times 10^{-2} \tag{12.9}$$

$$z_{\min} \leq z \leq z_{\max} \tag{12.10}$$

式中:

$$\mathbb{P}_f[(z, U) = 1 - \mathbb{P}(247.5 \leq h_t \leq 252.5) \cap$$
$$(9.703 \leq v_t \leq 9.723) \cap (-0.4 \leq \gamma_t \leq 0.4)]$$

3) IDF - PCE 朴素蒙特卡罗方法的应用

为了比较具有相同不确定性传播的多学科求解范式的区别,本节采用了 IDF - PCE 朴素蒙特卡罗方法。本例采用了与上文 MDF 相同的方法计算目标函数,且采用相同的样本通过朴素蒙特卡罗方法计算跨学科耦合约束。跨学科耦合满足度标准 ϵ 被设置为 $10^{-4} \text{m}^2 \text{s}^{-4}$。反馈回路是解耦的,以避免 MDA 和学科之间的循环。根据总展开阶数为 2 阶 $\left(\dim(\alpha) = \dfrac{(3+2)!}{3! \, 2!}\right)$ 的埃尔米特多项式乘积,对载荷因子耦合变量利用混沌多项式进行分解。IDF - PCE 朴素蒙特卡罗方法框架的方程可表示为

$$\min \mathbb{E}[\text{GLOW}(z, U)] \tag{12.11}$$

$$\text{w. r. t. } z = [D_1, M_{p1}, T_1, \text{OF}_1, D_2, M_{p2}, \text{Der}]^T, \boldsymbol{\alpha}$$

$$\text{s. t. } \mathbb{P}_f(z, U) \leq 5 \times 10^{-2} \tag{12.12}$$

$$J^{\text{CMC}} = \sum_{k=1}^{Ms} \left(c_{Nax_{\max}}(z, \hat{y}_{Nax_{\max}}(u_{(k)}, \boldsymbol{\alpha})) - \hat{y}_{Nax_{\max}}(u_{(k)}, \boldsymbol{\alpha}) \right)^2 \leq \epsilon \tag{12.13}$$

$$z_{\min} \leq z \leq z_{\max} \tag{12.14}$$

4) 结果与讨论

结果如表 12.4 所列。MDF 与 IDF - PCE 朴素蒙特卡罗方法的设计变量和目标函数值收敛于相同的最优值。最优的 GLOW 期望值约为 163.7t。这些比较结果如图 12.21 ~ 12.39 所示。2 种方法中的任务约束均得到满足,且失效概率低于 5%。跨学科耦合约束 J^{CMC} 在 IDF - PCE 朴素蒙特卡罗方法中得到了满足,且输入和输出负载因子之间误差的期望值为 0.1% 左右(图 12.35)。MDF 和 IDF - PCE 朴素蒙特卡罗方法的 GLOW 和载荷因子分布相似(图 12.31 和图 12.34)。在优化方面,新提出的方法比 MDF 更快(大约 11 倍),因为它不需

要进行学科之间的循环(图12.21和图12.22)。对于最优的运载火箭,轨道高度、速度和飞行路径角的不确定性传播结果如图12.25~图12.30所示。图12.39给出了其中一些进入地球静止转移轨道(Geostationany Transfer Orbit,GTO)的弹道的三维表示。这些弹道对应于不确定变量实现的优化结果。

表12.4 采用MDF和IDF-PCE(朴素蒙特卡罗方法)的案例研究结果

结果	MDF	IDF-PCE
$\mathbb{E}[\text{GLOW}]$	163.74t	163.78t
设计变量	$D_1 = 3.957\text{m}$	$D_1 = 3.914\text{m}$
	$Mp_1 = 115274\text{kg}$	$Mp_1 = 115234\text{kg}$
	$T_1 = 2730.3\text{kN}$	$T_1 = 2726.1\text{kN}$
	$\text{OF}_1 = 3.46$	$\text{OF}_1 = 3.37$
	$D_2 = 3.263\text{m}$	$D_2 = 3.337\text{m}$
	$Mp_2 = 2507\text{kg}$	$Mp_2 = 2514\text{kg}$
	$\text{Der} = 95.5\%$	$\text{Der} = 95.9\%$
耦合约束	$\|c_{Nax_{\max}} - y_{Nax_{\max}}\|^2 \leq 10^{-4} \text{m}^2\text{s}^{-4}$	$J_{Nax_{\max}} = 9.7 \times 10^{-5}\text{m}$
任务约束$\mathbb{P}_f$	4.95×10^{-2}	4.93×10^{-2}
设计空间维度	7	17
每一学科调用	$N_d = 6.49 \times 10^5$	$N_d = 5.91 \times 10^4$
计算减弱因子	1(ref)	11

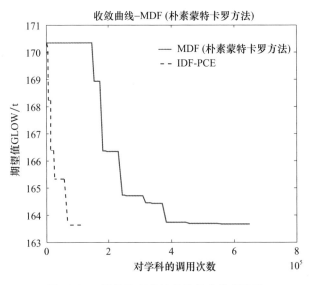

图12.21 满足约束条件的收敛曲线(MDF)

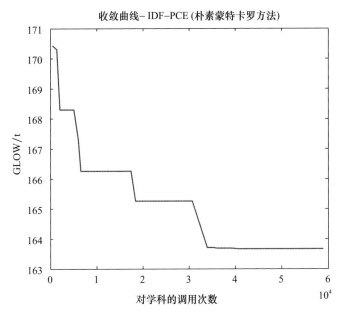

图 12.22 满足约束条件的收敛曲线（IDF – PCE）

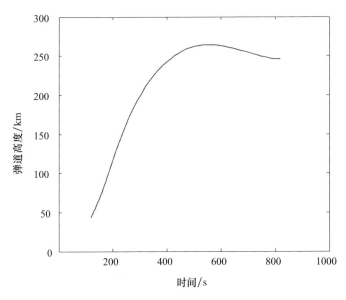

图 12.23 确定性优化架构下的弹道高度（无不确定性）

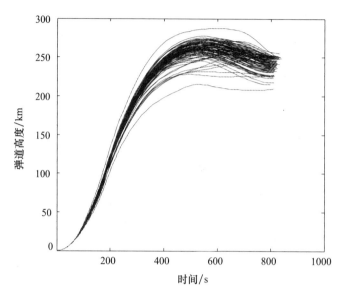

图 12.24　采用确定性优化结构处理不确定性传播的弹道高度

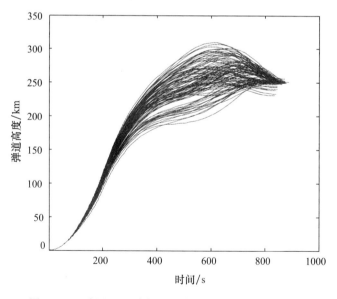

图 12.25　采用 MDF 求解的不确定性下的最优弹道高度

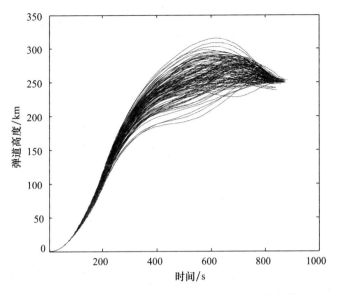

图 12.26 采用 IDF – PCE 朴素蒙特卡罗方法求解的
不确定性下的最优弹道高度

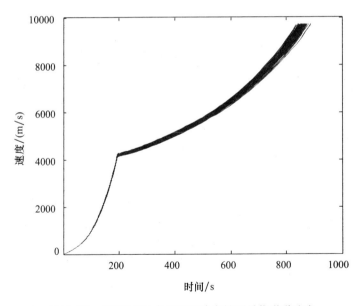

图 12.27 采用 MDF 求解的不确定性下最优弹道速度

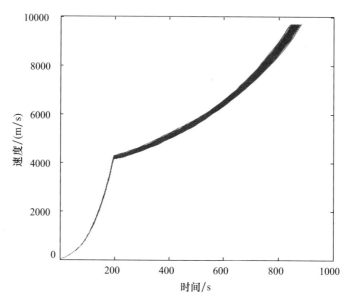

图 12.28 不确定性下的最佳弹道速度—
IDF - PCE 朴素蒙特卡罗方法

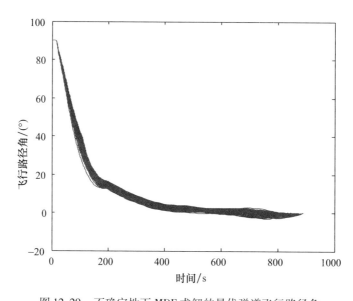

图 12.29 不确定性下 MDF 求解的最优弹道飞行路径角

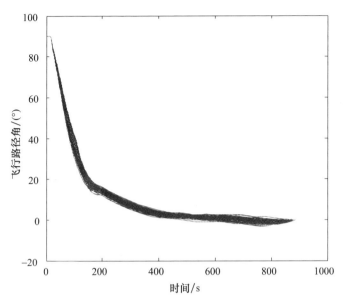

图 12.30　不确定性下 IDF – PCE 朴素蒙特卡罗方法
求解的最优弹道飞行路径角

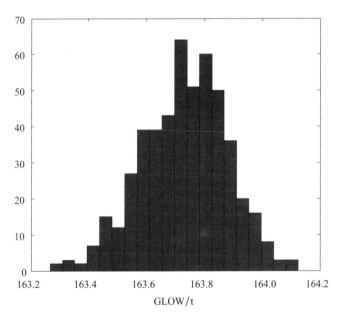

图 12.31　MDF 求解的 GLOW 分布

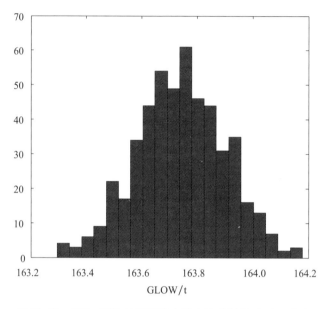

图12.32 IDF-PCE朴素蒙特卡罗方法求解的GLOW分布

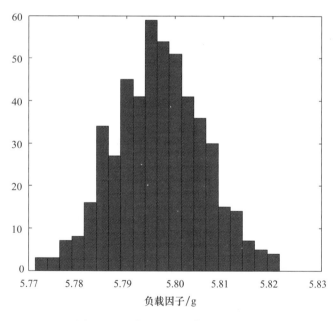

图12.33 采用MDF的负载因子分布

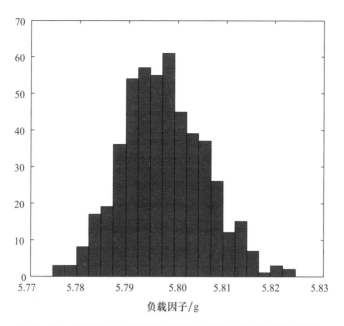

图12.34 采用 IDF – PCE 朴素蒙特卡罗方法的负载因子分布

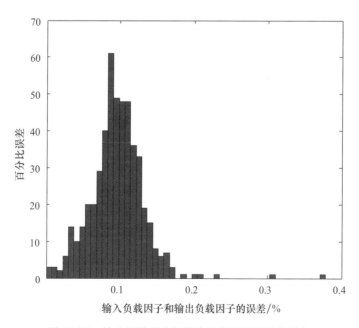

图12.35 输入和输出之间耦合负载因子的误差分布

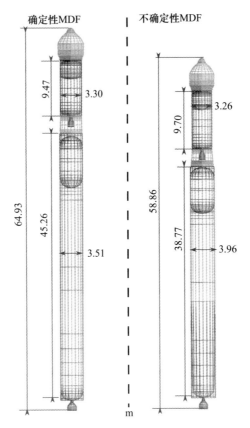

图 12.36　确定性 MDF 与不确定性 MDF 运载火箭优化结果比较

图 12.37　采用 IDF – PCE 设计的最优运载火箭

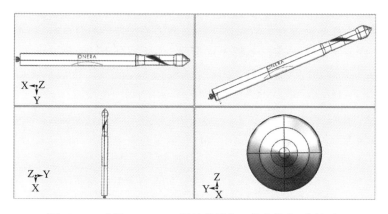

图 12.38　采用 IDF – PCE 设计的最优运载火箭的不同视角

图 12.39　不确定性条件下的三维弹道轨迹

采用 IDF – PCE 求解的最优运载火箭几何形状如图 12.37 和图 12.38 所示。综上所述,提出的方法能够找到与耦合求解方法相同的最优解,同时将学科调用数量减少到 1/11，尤其是在弹道优化方面。

为了突出在早期设计阶段考虑不确定性的重要性，确定性 MDO 问题在求解时要考虑到固定于其平均值上的不确定性，这种情况下，找到的最优 GLOW 为 158.21t。对于确定性优化架构，采用朴素蒙特卡罗方法来传播不确定性，且同 UMDO 问题一样采用 MDA 来处理相同的不确定性。图 12.23 给出了名义入轨高度为 250km 的弹道曲线。图 12.24 给出了朴素蒙特卡罗方法传播不确定性的实际弹道高度曲线。确定性方法优化的运载火箭对不确定性存在鲁棒性差。由于缺乏推进剂来到达目标入轨点，实际入轨高度分散在 200～250km 之间。图 12.25 中给出了找到的解与确定性解相比的稳健性。采用确定性 MDF 和包含不确定性的 MDF 优化结果如图 12.36 所示。可知，通过不确定性下的 MDF 找到的解决方案第一级拥有更大的直径，以携带更多推进剂。然而，其高度并未高于确定性解给出的结果。

12.4.2 多级 UMDO 方法

此运载火箭设计测试实例包括设计一个拥有两级固体动力的一次性探空火箭，从库鲁发射场将 800kg 的有效载荷发射到至少 300km 的高度上。探空火箭沿着抛物线弹道，携带科学仪器进入太空。由于科学仪器在太空中的总时间很短，且探空火箭设计并不复杂，成本较低，使得其成为重型运载火箭的潜在替代品，有时甚至更适合执行科学任务。在考虑的测试实例中，涉及 4 个学科：推进、质量预算与几何形状设计、空气动力与弹道（图 12.40）。探空火箭的设计可以分解为 2 个子系统，每级是一个子系统。本节采用了 MHOU 方法。MHOU 能够将分层设计过程分解为 2 个部分，探空火箭的每一级设计成为一个部分。

1）设计变量和不确定变量

UMDO 问题的目标是极小化探空火箭的 GLOW 值。第 k 个子系统的目标是极小化每一级的质量 M_k 和与质量相关的函数 $\mathbb{E}[M_k(\cdot)]+2\times\sigma[M_k(\cdot)]$（其中 σ 为标准差）。系统级优化的目标是使得两级对 GLOW 的贡献最小化（最小化 GLOW）。该问题有 10 个设计变量，总结如表 12.5 所列。约束 $g_k(\cdot)$ 的不确定性测度是概率测度 $\mathbb{P}[\cdot]$。第二级设计所需的反馈耦合为 $\mathbf{y}_{12}=[h_{\mathrm{fl}},v_{\mathrm{fl}}]^{\mathrm{T}}$，其是第一级与第二级分离时的高度 h_{fl} 与速度 v_{fl} 的函数（图 12.40）。第 i 级的设计约束为 $\mathbf{g}_i=[P_{ei},h_{\mathrm{fi}},N_{\mathrm{fi}}]^{\mathrm{T}}$，包括：

(1) 避免在不同侧裙处喷流发散（$P_{ei}\leqslant 0.4P_a(h)$）。

(2) 第二级远地点的高度为 $h_{\mathrm{fi}}\geqslant 300\mathrm{km}$。

(3) 最大轴向过载 $N_{\mathrm{fi}}\leqslant 5g$。

注：Summerfield 标准（Summerfield，1951），这样能够确保喷流沿着喷嘴，而

不会产生湍流或堵塞喷嘴。P_e 为喷嘴出口处的压力,P_a 为高度 h 处的大气压。

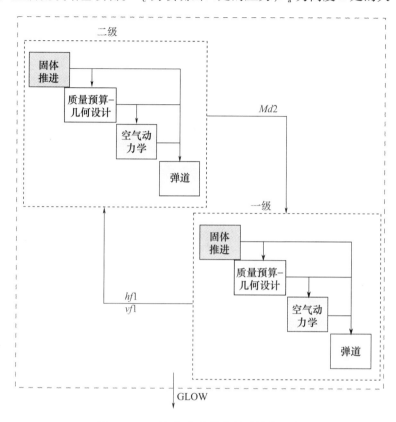

图 12.40　两级探空火箭的设计结构矩阵

表 12.5　两级探空火箭的设计变量

变量	符号	定义域
第一级直径	D_1	[0.5,1.0]m
第一级推进剂质量	Mp_1	[1000,3000]kg
第一级喷管膨胀比	ϵ_1	[1,20]
第一级药柱相对长度	RL_1	[30,80]%
第一级燃烧深度	W_1	[30,80]%
第二级直径	D_2	[0.5,1.0]m
第二级推进剂质量	Mp_2	[1000,3000]kg
第二级喷管膨胀比	ϵ_2	[1,20]
第二级药柱相对长度	RL_2	[30,80]%
第二级燃烧深度	W_2	[30,80]%

第一级不考虑远地点高度(图 12.41 和图 12.42)。

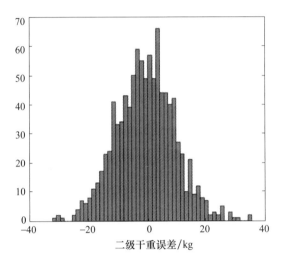

图 12.41 第二级干质量不确定性分布

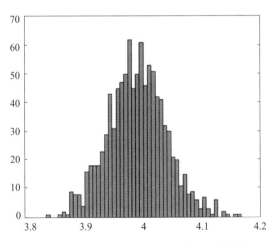

图 12.42 第一级基准回归速系数的不确定性

我们考虑的不确定性变量为第一级的燃烧速率回归系数 $\mathcal{N}(3.99, 0.05)$,单位 $cm/s/MPa^{0.3}$,以及第二级的干质量误差 $\mathcal{N}(0,50)$,单位 kg。通过燃烧速率回归建立的燃烧模型引起了基准探空火箭第一级推力的不确定性(图 12.43)。而任务目标是必须确保有效载荷至少到达 300km 的高度(失效概率为 3×10^{-2})。

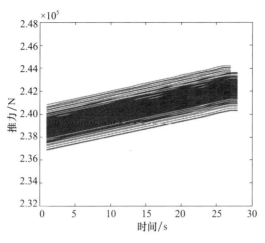

图 12.43 第一级推力的不确定性

2)不确定性下 MDF 的应用

对于 MDF,跨学科系统方程组由收敛的 FPI 进行求解,其收敛准则是输入与输出耦合变量之间的相对误差小于 1%。基于数值实验,通常需要 4 次迭代才能使 FPI 方法公差达到规定的容差。本案例通过基于 1000 个固定随机样本的朴素蒙特卡罗方法传播不确定性,并估计 $\Xi[\cdot]$ 与 $\mathbb{P}[\cdot]$。本案例中,不确定性样本是固定的,用以和需要固定不确定集的多层次方法进行比较。因为优化问题中不存在噪声,在 2 种不同方法的系统级优化中均采用了基于梯度的优化器(序列二次规划)。当学科评估次数达到 5.6×10^6 时,所有的系统级优化停止。MDF 范式的公式可表示为

$$\min \mathbb{E}[\mathrm{GLOW}(z,U)] + 2\sigma[\mathrm{GLOW}(z,U)] \tag{12.15}$$

$$\text{w. r. t. } z = [D_1, M_{p1}, \epsilon_1, \mathrm{RL}_1, W_1, D_2, M_{p2}, \epsilon_2, \mathrm{RL}_2, W_2]^\mathrm{T}$$

$$\text{s. t. } \mathbb{P}[-h_{f2}(z,U) > -300] \leq 3 \times 10^{-2} \tag{12.16}$$

$$\mathbb{P}[P_{e2}(z,U) - 0.4P_a(h) > 0] \leq 3 \times 10^{-2} \tag{12.17}$$

$$\mathbb{P}[N_{f2}(z,U) > 15] \leq 3 \times 10^{-2} \tag{12.18}$$

$$\mathbb{P}[P_{e1}(z,U) - 0.4P_a(h) > 0] \leq 3 \times 10^{-2} \tag{12.19}$$

$$\mathbb{P}[N_{f1}(z,U) > 5] \leq 3 \times 10^{-2} \tag{12.20}$$

$$z_{\min} \leq z \leq z_{\max} \tag{12.21}$$

3)MHOU 的应用

MHOU 范式如下:

(1)系统级

$$\min \sum_{k=1}^{2} \Xi[M_k(z_{\mathrm{sh}}, z_k^*, \boldsymbol{\alpha}, U)] + 2 \times \sigma[M_k(z_{\mathrm{sh}}, z_1^*, z_2^*, \boldsymbol{\alpha}, U)] \tag{12.22}$$

$$\text{w. r. t. } z_{sh}, \boldsymbol{\alpha}$$

$$\text{s. t. } \boldsymbol{J}_{h_{f1}}^*(z_{sh}, z_1^*, \boldsymbol{\alpha}) \leq \epsilon \tag{12.23}$$

$$\boldsymbol{J}_{v_{f1}}^*(z_{sh}, z_1^*, \boldsymbol{\alpha}) \leq \epsilon \tag{12.24}$$

$$\mathbb{P}[-h_{f2}(z_{sh}, z_2^*, \boldsymbol{U}) > -300] \leq 3 \times 10^{-2} \tag{12.25}$$

$$\mathbb{P}[P_{e2}(z_{sh}, z_2^*, \boldsymbol{U}) - 0.4P_a(h) > 0] \leq 3 \times 10^{-2} \tag{12.26}$$

$$\mathbb{P}[N_{f2}(z_{sh}, z_2^*, \boldsymbol{U}) > 15] \leq 3 \times 10^{-2} \tag{12.27}$$

$$\mathbb{P}[P_{e1}(z_{sh}, z_1^*, \boldsymbol{U}) - 0.4P_a(h) > 0] \leq 3 \times 10^{-2} \tag{12.28}$$

$$\mathbb{P}[N_{f1}(z_{sh}, z_1^*, \boldsymbol{U}) > 5] \leq 3 \times 10^{-2} \tag{12.29}$$

$$z_{sh_{\min}} \leq z_{sh} \leq z_{sh_{\max}} \tag{12.30}$$

(2) 子系统级：

第二级

$$\min \Xi[M_2(z_{sh}, z_2, \boldsymbol{\alpha}, \boldsymbol{U})] + 2 \times \sigma[M_2(z_{sh}, z_2, \boldsymbol{\alpha}, \boldsymbol{U})] \tag{12.31}$$

$$\text{w. r. t. } z_2 = [M_{p2}, \epsilon_2, \text{RL}_2, W_2]^T$$

$$\text{s. t. } \mathbb{P}[\boldsymbol{g}_2(z_{sh}, z_2, \boldsymbol{\alpha}, \boldsymbol{U})] \leq 3 \times 10^{-2} \tag{12.32}$$

$$z_{2_{\min}} \leq z_2 \leq z_{2_{\max}} \tag{12.33}$$

给定 $\boldsymbol{y}_{21}$，

第一级

$$\min \Xi[M_1(z_{sh}, z_1, \boldsymbol{\alpha}, \boldsymbol{U})] + 2 \times \sigma[M_1(z_{sh}, z_1, \boldsymbol{\alpha}, \boldsymbol{U})] \tag{12.34}$$

$$\text{w. r. t. } z_1 = [D_1, M_{p1}, \epsilon_1, \text{RL}_1, W_1]^T$$

$$\text{s. t. } \mathbb{P}[\boldsymbol{g}_1(z_{sh}, z_1, \boldsymbol{\alpha}, \boldsymbol{U})] \leq 3 \times 10^{-2} \tag{12.35}$$

$$\boldsymbol{J}_{h_{f1}} = \int_{\Omega} [h_{f1}(z_{sh}, z_1, \boldsymbol{y}_{21}, \boldsymbol{u}_1) - \hat{h}_{f1}(\boldsymbol{u}, \boldsymbol{\alpha}^{(12)})]^2 \phi(\boldsymbol{u}) \mathrm{d}\boldsymbol{u} \leq \epsilon \tag{12.36}$$

$$\boldsymbol{J}_{v_{f1}} = \int_{\Omega} [v_{f1}(z_{sh}, z_1, \boldsymbol{y}_{21}, \boldsymbol{u}_1) - \hat{v}_{f1}(\boldsymbol{u}, \boldsymbol{\alpha}^{(12)})]^2 \phi(\boldsymbol{u}) \mathrm{d}\boldsymbol{u} \leq \epsilon \tag{12.37}$$

$$z_{1_{\min}} \leq z_1 \leq z_{1_{\max}} \tag{12.38}$$

式中：$z_{sh} = D_2$ 为第二级直径；$\boldsymbol{g}_2(\cdot) = [P_{e2}(\cdot), h_{f2}(\cdot), N_{f2}(\cdot)]^T$，且 $\boldsymbol{g}_1(\cdot) = [P_{e1}(\cdot), N_{f1}(\cdot)]^T$。第二级优化问题最优解得到的第二级质量实现的集合是第一级优化问题的前馈耦合 $\boldsymbol{y}_{21}$。为了分层依次对第二级和第一级进行优化，前馈耦合必须从第二级传递到第一级。为了保持两级优化之间的一致性，需要在优化过程中一直使用一组不确定变量的实现。而这组不确定性变量同时用于 MDF 方法一致性的比较。两级分离时刻的高度与速度是从第一级到第二级解耦的反馈耦合变量。根据总展开阶数为 2 阶 $\left(\dim(\boldsymbol{\alpha}) = \dfrac{(2+2)!}{2! \ 2!} = 6\right)$ 的埃尔米特插值多项式乘积，对这些变量混沌多项式展开进行分解。因此，系统层面的设计空间维度为 13,第二级为 4,第一级为 5。跨学科耦合约束 j_{hf1} 与 j_{vf1} 必须小于 $\epsilon = 1\%$,以确保 MDF 中的跨学科耦合得到满足。

4) IDF – PCE 的应用

IDF – PCE 方法在处理跨学科耦合(相同程度的分解,相同的反馈耦合)方面与 MHOU 相似,但其是单级的方法,方程可表示为

$$\min \mathbb{E}[\text{GLOW}(z,\alpha,U)] + 2\sigma[\text{GLOW}(z,\alpha,U)] \quad (12.39)$$

$$\text{w. r. t.} \quad z,\alpha$$

$$\text{s. t.} \quad J_{h_{f1}}(z,\alpha) \leq \epsilon \quad (12.40)$$

$$J_{v_{f1}}(z,\alpha) \leq \epsilon \quad (12.41)$$

$$\mathbb{P}[-h_{f2}(z,U) > -300] \leq 3 \times 10^{-2} \quad (12.42)$$

$$\mathbb{P}[P_{e2}(z,U) - 0.4P_a(h) > 0] \leq 3 \times 10^{-2} \quad (12.43)$$

$$\mathbb{P}[N_{f2}(z,U) > 5] \leq 3 \times 10^{-2} \quad (12.44)$$

$$\mathbb{P}[P_{e1}(z,U) - 0.4P_a(h) > 0] \leq 3 \times 10^{-2} \quad (12.45)$$

$$\mathbb{P}[N_{f1}(z,U) > 5] \leq 3 \times 10^{-2} \quad (12.46)$$

$$z_{\min} \leq z \leq z_{\max} \quad (12.47)$$

对于二级火箭的所有设计变量 z 均由系统级优化器得到的混沌多项式展开系数 α 控制。

5) 结果

CMA – ES 可以在 MHOU 的子系统级别上使用。这 3 个问题从相同的可行基准开始进行优化(图 12.44)。基准设计方案对应于通过确定性 MDF 方法发现的两级探空火箭最优方案(图 12.45)。然而,如图 12.46 和图 12.47 所示,此

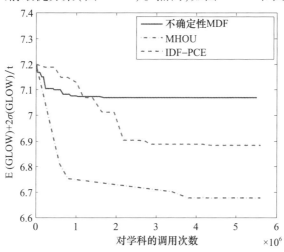

图 12.44 满足约束条件的收敛曲线

方案对不确定性的鲁棒性不强。事实上,确定性最优方案并不能实现在入轨高度为 300km 时的失效概率低于 3×10^{-2},其失效概率约为 70%。

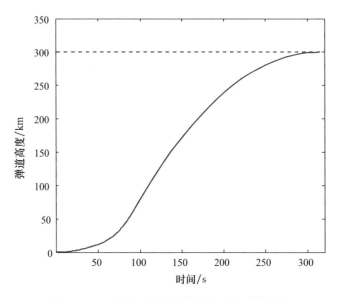

图 12.45　无不确定性的最优探空火箭弹道高度

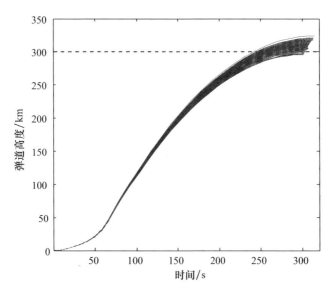

图 12.46　MHOU 方法给出的最优探空火箭弹道高度

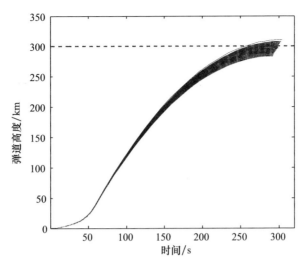

图 12.47 确定性优化的最优探空火箭在存在不确定性情况下的弹道高度

基于基准方案,采用 MDF、IDF-PCE 与 MHOU 进行了不确定条件下的方案优化。探空火箭优化结果汇总如表 12.6 所列。对于给定次数的学科评估而言,相比 MDF 得到的 7.07t 的结果,MHOU(6.68t)与 IDF-PCE(6.88t)方法对目标函数的优化结果更好(图 12.44)。MDF、IDF-PCE 与 MHOU 给出的解决方案均满足约束条件,尤其是远地点高度为 300km 的约束,MHOU 优化的结果如图 12.46 所示。仅有 2.9% 的弹道没有达到所需的远地点高度。此外,MHOU 能确保跨学科的反馈耦合得到满足,正如分别用耦合和解耦的 MHOU 方法得到的最优解中耦合比较结果所示。采用 IDF-PCE 方法也能得到相同的耦合满足程度。采用 MHOU 优化的分离高度与速度分布与利用 MDA 或 MHOU 求得的结果相似(图 12.48~图 12.51)。此外,分离高度和速度的跨学科耦合误差如图 12.52 和图 12.53 所示。耦合误差通常小于 2%,集中在 0~0.5% 之间。系统级的设计空间维度从 MDF 的 10 增加到 MHOU 的 13;然而,MHOU 能够实现多层次优化,其中每一级的子系统都能处理其本层级的设计变量。对于 IDF-PCE,系统级设计空间维度为 22。由于采用了 2 个优化层级,在测试实例中 MHOU 能够收敛到比 IDF-PCE 更好的最优值,同时能够为每级的工程团队提供解耦的设计策略和自主性。MHOU 的三维轨道如图 12.54 所示。

表 12.6 采用 MDF,MHOU 和 IDF-PCE 方法的两级探空火箭设计结果

结果	MDF	MHOU	IDF-PCE
$E[\mathrm{GLOW}]+2\sigma[\mathrm{GLOW}]$	7.07t	6.68t	6.88t

续表

结果		MDF	MHOU	IDF - PCE
设计变量		$D_1 = 0.75$m	$D_1 = 0.79$m	$D_1 = 0.72$m
		$Mp_1 = 2850$kg	$Mp_1 = 2659$kg	$Mp_1 = 2729$kg
		$\epsilon_1 = 4.4$	$\epsilon_1 = 9.24$	$\epsilon_1 = 12.7$
		$RL_1 = 69.4\%$	$RL_1 = 30.7\%$	$RL_1 = 42.3\%$
		$W_1 = 66\%$	$W_1 = 43.5\%$	$W_1 = 41.8\%$
		$D_2 = 0.76$m	$D_2 = 0.75$m	$D_2 = 0.79$m
		$Mp_2 = 2395$kg	$Mp_2 = 2287$kg	$Mp_2 = 2402$kg
		$\epsilon_2 = 9.97$	$\epsilon_2 = 17.14$	$\epsilon_2 = 12.3$
		$RL_2 = 69.5\%$	$RL_2 = 41.0\%$	$RL_2 = 40.5\%$
		$W_2 = 65.9\%$	$W_2 = 63.9\%$	$W_2 = 61.1\%$
耦合约束		$\lvert c_{hfl} - y_{hfl} \rvert / c_{hfl} \leqslant 1\%$	$J_{hfl} \leqslant 0.31\%$	$J_{hfl} = 0.42\%$
		$\lvert c_{rfl} - y_{rfl} \rvert / c_{rfl} \leqslant 1\%$	$J_{rfl} \leqslant 0.24\%$	$J_{rfl} = 0.19\%$
任务约束P_f		2.8×10^{-2}	2.9×10^{-2}	2.9×10^{-2}
设计空间维度		10	22(13+4+5)	22

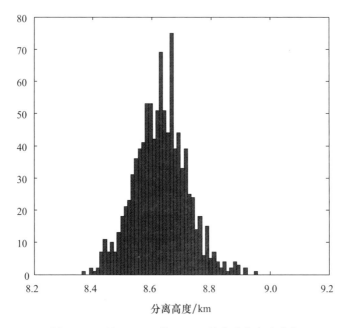

图 12.48 基于 MDA 的 MHOU 最优分离高度分布

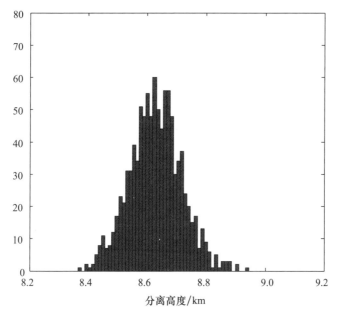

图 12.49 MHOU 最优分离高度分布

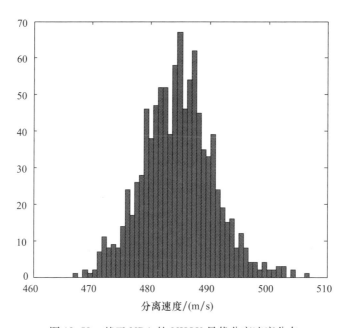

图 12.50 基于 MDA 的 MHOU 最优分离速度分布

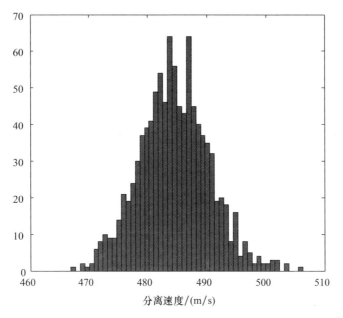

图 12.51　MHOU 最优分离速度分布

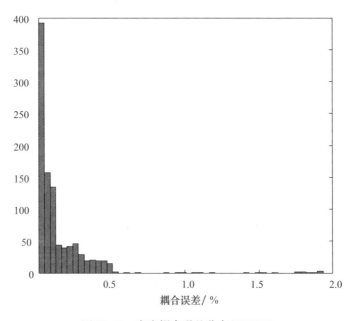

图 12.52　高度耦合误差分布(MHOU)

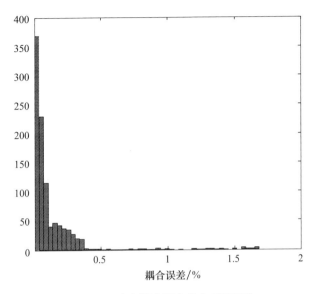

图 12.53　速度耦合误差分布(MHOU)

图 12.54　不确定性下最优探空火箭三维弹道

12.5　一次性和重复使用运载火箭设计中的多目标优化

正如 12.2.1 节所述,能够满足不同任务需求、具有灵活性和可重复使用性能的运载火箭,是降低发射成本的关键推动因素。多任务问题可以描述为多目标 MDO 问题。此应用实例专注于为两个具有共同特性的不同任务设计一族火箭。考虑到学科仿真相关的计算成本,使用了多目标贝叶斯优化(见第 8 章)对测试用例进行优化。解决的多任务问题考虑了以下两个任务:①将中等有效载荷送入 SSO 轨道且第一级使用滑翔返回策略回收的可重复使用火箭；②将重型有效载荷送入 GTO 的一次性火箭。

12.5.1 单级多目标 MDO 方法

为了设计用于 2 种任务的可重复使用运载火箭,我们建立了一个多目标 MDO 问题。可重复使用运载火箭与一次性运载火箭采用了相同的第一级与第二级,二者的区别在于一次性运载火箭缺少可重复使用装置,所有推进剂都用于有效载荷入轨。此外,一次性火箭采用固体助推器来增大 GTO 任务的推力。重复使用火箭的优化目标是使得 GLOW 最小,而对于一次性火箭,优化目标是使得入轨有效载荷最大(图 12.55)。由于两个任务采用了相同的火箭级配置(除了重复使用装置),因此这两级的大小取决于最大入轨载荷。因此,两个任务之间存在 MDO 耦合,并带来了相应的设计问题(图 12.56)。

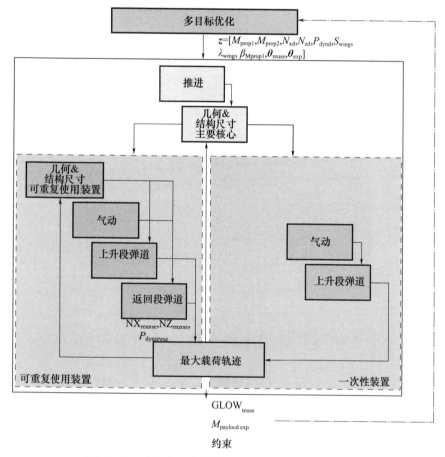

图 12.55　多任务运载火箭设计的单级解耦 MDO 方法

推进、几何形状和结构尺寸是确保两种配置一致的核心学科。在重复使用的配置中,存在该配置结构尺寸一致的特定模块。一个被称为"最大弹道过载"的模块负责比较两种火箭在弹道上的过载,并取最大值为最大约束来调整火箭尺寸。实际上,为了避免两个任务之间的 MDA 循环,移除了两种配置之间的耦合变量,并通过优化器和设计变量在系统级加以控制。单级多目标解耦的 MDO 问题如图 12.56 所示。

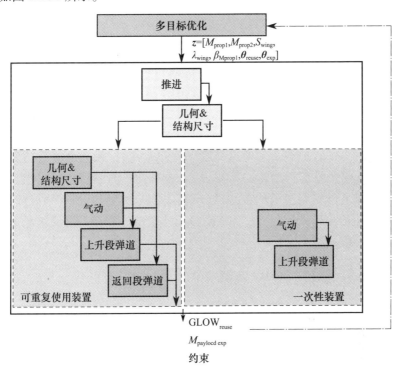

图 12.56 多任务火箭设计的单级耦合 MDO 方法

$$\min f(z) = [\text{GLOW}_{\text{reuse}}(z), -\text{Mpaylaod}_{\text{exp}}(z)] \quad (12.48)$$

w. r. t. $z = [M_{\text{prop1}}, M_{\text{prop2}}, S_{\text{wing}}, \lambda_{\text{wing}}, \beta_{\text{Mprop1}}, \boldsymbol{\theta}_{\text{reuse}}, \boldsymbol{\theta}_{\text{exp}}, NX_d, NZ_d, \text{Pdyn}_d]$

$$\text{s. t. } |h_{\text{apogee}_{\text{exp}}}(z) - h^t_{\text{apogee}_{\text{exp}}}| \leq \epsilon_{h_a} \quad (12.49)$$

$$|h_{\text{perigee}_{\text{exp}}}(z) - h^t_{\text{perigee}_{\text{exp}}}| \leq \epsilon_{h_p} \quad (12.50)$$

$$NX_{\max_{\text{exp}}}(z) \leq NX^t_{\max_{\text{exp}}} \quad (12.51)$$

$$\text{Pdyn}_{\max_{\text{exp}}}(z) \leq \text{Pdyn}^t_{\max_{\text{exp}}} \quad (12.52)$$

$$\text{Flux}_{\max_{\text{exp}}}(z) \leq \text{Flux}^t_{\max_{\text{exp}}} \quad (12.53)$$

$$\alpha_{\max_{\text{exp}}}(z) \leq \alpha^t_{\max_{\text{exp}}} \quad (12.54)$$

$$|h_{\text{apogee}_{\text{reuse}}}(z) - h^t_{\text{apogee}_{\text{reuse}}}| \leq \epsilon_{h_a} \quad (12.55)$$

$$|h_{\text{perigee}_{\text{reuse}}}(z) - h^t_{\text{perigee}_{\text{reuse}}}| \leqslant \epsilon_{h_p} \quad (12.56)$$

$$\text{NX}_{\max_{\text{reuse}}}(z) \leqslant \text{NX}^t_{\max_{\text{reuse}}} \quad (12.57)$$

$$\text{NZ}_{\max_{\text{reuse}}}(z) \leqslant \text{NZ}^t_{\max_{\text{reuse}}} \quad (12.58)$$

$$\text{Pdyn}_{\max_{\text{reuse}}}(z) \leqslant \text{Pdyn}^t_{\max_{\text{reuse}}} \quad (12.59)$$

$$\text{Flux}_{\max_{\text{reuse}}}(z) \leqslant \text{Flux}^t_{\max_{\text{reuse}}} \quad (12.60)$$

$$d_{\text{sitemax}_{\text{reuse}}}(z) \leqslant d^t_{\text{sitemax}_{\text{reuse}}} \quad (12.61)$$

$$z_{\min} \leqslant z \leqslant z_{\max} \quad (12.62)$$

式中：$z \in \mathbf{R}^{38}$ 为设计变量向量；$\boldsymbol{\theta}_{\text{reuse}}$ 与 $\boldsymbol{\theta}_{\text{exp}}$ 为弹道模型控制向量，包括不同弹道阶段（重复使用任务的上升和返回）的俯仰角、攻角和偏航角；S_{wing} 与 λ_{wing} 为重复使用主翼的表面积与纵横比。β_{Mprop1} 为第一级的推进剂质量 M_{prop1} 分配给返回控制的分量。这部分推进剂不用于上升段，而专门用于返回段，使火箭发动机产生反向的水平推力以降低速度。在这个多目标问题中考虑到了几个不等式约束。它们包括两个任务的近地点及远地点高度（h_{apogee}，h_{perigee}），最大可承受载荷（轴向（NX）、横向（NZ）、动压力（Pdyn）和热流）。此外，在返回轨迹优化问题中加入了一个表示到着陆点距离的约束条件（包括高度与距离）。所有约束都是针对最大超出阈值给出的。M_{prop1}、M_{prop2}、NX_d、NZ_d 与 Pdyn_d 对于两种火箭是通用的。载荷用于每一级火箭的定型（见 12.2.3 节）。

12.5.2 多级多目标 MDO 方法

由于设计空间的尺寸为 $z \in \mathbf{R}^{38}$ 且非凸，以及这一多目标优化问题解在整个设计空间上可行域的比例，用单级方法来求解会十分复杂（见单级 MDO 方法的应用"结果分析与讨论"一节）。实际上，入轨（近地点和远地点高度）和返回弹道的约束（到发射场的距离、能够允许的过载等）非常苛刻，难以满足。为了高效地解决这一设计问题，人们提出了多级 MDO 方法。在系统层级上，贝叶斯优化器控制两种配置之间共享的决策变量，而在子系统层级上，求解两个 MDO 问题：1 个用于一次性火箭设计，1 个用于可重复使用火箭设计，以满足系统级的约束。两个子系统优化器控制着单一对应于考虑配置的设计变量。多级方法能够将复杂的问题分散到不同专业子问题的优化。

提出的多级方法公式为

（1）系统级。

$$\min f(z) = [\text{GLOW}_{\text{reuse}}(z^*), -\text{Mpaylaod}_{\text{exp}}(z^*)] \quad (12.63)$$

$$\text{w. r. t.} \quad z^* = [M_{\text{prop1}}, M_{\text{prop2}}, \text{NX}_d, \text{NZ}_d, \text{Pdyn}_d]$$

$$\text{s. t.} \quad J_{\text{cons}_{\text{exp}}}(z^*) \leqslant \epsilon_{\text{exp}} \quad (12.64)$$

$$J_{\text{cons}_{\text{reuse}}}(z^*) \leq \epsilon_{\text{reuse}} \tag{12.65}$$

$$z_{\min}^* \leq z^* \leq z_{\max}^* \tag{12.66}$$

(2) 子系统级

$$\min - \text{Mpayload}_{\exp}(z, z^*)$$

$$\text{w.r.t. } z = [\delta_{M_{\text{prop1}}}, \delta_{M_{\text{prop2}}}, \theta_{\exp}]$$

$$\text{s.t. } |h_{\text{apogee}_{\exp}}(z, z^*) - h_{\text{apogee}_{\exp}}^t| \leq \epsilon_{h_a}$$

$$|h_{\text{perigee}_{\exp}}(z, z^*) - h_{\text{perigee}_{\exp}}^t| \leq \epsilon_{h_p}$$

$$\text{NX}_{\max_{\exp}}(z, z^*) \leq \text{NX}_{\max_{\exp}}^t$$

$$\text{Pdyn}_{\max_{\exp}}(z, z^*) \leq \text{Pdyn}_{\max_{\exp}}^t$$

$$\text{Flux}_{\max_{\exp}}(z, z^*) \leq \text{Flux}_{\max_{\exp}}^t$$

$$\alpha_{\max_{\exp}}(z) \leq \alpha_{\max_{\exp}}^t$$

$$z_{\min} \leq z \leq z_{\max}$$

$$\min \text{GLOW}_{\text{reuse}}(z, z^*)$$

$$\text{w.r.t. } z = [\delta_{M_{\text{prop1}}}, \delta_{M_{\text{prop2}}}, S_{\text{wing}}, \lambda_{\text{wing}}, \beta_{M_{\text{prop1}}}, \theta_{\text{reuse}}]$$

$$\text{s.t. } |h_{\text{apogee}_{\exp}}(z, z^*) - h_{\text{apogee}_{\exp}}^t| \leq \epsilon_{h_a}$$

$$|h_{\text{apogee}_{\text{reuse}}}(z, z^*) - h_{\text{apogee}_{\text{reuse}}}^t| \leq \epsilon_{h_a}$$

$$|h_{\text{perigee}_{\text{reuse}}}(z, z^*) - h_{\text{perigee}_{\text{reuse}}}^t| \leq \epsilon_{h_p}$$

$$\text{NX}_{\max_{\text{reuse}}}(z, z^*) \leq \text{NX}_{\max_{\text{reuse}}}^t$$

$$\text{NZ}_{\max_{\text{reuse}}}(z, z^*) \leq \text{NZ}_{\max_{\text{reuse}}}^t$$

$$\text{Pdyn}_{\max_{\text{reuse}}}(z, z^*) \leq \text{Pdynt}_{\max_{\text{reuse}}}^t$$

$$\text{Flux}_{\max_{\text{reuse}}}(z, z^*) \leq \text{Flux}_{\max_{\text{reuse}}}^t$$

$$d_{\text{site max}_{\text{reuse}}}(z, z^*) \leq d_{\text{site max}_{\text{reuse}}}^t$$

$$z_{\min} \leq z \leq z_{\max}$$

此方法将全局问题分解为 3 个容易解决的优化问题。在系统层级上，控制 2 种运载火箭的推进剂质量，以及 2 种火箭必须满足的定型载荷（轴向载荷、横向载荷、动压）。第 1 级与第 2 级的定型由 2 种运载火箭中最大的载荷来确定。实际上，由于第一级既能够用于一次性火箭任务，也能用于可重复使用火箭任务，其大小必须满足这 2 种类型的弹道。因此，通过在系统层级上控制这些变量，能够确保第 1 级与第 2 级的干质量（如推进剂贮箱、发动机机架、裙板、级间段、发动机、子系统）在 2 个任务中是相同的（重复使用任务的重复性组件除外）。此外，通过在系统级控制定型载荷，能够对弹道及外形几何学科进行解耦，以避免求解 MDA 及各学科之间的 FPI（见 12.5.3）。系统层级上，要处理 2 个约束（$J_{\text{cons}_{\exp}}$, $J_{\text{cons}_{\text{reuse}}}$），并对子系统级的约束进行汇集，以确保找到的解决方案在尺寸约束与弹道和几何尺寸的耦合方面是可行的。在子系统层级上,每一优化问题控制着特定的、与任务相关的决策变量。$\delta_{M_{prop1}} \in [0.9, 1.0]$ 与 $\delta_{M_{prop2}} \in [0.9, 1.0]$ 表示辅助推进剂质量变量,它们能够为解决优化问题带来更大的灵活度,且不使用系统级优化器提供的推进剂质量余量。多任务运载火箭设计的多级 MDO 方法如图 12.57 所示。

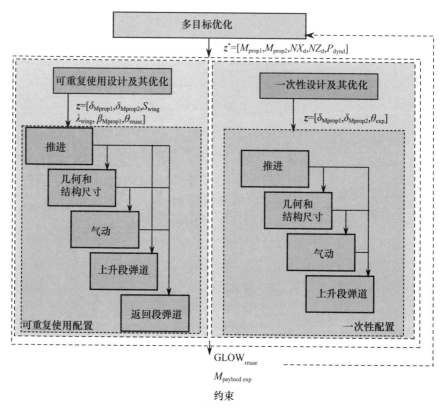

图 12.57 多任务运载火箭设计的多级 MDO 方法

这种多层次的 MDO 过程能够找到满足约束条件的候选解;然而,它增加了系统级每次迭代的计算成本,证明了贝叶斯优化和对多目标问题使用 EGO 推导的必要性。实际上,系统级的迭代涉及子系统级的 2 个优化问题解决方案。即使这些子系统问题比完整的设计问题更容易解决,他们仍然给定系统级设计变量 z^* 计算,来找到最优子系统设计 z。

12.5.3 多目标 MDO 结果和讨论

1)多层级、多任务 MDO 方法的配置

提出的多层次与多任务 MDO 方法需要优化控制每个任务特定设计变量的

子系统问题。为了优化子系统问题,我们使用了 CMA – ES 优化算法(Hansen 与 Ostermeier,1996)(见第 5 章),以应对非凸目标函数/约束函数及存在多个最小值的情况。实际上,通过使用具有不同初始值的经典 SQP 算法,优化结果收敛到不同的局部最小值,导致较低层级的非稳健收敛。图 12.58 给出了给定系统级设计变量向量情况下,采用不同的 SQP 初始值、重复 20 次的一次性子系统问题设计结果箱线图。最大有效载荷的目标函数收敛范围在 2.75 ~ 4.25t 之间,显然它对于初始值是敏感的。

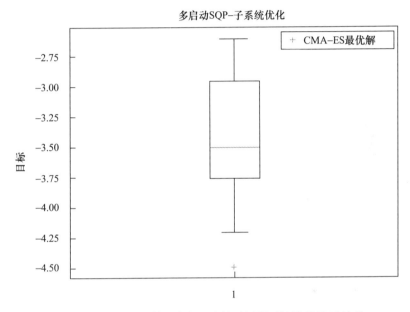

图 12.58　使用 SQP 算法求解一次性子问题时随机重复 20 次的最优目标函数箱线图

相反的是,通过探索设计空间,CMA – ES 方法成功找到了比基于梯度方法更好的方案,且在初始化方面(未知的,且位于设计空间的中部)更具稳健性。采用并行化的 CMA – ES 方法来评估每个候选解,以提高子系统问题求解的计算效率。采用惩罚方法来控制子系统级优化问题的约束。

图 12.59 与图 12.60 给出了使用 CMA – ES 算法的一次性火箭优化子问题的目标函数(图 12.59)与设计变量(图 12.60)收敛图。在子系统层级上,通过大约 250 次 CMA – ES 迭代设计变量值与惩罚目标函数收敛。随着对设计空间的探索,CMA – ES 算法成功找到了在给定系统级设计变量的情况下,一次性与可重复使用火箭较低层级的最优解。

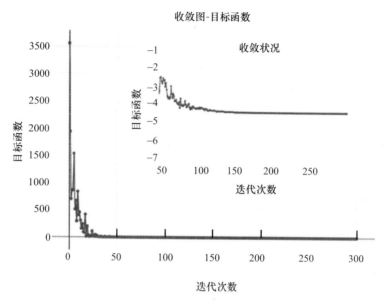

图 12.59 一次性火箭设计目标函数收敛曲线(CMA - ES)

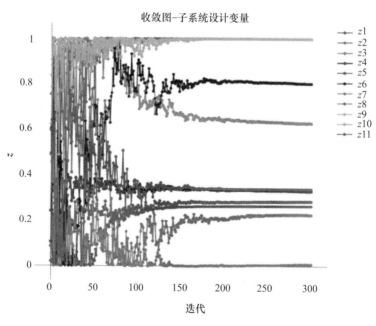

图 12.60 一次性火箭设计的设计变量收敛曲线(CMA - ES)(见彩图)

2)结果分析与讨论

为了说明多级 MDO 方法的必要性,使用 OMOPSO 算法实现了 12.5.1 节中提到的单级解耦算法(Sierra 和 Coello,2005)。PSO(Eberhart 和 Kennedy,1995)是一种仿鸟群或鱼群社会行为的仿生元启发式算法。在 PSO 算法中,解被表示为群中具有确定位置和速度的粒子。给定某一代的粒子位置就定义了这一代决策变量的值,其可以使用一个被称为速度方程的公式来计算。此方程表示了两代粒子之间的位置变化。它的计算是当前粒子最优位置与所有粒子全局最优位置之间的平衡。在 PSO 处理多目标问题时,主要区别是最佳个体的概念。单一目标的情况下,只能得到一个最佳值,在多目标问题中,可以得到几个一样好的解。扩展这一概念的一种自然方法是将每一个历经几代的非主导地位的解作为领导者。在更新领导者的过程中,非主导粒子被保持在领导者集合中。在 OMOPSO 中,思路是使用基于种群距离的二元竞赛法则为每个粒子选择一个前导粒子。也就是说,对于每个粒子,从领导集中随机选择 2 个解决方案,然后选择种群距离最大的解。有关 OMOPSO 的更多细节,见 Sierra 和 Coello (2005)。

考虑 20 个个体的种群,OMOPSO 进行 500 次迭代,对应于子系统耦合模型的 10000 次评估(对于可重复使用和一次性火箭配置)。在所有的评估中,只有大约 10% 的解在满足系统级约束的情况下是可行的(图 12.61)。此外,使用单级框架的 OMOPSO 找到的帕累托前沿与利用 EGO 多层次框架得到的帕累托前沿有很大的不同(图 12.62 ~ 图 12.64)。

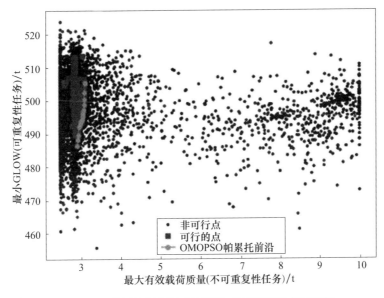

图 12.61　使用单级框架 OMOPSO 的可行解和非可行解

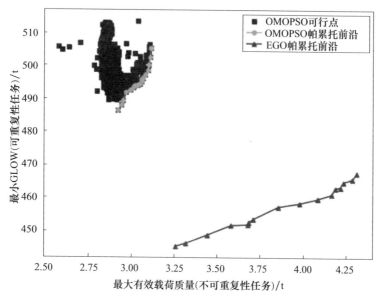

图 12.62 帕累托前沿的比较:青色为 OMOPSO(单级框架),
红色为 EGO(多级框架)(见彩图)

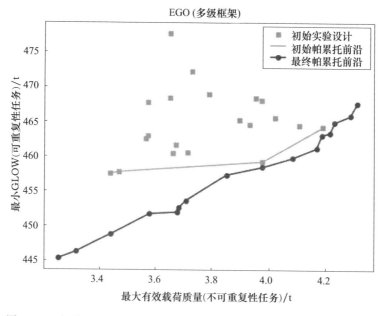

图 12.63 初始实验设计样本以及使用多级 EGO 的初始与最终帕累托前沿

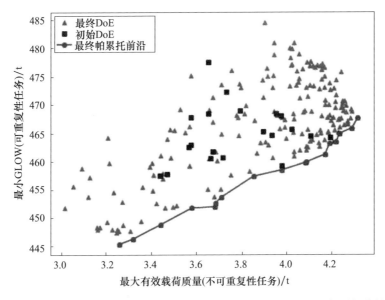

图 12.64 多级 EGO 方法的初始与最终实验设计样本以及最终的帕累托前沿

提出的多级 MDO 方法从由 LHS(5 维)生成的大小为 20 个样本点的初始实验设计开始,运行 200 次迭代后停止。对提出的多级 MDO 方法与参考 OMOPSO 优化算法得到的帕累托前沿进行了比较(图 12.65 与图 12.66)(Sierra 和 Coello,2005)。OMOPSO 有 20 个个体,在停止前运行了 11 次迭代(因此,OMOPSO 和 EGO 具有相同数量的精确 MDA 评估),并与多目标 EGO 进行了比较。为了评

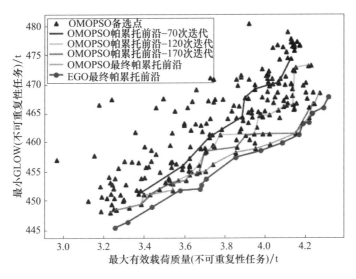

图 12.65 多级 OMOPSO 方法的帕累托前沿演化(见彩图)

估对于初始实验设计(或 OMOPSO 的初始种群)的鲁棒性,我们对多层 MDO 方法与 OMOPSO 优化方法进行了 3 次重复实验(图 12.67)。

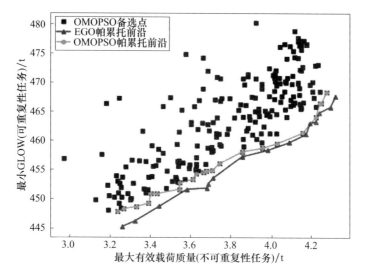

图 12.66　多目标 EGO 与 OMOPSO 方法的超体积演化比较

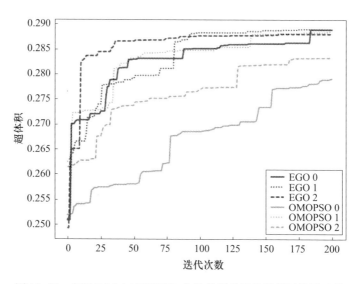

图 12.67　多级 EGO 与 OMOPSO 方法得到的最终帕累托前沿比较

从 3 次重复实验可知,与 OMOPSO 相比,提出的多级 MDO 方法能够在 220 次精确 MDA 评估(20 个实验设计初始样本与 200 次多目标 EGO 迭代)后找到更好的帕累托前沿。此外,与 OMOPSO 对初始种群的鲁棒性相比,提出的方法对初始实验设计样本更具鲁棒性。事实上,在 3 次重复实验中,多级 MDO 方法以相同的超体积值(约0.278)结束,而 OMOPSO 算法在最终的超体积上呈现出较大的变化(0.275~0.287),如图 12.67 所示。3 次重复实验的帕累托前沿结果如图 12.68 所示。

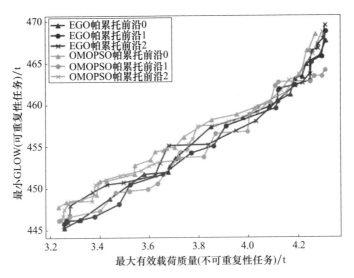

图 12.68　多目标 EGO 与 OMOPSO 的帕累托前沿比较(见彩图)

为了进一步分析结果,第一次重复实验中样本规模为 20 的初始实验设计决定的初始帕累托前沿如图 12.63 所示。提出的方法成功增加了设计点,以改善超体积(图 12.67)与最终帕累托前沿(图 12.64)。EGO 得到的最终帕累托前沿比 OMOPSO 的好。此外,对于帕累托前沿,没有 OMOPSO 点主导 EGO 点。如图 12.67 所示,EGO 超体积总是好于 OMOPSO,即使差距随着迭代减小,在优化过程结束时仍然存在较大的差异。

相比于 OMOPSO,多级 MDO 方法能够在有限次精确函数评估后给出更好的帕累托前沿。此外,使用多级方法能够克服在重复使用运载火箭设计中约束不好满足的困难。最终帕累托前沿提供了在多任务运载火箭设计中做出明智决策的关键要素。实际上,由于一次性到 GTO 轨道的任务增加了载荷要求,提出的设计过程为可重复使用火箭完成 SSO 任务所需的 GLOW 设计提供了量化依据。

12.6　总结

本章采用了第 7 章中提出的不同 UMDO 技术,用于不同运载火箭的设计问题,强调了在复杂航空航天器设计过程中考虑不确定性的重要性。不确定性条件下航空航天飞行器的设计包含了本书中介绍的所有步骤:不确定性建模、不确定性传播(可靠性分析、灵敏度分析等)、MDO 框架与耦合管理,直到优化问题得到解决。在运载火箭的设计问题中,弹道学科十分重要,特别是存在不确定性的情况下。因为随着时间的推移,这些不确定性被累加,直到巨大的潜在差异。在运载火箭设计中考虑不确定性是一个极具挑战的问题,需要先进的 MDO 方法,如 MDO 框架、代理模型、优化算法等。处理复杂的航空航天系统,如需要重复使用的运载火箭,除了要考虑各学科之间的耦合外,还需要考虑弹道不同阶段之间的耦合(如上升段与下降段)。此外,在多任务设计的情况下,MDO 会带来多目标 MDO 问题,需要适当的方法来找到火箭架构和任务之间的权衡。

参考文献

Audet, C. and Dennis Jr, J. E. (2002). Analysis of generalized pattern searches. *SIAM Journal on Optimization*, 13(3):889-903.

Blair, J., Ryan, R., and Schutzenhofer, L. (2001). *Launch vehicle design process: characterization, technical integration, and lessons learned*. NASA/TP-2001-210992, NASA, Langley Research Center.

Castellini, F. (2012). Multidisciplinary design optimization for expendable launch vehicles.

Denis, P. (1998). ONERA's aerodynamic prediction code - missile. In *RTO/AGARD, Symposium on Missile Aerodynamics, Sorrento, Italy, May 11-14, 1998, ONERA, TP*, number 1998-56.

Eberhart, R. and Kennedy, J. (1995). A new optimizer using particle swarm theory. In *Sixth IEEE International Symposium on Micro Machine and Human Science, Nagoya, Japan*.

Hansen, N. and Ostermeier, A. (1996). Adapting arbitrary normal mutation distributions in evolution strategies: The covariance matrix adaptation. In *1996 IEEE International Conference on Evolutionary Computation (CEC), Nagoya, Japan*.

Hartfield, R., Jenkins, R., Burkhalter, J., and Foster, W. (2003). A review of analytical methods for solid rocket motor grain analysis. In *39th AIAA/ASME/SAE/ASEE Joint Propulsion Conference and Exhibit, Huntsville, AL, USA*.

Jaeger, L., Gogu, C., Segonds, S., and Bes, C. (2013). Aircraft multidisciplinary design optimization under both model and design variables uncertainty. *Journal of Aircraft*, 50(2):528-538.

Martins, J. R. R. A. and Lambe, A. (2013). Multidisciplinary design optimization: a survey of architectures. *AIAA Journal*, 51(9):2049-2075.

McBride, B. J. and Gordon, S. (1996). *Computer Program for Calculation of Complex Chemical Equilibrium Compositions and Applications: II*. National Aeronautics and Space Administration, Office of Management.

Pedregosa, F., Varoquaux, G., Gramfort, A., Michel, V., Thirion, B., Grisel, O., Blondel, M., Prettenhofer, P., Weiss, R., Dubourg, V., et al. (2011). Scikit-learn: Machine learning in python. *Journal of machine learning research*, 12(Oct):2825 – 2830.

Ricciardi, A. (1989). Complete geometrical analysis of cylindrical star grains. In *25th Joint Propulsion Conference*, Monterey, CA, USA.

Rohrschneider, R. and Olds, J. (2001). A comparison of modern and historic mass estimating relationships on a two stage to orbit launch vehicle. In *AIAA Space 2001 Conference and Exposition*, Atlanta, GA, USA, page 4542.

Sierra, M. R. and Coello, C. A. C. (2005). Improving PSO – based multi – objective optimization using crowding, mutation and epsilon – dominance. In *International Conference on Evolutionary Multi – Criterion Optimization*, Guanajuato, Mexico.

Summerfield, M. (1951). A theory of unstable combustion in liquid propellant rocket systems. *Journal of the American Rocket Society*, 21(5):108 – 114.

Sutton, G. P. and Biblarz, O. (2010). *Rocket propulsion elements*. John Wiley & Sons.

Vila, J. and Patureau de Mirand, A. (2017). Weighting options for the next generation of Ariane launchers. In *68th International Astronautical Congress*, Adelaide, Australia.

Zang, T. A., Hemsch, M. J., Hilburger, M. W., Kenny, S. P., Luckring, J. M., Maghami, P., Padula, S. L., and Stroud, W. J. (2002). *Needs and opportunities for uncertainty – based multidisciplinary design methods for aerospace vehicles*. NASA/TM – 2002 – 211462, NASA Langley Research Center.

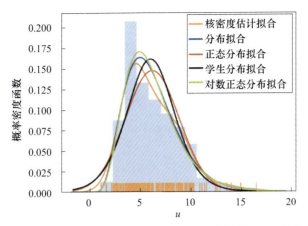

图2.18 不同参数分布的最大似然估计示例和一组样本的KDE(见参数化方法核密度估计),底部的棒代表用相关的直方图表示的样本

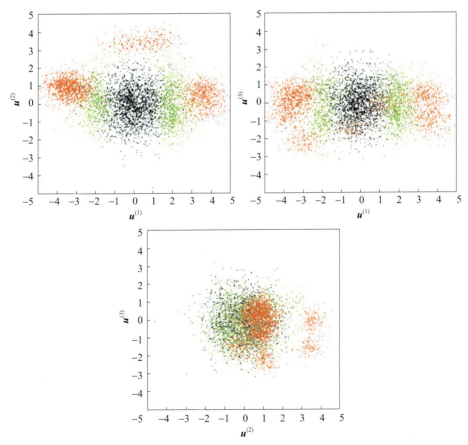

图4.3 非参数化自适应重要性采样算法不同迭代次数时的样本 u_i
(黑色:第1次迭代;绿色:第2次迭代;红色:第3次和最后1次迭代)

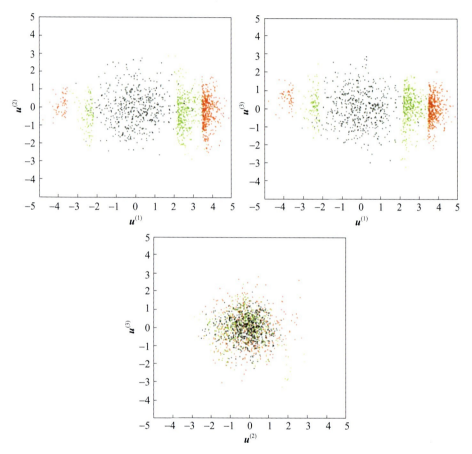

图 4.4 子集模拟法不同迭代次数的样本 $\boldsymbol{u}_{(M)}^{(i)}$

(黑色:第 1 次迭代;绿色:第 3 次迭代;红色:第 7 次与最后的迭代)

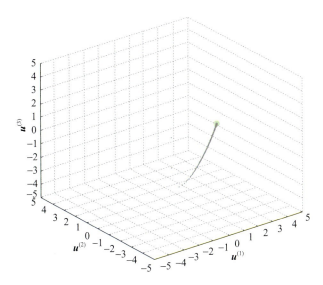

图 4.5 用绿色表示的在 FORM 优化过程中生成的样本和设计点

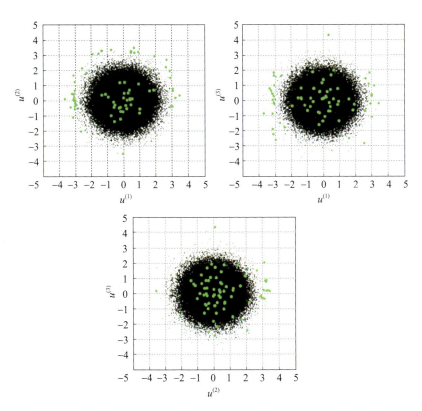

图 4.8 使用主动学习克里金方法的朴素蒙特卡罗样本群(黑色)与运用到精确函数 $g(\cdot)$ 估计的样本(绿色)

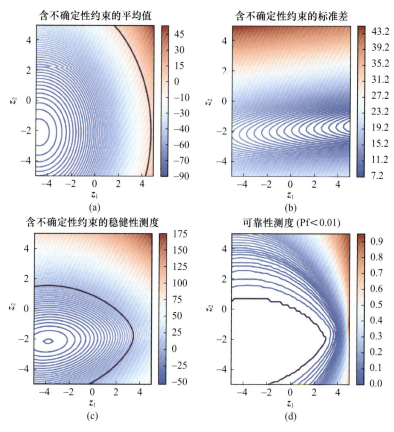

图 5.3 应用于约束的不同不确定性度量(相应限制状态为紫色)

(a)对约束条件的期望:$\mathbb{E}(g(z,U))$;(b)约束条件的标准差:$\mathbb{V}(g(z,U))^{\frac{1}{2}}$;(c)期望值与目标函数标准差的线性组合:$\mathbb{E}(g(z,U))+3\,\mathbb{V}(g(z,U))^{\frac{1}{2}}$;(d)基于可靠性的约束测度 $\mathbb{P}(g(z,U)\leqslant 0)\leqslant 0.01$。

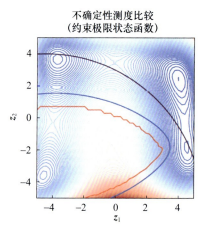

图 5.4 约束极限状态函数的不确定性测度比较:平均值(紫色)、稳健性(蓝色)和基于可靠性的测度(红色)(目标函数为 $f(z,U)$ 的平均值)

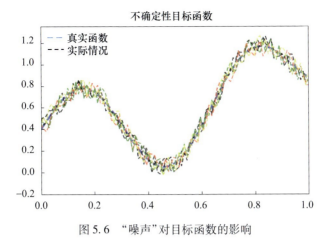

图 5.6 "噪声"对目标函数的影响

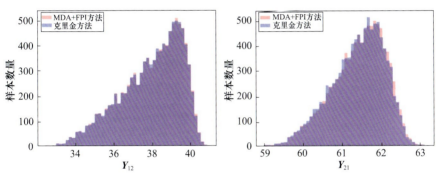

图 6.34 Y_{12} 和 Y_{21} 的最终边缘分布：采用自适应克里金技术（蓝色）和 FPI+朴素蒙特卡罗方法技术（红色）

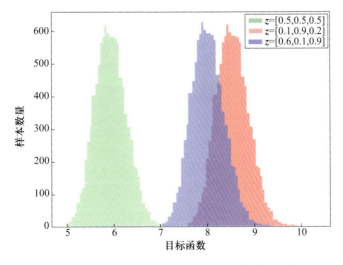

图 7.2 目标函数在设计变量向量 3 个不同取值处的直方图

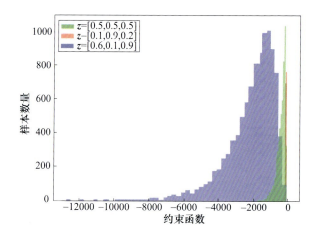

图 7.3 约束函数在设计变量向量 3 个不同取值处的直方图

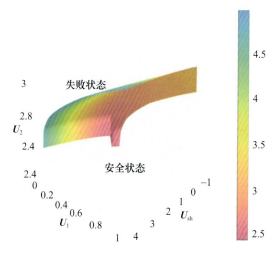

图 7.4 $z=[0.5,0.5,0.5]$ 时极限状态 $g(z,Y(z,U),U)=0$ 的等值面
（色条对应于到原点的距离）

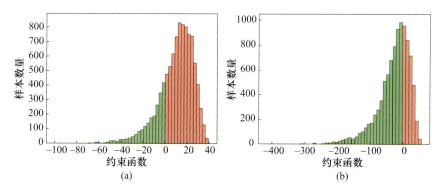

图 7.5 约束函数直方图：安全（绿色）和故障（红色）
（a）$z=[0.5,0.5,0.2]$；（b）$z=[0.5,0.5,0.3]$。

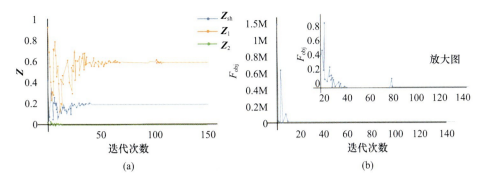

图 7.6 基于稳健 MDF 的收敛图
(a)设计变量;(b)目标函数。

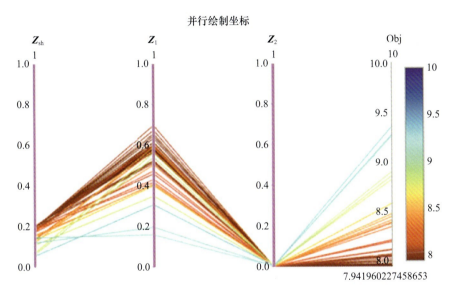

图 7.7 基于 CMA-ES 优化算法的稳健 MDF 结果并行图

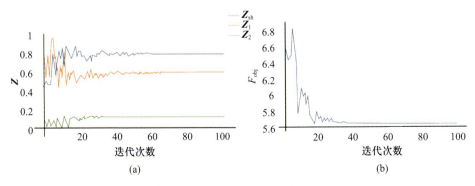

图 7.8 基于可靠 MDF 的收敛图
(a)设计变量;(b)目标函数。

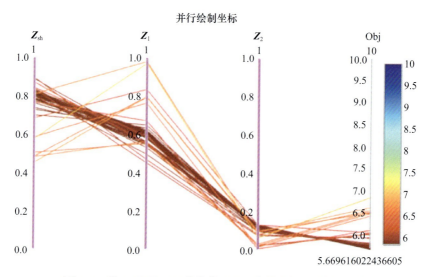

图 7.9 基于 CMA – ES 优化算法的可靠性 MDF 结果并行图

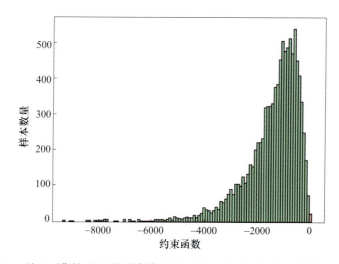

图 7.11 基于可靠性 MDF 的约束直方图:安全样本(绿色)和故障样本(红色)

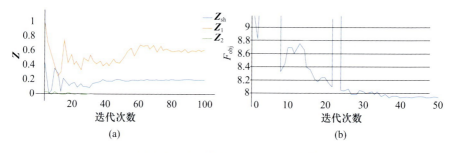

图 7.13 基于稳健性 SUA 的收敛图

(a)设计变量;(b)目标函数。

彩8

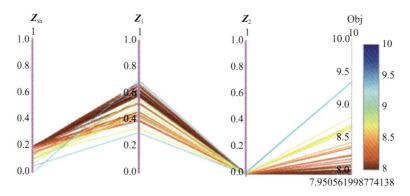

图 7.14 使用 CMA – ES 的基于稳健性 SUA 并行图,每条线代表每个算法迭代中的最佳 CMA – ES 个体

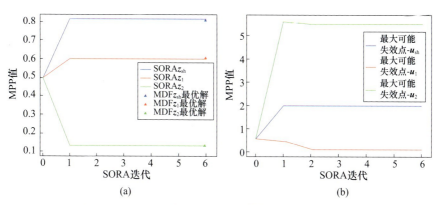

图 7.17 SORA 的收敛图:设计变量和最大可能失效点值

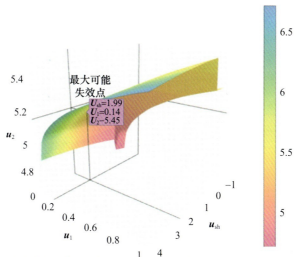

图 7.18 极限状态函数 $g(z^{*k}, y, u) = 4.73$ 的等值面,可靠性指数 $\beta = 3.09$ 的 SORA 最大可能失效点(色条对应到原点的距离)

彩 9

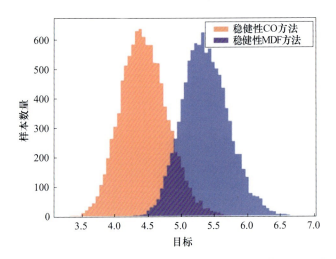

图 7.24 基于稳健性 CO 方法和基于稳健性 MDF 方法得到的目标函数值比较

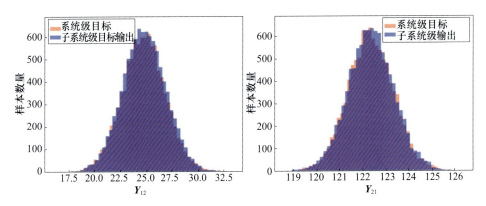

图 7.25 系统级目标和子系统级输出的耦合分布与统计矩匹配

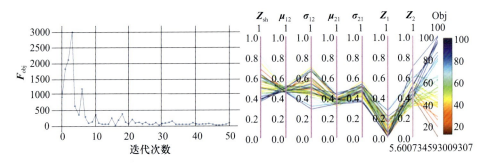

图 7.26 系统级收敛图(CO)

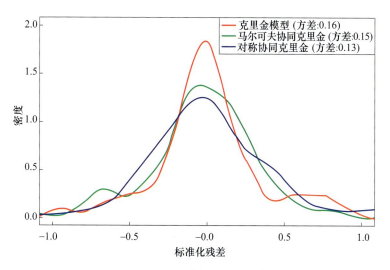

图 8.11　标准化残差密度分布

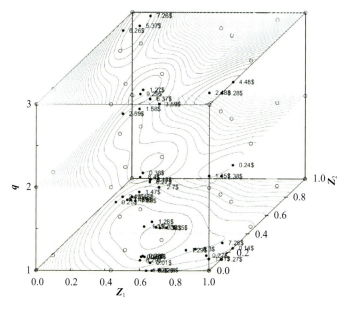

图 8.15　SoS 在 3 级网格测试用例上工作图例（空心点和实心点分别是实验设计初值和被添加的点，等高线图是函数在不同层级的函数值）

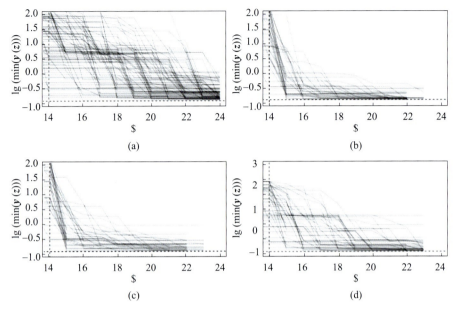

图 8.16 不同优化算法的收敛情况(基于 50 次独立运行结果的最小
函数值对数关于迭代次数的变化图)比较:EGO(a)和 SoS(b、c、d)
(a)基于改进 Branin 函数的 EGO 算法;(b)基于 2 级保真度网格的 SoS 算法;
(c)2 级保真度蒙特卡罗问题的 SoS 算法;(d)2 级保真度时间步长问题的 SoS 算法。

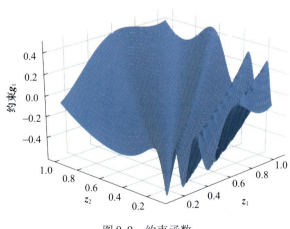

图 9.9 约束函数

彩12

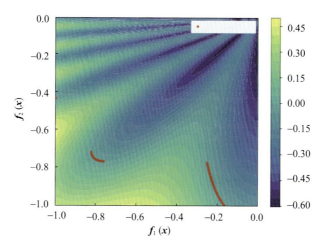

图 9.11 带约束等高线图的精确帕累托前沿

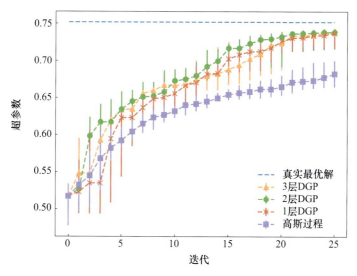

图 9.12 使用具有不同 DGP 结构和正则高斯过程的贝叶斯优化收敛图。标记表示获得的超体积中值,而误差条表示第 1 个和第 3 个 4 分位数

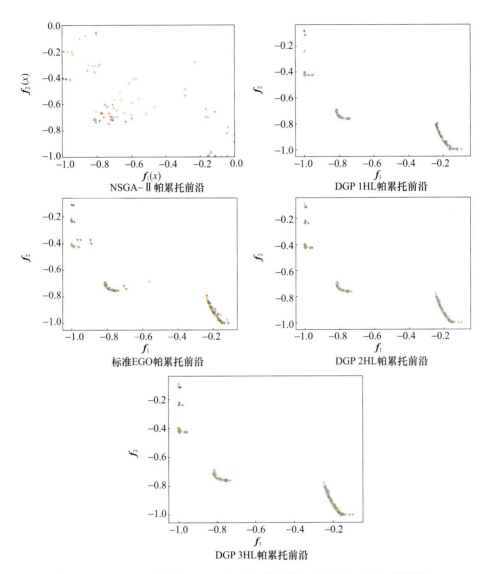

图9.13 每个算法不同重复实验时的帕累托前沿(每次重复对应一种颜色)

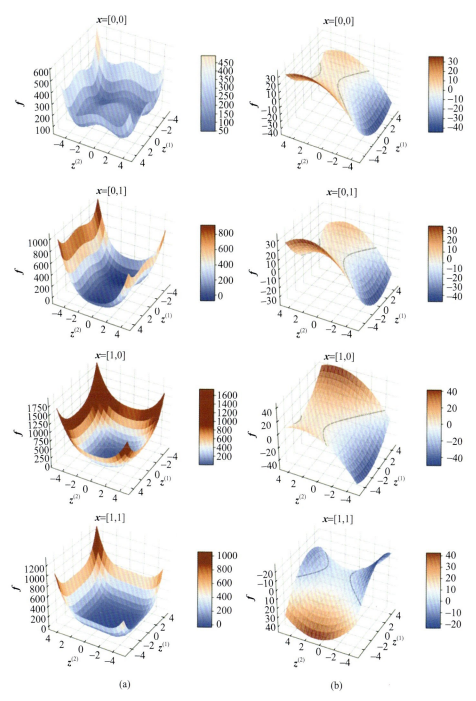

图 9.14 离散变量向量 x 不同取值情况下的目标函数值(a)
和约束函数值(b)

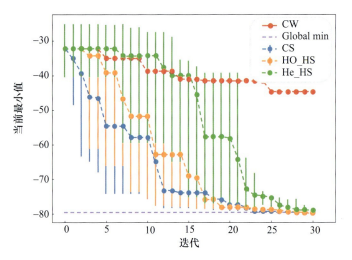

图 9.15 混杂 EGO 方法和参照方法在 10 次重复实验中的收敛情况
(图中展示了中值以及第 1 个和最后 1 个 4 分位数收敛结果*使用的优化技术
分别依赖于基于维度的异方差分解(He_HS)、基于维度的同方差分解(Ho_HS)、
复合对称分解(CS)、基于分类的独立代理建模(CW))

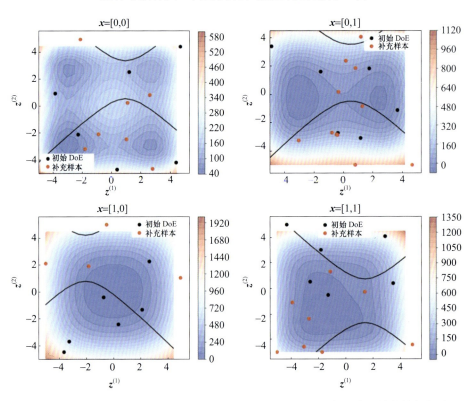

图 9.17 采用 CS 参数的 10 次重复实验中某次实验的目标函数和填充样本等高线图
($g(z,x) = 0$ 的等高线图用黑线表示(可行区域在黑线外部))

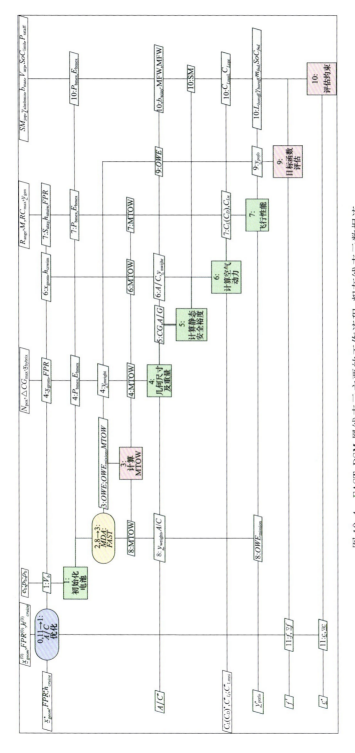

图 10.4 FASTxDSM 黑线表示主要的工作流程；粗灰线表示数据流，绿色块表示分析，灰色和白色块表示输入/输出数据

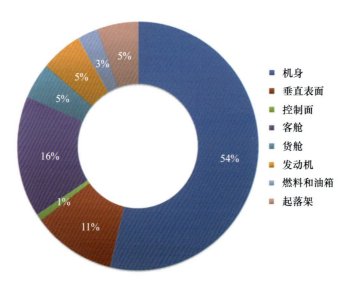

图 11.4　BWB 结构几何参数化分解（变量总数：108）

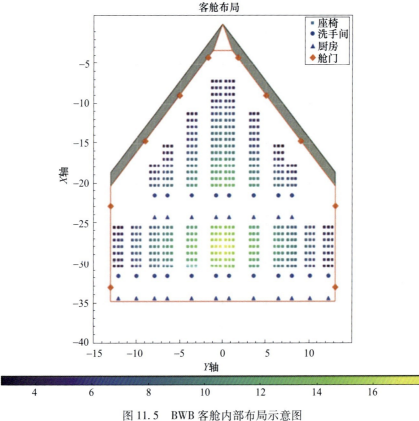

图 11.5　BWB 客舱内部布局示意图

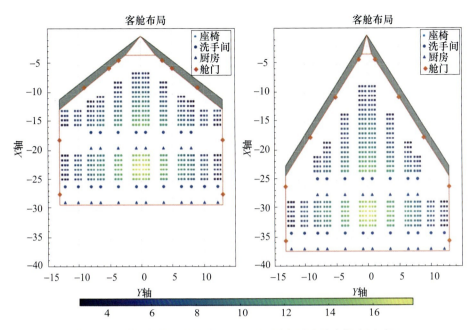

图 11.6 BWB 机翼中央机身前缘不同后掠角时客舱内部布局对比：40°(左)和60°(右)

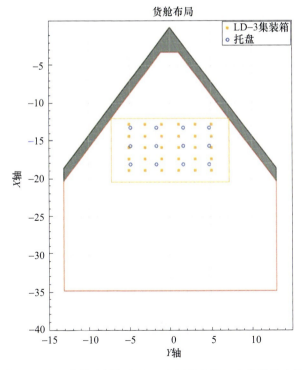

图 11.7 BWB 货舱内部标准 96inch 托盘和 LD-3 集装箱布局图

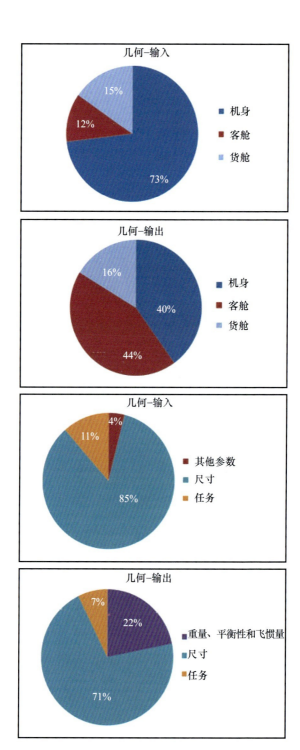

图 11.8　几何模块输入输出分类:25 个输入变量和 55 个输出变量

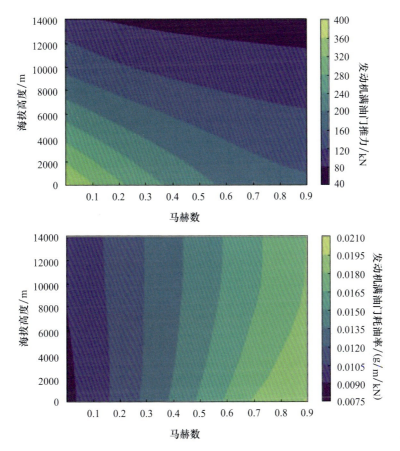

图 11.10 推进模块提供的典型推力和消耗面示意图

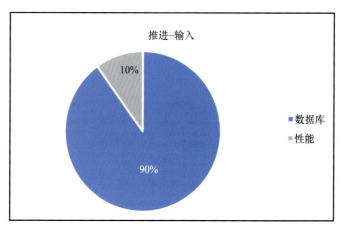

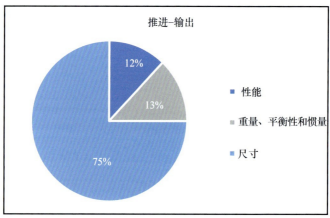

图 11.11　推进模块输入输出分类:10 个输入变量和 7 个输出变量

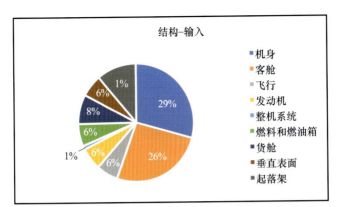

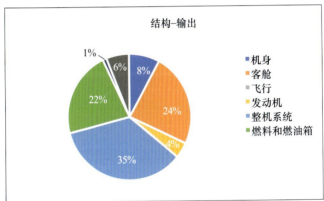

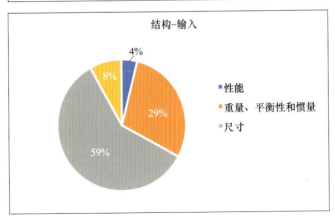

彩23

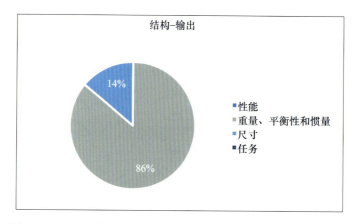

图 11.13　结构模块输入输出分类:71 个输入变量和 48 个输出变量

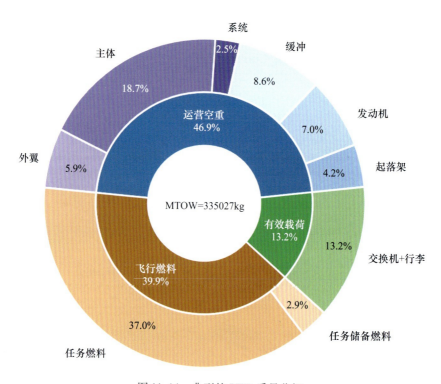

图 11.14　典型的 BWB 质量分解

彩24

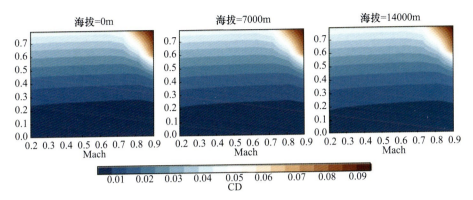

图 11.15 空气动力学模块提供关于马赫数的总 C_D 和 C_L 的评估结果

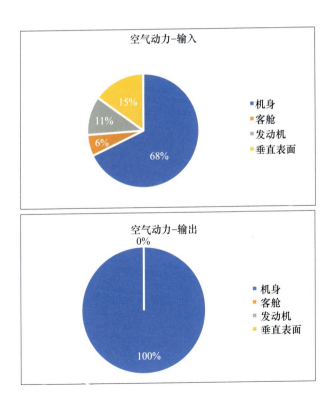

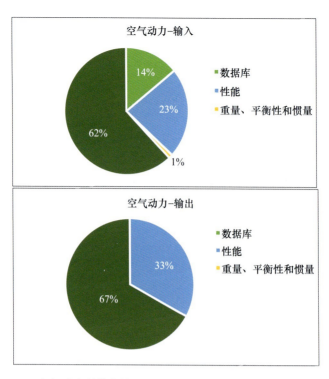

图 11.16 空气动力学模块输入输出分类:66 个输入变量和 3 个输出变量

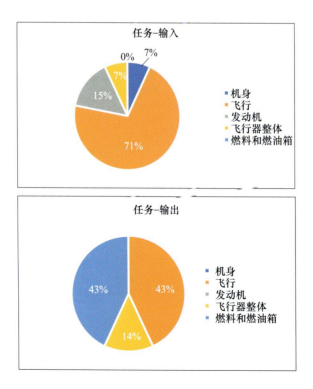

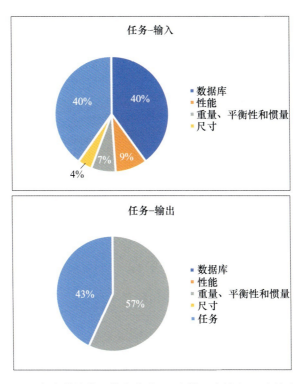

图 11.18 任务模块输入输出分类:44 个输入变量和 10 个输出变量

图 11.19 TLAR 类变量(变量数量:8)

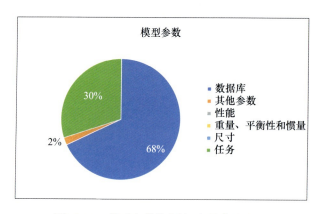

图 11.20 模型参数类变量(变量数量:53)

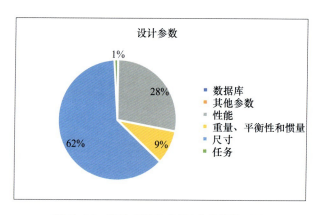

图 11.21 设计变量类变量(变量数量:72)

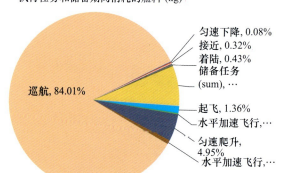

图 11.29 燃油重量分解

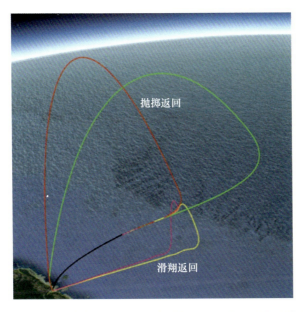

图 12.7　2 个抛掷返回轨迹（红色、绿色）和 2 个滑翔返回轨迹
（黄色、粉红色）的比较

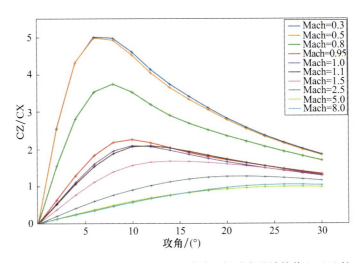

图 12.12　神经网络预测值（线）和精确空气动力学计算值（叉）比较

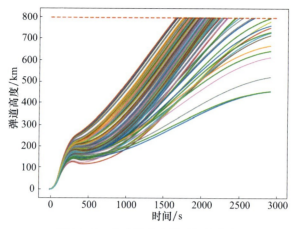

图 12.14 上升段高度随时间的变化

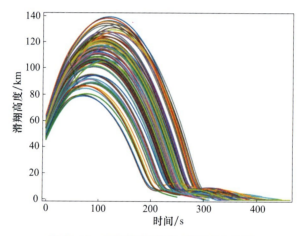

图 12.15 返回段高度随时间的变化关系

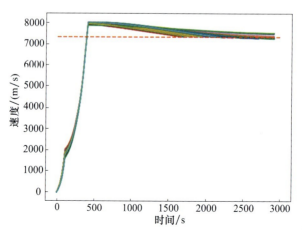

图 12.16 上升段速度与时间的关系

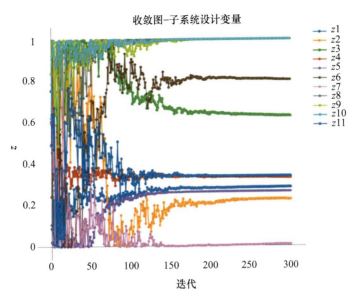

图 12.60 一次性火箭设计的设计变量收敛曲线(CMA – ES)

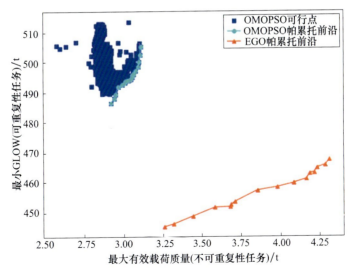

图 12.62 帕累托前沿的比较:青色为 OMOPSO(单级框架),
红色为 EGO(多级框架)

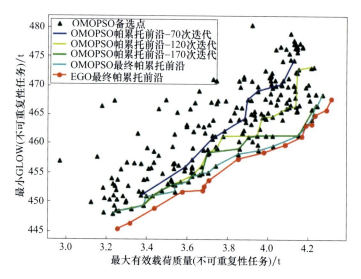

图 12.65　多级 OMOPSO 方法的帕累托前沿演化

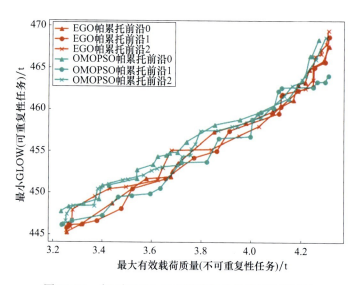

图 12.68　多目标 EGO 与 OMOPSO 的帕累托前沿比较